U0529219

国家出版基金资助项目
中国社会科学院重大课题

# 郭沫若年谱长编

（1892—1978年）

## 第五卷

林甘泉　蔡　震　主编

中国社会科学出版社

# 目　录
## （第五卷）

1963 年（癸卯）71 岁 ………………………………………（1925）

1964 年（甲辰）72 岁 ………………………………………（1980）

1965 年（乙巳）73 岁 ………………………………………（2025）

1966 年（丙午）74 岁 ………………………………………（2067）

1967 年（丁未）75 岁 ………………………………………（2095）

1968 年（戊申）76 岁 ………………………………………（2120）

1969 年（己酉）77 岁 ………………………………………（2153）

1970 年（庚戌）78 岁 ………………………………………（2167）

1971 年（辛亥）79 岁 ………………………………………（2196）

1972 年（壬子）80 岁 ………………………………………（2235）

1973 年（癸丑）81 岁 ………………………………………（2271）

1974 年（甲寅）82 岁 ………………………………………（2298）

1975 年（乙卯）83 岁 ………………………………………（2306）

1976 年（丙辰）84 岁 ………………………………………（2312）

1977 年（丁巳）85 岁 ………………………………………（2321）

1978 年（戊午）86 岁 ………………………………………（2340）

后记 …………………………………………………………（2356）

# 1963年（癸卯）71岁

3月5日　《人民日报》发表毛泽东"向雷锋同志学习"的题词。全国掀起学习雷锋先进事迹的热潮。

5月2日至12日　中共中央在杭州召开工作会议，制定《关于目前农村工作中若干问题的决定（草案）》（即《前十条》），社会主义教育运动在部分农村和城市展开。

6月14日　中共中央发表《关于国际共产主义运动总路线的建议》，阐述中共在国际共产主义运动一系列重大问题上的原则立场。9月6日至翌年7月14日，又连续发表总称为《关于国际共产主义运动总路线的论战》的九篇文章（通称"九评"）。中苏两党之间的论战达到高潮。

7月6日至20日　中苏两党在莫斯科举行会谈。

9月6日至27日　中共中央召开工作会议，通过《关于农村社会主义教育运动中一些具体政策的规定（草案）》（即《后十条》），社会主义教育运动在农村全面展开。

12月2日　中共中央、国务院原则批准中央科学小组、国家科学技术委员会党组关于1963—1972年科学技术发展规划的报告、科学技术发展规划纲要及科学技术事业规划。

## 1月

**1日**　上午，往人民大会堂东大厅，参加科学院团拜会，并致辞。（《竺可桢全集》第16卷，上海科技教育出版社2009年版）

◎ 中午，往政协礼堂，与周恩来、彭真、陈毅等人出席政协全国委员会举行的宴会，招待在北京的七十岁以上的全国政协委员、全国人民代表大会代表、各党派中央负责人以及国务院各部门领导者和参事中的老人。（2日《人民日报》）

◎ 下午，偕于立群陪同刘少奇和夫人王光美会见锡兰总理西丽玛沃·班达拉奈克夫人。会见后，出席刘少奇为锡兰贵宾所设招待宴会，同

他们一起欢度新年。(2 日《人民日报》)

◎《满江红·一九六三年元旦书怀》,发表于《光明日报》。

初收作家出版社 1963 年 11 月初版《东风集》;又收人民文学出版社 1977 年 9 月版《沫若诗词选》,以《领袖颂》为题;现收《郭沫若全集·文学编》第 4 卷。

毛泽东于 8 日就此词唱和,作《满江红·和郭沫若同志》,书为工作人员;9 日书赠周恩来;3 月 20 日送《诗刊》发表,嘱林克致信臧克家:"主席词发表时请附郭老原词。"1964 年 2 月 12 日毛泽东看过康生转来郭沫若书写的这首和词的字轴后,在郭沫若给康生信上批示:"请转告郭老,惠件收到,大为感谢。"(《毛泽东年谱(1949—1976)》第 5 卷,中央文献出版社 2013 年版)

◎ 致信蔡大燮。称赞《春草闯堂》《连升三级》"都是好戏"。(郭沫若纪念馆藏资料)

**2 日** 下午,与陈毅前往机场欢迎印度尼西亚共和国副首席部长苏班德里约博士。(3 日《人民日报》)

◎ 晚,与周恩来、彭真、陈毅等党和国家领导人应邀出席古巴驻中国大使皮诺·桑托斯在大使馆举行招待会,庆祝古巴革命胜利四周年。(3 日《人民日报》)

◎ 晚,偕夫人于立群参加文化部和中国锡兰友好协会举行的文艺晚会,欢迎锡兰总理西丽玛沃·班达拉奈克夫人。(3 日《人民日报》)

**3 日** 下午,往人民大会堂,与周恩来等人出席首都各界人民为欢迎锡兰总理班达拉奈克夫人及全体锡兰贵宾举行的万人大会。(4 日《人民日报》)

◎ 晚,偕夫人于立群与周恩来等一同参加锡兰总理班达拉奈克夫人举行的宴会。印度尼西亚共和国副首席部长苏班德里约博士应邀出席。(4 日《人民日报》)

◎ 竺可桢来函,对《郑成功》剧本提一点意见,"即第三章(五)郑成功从厦门率兵北上,攻克扬州、镇江极为顺利,但到南京时因为守城将梁某以投降相约,使时间差池,清兵云集,此时郑的前锋余新为清兵所获。照刘献庭《广阳杂志》,余新投降于清,而剧本则称余虽软弱受了同劫将士影响并不屈而死,不知究竟孰是?……"(《竺可桢全集》第 16 卷,上

海科技教育出版社 2009 年版)

**4 日**　下午,与陈毅邀请印度尼西亚共和国副首席部长苏班德里约博士和随行人员观看北京舞蹈学校实验芭蕾舞剧团演出的芭蕾舞剧《泪泉》。(5 日《人民日报》)

**5 日**　上午,与贺龙、罗瑞卿等前往机场为班达拉奈克夫人和苏班德里约副首席部长送行。(6 日《人民日报》)

◎ 下午,在中国科学院的办公室与竺可桢约钱学森、裴丽生、贾德修、陆绥观等制订宇宙航行计划。(《竺可桢全集》第16卷,上海科技教育出版社 2009 年版)

◎ 与施嘉幹见面。获赠所著《中国近代铸币汇考》英文本1951年第2版(初版印行于1949年),并以瑞士人耿爱德《中国铸币图说汇考》见假。又得了一批关于中国早期银币的材料。(《〈由郑成功银币的发现说到郑氏经济政策的转变〉补记》)

◎ 致信蔡大燮。询问《金薯传习录》是否重印出版。(郭沫若纪念馆藏资料)

**6 日**　作《由郑成功银币的发现说到郑氏经济政策的转变》一文《补记》,发表于《历史研究》1963 年第 1 期。着重介绍耿爱德著作中"中国早期银币"一节所述七种银币:"除去复制者二枚与重出者一枚之外,耿书所著录计增加了朱成功币二枚、国姓大木币三枚、'谨慎'字币三枚、道光年铸寿星币三枚、双如意币三枚、双笔币两枚,共计十六枚。"最后说:"除增加了一些新的例证之外,同样地没有什么新的发明。特此补记。"

收《郭沫若全集·历史编》第 3 卷。

**8 日**　复函陈明远,写道:"您寄来的两份文稿和一封信,都接到。我在考虑交给谁看好。我在上海留给你的信,说中国仄声收 P 者,在日文转为 F(f),这是根据古日本语来说的。例如叶,日本古音读エフ,合读カフ,后来才变成了ヨラ、コラ。研究外语和中国语的关系,还须得懂点古音才行。你的研究题目在我看来,学校毕业后专心的搞,也不会太迟。在目前要找出你的同调,恐怕还困难。"(郭沫若纪念馆馆藏资料;影印件见王戎笙《郭沫若书信书法辨伪》,兰州大学出版社 2005 年版)

◎ 晚,邀竺可桢往政协礼堂看成都川剧团演出,并约晚膳。(《竺可桢

全集》第 16 卷，上海科技教育出版社 2009 年版）

**9 日**　下午，出席中国人民对外文化协会和日中友好协会关于 1963 年度中日两国人民之间友好往来项目的议定书签订仪式和招待会。（10 日《人民日报》）

◎ 晚，在文津街国防科学院看有关美国雷神导弹和我国地—地 1059 型导弹的记录电影。（《竺可桢全集》第 16 卷，上海科技教育出版社 2009 年版）

**11 日**　复函江天蔚。感谢来信指出《文史论集》中《关于司马迁之死》一文引《三国志·魏志·王肃传》将"帝"误作魏文帝曹丕，实为魏明帝曹叡，回复说"已函告出版处，加以更正"。（手迹见《文史知识》1981 年第 1 期）

**14 日**　作《满江红·迎一九六三年春节》。

初收作家出版社 1963 年 11 月初版《东风集》；又收人民文学出版社 1977 年 9 月版《沫若诗词选》以《迎春节》为题；现收《郭沫若全集·文学编》第 4 卷。

**17 日**　往嘉兴寺参加李俨公祭会，担任主祭。（《竺可桢全集》第 16 卷，上海科技教育出版社 2009 年版）

李俨，原名禄骥，字乐知，历史学家、中国古代数学史研究专家、中国科学院学部委员，1957 年出任中国科学院自然科学史研究室主任。1 月 14 日因心脏病逝世。

**19 日**　上午，往北京饭店参加中科院党组扩大会议并政治学习会议，会上听取曹一泯关于出席意大利共产党大会的报告。（《竺可桢全集》第 16 卷，上海科技教育出版社 2009 年版）

**20 日**　下午，出席中华人民共和国政府和尼泊尔王国政府关于两国边界议定书的签字仪式。（21 日《人民日报》）

**21 日**　下午，出席在北京展览馆举办的古巴革命摄影展开幕式，并同古巴驻中国大使皮诺·桑托斯、古巴《革命报》国际部主任贝尼特斯和摄影部主任萨拉斯等古巴朋友一起观赏了古巴摄影作品。在参观后题词说："古巴必胜，美国必败。世界人民大解放必然到来。"（22 日《人民日报》）

◎ 作七律《看话剧〈费加罗的婚礼〉有感》，书赠中国青年话剧院："青年演出费加罗，革命精神之赞歌。封建特权教打倒，新婚初夜绝风波。人民自古多机智，阶级从来不协和。堪笑有人呼对表，投降纸虎拜弥陀。"（《郭沫若书法集》，四川辞书出版社 1999 年版）

**22 日**　上午，到机场欢送尼泊尔王国大臣会议副主席兼外交大臣图尔西·吉里博士和随行人员前往上海等地访问。（23 日《人民日报》）

**23 日**　中午，往政协礼堂第三会议室，参加科学院哲学社会科学学部宴会。席间与竺可桢谈到自己在福州、厦门所见郑成功银币事。（《竺可桢全集》第 16 卷，上海科技教育出版社 2009 年版）

◎ 致信蔡大燮。感谢抄寄的《金薯传习录》。（郭沫若纪念馆藏）

**24 日**　为杨淑英书《游武夷山之二》，即《咏福建二十二首》其一。（《郭沫若书法集》，四川辞书出版社 1999 年版）

**25 日**　上午，与彭真一同参加在政协礼堂三楼大厅为在北京的部分全国人民代表大会代表、政协全国委员会委员、各民主党派和无党派民主人士举办的春节联欢会。联欢会前，在书画室为《羊城晚报》题词，内容为 14 日所作《满江红·迎春节》。(26 日《人民日报》）

◎ 为于立群书赠焦菊隐"东风骀荡"中堂补跋，内容为《满江红·迎春节》。（中国嘉德 2011 春季拍卖会拍品 1897 号）

◎ 偕于立群到翦伯赞家拜年。交谈中感觉客厅北壁东半部空白，与西半部齐白石画"玉兰"不协调，当即书赠"近作《满江红》一阕，伯赞老兄补壁"。（《郭沫若同志给翦伯赞同志的信和诗》，《北京大学学报》1978 年第 3 期）

◎ 偕于立群拜访老舍夫妇。为于立群书赠胡絜青"东风骀荡北极巍峨"中堂补白，内容为《满江红·迎春节》，另书赠游闽江诗一首。随即邀请老舍夫妇一同回家为书作加印。为胡絜青介绍家中摆放的各地地质工作者赠送的矿石，并说："我们祖国到处都是宝，真是地大物博，前途无量啊！"（胡絜青《悼亡友于立群》，《收获》1979 年第 5 期）

◎ 往美术馆，参加全国美术家协会举行的春节联欢晚会。因侯宝林相声中有打鼾声如喷气式飞机一喻，会后对其说"鼾声如雷，我就是一个"。应侯索求，书赠五绝一首："鼾声如雷，喷气式飞机。宝林一席话，通夜满天飞。"（手迹见《郭沫若遗墨》，河北人民出版社 1980 年版）。与会人士纷纷索求现场书赠条幅，书赠周而复的一条为："纵有寒流天外来，不教冰雪结奇胎。东风吹遍人间后，紫万红千次第开。"（周而复《缅怀郭老》，

《新文学史料》1980年第2期）

**26日** 复外侄女胡少秋信，说她"已经是党员，并是区委干部"，希望她"好好学习，不断向上"。说及"写字"，道："只要规矩、清楚、速度快而不乱就好了，不一定要研究书法。""你的来信写得规整，这是好的，希望你经常是这样，养成良好习惯，对于工作成就上也是会有帮助的。"（《四川大学学报丛刊·郭沫若研究专刊》第2集，1980年12月）

**27日** 下午，参加中国缅甸友好协会举行的酒会并致辞，庆祝中缅友好和互不侵犯条约以及中缅关于两国边界问题的协定签订三周年。祝词说，中缅两国友好关系是和平共处最好的典范，祝贺中缅两国人民的"胞波"友谊万古长青。（28日《人民日报》）

**28日** 全家往颐和园看儿女溜冰，与立群亦从冰上步至龙王庙，后在万寿山饭店办事处小憩，成《满江红·雪中步过昆明湖》："初雪霏霏，凭标示今年瑞兆。人咸庆，丰收在望，昭苏有道。万里同云天地泰，昆明湖冰上玉纹消，邀人蹈。童心在，人未老，遥指向，龙王庙。让儿曹，脚着冰刀飞跃。我辈从容移步履，人多惊讶来扶导。最难忘一盏泡红茶，老翁赵。"（《文献》丛刊1982年12月第14辑）

**30日** 作诗《纪念"二七"烈士》，发表于2月7日《人民日报》。同日《解放军报》和上海《文汇报》登载时题为《纪念林祥谦烈士》。

初收作家出版社1963年11月初版《东风集》，现收《郭沫若全集·文学编》第4卷。

**下旬** 为于立群所买端砚撰写铭文："东有启明，朝霞初见。硕人盘盘，枕戈待旦。宇宙在摇篮，雄风卷云汉。"跋曰："立群得一端砚。砚身呈小藤篮形，颇费匠心。砚池中有星形一粒，白云一片，胭脂晕如朝霞出山。一巨人枕戈待旦，依崖而坐，面目衣帽惟妙惟肖。此一奇观出自天然，信属罕觏，因为之铭。"

◎ 春节（25日）前后，鸿宾楼迁西长安街82号重张，为之题匾，赋藏头诗一首："鸿雁来时风送暖，宾朋满座劝加餐。楼头赤帜红于火，好汉从来不畏难。"（王俊玲《清真餐饮第一楼鸿宾楼》，2005年9月25日《北京晚报》）

## 2 月

**1 日**　作《由郑成功银币的发现说到郑氏经济政策的转变》一文《再补记》，发表于《历史研究》1963 年第 1 期。以"朱成功"与"国姓大木"二币币面有"漳州军饷"字样，断定"其铸造年代当在一六四九年至一六五二年"。引用《明清史料》丁编资料数则，证明"清朝对付郑成功的锁海政策在顺治十三年（一六五六）即已开始"。根据所引资料，"一可见郑氏贸易经营之大，二可见清朝对于郑氏的商业即其财政基础，是向来予以严重打击的"。以"这些资料为正文所未及，故再为补记"。

收《郭沫若全集·历史编》第 3 卷。

**2 日**　作《满江红·下乡去》，与《向解放军学习》《比学赶帮》《颂石油自给》，以《满江红四首》为总题，发表于 1964 年 2 月 13 日《人民日报》。

收人民文学出版社 1977 年 9 月版《沫若诗词选》，现收《郭沫若全集·文学编》第 5 卷。

**5 日**　往政协礼堂，参加首都各界为纪念古巴民族英雄何塞·马蒂诞辰 110 周年举行的集会。(6 日《人民日报》)

**7 日**　作《满江红·"二七"罢工四十周年》，有小序。

收人民文学出版社 1977 年 9 月版《沫若诗词选》，现收《郭沫若全集·文学编》第 5 卷。

**8 日**　出席中共中央和国务院联合召开的全国农业科学技术工作会议开幕式。(9 日《人民日报》)

**12 日**　晚，偕夫人于立群出席刘少奇主席和夫人在人民大会堂举行的盛大宴会，欢迎柬埔寨国家元首诺罗敦·西哈努克亲王和夫人，以及随同来访的全体柬埔寨成员。(13 日《人民日报》)

**13 日**　晚，出席中苏友好协会总会和北京市中苏友好协会在政协礼堂举行的晚会，庆祝《中苏友好同盟互助条约》签订 13 周年。(14 日《人民日报》)

**14 日**　下午，与刘少奇和夫人、董必武、朱德、周恩来、彭真和夫人以及首都各界一万多人出席在人民大会堂举行的隆重集会，欢迎西哈努

克亲王和夫人以及随同来访的全体柬埔寨贵宾。(15日《人民日报》)

**15日** 接见来我国考察访问的印度尼西亚大学教授曾珠森。(16日《人民日报》)

◎ 接见应中国人民对外文化协会邀请前来我国的日本花柳德兵卫舞蹈团学习舞剧《宝莲灯》代表团。(17日《人民日报》)

◎ 晚,偕于立群出席西哈努克亲王为招待中国国家领导人和首都各方面人士在人民大会堂举行的盛大宴会。(16日《人民日报》)

◎ 作七律《纪念孙诒让诞生一一五周年》,称孙诒让"启后承先一巨儒,周官咸赖有新疏"。

初收作家出版社1963年11月初版《东风集》,现收《郭沫若全集·文学编》第4卷。

**19日** 下午,接见以岛田政雄为首的日中友好协会地方文化代表团。(20日《人民日报》)

**20日** 复函广东崖县县委:"来信及附件,均阅悉。对于《崖州志》的重刊,深蒙重视,很使我感动。谨祝工作顺利,在各方面都获得卓异的成就。余意已详附件及致工作组同志信中,恕不重复。"(手迹收《崖州志》,广东人民印刷厂1983年版)

◎ 读《雷锋日记摘抄》后作诗《一把劈断昆仑的宝剑》,发表于《中国青年》1963年第5、6期合刊。收《郭沫若全集·文学编》第4卷,为《满江红·赞雷锋》附录。

**21日** 致电日本日中文化交流协会理事长中岛健藏祝贺六十寿辰:"欣逢六十大庆,特电敬祝,共愿中日人民的友谊和文化交流与日俱进。"(22日《人民日报》)

◎ 代表中国文学艺术界联合会及中国对外文化协会书赠中岛健藏四言藏头诗一首:"中流砥柱,岛国精英,健康日进,藏识深宏。"(中岛健藏《失去至为珍贵的人》,1978年7月18日日本《经济人》,中文译文收吉林师范大学外研所日本文学研究室编译《日本朋友悼念郭沫若》,1978年)

◎ 作《满江红·赞雷锋》,赞颂雷锋"舍己为人情慷慨,粉身碎骨心皎洁"。发表于23日《解放军报》《中国青年报》。

初收作家出版社1963年11月初版《东风集》;又收人民文学出版社1977年9月版《沫若诗词选》,有改动;现收《郭沫若全集·文学编》

第 4 卷。

**22 日** 致电美国杜波依斯博士，祝贺九十五岁寿辰："几十年来您献身于被压迫民族的解放，在促进人类进步和维护世界和平的事业上，做出了卓越的贡献。这里的朋友们都以钦佩的心情和深切的关怀，祝您永远健康，做出更多优异的成就。"（23 日《人民日报》）

**24 日** 上午往日坛医院瞻仰恽子强遗容。（《竺可桢全集》第 16 卷，上海科技教育出版社 2009 年版）

恽子强，中科院院士、化学家。2 月 22 日因病逝世。

**26 日** 上午，往嘉兴寺殡仪馆公祭恽子强，担任主祭。（《竺可桢全集》第 16 卷，上海科技教育出版社 2009 年版）

◎ 作七绝四首《题赠日本文化代表团》，发表于《光明日报》。第二首"一衣带水隔蓬莱，闻道寒梅已早开。小立天安门外雪，人从第二故乡来"，题赠日本著名剧作家岩田直二。

初收作家出版社 1963 年 11 月初版《东风集》，现收《郭沫若全集·文学编》第 4 卷。

◎ 得福建莆田陈长城送来圆形砚台一方。（郭沫若纪念馆藏文物）

**27 日** 下午，往友谊宾馆，参观中科院综合考察委员会布置的展览，并提出意见。（《竺可桢全集》第 16 卷，上海科技教育出版社 2009 年版）

**本月** 《沫若文集》第 17 卷由人民文学出版社出版。包括《奴隶制时代》《雄鸡集》《集外》三部分。《奴隶制时代》据科学出版社 1961 年新 1 版第 2 次印刷本编入，篇目与 1954 年人民出版社改排版同，收 1950—1952 年学术论文与文艺论文 16 篇。《雄鸡集》据 1959 年北京出版社出版，经作者修订编入，收 1949—1958 年间的报告、讲话、论文、短论等 36 篇。《集外》选收 1953—1959 年研究历史、考古论文 20 篇。其中《〈管子集校〉叙录》《序〈盐铁论读本〉》选自原书，其余 18 篇大都发表在《人民日报》《历史研究》《考古学报》《文物》等报刊。

◎ 作七律《看高甲剧团演〈连升三级〉》。1962 年 11 月在泉州时曾观看高甲剧团演出《连升三级》，回北京后，剧团来信求，遂成此诗。

初收作家出版社 1963 年 11 月初版《东风集》，现收《郭沫若全集·文学编》第 4 卷。

◎ 复函书法爱好者康务学，鼓励他勤学苦练，锲而不舍，为继承和

发扬祖国的书法艺术而努力。(康务学《亲切的教诲和激励》,1979年2月18日《甘肃日报》)

# 3月

**2日** 下午,接见日本亚非团结委员会访华代表团伊藤实、野间宽二郎、贯名美隆和浅野敏夫。(4日《人民日报》)

◎ 为四川江油李白纪念馆补壁,题写楹联一首:"酌酒花间磨针石上,倚剑天外挂弓扶桑。"(手迹载1978年12月21日《成都日报》)

**4日** 为陕西省文物管理委员会题写全国重点文物保护单位"乾陵"的标志"唐高宗与则天皇帝合葬之墓"碑文。(杨正兴《郭沫若院长游乾陵》,《郭沫若学刊》1992年第2期)

**5日** 晚,出席古巴驻中国大使皮诺·桑托斯在民族文化宫举行的古巴国家交响乐团指挥冈·曼蒂西访问中国的酒会。(6日《人民日报》)

◎ 出席古巴国家交响乐团指挥冈·曼蒂西同中央乐团交响乐队合作音乐会,并在演出休息期间接见了冈·曼蒂西和他的夫人。(6日《人民日报》)

**7日** 参加首都各界人民集会,庆祝第三届亚非人民团结大会的伟大胜利。(8日《人民日报》)

**8日** 作《再谈有关郑成功银币的一些问题》,发表于《历史研究》1963年第2期。《由郑成功银币的发现说到郑氏经济政策的转变》一文发表后,继续得到一些有关资料,对于前文加以补充或修改。除了资料的补充,新提出的认识:"郑成功大元既曾在中国东部海岸大量流通,毫无疑问也必曾传入东西两洋。"对于前文所述中国早期自铸银币的四个阶段略有调整,即"(一)朱成功币、国姓大木币、'谨性'币为第一阶段,(二)道光寿星币为第二阶段,(三)双如意币为第三阶段,(四)双笔币与同治寿星币为第四阶段"。2月27日彭信威由上海来信对郑成功大元"依然抱着怀疑的态度",就信中提出的两个问题进行讨论,认为"很容易解决",并"得到解决"。

收《郭沫若全集·历史编》第3编。

◎ 为史树青送来的关于"玉押"的短文题词:"史树青同志这篇文

章给我看过，我认为是一个重要的发现。但花押是'国姓成功'四字的合书，不仅只'成功'二字。这个花押是把郑成功银币上的两个花押：既'朱成功'与'国姓大木'结合了起来。有这一玉押的发现，和郑成功的两种漳州军饷，便得到相互的参证了。玉押现在在故宫博物院，今天来目验了实物，量了尺寸。这一重要的历史文物尚留存在国内，也是一件值得庆幸的事。共同检验者为吴申超、唐兰、史树青、王戎笙诸同志，征得了诸位的同意，请他们同做证人。"（手迹见《中国历史博物馆刊》1979年第1期）

**9日** 中午，出席中国人民保卫世界和平委员会和中国政治法律学会举行的宴会，欢迎日本国际法律家联络协会副会长、日本和平委员会会长平野义太郎。（11日《人民日报》）

**10日** 下午，与毛泽东、刘少奇、周恩来、朱德、邓小平等国家领导人，接见参加全国农业科学技术工作会议和全国医学科学工作会议的全体代表。（11日《人民日报》）

**11日** 赠送日中友协手书卷轴"两千年度旧友"登载于本日《日本与中国》。（《郭沫若先生和〈日本与中国〉》，吉林师大外研所日本文学研究室编译《日本朋友悼念郭沫若》，1978年）

**13日** 参加中科院院党小组会议。（《竺可桢全集》第16卷，上海科技教育出版社2009年版）

**14日** 晚，出席中国人民保卫世界和平委员会、中国亚非团结委员会、中国政治法律学会联合举行的酒会，招待日本和平委员会会长、日本国际法律家联络协会副会长平野义太郎。并在酒会上发表讲话，祝中日两国人民的战斗友谊与日俱增。（15日《人民日报》）

**15日** 致函巨赞法师，书奉新作《满江红·纪念鉴真上人》："咄咄奇哉，开元有扬州和尚。盲目后，东瀛航海，奈良驻杖。五度乘桴拼九死，十年讲席谈三量。招提寺，犹有大铜钟，声宏亮。晁衡来，鉴真往。唐文化，交流畅。恨今朝，有美帝从中阻障。千二百年堪纪念，樱花时节殊豪放。要同心，协力保和平，驱狂妄。"（中国佛教协会图书馆馆藏资料；朱哲《巨赞法师全集》，社会科学文献出版社2008年版）

**18日** 与翦伯赞等参加在南宁举行的广西历史学会成立大会开幕式，并作题为《谈历史工作者的任务》的讲话，发表于26日《广西日报》。

指出"历史研究在旧时代差不多是唯一的学问","就只是一套完整的唯心史观,为统治阶级服务"。今天的历史研究则是"要从人类历史发展过程中发掘出它的规律,掌握住这些规律,回过头来,改造人类社会、促进人类社会的不断发展。这是今天历史研究的使命"。"毛主席的思想是今天指导科学研究的方针性思想。"面对中国历史丰富的史料,在研究中"分工的办法是必须采用的","如果地方历史工作做得好,全国性的研究就有了基础,中国通史的写作就能接近完善"。

强调"要在全国范围内把学术空气活跃起来",要"鼓励学术上不同意见争论"。为了使不同意见的争论取得良好效果,"关键性的问题就是每个人要进行自我批评,严格要求自己"。"马马虎虎的作风,那就是欺骗自己。""研究和做人都要做到严格、严密和严肃。做学问不能偷巧,搜集材料,解释材料,直到写成文字都要一丝不苟,滴水不漏。凡是能严格实行自我批评的人,才能虚心坦怀地接受别人的批评,也才能肝胆照人地批评别人。"

最后在谈到资料工作说:"没有调查,就是没有资料;没有资料就不能做研究工作。因此,马克思主义的重要方法之一,是要大量占有资料。特别要尽量收集那些主要的、精确的资料。对资料工作一点也不能够轻视。搞资料工作的、搞工具书的、搞图书馆工作的、搞博物馆工作的同志们表现了自我牺牲的精神,应当给予高度的评价。""解放以后,对资料收集和考证工作有一个时期会加以轻视,把乾嘉学派说得一钱不值。这是有些矫枉过正的。"

◎ 作五绝《在南宁看美协画展》,发表于《广西文艺》5月号,又辑入《广西纪行诗词抄》(上),载12月21日《光明日报》。

初收作家出版社1963年11月初版《东风集》,改题为《参观南宁美协画展》,为《广西纪游二十六首》之三;现收《郭沫若全集·文学编》第4卷。

**21日** 《南宁见闻(二首)》发表于《广西日报》,即七律《南宁见闻》、词《满江红·在广西僮族自治区博物馆见大量铜鼓陈列》,《满江红》有附白。又辑入《广西纪行诗词抄》(上),载12月21日《光明日报》。

初收作家出版社1963年11月初版《东风集》,为《广西纪游二十六首》之一、之二；又收人民文学出版社 1977 年 9 月版《沫若诗词选》；现收《郭沫若全集·文学编》第 4 卷。

**24 日** 作《满江红二首》，即《咏芦笛岩》《七星岩》，发表于 3 月 27 日广西《桂林日报》，又载 12 月 21 日《光明日报》。

初收作家出版社 1963 年 11 月初版《东风集》，为《广西纪游二十六首》之十一、之十二；又收人民文学出版社 1977 年 9 月版《沫若诗词选》；现收《郭沫若全集·文学编》第 4 卷。

◎ 五律《武鸣纪游二首》、七绝《柳州即事五首》（《途次柳州》《重游柳州》《在柳侯祠植树》《柑香亭》《立鱼峰》）发表于《桂林日报》，又载 30 日《广西日报》。又辑入《广西纪行诗词抄》（上），《重游柳州》《立鱼峰》分别改题《重访柳侯祠》《柳州登立鱼峰》，载 12 月 21 日《光明日报》。

初收作家出版社 1963 年 11 月初版《东风集》，现收《郭沫若全集·文学编》第 4 卷。

**26 日** 七绝《月牙楼》手迹发表于《桂林日报》。又辑入《广西纪行诗词抄》（上），载 12 月 21 日《光明日报》。

初收作家出版社 1963 年 11 月初版《东风集》，现收《郭沫若全集·文学编》第 4 卷。

**27 日** 致电将在巴西举行的美洲大陆声援古巴代表大会，热烈祝贺大会的召开。贺电指出："中国人民一贯深切同情和坚决支持古巴人民的英勇斗争。六亿五千万中国人民愿意永远同拉丁美洲和全世界人民团结在一起，全力支援古巴人民的正义事业。"电报全文载 28 日《人民日报》。

◎《满江红二首》（《咏芦笛岩》《七星岩》）、《西江月·月牙楼》、《榕树楼》四首诗词手迹发表于本日《桂林日报》。前三首改题《满江红·桂林游芦笛岩》《满江红·桂林游七星岩》《西江月·月牙楼再赋》，辑入《广西纪行诗词抄》（上）；后一首改题《桂林登榕树楼》，辑入《广西纪行诗词抄》（下）；载 12 月 21 日、24 日《光明日报》。

初收作家出版社 1963 年 11 月初版《东风集》，又收人民文学出版社 1977 年 9 月版《沫若诗词选》，现收《郭沫若全集·文学编》第 4 卷。

**28 日** 游兴安，观秦始皇时史禄所凿灵渠，作七律《诗一首》和《满江红》，发表于 4 月 4 日《桂林日报》。又辑入《广西纪行诗词抄》

（下），《诗一首》改题《兴安观秦始皇时史禄所凿灵渠》，载12月24日《光明日报》。

初收作家出版社1963年11月初版《东风集》，《诗一首》改题《灵渠》，加"附白"；现收《郭沫若全集·文学编》第4卷。

◎《西江月·雨中重登榕树楼即事》《春泛漓江》发表于本日《桂林日报》。又辑入《广西纪行诗词抄》（下），载12月24日《光明日报》。

初收作家出版社1963年11月初版《东风集》，现收《郭沫若全集·文学编》第4卷。

◎ 为广西师范学院书建校十周年题词，辑入《广西纪行诗词抄》（下），发表于12月24日《光明日报》。云："经师易遇人师难，做到人师要红专。如何红？人人最好学雷锋。如何专？实事求是加三敢。十年树木百年人，速度今朝须改进。如何改？一天等于二十载。如何进？不断革命阶段性。人类前途无限好，鼓荡东风风力饱。如何好？学习革命有师表。如何饱？永教西风被压倒。"

◎ 作五律《赞瞿式耜》和《赞张同敞》，发表于30日《桂林日报》。又辑入《广西纪行诗词抄》（下），载12月24日《光明日报》。

初收作家出版社1963年11月初版《东风集》，现收《郭沫若全集·文学编》第4卷。

**29日** 《诗词五首》（《满江红》《游阳朔舟中偶成四首》）发表于本日《桂林日报》。又辑入《广西纪行诗词抄》（下），载12月24日《光明日报》。

初收作家出版社1963年11月初版《东风集》，现收《郭沫若全集·文学编》第4卷。

**30日** 为西泠印社60周年题七律一首："风雅扶轮六十年，西泠韵溢西湖天。千秋鸟迹泣群鬼，万树梅花结善缘。自古神州原尚赤，于今铁笔更宜坚。银钩深刻扬光烈，好使东风万古传。"有题解。（王树勋《郭老题诗光照西泠》，《书来墨迹助堂堂》，《西湖》文艺编辑部1979年6月版）

**31日** 晚，出席印度尼西亚驻中国大使馆临时代办苏弗雷·尤淑夫举行的招待会，庆祝印度尼西亚中国友好条约和文化合作协定签订两周年。(4月1日《人民日报》)

**本月** 为"鉴真和尚圆寂一千二百年纪念"作七绝一首："鉴真盲目

航东海，一切精诚照太清。舍己为人传道艺，唐风洋溢奈良城。"（手迹见《鉴真》，文物出版社1980年版）

◎ 参加广西历史学会成立大会后，与翦伯赞结伴，并偕于立群游览南宁、武鸣、柳州、桂林、阳朔、兴安等地。（《〈邕漓行〉书后》，《邕漓行》广西壮族自治区人民出版社1965年版）

## 春

◎ 为南湖书画社书七绝《读鸳鸯湖棹歌》："闻有飞鸿岁岁来，于今当复满春台。鸳湖四百棹歌外，国际歌声入九陔。"

◎ 为南湖烟雨楼补壁作七绝："一别南湖四十年，溢纤春雨忆如烟。他时重上嘉禾道，首自登临革命船。"（《南湖诗词集锦》，《东海》1979年7月号）

◎ 书近作《满江红·灵渠》为陈白尘。（中国现代文学馆馆藏资料）

◎ 书《题桂林山水诗选》："山水甲天下，诗歌颂桂林。一编佳兴满，千岭碧云深。红豆思南国，春禽寄北音。东风今正好，鼓舞万人心。"（手迹现藏郭沫若纪念馆）

◎ 同于立群合书"万方春色，千顷湖光"，跋："立群写出万方春三字，因足成二语构成一联"。（《郭沫若遗墨》，河北人民出版1980年版）

于立群以隶书录毛泽东词句"万方乐奏有于阗"，因第三字笔误而作罢。郭沫若遂就势补缀而成。（郭平英《〈郭沫若遗墨〉中的佚作及其它》，《四川大学学报丛刊》1982年5月第13辑）

◎ 为力力食堂题写对联一副"推陈出新实事求是，鼓足干劲力争上游"。（手迹见《郭沫若遗墨》，河北人民出版社1980年版）

◎ 往北京团城参观福州工艺品展览会，先后题六言诗和七绝各一首。六言诗为："八闽是我故乡，去岁我曾去来。工艺允称精绝，一年一度花开。"七绝为："团城又是一年春，闽艺展陈色色新。连岁东风吹不断，百花齐放竞推陈。"（《郭沫若闽游诗集》，福建人民出版社1979年版）

◎ 为画家东方人画鱼题："得鱼者供鱼肉，食鱼者吃鱼肉，观鱼者分鱼乐，画鱼者给鱼乐。离却深渊得永生，克服钩网刀和毒，毛锥超越创化力，蠹鱼蠹鱼尔勿蚀。"（手迹见《郭沫若题画诗存》，山西教育出版社1997年版）

## 4月

**3日** 复函翦伯赞。认为翦伯赞《游灵渠》《桂林纪游》诗"很好","'雄才千古说始皇'句,建议改为'雄才今日识始皇'。因为古来都是骂秦始皇的,由毛主席的《沁园春》才把他肯定了。这样说,也和老兄的'不到灵渠岸,无由识始皇'扣和起来了。如何?请酌。'好似'似可改为'胜似'。'流到'似可改为'流入'。"(《郭沫若同志给翦伯赞同志的信和诗》,《北京大学学报》1978年第3期)

**5日** 上午,接见英国男低音歌唱家马丁·劳伦斯。(6日《人民日报》)

**6日** 为《解放军报》作《满江红·赞南京路上好八连》,手迹发表于30日《解放军报》,又载《北京文艺》第6期。

收人民文学出版社1977年9月版《沫若诗词选》,现收《郭沫若全集·文学编》第5卷。

**7日** 作《序古巴谚语印谱》,仅四十字,并"集其谚语为诗"全文抄录。

并印谱合印为《古巴谚语印谱》于1964年10月由北京"朝苑美术出版社"印行,康生题写封面书名、陈叔通题扉页书名。

**9日** 致函日本高分子学会,邀请来华访问。(中国科学院档案)

**15日** 晚,和廖承志举行宴会欢迎古巴全国保卫革命委员会主席何塞·马塔,发表讲话:"何塞·马塔同志的这次访问,必将进一步加强中国和古巴两国人民的兄弟友谊,使我们共同的事业获得共同的胜利。"热情地赞扬伟大的古巴人民,在菲德尔·卡斯特罗总理的英明领导下,在反击美帝国主义侵略、保卫祖国、保卫革命的斗争中,为全世界被压迫民族和人民争取独立和解放的斗争,树立了光辉的榜样。(16日《人民日报》)

◎ 作《满江红·赞中国队在第27届世界乒乓球赛中获胜》,发表于22日《体育报》。"夺得锦标,断非是寻常竞技。加强了人民团结,斗争勇气。祖国光荣传四海,健儿身手空群骥。胜流星,天上永穿梭,不教坠。斗能力,斗机智。斗风格,斗壮志一身中,有毛泽东旗帜。全意全神挥铁臂,戒骄戒躁生飞翼。看胶球,变作卫星球,惊天地。"

**17日** 下午,与周恩来、彭真一同出席首都各界人民在人民大会堂举行的万人大会并讲话,庆祝古巴吉隆滩战役胜利纪念日,全力声援古巴和拉丁美洲人民的正义斗争。赞扬古巴革命的伟大胜利是当代国际政治生活中的一个极为重要的事件。古巴人民、拉丁美洲各国人民同亚洲、非洲各国人民是站在一条战线上的,他们当前都面临着反对以美国为首的帝国主义和新老殖民主义的共同斗争任务。三大洲的民族民主革命同社会主义这两大历史潮流汇合在一起,有力地摧毁着帝国主义的阵地,沉重地打击着帝国主义的侵略政策和战争政策,大大地加速了人类历史的进程。讲话全文发表于18日《人民日报》。

◎ 下午,与周恩来、彭真会见古巴全国保卫革命委员会主席何塞·马塔。(18日《人民日报》)

**18日** 出席在中国科学院第三会议室召开的中国科学院第四次院务常务扩大会议,讨论《中国科学院关于一九六三年主要工作安排的意见(草案)》。(中国科学院档案)

◎ 下午,往政协礼堂主持纪念万隆会议八周年的大会并致辞。说随着时间的推移,万隆精神将会更加深入人心。预祝亚洲、非洲和拉丁美洲各国人民团结反帝、争取和维护民族独立、保卫世界和平的正义事业,获得新的、更加巨大的胜利。(19日《人民日报》)

**19日** 晚,应邀出席古巴驻中国大使皮诺·桑托斯在大使馆举行的招待会,庆祝吉隆滩战役胜利二周年。(20日《人民日报》)

**21日** 下午,与周恩来、聂荣臻、薄一波等一同去机场迎接阿拉伯联合共和国部长执行会议主席阿里·萨布里。(22日《人民日报》)

◎ 晚,参加周恩来在人民大会堂举行的盛大宴会,欢迎阿拉伯联合共和国部长执行会议主席阿里·萨布里和其他阿联贵宾。(22日《人民日报》)

**22日** 下午,与周恩来、聂荣臻一同出席宋庆龄与阿拉伯联合共和国部长执行会议主席阿里·萨布里的会见。(23日《人民日报》)

◎ 晚,与周恩来、薄一波等应邀观看文化部和中国阿联友好协会举行的晚会,观看北京舞蹈学校实验芭蕾舞剧团演出的芭蕾舞剧《天鹅湖》。(23日《人民日报》)

**23日** 晚,与周恩来、聂荣臻、薄一波等出席阿拉伯联合共和国部

长执行会议主席阿里·萨布里在人民大会堂举行的宴会。（24日《人民日报》）

**24日** 上午，与聂荣臻、薄一波前往机场为阿里·萨布里离开北京前往上海参观访问送行。阿里·萨布里一行在周恩来陪同下，乘专机前往上海。（25日《人民日报》）

**25日** 致电古巴科学院安·努·西门尼斯院长，欢迎古巴科学院代表团来华访问。（中国科学院档案）

**28日** 为傅抱石、许麟庐、郁风合作《鹰石图》作题跋："危崖欲动，春花盛开。我欲横飞天外，等待风来。抱石画石，麟庐画鹰，郁风添花。一九六三年四月二十八日纪念文联三届全委会胜利闭幕。"（《郭沫若于立群书法选集》，中国书店2007年版）

◎ 夜，在文联联欢晚会上，为傅抱石、邵宇合作画《薰风送暖》题诗："薰风送暖谢青阳，万象葱茏溢耿光。一对领巾红似火，柳荫深处听莺簧。"（《郭沫若题画诗存》，山西教育出版社1997年版）

**30日** 晚，与周恩来、宋庆龄、董必武等出席中华全国总工会等十一个人民团体联合举行的庆祝"五一"国际劳动节招待会。（5月1日《人民日报》）

**本月** 主持中国文学艺术界联合会第三届全国委员会扩大的第二次会议，并致开幕词。（《中国文学艺术界联合会第三届全国委员会扩大的第二次会议》，5月22日《人民日报》）

周恩来到会和作家、艺术家们会见，并且作了《要做一个革命的文艺工作者》的重要讲话。

## 5月

**1日** 上午，与周恩来、宋庆龄、董必武、邓小平等分别到各个举行节日庆祝活动的场所与首都三百万人民一同热烈庆祝五一国际劳动节。（2日《人民日报》）

**3日** 下午，出席在政协礼堂三楼大厅由中国人民政治协商会议全国委员会举行的酒会并讲话，欢迎回国参加"五一"国际劳动节的华侨和港澳同胞。代表政协全国委员会向归国侨胞表示热烈欢迎，希望在座的侨胞和港澳同胞们在回到侨居地区和港澳以后，转达全国同胞对海外各地侨胞和港澳同胞们的关怀。最后，请大家把祖国建设的新的成就转告在国外和港澳居住的同胞们，勉励他们进一步加强团结，发扬爱国主义的精神，支持祖国的社会主义建设事业，不断地增进同侨居国人民的友谊，支持民族独立运动，在反对以美国为首的帝国主义、保卫世界和平的共同事业中争取更大的胜利。(4日《人民日报》)

◎ 晚，出席古巴驻中国大使皮诺·桑托斯为古巴全国保卫革命委员会主席何塞·马塔访问中国在大使馆举行的宴会并讲话。讲话说，中国和古巴是亲如兄弟的国家，中古两国在反对共同敌人美帝国主义的斗争中，在建设社会主义的共同事业中结成的战斗友谊，是永远不朽的。何塞·马塔同志在两次访问中国期间一定已经看到，全体中国人民都从心底里深深地热爱古巴。中国有句老话，"路遥知马力，日久见人心"。在反对共同敌人的斗争中，在建设社会主义的共同事业中，中国人民将永远热爱古巴人民，昨天是这样，今天是这样，明天是这样，永远是这样。(4日《人民日报》)

**4日** 晚，接见前来北京参加"五一"国际劳动节庆祝活动的辽宁、黑龙江、吉林、广东、广西、湖南、宁夏、甘肃、青海等省、自治区的少数民族参观团和内蒙古、新疆等自治区少数民族青年学习参观团的负责人。(5日《人民日报》)

◎ 为《李双双》获得第二届"百花奖"最佳故事片奖题词，手迹载《大众电影》第5、6期合刊："反映了新时代的农村面貌，表现了大公无私、敢于斗争的集体主义精神，生活气息浓厚，喜剧色彩缤纷，赢得大众喜爱，是一首农村集体经济的颂歌。"

◎ 为李双双扮演者张瑞芳获得第二届"百花奖"最佳女演员奖题七绝一首，手迹载《大众电影》第5、6期合刊："天衣无缝气轩昂，集体精神赖发扬，六亿神州新姊妹，人人竞学李双双。"

◎ 为《槐树庄》导演王萍获得第二届"百花奖"最佳导演奖题七绝一首，手迹载《大众电影》第5、6期合刊："公社前途甚汪洋，人人争看槐树庄。光荣自应归于党，成绩咸推导演王。"

◎ 为穆欣书《广西纪游二十六首》其一《参观南宁美协画展》。(《郭沫若书法集》，四川辞书出版社1999年版)

**5日** 为有40多年历史的北京师范大学附属女子中学10位从事教育

工作30年以上的老教师和老职工举行的庆祝会题词。写道："人材是决定一切的因素，因此培养新生力量的教育工作，是国家建设事业中最基本的任务。"(6日《人民日报》)

**6日** 上午，接见澳大利亚诗人、音乐家曼尼菲尔德。(7日《人民日报》)

**7日** 在《人民日报》发表翻译的《古巴谚语集句》14条："不用猎枪，赶不走豺狼。""风吹日晒的脸，不怕灼热的阳光。"／"知道为什么打仗，全身便充满了力量。""战胜敌人的重要一着，就是抓住他刚抬起的腿不放。"／"宁愿站着死，不能跪着生。""渔网遮不住阳光，谎言骗不过众人。"／"谎言不管怎样装饰，也掩不住真实。""海鸥不怕风雨，勇士何俱流血！"／"谁隐瞒真实，谁就是欺骗自己。""不经过失败的挫折，你找不出真理。"／"本领是从困难中学会的。""长的路程，路必崎岖。""最遥远的道路，都从近处开始。"／"有志者会有千方百计，无志者感到千难万难。""崎岖路上的石块磨不破脚底的老茧。"／"有经验的渔民，在暴风雨中总能想出办法。" "狮子并不像人们所讲的那样可怕。"／"吃饭是为了活着，活着不是为了吃饭。""谁怕豺狼，谁就不敢上山。"／"眼泪汪汪不如握紧家伙。""人怕的不是死，而是枷锁。""真正的幸福是用血汗创造出来的劳动成果。"／"要想击破锁链，不要怕击痛自己的指头。""自由是靠自己争取，不能靠着祈求。"／"吠叫的狗不是厉害的狗。""沉睡的虾只会被急流卷走。""手指脏了，应该洗干净，割去，是蠢到了尽头。"／"一只脚不能同时踏两条船，一张嘴不能同时说两面话。""阴险的邻居，有时比凶恶的敌人更可怕。"在集句最后说："集古巴谚语为诗深受感动，此中的教育意义十分深浓。还有一条可不能够忘记，那就是：'睡着的鸟容易射中。'"

**9日** 下午，会见印度尼西亚《东星报》副总编辑阿·阿·哈拉哈。(10日《人民日报》)

◎ 致电朝鲜科学院，告知中国科学院赴朝鲜代表团组成情况及邀请朝鲜科学院来访。(中国科学院档案)

**13日** 复函朱活。告以"五月五日信接到。江日昇乃清初人，《台湾外纪》一书有陈祈永序，作于'康熙甲申'（四十三，1704）。序言中'于乙丑春获交珠浦江子东旭'，乙丑乃康熙二十四年（1685）。则《台湾外纪》中所纪者大率亲自见闻。所纪裕民钱或非妄诞。研究古钱币者，科学院无此专家。如有人从事撰述，自所期待"。（黄淳浩编《郭沫若书信集》下，中国社会科学出版社 1992 年版）

**21 日** 晚，与夫人于立群往北京体育馆游泳。（《竺可桢全集》第 16 卷，上海科技教育出版社 2009 年版）

**22 日** 中午，与宋庆龄、董必武、朱德、周恩来等前往机场迎接刘少奇和夫人王光美结束在印度尼西亚、缅甸、柬埔寨和越南民主共和国的友好访问，由昆明回到北京。（23 日《人民日报》）

◎ 下午，会见以哈第苏达尔佐为首的印度尼西亚工会代表团成员。（23 日《人民日报》）

◎ 复函臧克家、葛洛，以《关于诗歌的民族化群众化问题——给〈诗刊〉的一封信》为题发表于《诗刊》7 月号。指出"五四"以来的新体诗"是中国的诗歌革命，中国的文学革命"。但当时的创作方法"无可否认是直接受了外国文学的影响"，"和我国人民大众是有距离的，这一诗歌革命一直到现在都还没有彻底完成。要完成这项诗歌革命，就必须使新体诗进一步民族化、群众化"。对诗人来说，"能和劳动人民打成一片，所产生出的新体诗就可以保证能做到进一步的群众化、民族化"。认为"新体诗是中国诗歌发展中目前阶段的主体，它更能表现时代精神"。"比起旧体诗词来更容易使人听懂，也就是说更容易为群众所接受。"新体诗"当然也应该向旧体诗词学习，向民间歌谣学习"。旧体诗词"有些形式是会有长远的生命力的。如五绝七绝、五律七律和某些词曲，是经过多少年代陶冶出来的民族形式"。"人民是喜闻乐见的。"今天的语言不同于古代的语言，平仄音韵已有很大的改变。希望语言学家们"及早编制一部以北京音为标准的韵本"，这对于作诗，特别是作旧体诗词的人会有很大帮助。

**24 日** 出席中国科学院第五次院务常务会议，讨论了关于接待古巴、朝鲜外宾工作计划；科学仪器委员会第一次会议报告；干部局 1963 年干部工作计划要点；综合运输等六个研究所所务委员会和电子学研究所学术委员会人选名单以及干部任免等事宜。（中国科学院档案）

**27 日** 致函戈宝权："译《新俄诗选》的 L. 即李一氓同志，现任驻缅甸大使。"（戈宝权《回想郭老与马雅可夫斯基的诗和信》，《社会科学战线》

1978年第3期）

**28日** 上午，会见阿尔巴尼亚国家出版社经理德拉戈·西理奇。(29日《人民日报》)

◎ 作诗《红领巾的祈愿》，发表于6月7日《人民日报》。以学生的口吻祈愿："科学家的叔叔们呵，电影界的叔叔们，多多为我们摄制一些科学电影吧！"

**29日** 晚，与周恩来、陈毅等参加中国电影工作者协会在政协礼堂为《大众电影》第二届"百花奖"全体获奖者举行的授奖大会和庆祝晚会。(30日《人民日报》)

**31日** 《长远保持儿童时代的精神》发表于《文汇报》。写道："儿童时代对于客现的新鲜事物最敏感，每时每刻在不知不觉之间都在进行着学习，把客现的新鲜事物不断地印在自己的脑子里，增加自己的认识和知识，就象蜜蜂很勤快地采集花蜜和花粉来酿成蜂蜜的一样。这种儿童时代的精神，是很可宝贵的，我希望你们长远地把它保留下去。""当然，生理上的成长发育是有界限的，到了一定的年龄便只好逐渐衰歇；但精神上的成长发育，由于个人的努力却可以扩大它的界限。"千里之行，起于足下，这句话很有教育意义。"千里之行"，这就是雄心壮志；"起于足下"，是说万里长征是从两只脚迈出步伐开始。"你不迈步走路，光是喊万里长征，那就是空喊了。""所以我们一方面要有雄心壮志，一方面要有勤学苦练。""当然，也包含着我自己在内。"

# 6月

**1日** 下午，会见玻利维亚众议员、众议院制宪委员会副主席、法学博士拉蒙·奥利登，众议员阿尔弗雷多·阿吉雷，玻利维亚总工会常任秘书安东尼奥·安特萨纳。(2日《人民日报》)

◎ 为庆祝武汉解放14周年作《向武汉献红领巾》，发表于5日《武汉晚报》。记述第一次国内革命战争、抗日战争时在武汉的经历，说明"解放前的武汉，应该说是悲剧性的武汉"。随着解放，武汉成为"真真正正的人民的大武汉"，"十四年了。当然，大武汉应该还是一个孩子"，"我要向大武汉奉上一条红领巾"。

◎ 应绍兴文物管理委员会函请，为"沈氏园"题写园名，并书赠《仿钗头凤》，附短跋："一九六二年六月二十九日，晨兴在绍兴游览沈园，遇一中年妇女自言沈氏后人，以《陆游》一册惠赠，感此因仿陆游钗头凤词以纪其事。顷奉绍兴文物管理委员会来函，索书出以供纪念室陈列。"（绍兴文物管理委员会藏手迹；周节棠《郭老沈园重题〈钗头凤〉》，1982年11月24日《羊城晚报》）

◎ 在全国政协书画室为秦仲文、周元亮、董寿平、吴镜汀四位画家合作的大幅山水画题写"风景这边独好"六字。为佛教协会书写《满江红·纪念鉴真上人》。

**2日** 上午，参加北京第二实验小学校庆活动。给校办工厂题词。（郭沫若纪念馆馆藏资料）

**4日** 下午，会见黑田秀俊率领的日本和平委员会代表团。（5日《人民日报》）

**6日** 上午，与刘少奇、董必武、朱德、周恩来等党和国家领导人前往北京站迎接朝鲜最高人民会议常任委员会委员长、朝鲜劳动党中央委员会政治委员会委员、劳动党中央委员会副委员长崔庸健。晚，参加刘少奇举行的会见活动和在人民大会堂举行的盛大欢迎宴会。（7日《人民日报》）

◎ 下午，与陈毅一同参加瑞典大使佩特里在使馆举行的招待会，庆祝瑞典国庆日。（7日《人民日报》）

**8日** 下午，参加刘少奇、董必武、周恩来及首都各界10万人在工人体育场举行的欢迎崔庸健大会。（9日《人民日报》）

◎ 晚，应邀出席英国代办贾维和夫人举行的招待会，庆祝英国女王伊丽莎白二世诞辰。（9日《人民日报》）

**10日** 上午，与董必武、周恩来、陈毅等到北京站为崔庸健一行前往天津访问送行。（11日《人民日报》）

**11日** 下午，与董必武、周恩来等在北京医院向全国人大常委会副委员长、全国政协副主席、中国民主同盟主席沈钧儒遗体告别，并任治丧委员会委员。（12日《人民日报》）

沈钧儒于11日上午在北京逝世。

◎ 晚，与董必武、陈毅等出席尼泊尔临时代办巴斯尼亚特举行的招待会，庆祝马亨德拉国王四十四岁寿辰。（12日《人民日报》）

◎ 作诗《雷锋式的红色少年》，歌颂"为保卫集体财富而光荣牺牲"的张高谦。发表于 7 月 27 日《福建日报》，收 1965 年 5 月少年儿童出版社《先锋歌》。

**12 日** 下午，到机场迎接由古巴科学院全国委员会主席安东尼奥·努涅斯·希门尼斯博士为团长的古巴科学院代表团。(13 日《人民日报》)

**13 日** 七律《挽沈衡山先生》二首发表于《人民日报》，系接读陈叔通、董必武挽诗和原韵而作。《和陈叔老韵》："历史觥觥转铁轮，儿童遍地系红巾。马列宏规欣发展，唐虞盛世识原因。雄心救国双瞑目，斗志终身倍有神。我信先生长不朽，八千岁后尚为春。"《和董老韵》："硕德耆年世不多，一生高唱进行歌。大山三座烟尘散，上寿九旬气象和。爱诗传神堪敬仰，临池有味耐观摩。责赠后觉追先觉，公尔忘私矢靡佗。"16 日将《和董老韵》中的"爱诗传神堪景仰"一句的"诗"字改为"石"字。

◎ 上午，与董必武、周恩来、陈毅等到北京站迎接崔庸健从天津访问归来。(14 日《人民日报》)

◎ 上午，到车站迎接张劲夫为团长的中国科学院代表团回国。(18 日《人民日报》)

◎ 与刘少奇等前往中山公园中山堂吊唁沈钧儒。(14 日《人民日报》)

◎ 下午，与聂荣臻等会见古巴科学院代表团希门尼斯一行。当晚，设宴招待并讲话。(14 日《人民日报》)

**14 日** 上午，在中山堂参加公祭沈钧儒大会，任陪祭。(15 日《人民日报》)

◎ 晚，与陈毅会见古巴科学院代表团全体团员，出席由中国科学院和中古友好协会在政协礼堂举行的欢迎大会并讲话。会后陪同古巴科学院代表团观看介绍延安与桂林风光的纪录片。(15 日《人民日报》)

**15 日** 上午，陪同古巴科学院代表团游览颐和园。(16 日《人民日报》)

◎ 下午，与古巴科学院代表团共同商讨中国、古巴两国科学院合作协议和 1963—1964 年计划项目。(16 日《人民日报》)

◎ 晚，与刘少奇、董必武、朱德、周恩来、邓小平等应邀出席崔庸健在人民大会堂举行的告别宴会。(16 日《人民日报》)

◎ 电贺苏联"东方五号"载人宇宙飞船发射成功。(16 日《人民

日报》）

**17日** 与刘少奇、董必武、朱德等前往机场为崔庸健一行前往东北地区访问后回国送行。（18日《人民日报》）

**18日** 晨，作《满江红·读〈关于国际共产主义运动总路线的建议〉》。用《庄子·列御寇》《墨子·滕文公（下）》中的典故，称赞中共中央《关于国际共产主义运动总路线的建议》"原则坚持，屠龙手如椽巨笔"，"阵堂堂磊落以光明，难枉尺"。"顽石点头天可补，大山解体人之力。海洋中纵使有波澜，定于一。"

收人民文学出版社1977年9月版《沫若诗词选》，现收《郭沫若全集·文学编》第5卷。

◎ 作《纪念番薯传入中国三百七十周年》，发表于25日《光明日报》。据《金薯传习录》记载，番薯原产地为拉丁美洲热带地区，西班牙殖民者初输入于菲律宾，禁其种外传，华侨陈振龙于万历二十一年农历五月，将薯藤挟入小篮内，航海七日，密输入闽，因得传播，"故今年为番薯传入中国三百七十周年"，并"成《满江红》一首以纪念之"。《辞海》"番薯"条释文"本出于交趾"，"电白县有怀兰祠，题曰番薯林公庙"者，认为"这是番薯来源的另一种说法"，曾写信给电白县委，请为调查，复信云："旧有此庙，一九五六年被拆毁，有无碑记，意见不一。"并蒙抄示1946年编印的《县志》，摘录于文中。

收《郭沫若全集·历史编》第3卷。

**22日** 下午，会见藤井日达长老等七位日本佛教界人士。（23日《人民日报》）

◎ 作诗《纪念抗美援朝十三年》，发表于25日《人民日报》。歌颂"中朝人民的义气将永远与日月同高，鲜血凝成的友谊将永远焕发着光耀"。

**23日** 上午，在车站迎接朝鲜科学院院长姜永昌率领的朝鲜民主主义人民共和国科学院代表团到京。（24日《人民日报》）

◎ 晚，与聂荣臻在人民大会堂福建厅会见朝鲜科学院代表团，设宴招待并讲话说："中朝两国人民本着无产阶级国际主义精神的相互支持，已经深深地体现在我们两国的政治、经济、科学、文化，其他一切方面。"（24日《人民日报》）

**24 日** 下午，参加毛泽东会见以古巴科学院全国委员会主席安东尼奥·努涅斯·希门尼斯博士为团长的古巴科学院代表团和古巴海关总局局长阿纳尔多·冈萨雷斯等。(25 日《人民日报》)

◎ 下午，会见越南文联主席邓泰梅率领的越南国家科学委员会文学院代表团。(25 日《人民日报》)

◎ 晚，与陈毅出席中国古巴友好协会和中国拉丁美洲友好协会为欢迎古巴科学院代表团举行的歌舞晚会。(25 日《人民日报》)

**25 日** 下午，与周恩来、陈毅、聂荣臻等出席在政协礼堂举行的朝鲜人民祖国解放战争 13 周年纪念大会。(26 日《人民日报》)

◎ 下午，与聂荣臻出席中国科学院和古巴科学院全国委员会科学合作协议及 1963—1964 年工作计划签字仪式，并作为中方代表在协议上签字。(26 日《人民日报》)

◎ 晚，与聂荣臻出席古巴临时代办佩德罗苏和古巴科学院全国委员会主席希门尼斯举行的晚宴并讲话，庆祝古中两国科学院科学合作协议的签订。(26 日《人民日报》)

◎ 致函戈宝权。告知"《新俄诗选》当以一九二九年光华版为初版本。一九二七年的泰东版是假冒的"。南昌起义失败后，经香港回上海，"在沪得斑疹伤寒，几乎死去，足足卧病一个多月。在这期间，一氓不会有时间译书，我也没功夫来校阅。泰东的假冒是十分荒唐的。一氓原名民治，知者恐不多，据我所知，平生并无'李霖'之名"。1928 年春到日本后，"才接到一氓的译稿。那是从英文选本翻译的，算来应该是一九二九年二月份的事"。(戈宝权《回想郭老与马雅可夫斯基的诗和信》，《社会科学战线》1978 年第 3 期)

◎ 为云南丽江县玉泉公园刚刚翻新竣工的得月楼题联。柱联为："龙潭倒映十三峰，潜龙在天，飞龙在地；玉水纵横半里许，墨玉为体，苍玉为神。"又集毛泽东诗词句为楹联："春风杨柳万千条，风景这边独好；飞起玉龙三百万，江山如此多娇。"系以跋语："玉水龙潭得月楼落成"，"心向往之，何日能得一游耶？"(白庚胜《郭沫若与纳西族文化二三事》，《民族文化》1982 年第 3 期)

**26 日** 晚，与陈毅会见朝鲜科学院代表团全体团员。又与陈毅等出席为朝鲜代表团举行的欢迎晚会，一同观看演出。(27 日《人民日报》)

◎ 复函平襟亚："您的信和邮寄来的五枚旧银币均收到。五枚银币上均无铃记、戳痕，不曾在市面上流通过，为可异。其中有的似乎是纪念章。目前我正在研究这些东西，颇感兴趣，谢谢您。"（见《郭沫若学刊》2011 年第 3 期）

**27 日** 下午，与周恩来在北京饭店会见古巴科学院代表团全体团员。（28 日《人民日报》）

**28 日** 下午，与周恩来会见朝鲜科学院代表团全体团员。（29 日《人民日报》）

◎ 晚，在北京饭店七楼设宴饯别古巴科学院代表团。（《竺可桢全集》第 16 卷，上海科技教育出版社 2009 年版）

**29 日** 晨，往东郊飞机场，送别古巴科学院代表团。（《竺可桢全集》第 16 卷，上海科技教育出版社 2009 年版）

**本月** 《沫若文集》第 14 卷由人民文学出版社出版。收入《中国古代社会研究》全书及选自《甲骨文字研究》《殷周青铜器铭文研究》《金文丛考》三书中研究甲骨文、金文的篇章 13 篇。《中国古代社会研究》根据科学出版社 1960 年新 1 版第 2 次印刷编入。甲骨文研究，从人民出版社 1952 年版《甲骨文字研究》中选出《释祖妣》《释臣宰》《释岁》《释支干》4 篇。殷周青铜器铭文研究，从 1961 年科学出版社新 1 版《殷周青铜器铭文研究》中选出《"令彝""令簋"与其它诸器物之综合研究》、《新郑古器之一二考核》（并附录）、《说戟》（并附录）3 篇，从 1954 年人民出版社《金文丛考》中选出《重印弁言》与《周彝中之传统思想考》《金文所无考》《〈周官〉质疑》《〈汤盘〉〈孔鼎〉之扬榷》《谥法之起源》《"毛公鼎"之年代》6 篇。卷前"说明"："书中全部注释均系作者原注。"

## 夏

◎ 初夏，为魏巍同志书《东风吟之二》："纵有寒流天外来，不教冰雪结奇胎。东风吹遍人间后，紫万红千次第开。"（《郭沫若书法集》，四川辞书出版社 1999 年版）

◎ 初夏，为阿英（钱杏邨）书《大海东风七言联》："大海汪洋迎晓日，东风骀宕舞红旗。"（《郭沫若书法集》，四川辞书出版社 1999 年版）

◎ 初夏，书扇面《广西纪游二十六首》其一《灵渠》。（北京中国画院藏）

◎ 为石磊同志书《广西纪游二十六首》其一《灵渠》。（《郭沫若书法集》，四川辞书出版社1999年版）

◎ 书扇面："急风知劲草，大雪礼苍松。四野鹁鸪叫，一声天下红。"（北京中国画院藏）

◎ 为钟灵同志书"时代精神"。（《郭沫若遗墨》，河北人民出版社1980年版）

◎ 电影文学剧本《郑成功》发表于《电影创作》第2、3期。包括郑成功之歌、序幕、第一章至第十章、尾声、附录。上海文艺出版社1979年出版单行本，现收《郭沫若全集·文学编》第8卷。

# 7月

**1日** 下午，接见被苏联政府无理要求召回的中国科学院在苏联工作的科技工作者姚毅。（2日《人民日报》）

中华人民共和国外交部、中国科学院、中华人民共和国教育部和对外贸易部等部门负责同志分别接见了被苏联政府无理要求召回的中国驻苏联大使馆工作人员和留苏研究生、研究所工作人员等5人。

**2日** 上午，在政协礼堂东厅主持由中国人民政治协商会议全国委员会举办的座谈会，邀请驾机起义归来的原蒋军空军上尉飞行员徐廷泽介绍台湾的社会、经济现状，对其驾机起义飞返祖国怀抱的爱国主义行动表示欢迎。（3日《人民日报》）

**4日** 下午，接见在北京商谈中罗文化合作协定1963年执行计划和中罗两国科学院合作协议的罗马尼亚代表团团长、罗马尼亚驻华大使杜米特鲁·乔治乌以及团员罗马尼亚外交部文化司司长尼·格内亚和罗马尼亚科学院院士蒂·波波维奇。（5日《人民日报》）

◎ 复函曾三。"我的看法，偏向于司马迁曾是一位档案工作者。""他除手中所有的档案之外，还去检阅旧档案。""但以太史公而兼管档案，在汉是以司马迁之死而告终的。"（《档案工作》1980年第3期）

《档案工作》编者说明：1959年6月，周恩来在接见出席全国档案资料工作先进经验交流会议代表时，对曾三说："你们档案工作人员要学习司马迁，当司马迁。"为了正确理解和执行总理的指示，曾三于1963年7月3日写信向郭沫若请教，提出："司马迁不仅是一位史学家、天文学家，而且也是一位档案工作者。"郭沫若遂有此复。

**5日** 上午，到北京机场为前往莫斯科参加中苏两党会谈的中共代表团送行。代表团由邓小平任团长、彭真为副团长。(6日《人民日报》)

◎ 下午，会见中川一政率领的日本画家代表团。(6日《人民日报》)

◎ 下午，会见以木下顺二率领的日本作家代表团。(6日《人民日报》)

◎ 下午，参加在北京展览馆举行的"日本现代现实主义绘画展览"开幕式。(6日《人民日报》)

**6日** 出席中国科学院和罗马尼亚科学院科学合作协议和两国科学院科学合作协议1963—1964年执行计划签字仪式，并在签字以后的宴会上致辞。祝贺中罗两国人民的兄弟友谊永恒不朽，祝贺两国人民在政治、经济、科学、文化、艺术等各方面的合作进一步发展。(8日《人民日报》)

**7日** 上午，会见应邀来我国进行学术访问的朝鲜历史学家李趾麟、考古学家金用玕。(9日《人民日报》)

◎ 下午，在人民大会堂参加外交部等单位举行的欢迎被苏联政府无理要求召回的五位同志大会。(8日《人民日报》)

◎ 为庆祝中央新闻电影制片厂建厂十周年，用该厂拍摄的纪录片片名辑成贺词，手迹发表于第7期《大众电影》。"雄师百万下江南，西风中红旗漫卷。抗美援朝，亚洲风暴，两种命运决战。百万农奴站起来，平息西藏叛乱。黄河突变，在激流中，欢庆十年。"

◎ 手书《追怀梁仁达同志》一文：

"解放前两年，一九四二年二月，国民党反动派在上海把白色恐怖推上了高潮。

二月九日在南京路劝工大楼将举行爱用国货抵制美货的大会。国民党反动派派遣特务捣毁了会场，当场打死了永安公司的职工梁仁达同志。

我当时是在场的，梁仁达同志之死是我亲眼看到的。当时我做了两首诗，一首是《慰问爱国的受难者》，又一首是《梁仁达烈士挽歌》。我说：梁仁达的名字将长垂青史，今天看来，是一点也没有夸大。

转瞬已经十七年了。梁仁达的爱人高绍珊同志已经成为光荣的共产党员。他的儿子梁勇雄今年十七岁，已是初中二年级的学生。看来他这儿子是会踏着他父亲的血迹前进的。

我在今天，依然要高呼：打倒美帝国主义！爱国烈士梁仁达万岁！"（陈鼎隆《郭沫若和我们并肩战斗》，收中共上海市第十百货商店委员会1979年7月编《"二九"斗争纪念专辑》）

**10日**　晚，出席中国人民对外文化协会会长楚图南和中国作家协会主席茅盾举行的酒会，欢送由著名作家木下顺二率领的日本作家代表团。（11日《人民日报》）

上旬　五哥郭开佐（翊新）逝世，终年81岁。

**11日**　下午，出席在政协礼堂举行的首都各界一千五百多人的隆重集会并讲话，庆祝《中朝友好合作互助条约》签订二周年。称赞"中国和朝鲜是山川相连、唇齿相依的好邻居"，"两国人民是同甘共苦、肝胆相照的好战友"。讲话全文载12日《人民日报》。

◎　下午，与陈毅、罗瑞卿等一同参加周恩来会见以白成玉为首的朝鲜成套设备技术代表团，以康鹤洙为首的朝鲜制药和医疗器械工业考察团，平壤市动物园副园长宋吉孙、动物专家崔俊锡，以及以康洪道为首的朝鲜旅行团。（12日《人民日报》）

◎　晚，与周恩来、陈毅、罗瑞卿等出席朝鲜民主主义人民共和国驻中国大使馆临时代办郑凤珪在北京饭店举行的宴会，庆祝《朝中友好合作互助条约》签订二周年。（12日《人民日报》）

**12日**　复信侄媳魏庸芳，对她因丈夫和公公相继去世而悲痛表示慰问："七月八日信接到。五哥去世，已接到电报。你经重重变故，自不免悲痛，但望你以工作为重，宽心自解。五哥已属高龄，瞑目无憾。培谦因公殉职，是光荣的事。侄孙男女，望你好好抚育他们。要念到中国之有今日，是无数烈士们的鲜血凝成的。望他们学习无数先烈，都成为于国有用的人。不问成就大小，螺蛳钉总要不生锈。"（郭沫若纪念馆馆藏资料；《四川大学学报丛刊》1982年2月第3集）

**13日**　致函古巴科学院安·努·希门尼斯院长，告知中国科学院和古巴科学院科学合作协议及1963—1964年工作计划签订后，已于7月11日经中国科学院常务会议讨论核准。（中国科学院档案）

**14日**　与陈毅、聂荣臻等出席中国科学技术大学举行的第一届毕业生毕业典礼并讲话，庆贺这所大跃进中创建的学校为国家培养了第一批

1600多名科学技术人才。讲话说：我们的学校创建于1958年，曾经被称为"跃进大学"。提出四点希望，作为母校对于毕业生的"临别赠言"。

"第一，希望你们做党的好儿女，永远听党的话，遵守纪律，服从调度，毫不动摇。"

"第二，希望你们作为工人阶级的知识分子，以普通工人姿态出现，重视生产劳动，克勤克俭，埋头苦干，永不生锈。"

"第三，希望你们以革命家的高标准来期待自己，投身于伟大的革命运动中，站稳立场，坚决进行阶级斗争，争取革命的全面胜利。"

"第四，希望你们始终保持着学生的态度，继续不断地勤奋学习，红专并进，至死不变，成为毛主席的好学生。"

讲话全文见中国科学技术大学校报《中大校刊》。（15日《人民日报》）

◎ 为南京市工艺美术展览会题诗一首："凯歌吹自石头城，北海波光照眼明。坐看百花齐放蕊，满园硕果意欣荣。"（王寿林，《诗人郭沫若在江苏》，《郭沫若学刊》1993年第3期）

**15日** 下午，出席首都各界人民在人民大会堂隆重举行的万人集会并讲话，反对美帝国主义侵略越南南方，坚决支持越南人民和平统一祖国的正义斗争。讲话说："社会主义国家从各方面支援越南南方人民的革命斗争是自己应尽的国际主义义务。"讲话全文见16日《人民日报》。

◎ 晚，偕夫人于立群出席中非友协等五个友好团体联合举行的酒会，欢迎前来我国访问的亚洲、非洲、拉丁美洲的妇女代表团和代表。（16日《人民日报》）

**16日** 作《刘主席访问四国》，发表于《大众电影》第7期。介绍中央新闻记录电影制片厂摄制的刘少奇访问印尼、缅甸、柬埔寨和越南的纪录片。

**17日** 致函罗马尼亚人民共和国科学院依·格·牟尔古列斯库院长，告知中国科学院和罗马尼亚人民共和国科学院科学合作协议及1963—1964年计划签订后，已于7月11日经中国科学院第六次院务会议讨论核准。（中国科学院档案）

◎ 为贺漆树芬夫人凌树珍女士七十寿辰，书赠七律一首："古视为稀今不稀，大仁必寿至期颐。梁鸿磊落垂光烈，孟母辛勤树典仪。当日铁蹄驱海外，今朝赤帜遍天涯。薰风百代生南国，菊酒浮觞献俚辞。"（《郭沫

若书法集》，四川辞书出版社 1999 年版）

**19 日** 致函朝鲜科学院院长姜永昌，告知中国科学院和朝鲜科学院科学合作 1963 年执行计划签订后，已于 7 月 11 日经中国科学院第六次院常务会议讨论核准。（中国科学院档案）

**21 日** 下午，与毛泽东、刘少奇、周恩来、朱德、董必武等到机场欢迎参加中国共产党和苏联共产党会谈的中国共产党代表团。代表团由邓小平任团长、彭真为副团长，乘专机由莫斯科回到北京。（22 日《人民日报》）

**22 日** 晚，与朱德、陈毅等出席波兰人民共和国驻中国大使耶日·克诺泰在大使馆举行的招待会，庆祝波兰国家复兴节 19 周年。（23 日《人民日报》）

**23 日** 晚，与周恩来、陈毅等出席阿拉伯联合共和国驻中国大使馆临时代办穆斯塔法在北京饭店举行的招待会，庆祝阿拉伯联合共和国国庆日。（24 日《人民日报》）

◎ 作《满江红·天外人归》，赞中国共产党代表团，有小序。

收人民文学出版社 1977 年 9 月版《沫若诗词选》，现收《郭沫若全集·文学编》第 5 卷。

**24 日** 晚，出席中国人民保卫世界和平委员会、中国亚非团结委员会举行的宴会并讲话，欢迎以金国薰为首的朝鲜拥护和平全国民族委员会和朝鲜亚非团结委员会代表团全体同志。讲话说，7 月 27 日是中朝人民迫使美帝国主义在朝鲜停战协定上签字的日子，全世界人民都看到，朝鲜人民在这场反侵略战争中打败了当前最凶恶，并且拥有核武器的美帝国主义。在这以后，越南人民、古巴人民和阿尔及利亚人民也相继打败了拥有核武器的帝国主义。现代修正主义者闭眼不看美帝国主义的凶恶罪行，闭眼不看各国人民反帝斗争的宝贵经验，竭力迎合帝国主义，夸大核恐怖，为帝国主义的核讹诈效劳，企图和帝国主义共同垄断核势力，这显然是绝顶荒谬的。热情称颂中朝两国人民牢不可破的战斗友谊，中朝人民是同生共死、肝胆相照的战友和兄弟，中国人民将始终不渝地全力支持朝鲜人民反对美帝国主义侵略、争取祖国和平统一的斗争。（25 日《人民日报》）

◎ 晚，与董必武、陈毅等出席伊拉克共和国驻中国大使阿卜杜勒·穆塔列布·阿明在北京饭店举行的招待会，庆祝伊拉克共和国成立五周

年。(25 日《人民日报》)

**25 日** 下午,与周恩来、陈毅等出席首都各界一万多人在人民大会堂举行隆重盛大的集会并讲话,庆祝古巴 7 月 26 日革命节十周年。讲话说:"我们有一切责任来维护和加强社会主义阵营的团结,维护和加强全世界无产阶级的团结,维护和加强全世界人民的大团结。"讲话全文载 26 日《人民日报》。

◎ 复函吴世昌,商讨曹雪芹卒年问题。"您寄来的文章,拜读了","颇觉癸未说的证据要充实些,壬午说不免有孤证单行之嫌"。"我同时想到一点,癸未年的大事不知在八十回本中有无文字上的反映。如有同志肯耐心考察一下,或不失为一个线索也。"(吴世昌《郭沫若院长谈曹雪芹卒年问题》,《社会科学战线》1978 年第 3 期)

**26 日** 与周恩来、邓小平、彭真、陈毅、罗瑞卿等出席首都各界在人民大会堂举行的万人大会并讲话,庆祝"七二七"朝鲜祖国解放战争胜利十周年。讲话说:"朝鲜战争的历史事实证明,人民的力量是不可战胜的。在战争中,人是决定的因素。片面夸大技术因素的作用,是完全错误的。""新的技术因素并不能成为战争的决定因素。何况任何新技术都不是什么高不可攀的,都不可能长期为少数人和少数国家所垄断。"(27 日《人民日报》)

◎ 下午,与周恩来、邓小平、彭真、陈毅、罗瑞卿等会见以金国熏为首的朝鲜拥护和平全国民族委员会和朝鲜亚非团结委员会代表团。(27 日《人民日报》)

◎ 晚,与周恩来、罗瑞卿等出席古巴驻中国大使馆临时代办雷希诺·佩德罗苏举行的招待会,庆祝古巴人民武装起义十周年。(27 日《人民日报》)

**27 日** 晚,与周恩来、邓小平、彭真、陈毅等出席朝鲜民主主义人民共和国驻中国大使馆临时代办郑凤珪举行的宴会,庆祝朝鲜祖国解放战争胜利十周年。(28 日《人民日报》)

**31 日** 作《满江红·斥投降主义者》,揭露美英苏签订部分禁止核试验条约的本质。现收《郭沫若全集·文学编》第 5 卷。

**本月** 苏州湖笔厂老艺人虞宏海代表全厂工人的心意,送来精制湖笔一支。作诗一首回赠湖笔社:"湖上生花笔,姑苏发一枝。民威代天畏,腐朽出新奇。破壁群龙舞，临池五凤飞。欲将天作纸，写出长征词。"（《湖上生花笔》，《解放日报》1980年6月22日；王寿林《诗人郭沫若在江苏》，《郭沫若学刊》1993年第3期）

## 8月

**1日** 下午，主持首都各界一万多人在人民大会堂举行的隆重集会，支持即将在日本广岛举行的第九届禁止原子弹氢弹世界大会，支持日本人民的反美爱国斗争。致辞预祝第九届禁止原子弹氢弹世界大会获得新的成就，表示中国人民坚决支持日本人民关于全面禁止核武器、反对核战争的正确主张，坚决支持日本人民的反美爱国正义斗争。（2日《人民日报》）

◎ 与周恩来、陈毅、罗瑞卿一同会见正在北京访问的日本社会党众议员帆足计，日中友好协会理事宫腰喜助，以大塚有章为首的日中友好协会学习活动家代表团，以古屋贞雄为首的日朝问题研究所代表团以及日中贸易促进会常务理事押三俊夫。（2日《人民日报》）

**7日** 致日本禁止原子弹氢弹协议会并转广岛第九届禁止原子弹氢弹世界大会电文发表于《人民日报》。指出"美、英、苏三国签订的部分禁止核试验条约，旨在巩固核大国的核垄断地位，丝毫没有减少核战争危险"，"这个条约是个假和平、真备战的愚弄世界人民的大骗局"。

**8日** 作《满江红》，有小序。以上海机床钢模厂工人王存柏右手腕部被机器完全轧断，上海市第六人民医院外科主治医师陈中伟、外科副主任钱允庆等及时施行手术，将断手接好，作词称赞。发表于17日《人民日报》，手迹发表于31日《健康报》，题为《断腕重生》，小序末署"调寄满江红。一九六三年八月八日于北戴河"。

收入民文学出版社1977年9月版《沫若诗词选》，改题为《断手再植》；现收《郭沫若全集·文学编》第5卷。

**9日** 任冀朝鼎同志治丧委员会主任委员。（9日《人民日报》）

冀朝鼎，中国国际贸易促进委员会副主席、中国拉丁美洲友好协会副会长、中国人民对外文化协会常务理事、中国银行副董事长、中国人民保卫世界和平委员会常务委员，因患脑溢血症，于9日晨逝世于北京。

**12日** 下午，主持首都各界一万多人在人民大会堂举行的盛大集会，支持美国黑人反对种族歧视的英勇斗争。致开会词指出，现在有些自称为马克思列宁主义者的人，企图使被压迫民族和被压迫人民同帝国主义和反动统治阶级"和平共处"，去忍受它的欺凌，这是对全世界人民利益的背叛。表示：中国人民坚决履行自己的国际主义义务，坚决支持被压迫民族和被压迫人民的正义斗争，坚决支持美国黑人反对种族歧视的斗争，永远站在美国黑人的一边。（13日《人民日报》）

**13日** 上午，首都各界人士一千多人在首都剧场举行冀朝鼎公祭，为主祭。（14日《人民日报》）

**15日** 晚，与周恩来等应邀出席朝鲜民主主义人民共和国驻中国大使馆临时代办郑凤珪在大使馆举行的招待会，庆祝朝鲜解放18周年的光辉节日。（16日《人民日报》）

**19日** 为东风剧团建团四周年题词："东风是富有生命力的。祝你们体现东风的力量，把生命传到四方，把生命传到永远。祝你们和你们的艺术永远年青！"（王振国、王鹏、王鑫鲲《东风史话》，解放军文艺出版社2009年版）

**24日** 晚，在人民大会堂新疆厅举行宴会并讲话，欢送以朝鲜科学院院长姜永昌为首的朝鲜科学院代表团。通过这次访问，中朝两国科学工作者在一系列科学技术工作领域内相互加深了了解，充分地交流了经验，这在中朝两国科学院的合作方面，是有极其重要意义的。以金锡亨教授为首的朝鲜历史、考古学家代表团以及朝鲜驻中国大使馆临时代办郑凤珪应邀出席。（25日《人民日报》）

**25日** 下午，参加毛泽东接见以朝鲜科学院院长姜永昌为首的朝鲜科学院代表团。（26日《人民日报》）

接见时，毛泽东提到《中国史稿》的撰写进度。说科学工作大有文章可做。我们已经做了很多工作，但是可做的文章还不少。历史也了解得很不够。现在还只编了一部上古史（从原始公社讲起，讲到奴隶社会），封建社会时期还未搞出来，越到近代越不了解了。过去历史学家就是不研究近代和现代。（《毛泽东年谱（1949—1976）》第5卷，中央文献出版社2013年版）

◎ 晚，与聂荣臻出席朝鲜驻我国大使馆临时代办郑凤珪为朝鲜科学院代表团访问我国举行的宴会并讲话。（26日《人民日报》）

◎ 为马衡《凡将斋金石丛稿》作序。称颂马衡"是中国近代考古学的前驱","他继承了清代乾嘉学派的朴学传统,又锐意采用科学的方法,使中国金石博古之学趋于近代化"。"还是一位有力的文物保护者。中国古代文物,不仅多因他而得到阐明,也多因他而得到保护。"(马衡《凡将斋金石丛稿》,中华书局 1977 年版)

**26 日** 中午,到北京站为朝鲜科学院代表团结束在我国的访问,乘火车离开北京回国送行。(27 日《人民日报》)

**27 日** 出席在人民大会堂河北厅召开的中国科学院第七次院务会议,并担任会议主席。会议邀请在京的学部委员,共同讨论中国科学院赠给名誉学部委员,以及赠予印度尼西亚共产党领袖艾地以名誉学部委员名称等问题。在会议中提出之前中央研究院已有院士之称,不便再用。(《竺可桢全集》第 16 卷,上海科技教育出版社 2009 年版)

**28 日** 下午,与周恩来、邓小平、彭真等以及各界群众一千多人,到首都机场迎接应中国共产党中央委员会邀请,由印度尼西亚共产党中央委员会主席迪·努·艾地率领的印度尼西亚共产党代表团。(29 日《人民日报》)

◎ 致电杜波依斯夫人歇莉·格雷姆,吊唁杜波依斯博士逝世。称赞"杜波依斯博士一生为被压迫民族争取解放和全人类争取进步的事业作出了巨大的贡献"。电文载 29 日《人民日报》。

◎ 参观在首都举行的天津传统工艺"泥人张"彩塑展览,赋七绝一首:"用泥造人首女娲,明山泥人锦上花。昨日造人只一家,而今桃李满天下。"(《明山泥人锦上花》,1980 年 1 月 10 日《市场》)

**29 日** 下午,与毛泽东接见正在北京访问的越南南方民族解放阵线代表团。(30 日《人民日报》)

◎ 作《和杜波依斯博士问答》,深切悼念杜波依斯博士,发表于 9 月 8 日《人民日报》。"——杜波依斯博士,你真的离开了这个世界吗?/——不!我没有离开!我是化为了一面红旗,/插在被压迫民族和被压迫人民所在的地方,/插在维护正义争取民族解放和持久和平的地方。/你还记得吗?一九六二年秋天我又来到中国,/我曾经对你说:'我爱中国,我愿意死在中国'。/你不是告诉过我:中国也爱我,我将永远活着?/是的,我将永远活着,只要我不肯离开世界人民。//——对,你会永远活着，世界人民也不肯离开你。/离开你的是那些帝国主义者，新老殖民主义者，/是那些现代修正主义者，反动的民族主义者，/是那些一爪抓着箭，一爪抓着橄榄枝的老鹰，/是那些追随老鹰和老鹰讲朋友的乌鸦和秃鹫，/是那些在指挥棒下团团打转的各种各样的鹦鹉/而你是会永远活着的，我们在四处都看见了你。//——你真的在四处都看见了我吗？我是加纳的居民呵！/——真的，我们在四处都看见了你，你已经超越了时间和空间。/我们四处都看见了你，你是化为了红旗，化为了火炬，化为了向全世界人民广播着的热情洋溢的声浪：/'黑色大陆可以从中国得到最多的友谊和同情。'//——奇妙的是，有人在说你们中国人是种族主义者，/而美国的肯尼迪和三 K 党倒是真正的慈善家；有人在说你们中国人是好战分子，打算玩弄核武器，/而垄断着核武器的自封霸王们却真在关心和平！/——那就是那些老鹰、乌鸦、秃鹫和鹦鹉所放射着的毒素了。/必须扫荡尽那些毒素，世界的空气才能够澄清。/——不错，我同意，我已经化为了红旗，化为了火炬，/化为了'自由进军'的军号，化为了热情洋溢的声浪，/我要向全世界人民高呼，高呼，永远不歇地高呼：/'不管是黑色大陆，黄色大陆，红色大陆，白色大陆，/凡是被压迫者都可以从中国得到最多的友谊和同情。'"

**30 日** 下午，参加并主持首都各界一万多人在人民大会堂的集会，声讨美帝国主义和吴庭艳集团残酷屠杀越南南方人民的血腥暴行，坚决支持越南南方人民和佛教徒的反美爱国正义斗争。讲话全文见 31 日《人民日报》。

◎ 下午，参加朱德委员长会见越南南方民族解放阵线代表团团长、越南南方民族解放阵线中央委员阮氏萍和代表团团员：越南南方劳动解放协会中央委员黎成南、越南南方诗人青海。(31 日《人民日报》)

◎ 晚，与刘少奇、周恩来、朱德、邓小平等出席宴会，欢迎印度尼西亚共产党中央委员会主席迪·努·艾地和由他率领的印度尼西亚共产党代表团的全体同志。(31 日《人民日报》)

**31 日** 晚，与彭真等出席文化部举行的文艺晚会，欢迎艾地和由他率领的印度尼西亚共产党代表团。(9 月 1 日《人民日报》)

## 9月

**2日** 下午，往中国美术馆，出席"越南争取祖国统一斗争美术作品展览"开幕式。（5日《人民日报》）

◎ 晚，与周恩来、邓小平、彭真等出席越南民主共和国驻华大使陈子平在北京饭店举行的招待会，庆祝越南民主共和国成立18周年。（3日《人民日报》）

◎ 应越南通讯社驻北京记者黎思荣之请，以《把人间地狱化为地上乐园》为题撰文，表示坚决支持越南南方人民和佛教徒的正义斗争。全文载6日《人民日报》。

**3日** 下午，出席中国人民外交学会会长张奚若举行的招待会，欢迎以肯尼亚下院议员、下院执政党议会党团首席督导约翰·戴维·卡利为首的肯尼亚非洲民族联盟代表团。（4日《人民日报》）

◎ 晚，出席中国人民保卫世界和平委员会和中国亚非团结委员会举行的宴会，欢送以阮氏萍为首的越南南方民族解放阵线代表团。（4日《人民日报》）

**4日** 上午，与周恩来、邓小平、彭真等以及中央和北京市党、政、军系统和人民团体中的共产党员、共青团员等一万多名干部举行的盛大集会，欢迎艾地和由他率领的印度尼西亚共产党代表团全体同志。艾地应邀在会上作了题为《印度尼西亚革命的若干问题和印度尼西亚共产党》的长篇报告。（5日《人民日报》）

**5日** 晚，出席在人民大会堂举行的中国科学院赠予艾地中国科学院名誉学部委员称号的仪式并讲话。讲话全文发表于7日《人民日报》。讲话中说："中国科学院赠予外国杰出人士以名誉学部委员的荣誉称号，这还是第一次。""艾地同志是印度尼西亚共产党的领袖，是印度尼西亚人民敬仰的革命活动家，是国际共产主义运动的卓越战士，是我们中国人民的亲密朋友。"高度赞扬艾地同志"在为印度尼西亚革命事业从事繁重的革命活动的同时，还孜孜不倦地进行革命理论的研究和创作，发表了许多有关印度尼西亚革命、国际共产主义运动和其他方面的论著"。

◎ 为将于11月在雅加达举行的新兴力量运动会作诗《永远创造青

春》，发表于16日《体育报》。"自然界和人事界，万事万物，都在不断地新陈代谢。体育界发展出一个新兴运动，完全是合乎客观的自然规律。//旧的事物不断地受了污染，失掉了它的合理性，存在的必然，叶子枯萎了就只好脱离树枝，由新生的芽苞起来把它代替。//人民的热情是公正无私的阳光，会使新生芽苞逐渐增加力量，使它成为顶天立地的华盖呵，使百花齐放，向全宇宙吐放芬芳。//人民歌颂新生，人民鼓动新生，在改造世界中，人民执掌着权衡，要使陈旧都接受火的洗礼，要使人民的世纪永远创造青春！"

◎ 为重书杜甫草堂顾复初长联作跋："杜工部草堂旧有清人顾复初长联，句丽词清，格高调永，脍炙人口，翱翔艺林。曾为名祠中平添史料。惜原刻木联已毁，今凭记忆，嘱内子于立群同志重为书出。用自首都，寄归锦城。遥想风清月白之堂，龙蜷虎卧之地，人民已作主人，气象焕然一新，谅不妨多此一段翰墨缘也。顾氏乃苏州元和人。清季游致蜀中，故以流寓自况云，又顾氏通词章，工书画，有文集存世，此联隐隐以之为工部继承者亦，可见其自负不凡也。"（《郭沫若于立群书法选集》，中国书店2007年版）

**6日** 下午，会见加纳美术家阿希汉尼教授。(7日《人民日报》)

**8日** 晚，与周恩来、朱德、董必武、彭真、陈毅等及首都各界一万多人参加在人民大会堂举行的盛大集会，庆祝朝鲜民主主义人民共和国成立15周年。(9日《人民日报》)

◎ 晚，与周恩来、朱德、董必武、彭真、陈毅等会见朝中友好协会代表团团长韩秀东和团员崔安国、金斗星、宋英爱，由金承祚上校和李正道中校率领的朝鲜人民军男子篮球队，以及朝鲜水产省处长都鹤渊。(9日《人民日报》)

**9日** 晚，与刘少奇、周恩来、朱德、邓小平、彭真、陈毅、贺龙、李雪峰、罗瑞卿等出席朝鲜民主主义人民共和国驻中国大使馆临时代办郑凤珪在北京饭店举行的盛大招待会，庆祝朝鲜民主主义人民共和国成立15周年。(10日《人民日报》)

**11日** 作《黄钟与瓦釜》，发表于1977年10月26日《人民日报》。"黄钟之与瓦釜，就是善与恶、是与非、美与丑、正与邪、真理与诡辩，永远是对立一时而前者总是获得决定的胜利。""瓦釜哟，雷鸣吧！瓦釜师们哟，拚命地把你们的破坛破罐敲得粉碎吧！有一个适当的下处在等待着，那就是垃圾堆。""黄钟鸣而八音克谐，这宏伟的交响乐要响彻天地，响彻八垓，响彻今日，响彻未来。宇宙要充满着真理与正义的和谐。"1977年9月19日又为此文作附记。

◎ 致函巨赞法师："信悉。'敦煌古墨'承为详细考校，甚感。《道余录》及《现代佛学》并已拜领。关于姚少师木刻像保存事，我已致函王冶秋同志，请他们加以考虑，据像片看来，殆是七十岁左右之像。《故宫》第六期及《故宫周刊》（一九二一、九、一九）有画像，闻系南薰厂历代名王像之一，则更年青些。要之，此人为一值得重视的历史人物。敬礼！"（中国佛教协会图书馆馆藏资料；朱哲《巨赞法师全集》，社会科学文献出版社2008年版）

**13日** 下午，会见前来北京参加世界科协北京中心第一次科学讨论会筹备会，并进行友好访问的古巴气象学家奥古斯丁·阿尼托教授和古巴奥连特省教育和科学工作者协会总书记奥兰多·努涅斯。（14日《人民日报》）

◎ 作《满江红·读〈关于斯大林问题〉》，有"纵使扬灰，斯大林英灵不散"句。

收入人民文学出版社1977年9月版《沫若诗词选》，有小序；现收《郭沫若全集·文学编》第5卷。

**14日** 上午，到北京站欢送刘少奇等应朝鲜民主主义人民共和国最高人民会议常任委员会委员长、朝鲜劳动党中央委员会副委员长崔庸健同志邀请，前往朝鲜民主主义人民共和国进行友好访问。（15日《人民日报》）

◎ 复信魏庸芳："九月八日信收到。中央的政策是要看现在的表现，成分在其次。努力做好当前的工作，严格要求自己，做出成绩来。争取入党入团是好的，入党入团也为的是做出更好的成绩，不是为了名誉。教育孩子们加倍忘我地努力吧。"（《四川大学学报丛刊》1982年2月第3集）

**16日** 于陈毅家中见纳西族画家周霖所作《水库清风》，作七绝《看周霖同志画展题赠》赞曰："石鼓声闻到凤城，龙潭风物生生，山泉引自源头处，天外飞来有鹡鸰。"（白庚胜《郭沫若与纳西族文化二三事》，《民族文化》1982年第3期）发表于《边疆文艺》11月号。

周霖个人画展于本月在中国美术馆举行，陈毅设宴庆贺。郭沫若应邀参观了画展，并出席贺宴。

**17日** 作《满江红·抗议纳乌什基事件》，抗议苏联7日在纳乌什基边境站武装劫我国列车事件。

收人民文学出版社1977年9月版《沫若诗词选》，有小序；现收《郭沫若全集·文学编》第5卷。

◎ 为越秀游泳场题联："学就屠龙游大海，竞能刺鄂舞长空。"（郭沫若纪念馆馆藏资料）

**21日** 上午，与邓小平、彭真等到机场欢送艾地和由他率领的印度尼西亚共产党代表团，由周恩来、罗瑞卿陪同前往广州参观访问。（22日《人民日报》）

◎ 晚，与朱德等出席马里驻中国大使比拉马·特拉奥雷在北京饭店举行的招待会，庆祝马里共和国成立三周年。（22日《人民日报》）

**24日** 复函刘淑芳："您'八月廿日'的信，直到今天（九月廿四日）我才看到。看来这信曾作星际旅行，大概绕了地球几周。因此您要求我写歌辞'在八月底以前'交卷，当然已把时间错过了。您们的支援黑人的音乐会何时举行，能告诉我吧？祝您好。"（郭沫若纪念馆馆藏资料）

◎ 晚，在人民大会堂会见应中国科学院、中华人民共和国科学技术协会、世界科协北京中心邀请来进行访问、讲学，并参加世界科协北京中心第一次科学讨论会筹备会议的澳大利亚射电天文学家、悉尼大学教授克里斯琴森。会见后，在北海仿膳宴请。（25日《人民日报》；中国科学院档案）

**25日** 上午，与聂荣臻、陆定一等会见应邀来我国参加中国科协和世界科协北京中心联合召开的1964年科学讨论会筹备会以及参加中华医学会第八届全国外科学术会议的各国外宾。（26日《人民日报》）

◎ 下午，偕夫人于立群等到机场欢迎著名的美国黑人领袖罗伯特·威廉和他的夫人梅贝尔。（26日《人民日报》）

◎ 晚，与聂荣臻、陆定一等出席中华人民共和国科学技术协会主席李四光、世界科协北京中心主任张维、中华医学会会长傅连暲在人民大会堂宴会厅举行的宴会，欢迎来我国参加中国科协和世界科协北京中心联合召开的1964年科学讨论会筹备会以及参加中华医学会第八届全国外科学术会议的各国外宾。（27日《人民日报》）

◎ 与聂荣臻、陆定一等出席一千多位中外科学家连续两天在首都的

隆重集会，庆祝世界科学工作者协会北京中心成立。(27日《人民日报》)

世界科学工作者协会北京中心是根据世界科学工作者协会1962年9月举行的第二十四次执行理事会通过的决定成立的。

◎ 致电佩雷拉夫人，对锡兰司法部长、前任驻华大使、锡兰著名和平战士阿·伯·佩雷拉不幸病逝表示哀悼，并向佩雷拉夫人表示深切的慰问。(27日《人民日报》)

**26日** 晚，出席中国人民保卫世界和平委员会为美国黑人领袖罗伯特·威廉和夫人梅贝尔举行的欢迎宴会并讲话。赞扬罗伯特·威廉夫妇"是一千九百万美国黑人和所有被压迫的美国人民的友谊使者"，"是日益觉醒的美国黑人的英勇战士和著名领袖"。威廉先生坚决反对美帝国主义的种族歧视，献身黑人解放事业的革命精神，是中国人民十分钦佩和支持的。(27日《人民日报》)

**27日** 上午，与朱德、彭真等到机场欢迎由印度尼西亚合作国会副议长、印度尼西亚共产党中央委员会第一副主席鲁克曼率领的印度尼西亚共和国合作国会代表团。(28日《人民日报》)

◎ 晚，与朱德等出席在人民大会堂举行的宴会，欢迎和会见由印度尼西亚合作国会副议长鲁克曼率领的印度尼西亚共和国合作国会代表团。(28日《人民日报》)

**28日** 下午，与宋庆龄、董必武、周恩来、朱德、邓小平等以及首都各界群众数千人到车站迎接刘少奇等结束对朝鲜民主主义人民共和国的友好访问回到北京。(29日《人民日报》)

◎ 下午，偕夫人于立群等到机场迎接巴西著名社会活动家莱特将军和夫人。他们是应中国人民保卫世界和平委员会邀请来参加我国国庆庆祝活动和进行友好访问的。(29日《人民日报》)

◎ 晚，偕夫人于立群设宴欢迎瑞典斯德哥尔摩皇家工业大学等离子体物理研究所所长阿尔芬教授和夫人。(29日《人民日报》)

**29日** 下午，陪同以鲁克曼副议长为首的印度尼西亚合作国会代表团参观北京工艺美术工厂。(30日《人民日报》)

◎ 下午，与周恩来会见印度尼西亚共和国合作国会副议长鲁克曼和由他率领的印度尼西亚共和国合作国会代表团。(30日《人民日报》)

◎ 晚，偕夫人于立群等出席中国人民保卫世界和平委员会为巴西著名社会活动家莱特将军和夫人举行的欢迎宴会,并致辞欢迎巴西贵宾,热情称赞莱特将军是巴西和拉丁美洲反对帝国主义、争取民族解放的积极战士,对莱特将军为保卫世界和平事业所做的努力表示衷心的钦佩。(30日《人民日报》)

**30日** 上午,会见巴西里约热内卢巴中文协副主席、巴西《幽默报》社长、作家阿帕里西奥·托雷利。(10月1日《人民日报》)

◎ 晚,参加毛泽东、刘少奇、宋庆龄、董必武、周恩来、朱德、邓小平等会见印度尼西亚合作国会副议长、印度尼西亚共产党中央第一副主席鲁克曼和由他率领的印度尼西亚合作国会代表团的全体成员。(10月1日《人民日报》)

◎ 晚,与毛泽东、刘少奇、宋庆龄等出席周恩来在人民大会堂举行的盛大国庆招待会,隆重庆祝中华人民共和国成立14周年。(10月1日《人民日报》)

## 秋

◎ 为王黎夫书:"柏子白如花,柏叶红于火。乾坤谁点(染),劳力创山河。"(《郭沫若书法集》,四川辞书出版社1999年版)

◎ 书旧作咏西湖四语为鹭丹同志:"湖上青山叠翠,水中明月增辉。四季如春欲醉,万方宾至如归。"(《郭沫若书法集》,四川辞书出版社1999年版)

◎ 为傅抱石周甲撰联:"服务人民,老当益壮;师法造化,锦上添花。"由于立群书出相赠。另题斗方相赠,跋云:"抱石同志,年已周甲,画艺创造,到老不衰,服务精神,与年俱进,用赠此联,以资共勉。一九六三年秋,石沱生撰并书。"(郭沫若纪念馆馆藏资料;周惠斌《郭沫若和傅抱石的翰墨缘》,《党史文汇》2010年第1期)

## 10月

**1日** 上午,参加首都50万人在天安门前举行的盛大集会,隆重庆祝中华人民共和国成立14周年。(2日《人民日报》)

◎ 分别陪同毛泽东、刘少奇会见美国黑人领袖罗伯特·威廉和夫人。

(2日《人民日报》)

◎《满江红·国庆献词》发表于《光明日报》《中国青年报》。"十四春秋，新中国，蒸蒸日上。高举起，红旗三面，光芒万丈。自力更生形势好，迎头赶上精神壮。不多时，将使旧乾坤，换新样。尊劳动，轻受享，勤增产，先质量。反现修，一刻不容放松。六亿舜尧齐努力，五洲马列同方向。把狂澜，既倒挽回之，凯歌唱。"

**2日** 中午，出席彭真为欢迎以印度尼西亚共和国合作国会副议长鲁克曼为团长的合作国会代表团举行的宴会。(3日《人民日报》)

◎ 晚，出席印度尼西亚共和国合作国会代表团团长、合作国会副议长鲁克曼在人民大会堂举行的招待朱德的宴会。(3日《人民日报》)

◎ 晚，与周恩来、陈毅、薄一波等应邀出席几内亚驻华大使卡马拉·马马迪在北京饭店举行的盛大招待会，庆祝几内亚共和国成立五周年。(3日《人民日报》)

◎ 夜，为四川省新都县桂湖公园题写匾额，并对联："桂蕊飘香美哉乐土　湖光增色换了人间"。(《郭沫若书法集》，四川辞书出版社1999年版)

**3日** 上午，与朱德等到机场欢送鲁克曼率领的印度尼西亚共和国合作国会代表团乘专机离开北京，前往我国东北参观访问。(4日《人民日报》)

◎ 下午，出席政协全国委员会在政协礼堂举行的盛大酒会并讲话，招待来北京参加国庆活动的一千多位海外华侨、港澳同胞以及印度受难归侨代表和各地归侨模范、先进工作者，勉励他们为祖国的社会主义建设多做贡献。(4日《人民日报》)

◎ 晚，会见应中华全国新闻工作者协会邀请来我国访问的古巴《世界报》社长、古巴保卫和平与各国人民主权运动书记路易斯·戈麦斯·万圭梅。(4日《人民日报》)

**4日** 上午，在政协礼堂出席中国日本友好协会成立大会，被推选为中国日本友好协会名誉会长。发表讲话说："中日两国的社会制度是不同的，但我们应当本着和平共处五项原则和万隆会议十项原则友好相处，应当广泛发展中日两国间的经济贸易和文化友好关系。这是完全符合中日两国人民的利益的。中日两国人民和各国人民的友谊以及各国人民要求友好相处的力量，像历史洪流一样，会冲破一切阻碍，不断地向前推进！"讲话全文载 5 日《人民日报》。

◎ 下午，会见应邀来我国参加鉴真和尚逝世 1200 年纪念活动的以金刚秀一法师为首的日本佛教代表团和以安藤更生为首的日本文化界代表团。(5 日《人民日报》)

◎ 出席首都人民和文化界、医药界、佛教界一千五百多人在政协礼堂举行的隆重集会，纪念鉴真和尚逝世 1200 周年。(6 日《人民日报》)

◎ 晚，出席中国国际贸易促进委员会主席南汉宸在人民大会堂宴会厅举行的盛大招待会，庆祝日本工业展览会即将在北京开幕。(5 日《人民日报》)

**5 日** 上午，会见了以中西义雄为首的日本部落解放同盟青年、妇女代表团。(6 日《人民日报》)

◎ 下午，出席日本工业展览会在北京展览馆的开幕式。(6 日《人民日报》)

◎ 晚，出席日本工业展览会总裁石桥湛山在北京饭店举行的盛大招待会，庆祝日本工业展览会开幕。(6 日《人民日报》)

◎ 晚，与朱德接见以日本著名作曲家原太郎为首的日本蕨座民族歌舞团，观看在首都剧场举行的首次访华演出。(6 日《人民日报》)

**6 日** 晚，与贺龙出席中国巴基斯坦友好协会举行的招待会，欢送巴基斯坦参加中国国庆观礼团。(7 日《人民日报》)

◎ 晚，偕夫人于立群出席中国人民保卫世界和平委员会和中国政治法律学会举行的宴会，欢迎日本和平委员会会长、日本国际法律家联络协会副会长平野义太郎和夫人。(7 日《人民日报》)

**8 日** 晚，与朱德观看印度尼西亚人民文化协会歌舞团在民族文化宫举行的访华首次演出，并会见了以巴苏基·里索博沃为首的印度尼西亚人民文化协会代表团。(9 日《人民日报》)

**9 日** 晚，出席中国国际贸易促进委员会主席南汉宸和夫人举行的招待会，欢送日本工业展览会总裁石桥湛山和夫人。(10 日《人民日报》)

◎ 夜，作《满江红·国庆之夜月亮与太阳对话》，发表于 13 日《人民日报》。用月亮和太阳的对话来比喻中国和美国。

收人民文学出版社 1977 年 9 月版《沫若诗词选》，改题为《满江红·日月对话》；现收《郭沫若全集·文学编》第 5 卷。

**10日** 下午，与贺龙出席首都各界一万多人在人民大会堂举行的反对美国帝国主义、支持美国黑人反对种族歧视斗争的盛大集会并讲话。着重谈到当前美国黑人斗争的伟大历史意义，庄严地重申六亿五千万中国人民永远坚决支持美国黑人兄弟和美国人民的斗争。称赞罗伯特·威廉是当代美国黑人的英勇战士和领袖，对他坚持斗争的革命精神表示衷心的钦佩。(11日《人民日报》)

著名美国黑人领袖罗伯特·威廉和夫人梅贝尔，在北京的许多美国朋友和亚洲、非洲、拉丁美洲、大洋洲的朋友们，出席了大会。

◎ 任嵇文甫同志的治丧委员会委员。(12日《人民日报》)

嵇文甫同志，河南省副省长、中国科学院哲学社会科学部委员、郑州大学校长，因患脑溢血症，于本日上午在郑州逝世。

**12日** 上午，会见了由沙蒂亚·格拉哈率领的印度尼西亚新闻工作者代表团全体成员。(13日《人民日报》)

◎ 下午，与朱德到机场欢迎应邀来我国访问的坦噶尼喀共和国国民议会议长亚当·萨皮·姆克瓦瓦由昆明经武汉到达北京。(13日《人民日报》)

◎ 晚，出席朱德会见和设宴招待姆克瓦瓦和随同他来访的坦噶尼喀国民议会秘书姆瑟克瓦。(13日《人民日报》)

◎ 致电全印和平理事会前主席、世界和平理事会主席团委员赛福丁·克其鲁的家属，对克其鲁博士不幸逝世，致以深切的哀悼和慰问。(13日《人民日报》)

**15日** 上午，会见法国《战斗报》记者卡力克。(16日《人民日报》)

◎ 晚，接见并宴请以樱田一郎教授为团长的日本高分子代表团。(16日《人民日报》)

**18日** 晚，偕夫人于立群设宴招待智利激进党参议员、智利全国和平委员会副主席阿乌马达和夫人。(19日《人民日报》)

**20日** 上午，接见出席亚洲11个国家和地区佛教徒会议的佛教代表团、法师和居士。(21日《人民日报》)

◎ 下午，参加周恩来会见出席亚洲11个国家和地区佛教徒会议的外宾。(21日《人民日报》)

◎ 晚，与中日友好协会会长廖承志设宴欢送日本高分子代表团一行。

(21日《人民日报》)

**21日** 下午，接见以萨曼贾亚为首的印度尼西亚人民文化协会代表团。(22日《人民日报》)

◎ 作《洛阳汉墓壁画试探》，发表于《文物精华》第3册，《考古学报》1964年第2期转载。对1957年洛阳老城西北发掘的一座西汉壁画墓的"二桃杀三士""鸿门宴""苛政猛于虎"等画面以及几种透雕花砖，进行详细考证。认为："这些花砖和壁画，不必是出自一个人的手笔。""但有一种共同的倾向，便是对于那时的社会不满，采取了批判的或者逃避的态度。"

现收《郭沫若全集·考古编》第10卷。

◎ 致函王戎笙："关于书籍的搬移，希望您负责领导一下。我们大约三十号离京，如能于离京前搬定，再好也没有。十分麻烦您了。您可以利用上半天来做这工作，下半天如也出得出来，当然更好。"(《文献》丛刊1980年第1辑)

**22日** 下午，到机场迎接应中国人民外交学会邀请来我国访问的法国参议员、前总理埃加·富尔和夫人由广州到达北京。(23日《人民日报》)

**23日** 下午，偕夫人于立群到机场迎接尼泊尔王国全国评议会议长比什瓦·班杜·塔帕和夫人以及尼泊尔王国全国评议会代表团由昆明经武汉到达北京。(24日《人民日报》)

◎ 晚，偕夫人于立群出席朱德会见并宴请比什瓦·班杜·塔帕和夫人。(24日《人民日报》)

**24日** 上午，偕夫人于立群陪同比什瓦·班杜·塔帕和夫人以及尼泊尔全国评议会代表团全体成员参观故宫和人民大会堂。(25日《人民日报》)

**25日** 在中国人民保卫世界和平委员会接见东风剧团赴京演出全体人员。为剧团题字两幅："艰苦朴素，勤学苦练，团结友爱，东风永健。""当年为斥蒋光头，今日翻成反现修。看汝魏王遗臭远，如姬虽逝足千秋。"(王振国、王鹏、王鑫鲲《东风史话》，解放军文艺出版社2009年版)

◎ 晚，偕夫人于立群应邀出席尼泊尔驻中国大使凯谢尔·巴哈杜尔和夫人为尼泊尔王国全国评议会代表团访问中国在大使馆举行的招待会。(26日《人民日报》)

◎ 晚，出席中国人民对外文化协会和中国尼泊尔友好协会举行的文艺晚会，欢迎尼泊尔王国全国评议会代表团全体成员，并陪同观看首都文艺工作者演出的中国和尼泊尔歌舞和京剧《雁荡山》。(26日《人民日报》)

**26日** 出席并主持在北京举行的中国科学院哲学社会科学部委员会第四次扩大会议，在开幕词中回顾了第三次扩大会议以来三年社会科学战线的主要成就，根据当时国内外的主要形势指明今后的发展方向。(11月27日《人民日报》；中国科学院档案)

出席会议的，除了中国科学院哲学社会科学部的学部委员以外，还有一部分著名学者和青年研究人员。中共各中央局和各省、市、自治区党委宣传部，哲学社会科学各研究机构和其他有关机关的负责人也参加了这次会议。会上印发了毛泽东的《改造我们的学习》和刘少奇在越南党校的讲话，作为主要学习文件。周扬作了题为《哲学社会科学工作者的战斗任务》的讲话。

◎ 上午，偕夫人于立群出席周恩来会见尼泊尔王国全国评议会议长比什瓦·班杜·塔帕和夫人以及尼泊尔全国评议会代表团。(27日《人民日报》)

◎ 下午，偕夫人于立群出席全国妇联为尼泊尔王国全国评议会议长比什瓦·班杜·塔帕举行的茶会，欢迎议长和夫人以及代表团团员塔鲁拉塔·拉伊马吉夫人。(27日《人民日报》)

◎ 晚，和首都科学界著名人士聚会庆祝著名植物学家钱崇澍从事科学研究和教学工作50年。(27日《人民日报》)

钱崇澍是我国植物学家，时任中国科学院生物学部委员、植物研究所所长。

**27日** 下午，偕夫人于立群出席刘少奇会见尼泊尔王国全国评议会议长比什瓦·班杜·塔帕和夫人以及尼泊尔王国全国评议会代表团全体成员。(28日《人民日报》)

◎ 晚，偕夫人于立群出席尼泊尔王国全国评议会议长比什瓦·班杜·塔帕和夫人在人民大会堂举行的宴会。(28日《人民日报》)

**28日** 上午，偕夫人于立群陪同尼泊尔王国全国评议会议长比什瓦·班杜·塔帕和夫人以及尼泊尔王国全国评议会代表团乘专机离开北京前往东北等地参观访问。(29日《人民日报》)

**29日** 陪同比什瓦·班杜·塔帕和夫人以及尼泊尔王国全国评议会代表团乘专车由沈阳到鞍山访问。参观鞍山钢铁公司的炼钢厂、炼铁厂、大型轧钢厂、无缝钢管厂和汤岗子温泉疗养院。(30日《人民日报》)

**30日** 陪同比什瓦·班杜·塔帕和夫人到南京参观。(31日《人民日报》)

**31日** 上午,陪同比什瓦·班杜·塔帕和夫人以及尼泊尔王国全国评议会代表团乘专机由南京到上海参观。(31日《人民日报》)

**本月** 题赠日本蕨座歌舞团的诗一首:"大和歌舞入幽燕,人自蓬莱胜似仙。驱鬼插秧一条线,同甘共苦十三年。谁言月亮花旗好?敢信风骚本族妍!群怨兴观观止矣,埙篪协奏造春天。"(郭沫若纪念馆馆藏资料)

◎ 往长安戏院观看东风剧团汇报演出豫剧《虎符》,并与演员合影。

◎ 与董必武、陈叔通分别寄送题词,祝贺西泠印社成立60周年。(《恢复西泠印社的往事》,浙江省文化厅网站2010年8月6日发布,来源:《浙江日报》)

25—29日,西泠印社在西子湖畔召开社员大会,庆祝建社60周年。(11月4日《人民日报》)

## 11月

**2日** 下午,在上海陪同毛泽东接见法国参议员、前总理埃加·富尔和夫人。(3日《人民日报》)

◎ 晚,偕夫人于立群参加毛泽东在上海接见尼泊尔王国全国评议会议长比什瓦·班杜·塔帕和夫人以及尼泊尔王国全国评议会代表团全体成员。(3日《人民日报》)

**4日** 陪塔帕和夫人一行访问新安江水库。应新安江水电站请求作五律一首,以《题新安江水电站》为题发表于17日《浙江日报》。

收人民文学出版社1977年9月版《沫若诗词选》,现收《郭沫若全集·文学编》第5卷。

**5日** 下午,偕夫人于立群陪同比什瓦·班杜·塔帕和夫人以及尼泊尔王国全国评议会代表团全体成员参观武汉大学。适逢该校50周年校庆,题赠七律一首:"桃李春风五十年,珞珈山下大江边。一桥飞架通南北,三镇高歌协管弦。反帝反修期共勉,劳心劳力贵相联。攀登决不畏艰险,

高举红旗插九天。"（手迹见 1978 年 8 月 27 日《长江日报》）

**7 日**　偕夫人于立群到广州车站欢送比什瓦·班杜·塔帕和夫人以及尼泊尔王国全国评议会代表团结束在我国的友好访问，离开广州经深圳取道香港回国。（8 日《人民日报》）

**11 日**　访问湖南韶山毛主席旧居，作《满江红·访韶山》，有云："久慕韶山，喜今日，能谐夙愿。"与《读毛主席诗词》以《满江红二首》为总题发表于 1964 年 1 月 5 日《人民日报》，题为《访韶山毛主席故居》。

收人民文学出版社 1977 年 9 月版《沫若诗词选》，加小序；现收《郭沫若全集·文学编》第 5 卷。

**12 日**　为湖南省湘绣厂题诗："果然锦上又添花，绣出韶山颂中华。学习还须再学习，犹如主席在长沙。"（湖南省湘绣研究所；郭沫若纪念馆馆藏资料）

**14 日**　晚，在京设宴欢迎以团长寺田熊雄、副团长鸿上芳雄率领的日本冈山市和平友好代表团。（15 日《人民日报》）

**15 日**　上午，在四川饭店参加中国科学院历史研究所学术委员会扩大会议。（《顾颉刚日记》，中华书局 2011 年版）

**16 日**　上午，出席第二届全国人民代表大会第四次会议预备会议，为主席团成员。（17 日《人民日报》）

◎ 下午，参加毛泽东、刘少奇、周恩来、朱德、邓小平、董必武、彭真、陈毅、李富春、刘伯承、李先念、陈伯达、聂荣臻等接见出席中国科学院哲学社会科学部学部委员会第四次扩大会议、全国工业交通企业财务工作会议和中国人民解放军除害灭病卫生运动总结会议的全体人员。（17 日《人民日报》）

◎ 出席中国科学院哲学社会科学部学部委员会第四次扩大会议，致闭幕词。（《夏鼐日记》，华东师范大学出版社 2011 年版）

◎ 晚，偕夫人于立群设宴招待比利时著名和平人士安多瓦纳·阿拉男爵和夫人。（17 日《人民日报》）

**17 日**　上午，出席在政协礼堂隆重开幕的中国人民政治协商会议第三届全国委员会第四次会议。（18 日《人民日报》）

◎ 中午，偕夫人于立群举行宴会，欢送巴西著名社会活动家冈萨

加·莱特将军和夫人以及巴西退役空军少将费利贝·方西嘉和夫人。(18日《人民日报》)

◎ 下午，第二届全国人民代表大会第四次会议在京召开。出席会议，与朱德等担任大会执行主席。(18日《人民日报》)

◎ 作《满江红·二届人大四次会议开幕》，记大会开幕盛况。

收人民文学出版社1977年9月版《沫若诗词选》，有小序；现收《郭沫若全集·文学编》第5卷。

**18日** 下午，出席第二届全国人民代表大会第四次会议继续举行的大会。(19日《人民日报》)

毛泽东、刘少奇、董必武、朱德委、周恩来、邓小平等出席了大会。国务院副总理李先念在会上作了关于1963年国家预算草案和预计执行情况、1964年国家预算初步安排的报告。

**19日** 下午，与聂荣臻接见以朝鲜民主主义人民共和国科学院副院长全斗焕为首的朝鲜半导体专家一行14人。(20日《人民日报》)

**20日** 下午，会见前来商谈1963—1964年科学合作计划的苏联科学院代表团。(中国科学院档案)

**22日** 晚，会见并设宴招待尼泊尔王国全国评议会代表团团员钱德拉·忠格·巴哈杜尔·辛格。(24日《人民日报》)

**23日** 上午，出席周恩来接见由朝鲜民主主义人民共和国科学院副院长全斗焕率领的朝鲜半导体专家一行14人。(24日《人民日报》)

◎ 晚，出席朝鲜驻中国大使馆临时代办郑凤珪在北京饭店举行的宴会，庆祝朝中经济及文化合作协定签订十周年。(24日《人民日报》)

◎《满江红·新运会凯歌》发表于《体育报》。庆祝第一届新兴力量运动会圆满成功："喜讯传来，新运会，辉煌胜利。羞杀了，布伦戴奇，花旗奴隶。世界和平有保障，人民团结增友谊。鸵鸟们，埋首在沙中，光放屁。雅加达，凯歌起：'海之内，皆兄弟。鼓东风一扫乌烟瘴气。成百健儿好身手，超群成绩新国际。申金丹，千里马飞腾，出头地。'"

**26日** 为吕剑光书1963年秋由新安江水电站回杭州途中所作："金黄铺满地，晚稻兆丰收。微雨埃尘净，钱江碧玉流。"(《郭沫若书法集》，四川辞书出版社1999年版)

**29日** 晚，出席阿尔巴尼亚驻中国大使奈斯蒂·纳赛在北京饭店举

行的盛大招待会，庆祝阿尔巴尼亚解放19周年。(30日《人民日报》)

**本月** 从北京西四大院胡同5号迁居前海西街18号。

1982年前海西街18号定名为"郭沫若故居"，列入全国第二批重点文物保护单位。现为郭沫若纪念馆馆址。

◎ 诗集《东风集》由作家出版社出版，收1959年3月至1963年2月所作诗词，近三百首。

◎ 诗集《蜀道奇》由重庆人民出版社出版，收作于四川、重庆或内容与四川、重庆有关的诗词四十余首。

## 12 月

**2日** 与毛泽东、刘少奇、董必武、朱德、邓小平等出席全国人大二届四次会议，周恩来在会上就当前国内外形势和任务讲话。(3日《人民日报》)

**3日** 全国人大第二届四次会议大会闭幕，担任大会执行主席。(4日《人民日报》)

**4日** 出席中国人民政治协商会议第三届全国委员会第四次会议闭幕式。(5日《人民日报》)

**5日** 夜，作《满江红·读毛主席诗词》，发表于1964年《诗刊》1月号；又与《访韶山毛主席故居》以《满江红二首》为总题，发表于1964年1月5日《人民日报》。

收人民文学出版社1977年9月版《沫若诗词选》，现收《郭沫若全集·文学编》第5卷。

**6日** 晚，与李先念等应邀出席芬兰驻中国大使托依伏拉举行的宴会，庆祝芬兰共和国成立46周年。(7日《人民日报》)

**14日** 下午，前往机场欢迎出席世界和平理事会华沙会议的由廖承志、刘宁一率领的代表团回国。(15日《人民日报》)

**17日** 与毛泽东等党和国家领导人前往北京医院向罗荣桓同志遗体告别，任罗荣桓治丧委员会委员。(17日、18日《人民日报》)

罗荣桓同志，中共中央政治局委员、全国人民代表大会常务委员会副委员长、国防委员会副主席，16日在北京逝世。

**18 日**　观看由朝鲜和中国艺术家同台演出的著名舞剧《红旗》，接见朝鲜舞剧代表团团长、功勋演员张雄焕，功勋演员洪贞花，音乐指挥蔡基德等全体成员。(20 日《人民日报》)

**20 日**　前往劳动人民文化宫罗荣桓同志灵堂吊唁。(21 日《人民日报》)

◎　下午，在人民大会堂主持大会，纪念越南南方民族解放阵线成立三周年，以响应国际工会支援南越工人和人民委员会会议决定的"国际支援南越工人和人民斗争日"。致开幕词赞扬越南南方人民的反美爱国主义斗争，"预祝他们在即将到来的一九六四年中取得新的更加重大的胜利"。讲话全文载 21 日《人民日报》。

大会是由中国人民政治协商会议全国委员会、中华全国总工会、中国人民保卫世界和平委员会等 17 个单位联合举办。朱德等参加大会，并一同会见了由陈文成团长率领的越南南方民族解放阵线、越南南方劳动解放协会代表团全体成员。

◎　作《挽罗荣桓元帅》："革命作前驱功业千秋垂史册，政工培后劲忠忱百代树干城。"发表于《解放军文艺》1964 年第 1 期。

◎　会见参加支持越南南方人民的反美爱国主义斗争大会的日本日中文化交流协会理事长中岛健藏。(中岛健藏《失去至为珍贵的人》，1978 年 7 月 18 日日本《经济人》，中文译文收吉林师大外研所日本文学研究室编译《日本朋友悼念郭沫若》，1978 年)

**21 日**　晚，与贺龙等会见罗马尼亚人民共和国布加勒斯特市人民会议"贝林尼查"民间歌舞团团长格·格雷切努和歌舞团主要成员，并在民族宫观看来华首场演出。与贺龙应邀出席罗马尼亚驻中国大使馆临时代办贝舍里安和夫人为罗马尼亚"贝林尼查"民间歌舞团举行的酒会。(21 日《人民日报》)

**22 日**　上午，与刘少奇、朱德、林彪、邓小平、彭真、李富春、刘伯承、贺龙、乌兰夫、薄一波、聂荣臻、李雪峰、罗瑞卿、杨尚昆、叶剑英等到劳动人民文化宫默哀悼念罗荣桓同志，轮流守灵，并慰问家属，随后参加了公祭仪式。(22 日《人民日报》)

◎　晚，在人民大会堂山东厅举行宴会，欢送以朝鲜民主主义共和国科学院副院长全斗焕率领的朝鲜半导体专家。(23 日《人民日报》)

**23 日**　晚，与邓小平、李富春、贺龙、薄一波、聂荣臻、罗瑞卿、杨尚昆等参加彭真在人民大会堂宴会厅举行的盛大招待会，欢迎以荣高棠为团长的中国参加第一届新兴力量运动会体育代表团全体成员。（24日《人民日报》）

**24日** 上午，接待以陈文成为首的越南南方民族解放阵线、越南南方劳动解放协会代表团的拜会。（25日《人民日报》）

**25日** 下午，接见日中友好协会事务局长长谷川敏三和文化部主任浅野芳男。在座的有周而复、林林等。在京日本和平人士西园寺公一在座。（26日《人民日报》）

◎ 出席中日友好协会和日中友好协会为进一步扩大中日人民友好往来而举行的签字仪式和招待会。中日友协副会长周而复和日中友协事务局长长谷川敏三分别代表双方在关于1964年度中日两国人民间友好往来项目议定书上签字。（26日《人民日报》）

**26日** 为李宇超画《"第十只鸡"赠谷牧》题诗："高歌不能休，一唱一回头。喜看梁稻熟，四海庆丰收。"（《郭沫若题画诗存》，山西教育出版社1997年版）

◎ 晚，看北京京剧一团袁世海演出《黑旋风》。（《竺可桢全集》第16卷，上海科技教育出版社2009年版）

**27日** 下午，偕夫人于立群会见日本中国文化交流协会理事长中岛健藏和夫人，事务局长白土吾夫，日本女作家松冈洋子。阳翰笙、周而复、严文井、林林以及日本和平人士西园寺公一在座。随后参加了中国人民对外文化协会和日本中国文化交流协会关于中日两国人民间文化交流的共同声明的签订仪式。（28日《人民日报》）

◎ 晚，在家中宴请以古斯塔沃·马索拉为首的古巴友好代表团。（28日《人民日报》）

**30日** 下午，与朱德、贺龙等人一道参加首都各界一万多人在人民大会堂举行的盛大集会并讲话，庆祝古巴解放五周年，欢庆古巴革命和社会主义建设事业的蓬勃发展。讲话摘要载31日《人民日报》。

◎ 与朱德、贺龙等接见古巴友好代表团团长古斯塔沃·马索拉和代表团团员巴尔多梅罗·阿尔瓦雷斯、胡斯托·雷格拉。（31日《人民日报》）

**本月** 《中国史稿》第二册由人民出版社出版，为封建社会（上），中国封建社会的开端，由七国变法至魏晋南北朝。对前五章清样180页进行过校改，留有校改笔迹处 65 页，完全采入的重要修改有：清样 58 页，秦始皇"规定臣民在言语文中对皇帝的名字要避讳；遇有'皇帝'、'始皇'字样，都要另行顶格书写"。夹批指出："避讳之制，秦前已有，不始于秦始皇。秦诏版中凡遇'皇帝'或'始皇'字样并未顶格另行，可见是后来的制度"这述文字"应删去"。为"填空白"，另补写了一段文字："朕字在秦以前用为领格，一般人都可以用；用为主格，并限于帝王，则始于秦始皇。"清样 59 页，"皇帝之下有丞相"，在丞相前加入"左右"二字，为"皇帝之下有左右丞相"。清样 155 页，对刘歆篡改古文经之事"一字不提"，认为"颇有仰今抑古之嫌"，添改为"刘歆未能实事求是，对古文经多所窜易"。（谢保成《郭沫若主编〈中国史稿〉》，《求真务实五十载——历史研究所同仁述往》，中国社会科学出版社 2004 年版）

◎ 看孙悟空三打白骨精，书为田平。（见手迹）

## 冬

◎ 为北京天文台筹建处主任程茂兰题词："天文学在中国素有雄厚深远的基础，今天在这基础之上，又有了宏伟的上层建筑，古人嫦娥奔月的幻想，须使之早日成为实际。"（《郭沫若遗墨》，河北人民出版社 1980 年版；郭平英《〈郭沫若遗墨〉中的佚作及其它》，《四川大学学报丛刊》1982 年 5 月第 13 辑）

◎ 为于立群隶书《瞿唐怀古》条幅作跋："成都工部草堂嘱立群同志为写杜诗。余选此《瞿唐怀古》一首，歌颂四川风光而不涉及于世，为可取。一九六三年岁暮。"（成都杜甫草堂印书签）

## 本　年

◎ 致函王戎笙："如您有兴趣，把《东风颂》编次一下，如何？如您愿编，则复编辑部信第四项可删去。"（《文献》丛刊 1980 年第 1 辑）

◎ 为如东人民防御海潮建成丁店新闸题诗一首："建闸丁店河，劳工五千多。受益四公社，海水不扬波。劳动真英杰，千载永勿磨。"（孙怡新《千载永勿磨——记郭老为如东水利建设的三首题诗》，1979 年 6 月 13 日《新华日报》）

◎ 为四川广元皇泽寺则天殿撰楹联一副："政启开元，治宏贞观；芳

流剑阁，光被利州。"（白启寰《郭沫若联语萃谈》引，《集萃》1982年第4期）

◎ 应宁夏图书馆函请，为该馆题署馆名。（胡公石《宁夏图书馆》，《宁夏图书馆通讯》1981年第2期）

◎ 应水华、于蓝等人索求，为电影《在烈火中永生》题写片名。（于蓝《郭老永远和我们在一起》，《悼念郭老》，生活·读书·新知三联书店1979年版）

◎ 请中国科学院办公厅工作人员代为接待来京的张琼华。（魏庸芳《怀念八婶张琼华》，《郭沫若研究学会会刊》1984年总4集）

# 1964年（甲辰）72岁

2月5日　中共中央发出《关于传达石油工业部〈关于大庆石油会战情况的报告〉的通知》。"工业学大庆"运动在全国展开。自1960年5月起，我国集中各方面力量，经过三年多的艰苦奋斗，开发了大庆油田。到1963年，我国石油产品已经达到基本自给。

2月10日　《人民日报》发表社论和通讯，介绍山西省昔阳县大寨大队艰苦奋斗、发展生产的事迹。此后，"农业学大寨"运动在全国展开。

3月31日　中共中央发布《关于在全党组织干部宣讲队伍，把全党全民的社会主义教育运动进行到底的指示》。"四清"运动在各省份陆续展开。

5月　毛泽东在中宣部就全国文联和各协会整风情况的报告草稿上批示，批评这些协会及其刊物"如不认真改造"，势必变成"像匈牙利裴多菲俱乐部那样的团体"。文化部及各协会遂再次进行整风，对一些文艺作品、学术观点和文艺界学术界代表人物进行了错误的、过火的批判。

7月上旬　中央书记处会议决定，由高级党校撰文揭露杨献珍"合二而一"的观点，在适当时期指名批判。

8月14日　中宣部在向中央书记处的请示报告中称，《北国江南》《早春二月》这两部电影"思想内容有严重错误"，将公开放映，并在报刊上展开讨论和批判。

10月16日　我国第一颗原子弹爆炸成功。中国政府发表声明：在任何时候、任何情况下，都不会首先使用核武器。中国掌握核武器，完全是为了防御。

12月21日至1965年1月4日　第三届全国人大第一次会议举行。周恩来在《政府工作报告》中提出，要在不长的历史时期内，把我国建设成为一个具有现代农业、现代工业、现代国防和现代科学技术的社会主义强国。

# 1月

**1日**　上午，与聂荣臻、李四光、钱学森等出席北京科学会堂揭幕仪式。（2日《人民日报》）

◎ 中午，往政协礼堂，与朱德、彭真等出席政协全国委员会举行的元旦午宴，招待在京的政协委员、全国人民代表大会代表、各党派中央负责人、国务院各部门负责人和参事中的七十岁以上老人以及他们的夫人。（2日《人民日报》）

◎ 晚，与毛泽东、刘少奇、朱德等观看由河南豫剧院三团演出的现代剧《朝阳沟》，主演为著名豫剧演员常香玉。（2日《人民日报》）

◎ 词《满江红·回春颂》发表于《人民日报》，歌颂全国人民在党的正确方针领导下克服国内外各种困难："济济一堂，万人殿，群星高朗。进行曲，国歌洋溢，东风骀荡。全面回春尧舜喜，一声报晓乾坤亮。颂神州，自力能更生，长鼓掌。天难挠，人难枉；农工业，潮新涨。大反华，一任乌鸦合唱。八字方针联本末，三重革命增屏障。巍巍乎，领导甚坚强，大哉党！"

◎ 为日中友协机关刊物《日本与中国》题词发表于该刊，强调日中友好是亚洲和世界友好的重要关键。后每年元旦都为该刊题词。（《郭沫若先生和〈日本与中国〉》，吉林师大外研所日本文学研究室编译，《日本朋友悼念郭沫若》，1978年）

◎《对联三则》发表于《人民日报》，分别是："坚持八字方针，又红又专，要以先进帮助后进。/贯彻三大革命，不骄不躁，长使东风压倒西风。""兴无灭资，鼓足干劲，/专深红透，树立雄心。""旭日升起东方,光弥宇宙。/寒流逃到天外,春满人间。"

**2日** 晚,与刘少奇、邓小平等应邀出席古巴驻中国大使皮诺·桑托斯为庆祝古巴解放五周年举行的招待会。(3日《人民日报》)

**4日** 作《立春前夜话撒豆》,发表于2月23日日本《读卖新闻》。从日本立春"撒豆"的习俗谈及日本人民反对"日美安全条约",反对美国飞机和核潜艇进驻日本等的反美行动。由此对日美关系和美国的霸权主义政策加以评论,说道:

"我也希望,日美关系能够真正地友好,但不要只是单方面的屈从,而是要双方面的对等;更不要只是作为口头宣传,而是要见诸事实。最好的事实表现,我想非常简单,那就是美国方面愈快愈好地满足日本人民的要求,把驻军撤退,把军事基地撤除,把冲绳岛交还日本。

我们这种想法,恐怕太天真了吧……其实,美国政府的世界政策,谁个不知道呢?一只手抓着箭,一只手抓着橄榄枝,而这橄榄枝是为箭服务的。"

"和平犹如健康。妨害健康的是病菌,威胁和平的是侵略性战争……要保卫和平也必须团结全世界爱好和平的人民力量,而反抗侵略性的战争。

今天威胁着世界和平的总根源,就是两次世界大战以来所逐步形成的美国企图独霸全世界的大规模的侵略政策和战争政策。

我们并不反美。美国人民也是爱好和平的,是中国人民的朋友。我们所反对的是美帝国主义,是美国的侵略政策和战争政策。

被压迫民族的觉醒是一只巨大的保卫和平的力量。因为争取民族独立运动事实上也就是反对侵略政策和战争政策的斗争,它是从总根源上消除世界和平的威胁。

我们认为保卫世界和平的活动,就应该团结全世界被压迫民族和被压迫人民(包括美国人民在内)组成强大的国际统一战线。反抗美国的侵略政策和战争政策。这样是对于疾病的根本治疗。

让全世界人民都统一起来,高喊着'福内鬼外',一同来'撒豆'吧!"(《郭沫若研究》第12辑)

◎《"百万雄师过大江"——读毛主席新发表的诗词之一》发表于《人民日报》。对毛泽东所作《人民解放军占领南京》一诗的成诗背景与诗句作了解释和说明。称赞"这一首诗是纪念南京解放、庆祝革命胜利的万古不磨的丰碑"。

**12日** 作诗《巴拿马的风暴》，发表于13日《人民日报》，歌颂巴拿马人民为反抗美国侵略进行的正义斗争。

**13日** 下午，往人民大会堂，与邓小平、李富春等出席首都各界人民为声援巴拿马人民反对美国侵略的爱国正义斗争举行的集会，并发表讲话。他对美国的霸权行径进行了谴责，并表示："巴拿马人民在反对美帝国主义的斗争中决不是孤立的"，"我们坚决支持巴拿马人民的正义要求"。(14日《人民日报》)

**21日** 下午，会见以弗朗索瓦-贝纳尔为首的法国议员代表团。(22日《人民日报》)

**23日** 闻河上肇全集将出版，作诗："东风吹送玉笙来，传道寒梅二度开。髋骨久经凌雪虐，遗香犹自透尘埃。"（据手迹，蔡震《郭沫若生平文献史料考辨·"遗香犹自透蘼埃"》，社会科学文献出版社2014年版）

**25日** 七律《访鞍钢》（马鞍山）、《访南京》发表于《光明日报》，总题为《七律二首》。

收人民文学出版社1977年9月版《沫若诗词选》，现收《郭沫若全集·文学编》第5卷。

**26日** 下午，与刘少奇、彭真等一同会见来京参加地质、水利、机械等方面全国性专业会议的代表，以及参加解放军各专业会议的代表。(27日《人民日报》)

**27日** 晚，设宴欢迎以越南国家科学委员会副主任黎克为首的越南国家科学委员会代表团。他在讲话中赞扬越南在科学技术方面所获得的巨大成绩，并指出："这次越南国家科学委员会代表团访问中国，必将进一步促进两国科学事业的发展，增强两国科学工作者之间的亲密友谊。"(28日《人民日报》)

◎ 和洪命熹《早春即景》韵作七律一首："凤钦风骨傲霜，更管精神已武装。此日凤鸣韵金玉，当年龙战血玄黄。丘明银海余波袅，国语雄文引典长。千里马头经络熟，万邦翘首仰东方。"（郭沫若纪念馆馆藏资料）

**28日** 作《日本人民在怒吼》，称颂日本人民为反对美国霸权主义进行的斗争。全文发表于29日《人民日报》。

◎ 签署中国科学院与越南科学院合作委托书，委托中国科学院副院长裴丽生与越南科学院签订科学协议及1964年执行计划。（中国科学院档案）

◎ 晚，参加李富春副总理与越南国家科学委员会代表团全体成员的会见。（29日《人民日报》）

**29日** 上午，会见以本·阿卜杜拉·阿卜德萨马德为首的阿尔及利亚法律工作者代表团全体成员。（30日《人民日报》）

**30日** 晚，设宴欢送以弗朗索瓦-贝纳尔为首的法国议员代表团，并致辞。（31日《人民日报》）

**本月** 书赠锺青《访鞍钢》（见手迹，嘉德四季第十九期拍卖会，拍品0156号）

## 2月

**2日** 《"桃花源里可耕田"——读毛主席新发表的诗词〈七律·登庐山〉》发表于《人民日报》，对毛主席的这首词作了详细说明。文章介绍了庐山的人文历史，并对诗词中涉及的典故进行了阐释。

**3日** 参加中国科学院1964年第一次院务常务会议，传达中国科学院党组扩大会议的精神，并讨论如何在全体职工中贯彻的问题。（中国科学院档案）

**4日** 晚，与邓小平、李先念等应邀出席锡兰驻中国大使馆临时代办沈里维勒拉为庆祝锡兰独立16周年举行的招待会。（5日《人民日报》）

**5日** 下午，参加邓小平代总理同以黎克为首的越南国家科学委员会代表团的会见。（6日《人民日报》）

**6日** 下午，出席中国科学院和越南国家科学委员会科学合作协议和1964年合作计划的签字仪式。（7日《人民日报》）

◎ 晚，设宴欢送以黎克为首的越南国家科学委员会代表团全体成员。（7日《人民日报》）

**8日** 《"敢教日月换新天"——读毛主席新发表的诗词〈七律·到韶山〉》发表于《人民日报》，对诗词进行解释，并详细说明了诗词反映的历史背景，盛赞此诗是"一部波澜壮阔、惊天动地的中国革命史"的"结晶"。

**11日** 下午，会见哥伦比亚议员、《先锋报》社长路易斯·比利亚尔·波尔达。(12日《人民日报》)

**12日** 晚，往人民大会堂，与毛泽东、刘少奇等出席拥军优属联欢晚会，同首都军民欢度新春佳节。(13日《人民日报》)

◎ 对联五副发表于《大公报》："祖国万年东风永健，农村四化公社日新"；"学习解放军齐向地球开战，遵照总路线争取农业过关"；"高举三面大红旗人争五好，实现四个现代化亩产千斤"；"自力更生全面跃进，勤俭奋发四季长春"；"个人利益服从集体，主席思想武装全民"。

◎《寥廓江天万里霜》发表于《光明日报》《解放军报》。解读毛主席词《采桑子·重阳》，认为通过主席革命乐观主义的角度，秋色"胜似春光"。这一看法打破了旧式诗人"秋与悲的联系"，扬弃了那些腐朽情调。

**13日** 上午，往政协礼堂，与黄炎培、李维汉、李四光等同在京部分人大代表、政协委员、各民主党派和民主人士欢聚一堂，共庆春节。(14日《人民日报》)

◎ 晚，往人民大会堂，与李先念、谭震林等出席首都科学界春节联欢会。(14日《人民日报》)

◎ 晚，与廖承志、陈叔通等出席中苏友好协会总会和北京市中苏友好协会举行的晚会，庆祝《中苏友好同盟互助条约》签订14周年。(14日《人民日报》)

◎ 在人民大会堂，出席毛泽东邀请党内外负责人召开的教育工作座谈会。讨论缩短学制、精简课程等问题。(《社会主义道路艰辛探索的十年》，《西城画报》2009年第2期)

◎ 诗词《满江红四首》发表于《人民日报》，分别为：

《向解放军学习》："革命功臣，谁当数，凌烟第一？无疑问，武装部队，咸推巨擘。头上三山凭荡扫，人间百垢教澜涤。是阿谁亲手铸成之？毛主席！

三句话，标原则；八个字，具威力。好作风，奠定了新中国。战士人人争五好，寰球处处称无敌。六亿人，都向解放军，勤学习！"

《下乡去》："天下农村，由来是，国家基础。吃穿用，人民所赖，耕植为主。四海山林余虎豹，千年城社藏狐鼠。廓清之，雷厉以风行，无容恕。

贫农组，下中户；阶级性，擎天柱。成核心，严整斗争队伍。灭资兴无施教育，防修反特凭部署。好青年，争做接班人，下乡去！"

《比学赶帮》："见贤思齐，全中国，图强发奋。况工业，位居主导，岂容迟顿！尝胆卧薪甘似蜜，程门立雪道唯问！争上游，精以更求精，稳而很！

比先进，学先进，赶先进，帮后进。用千方百计，进攻头阵。努力追求现代化，倾心卷起风雷迅。正当仁，决不让于师，地天震。"

《颂石油自给》："一滴煤油，一珠血，人都知道。旧时代，因循苟且，叩头乞讨。命运全凭天摆布，咽喉一任人掐倒。玉门关，锁钥也因人，堪愤恼！

破迷信，碎镣铐；主奖励，抓领导。仅三年，地底潜龙飞跃。众志成城四第一，铁人如海全五好。颂今朝/解放地球军，强哉矫！"

其中《下乡去》现收《郭沫若全集·文学编》第5卷。

**14日** 晚，往人民大会堂，与刘少奇、邓小平等出席总政举行的拥政爱民联欢晚会，同首都军民共庆新春。(15日《人民日报》)

**18日** 晚，与刘少奇、薄一波等应邀出席尼泊尔王国驻中国大使凯谢尔·巴哈杜尔为庆祝尼泊尔王国民主日举行的招待会。(19日《人民日报》)

**22日** 晚，在人民大会堂会见并设宴欢迎以卡雷曼·伊利为首的阿尔巴尼亚国立地拉那大学代表团，同时发表讲话。(23日《人民日报》)

**23日** 往北京医院，与邓小平、李先念等向周保中同志的遗体告别。(24日《人民日报》)

前东北抗日联军第二路军总指挥、中共中央候补委员周保中同志于22日在北京逝世。

**25日** 晚，在人民大会堂三楼小礼堂陪同以卡雷曼·伊利为首的阿尔巴尼亚国立地拉那大学代表团观看文艺晚会。(中国科学院档案)

**26日** 上午，往中山公园中山堂，与彭真、李富春等出席周保中同志公祭大会，并担任陪祭。(27日《人民日报》)

◎ 致信广西壮族自治区民政厅王锡古，告之，"信及汉石碑拓片二纸均已收到。你处所藏易经及公羊拓片'已裱好并有人题字'者可寄来一

阅，以便文物出版社或考古所交涉拍照"。（郭沫若纪念馆馆藏资料）

**本月**　书赠彭加木《满江红》词一首。发表于4月6日《解放日报》："大学之年，科研界，雷锋出现。彭加木，沉疴在体，顽强无限。驰骋边疆多壮志，敢教戈壁良田遍。铁道兵，铺路满山川，为人便。病魔退，英雄显；乐工作，忘疲倦。老大哥，永永令人钦羡。活虎生龙专爱国，忠心赤胆常酣战。望大家，都向彭看齐，比帮赶！"

## 3月

**2日**　上午，参加邓小平代总理同以卡雷曼·伊利为首的阿尔巴尼亚国家地拉那大学代表团全体成员的会见。（3日《人民日报》）

**3日**　晚，偕夫人于立群，设宴招待来访的新西兰和平理事会全国执行主席威利斯·艾雷教授和夫人。（4日《人民日报》）

**9日**　夏鼐与尹达来访，一起讨论筹备考古学会事。（《夏鼐日记》，华东师范大学出版社2011年版）

**13日**　参观北海团城工艺美术展览馆举行的浙江省工艺美术展览，并题字："适用，经济，美观的原则，在工艺品的制作中也适用，但可以有所偏重。不妨多生产些高级用品，输出国外，为国家增加收入，这同时也就是为社会主义建设事业积累资金。"（叶大兵《欲济苍生化霖雨》，《西湖丛书》第3辑《书来墨迹助堂堂》，1979年6月）

**15日**　下午，往机场，与毛泽东、刘少奇等欢迎出访归来的周恩来总理。（16日《人民日报》）

◎《"待到山花烂熳时"——读毛主席新发表的诗词〈卜算子·咏梅〉》发表于《人民日报》。文章首先说明了陆游所作咏梅诗的成诗背景和反映的情怀，进而将毛主席的咏梅诗与陆诗进行了比较。认为陆诗反映的是消极感情，而毛诗表达了高度的革命乐观主义精神。

◎作《〈待到山花烂熳时〉勘误》，修正文章两处错误。登载于17日《光明日报》。

**18日**　晚，偕夫人于立群，会见日本佛教界人士西川景文长老和夫人、大河内隆弘长老和夫人以及中浓教笃法师。（19日《人民日报》）

**19日**　上午，会见以龟井胜一郎为首的日本作家代表团全体成员。

(20日《人民日报》)

◎ 致函《历史研究》编辑部。发表于《历史研究》第3期,题为《关于〈资本论〉一处译文的信》。当年《历史研究》第1期刊载李埏《略论唐代的"钱帛兼行"》一文,末尾引用《资本论》中"其生产越是［不］发展,货币财产越是集中在商人手中,或表现为商人财产的特别形态"。小注指出,"中译本无'不'字,误","从英译本补入"。就此查阅德文原文,"证明李同志的见解是对的,中译本确是错了"。指出:"虽然只是一字之差,但这个字是很重要的,漏了一个字,会致'差之毫厘,而谬以千里'。建议:中译本出版处重视这个字,加以改正。"

**20日** 闻华罗庚开始把数学工具——统筹法、优选法用于生产和管理,特书赠旧作《卜算子·咏梅》词,以资鼓励。(华罗庚《挥泪悼郭老》,《悼念郭老》,生活·读书·新知三联书店1979年版)

**21日** 《毛主席诗词集句对联》发表于《光明日报》,共26副。

◎ 《"百万雄师过大江"的更正》发表于《光明日报》。

**22日** 晚,在人民大会堂上海西厅会见并设宴欢迎以朝鲜科学院副院长全斗焕为首的朝鲜科学院代表团。(23日《人民日报》;中国科学院档案)

**23日** 晚,往北京饭店,与陈毅、贺龙等应邀出席巴基斯坦驻中国大使罗查为庆祝巴基斯坦国庆日举行的招待会。(24日《人民日报》)

◎ 作《曹大家班昭小传》,考订班昭生平。文后作诗一首:"八表天文续汉书,父兄遗业赖案除。马融高足薪传远,千古名垂曹大家(姑)。孟坚瘐死定远还,功业长留天地间。父女弟兄相继美,二难远逊四难难。七篇女诫文犹在,女妹离书惜不传。辞有可观宁溢美,丰生不亚惠班。年逾七十人虽老,画里传神意可亲。彤管生辉光晔晔,出眉远看后来人。"(郭沫若纪念馆馆藏资料)

**25日** 上午,参加周恩来总理与以卡雷曼·伊利为首的阿尔巴尼亚国家地拉那大学代表团的会见。(26日《人民日报》)

◎ 出席中国科学院与阿尔巴尼亚国家地拉那大学科学合作协议和1964—1965年执行计划签字仪式,与阿尔巴尼亚国家地拉那大学校长卡雷曼·伊利分别代表两国在协议书和执行计划上签字。(27日《人民日报》)

**26日** 下午,参加刘少奇主席与以卡雷曼·伊利为首的阿尔巴尼亚国家地拉那大学代表团的会见。(27日《人民日报》)

**29日** 至中国科学院力学研究所考察工作,植白皮松一株。为力学研究所书毛主席词《满江红》一阕补壁。(手迹现存中国科学院力学研究所)

## 春

◎ 题"武侯祠"为湖北襄阳隆中管理处,并另题对联一副:"志见出师表,好为梁父吟。"手迹后亦被四川成都武侯祠采用。(曲树程《关于郭沫若的一副对联》,《郭沫若学刊》1987年第2期)

◎ 为何洛同志书:"青青杨柳引丝长,春风犹带芰荷香。万里晴空无片滓,满湖艇子积肥忙。"(手迹见《郭沫若遗墨》,河北人民出版社1980年版)

◎ 集《满江红》句"天跨下来擎得起,世披靡矣扶之直"成一联,书赠陈毅。(手迹见《郭沫若遗墨》,河北人民出版社1980年版)

◎ 为成都杜甫草堂书旧作《看〈孙悟空三打白骨精〉》和《满江红·一九六三年元旦书怀》。(成都杜甫草堂藏)

◎ 应中国国际贸易促进委员会之邀为日中贸易促进会理事长铃木一雄题诗:"东海一衣带,蓬莱自古传。"(郭沫若纪念馆馆藏资料)

## 4月

**1日** 下午,会见日本纤维工业技术团团长高松勇治郎和棉邦商会社长白水实等。(2日《人民日报》)

◎ 为成都杜甫草堂书五言联:"花学红绸舞,径开锦里春。"并题赠毛泽东词《念奴娇·昆仑》。(现藏成都杜甫草堂)

**2日** 往中国科学院,遇顾颉刚。(《顾颉刚日记》,中华书局2011年版)

**3日** 下午,偕夫人于立群会见并宴请墨西哥和平人士艾伦娜·萨斯盖斯·戈麦斯女士。(4日《人民日报》)

**4日** 下午,往机场,与周恩来、陈毅等欢迎以梭发那·富马首相为首的老挝王国政府代表团。(5日《人民日报》)

◎ 晚,往人民大会堂,与陈毅等出席周恩来总理为欢迎老挝王国政府代表团访华举行的宴会。(5日《人民日报》)

◎ 致信《光明日报》:"上四篇读主席诗词的稿子,经康老看过,并照他的指示有所删改。他认为'均可发表',送请你们斟酌。不发表的两

篇是读《冬雪》与《满江红》，因为是把盖子揭开了的。未送上。原稿及康老信，望退还。"（郭沫若纪念馆馆藏资料）

**5 日**　下午，参加刘少奇主席与老挝王国政府代表团的会见。（6 日《人民日报》）

**6 日**　晚，与周恩来、陈毅等应邀出席梭发那·富马首相举行的告别招待会。（7 日《人民日报》）

**7 日**　上午，往机场，与周恩来、陈毅等欢送老挝王国政府代表团赴广州访问。（8 日《人民日报》）

**9 日**　下午，往机场，与周恩来等欢送陈毅副总理率我国代表团赴印尼出席第二次亚非会议筹备会议。（10 日《人民日报》）

**11 日**　《"无限风光在险峰"——谈毛主席〈七绝·为李进同志题所摄庐山仙人洞照〉》发表于《人民日报》。文章介绍了庐山仙人洞的由来，并指出了毛主席此诗的深层含义，即："人们要有大无畏的精神，才能攀登上'险峰'，也才能领略到'险峰'上的'无限风光'。但不仅仅限于科学，从事任何事业都是一样。大事业有大事业的困难，小事业有小事业的困难，总要千方百计地克服困难才能获得胜利；如果被困难征服，那就只好半途而废，或者成为投降主义者了。"

**15 日**　上午，会见肯尼亚国会议员奥杜亚·奥普朗。（16 日《人民日报》）

◎ 下午，会见日本自由民主党顾问松村谦三，以及竹山祐太郎、冈崎嘉平太等人和随行记者。（16 日《人民日报》）

**17 日**　下午，往人民大会堂，与黄炎培等出席首都各界人民支持古巴和拉丁美洲人民反美斗争大会。他在讲话中赞扬古巴革命是继俄国十月革命和中国革命之后又一次具有伟大历史意义的重要事件，他同时谴责了美国唆使巴西当局对我国贸易和新闻工作者进行政治迫害的行为。讲话全文载 18 日《人民日报》。（18 日《人民日报》）

**18 日**　下午，往政协礼堂，主持首都各界纪念第一次亚非会议九周年大会，并致开会词。（19 日《人民日报》）

**19 日**　晚，与廖承志等应邀出席日本自由民主党顾问、国会议员松村谦三举行的告别宴会。（20 日《人民日报》）

**20 日**　致函吉林省博物馆负责同志："近阅《文物》第三期，见有贵馆所藏《金人文姬归汉图》照片。上有乾隆题诗，从照片中看不清晰。望抄示为荷。如有现存照片，比《文物》版更清晰，亦望寄我一张。"（吉林省博物馆《忆郭老对文物博物馆事业的关怀》，《社会科学战线》1978年第3期）

**22日** 下午，往保加利亚驻中国大使馆，与刘少奇、周恩来等吊唁保加利亚共产党中央政治局委员、国民议会主席团主席迪·加涅夫的逝世。（23日《人民日报》）

**23日** 下午，往人民大会堂，与贺龙等出席首都各界青年为纪念反殖民主义日举行的集会。（24日《人民日报》）

◎ 下午，与贺龙副总理一同会见来访的亚洲、非洲、拉丁美洲各国青年代表。（24日《人民日报》）

**24日** 题麦积山北魏残石。（据手迹）

**25日** 《不爱红装爱武装》发表于《人民日报》，对毛主席的《为女民兵题照》一诗作详细解释。文章介绍了民兵组织在革命战争史中的发展和地位，并结合时势指出了"中华儿女多奇志，不爱红装爱武装"的广泛含义。

**26日** 中午，往机场，与周恩来等欢迎以陈毅为首的中国代表团出席第二次亚非会议筹备会议归来。（27日《人民日报》）

**28日** 下午，往政协礼堂，与茅盾、廖承志等出席首都各界人民为支持日本人民要求归还冲绳和撤除美国军事基地的正义斗争举行的集会。（29日《人民日报》）

◎ 会见古巴著名女歌唱家米利安·阿塞维多。（29日《人民日报》）

◎ 下午，往机场，与朱德等欢迎以国民议会议长塔德·西里乌尤蒙西为首的布隆迪国民议会代表团。（29日《人民日报》）

◎ 晚，参加朱德委员长与布隆迪议会代表团全体成员的会见。之后，出席朱德委员长为欢迎布隆迪贵宾举行的宴会。（29日《人民日报》）

**29日** 下午，陪同布隆迪国民议会代表团参观北京第二棉纺织厂。（30日《人民日报》）

◎ 参加聂荣臻副总理同以全斗焕为首的朝鲜科学院代表团全体成员的会见。（30日《人民日报》）

◎ 与聂荣臻等出席中国科学院和朝鲜科学院科学合作协定1964年执

行计划的签字仪式。之后，设宴庆祝执行计划的签订并欢送朝鲜科学院代表团。(30日《人民日报》)

**30日** 上午，陪同以塔德·西里乌尤蒙西为首的布隆迪国民议会代表团参观清华大学。(5月1日《人民日报》)

◎ 中午，参加周恩来总理与布隆迪国民议会代表团的会见。(5月1日《人民日报》)

◎ 下午，会见以列日大学教授巴克为首的比利时科学代表团全体成员。(5月1日《人民日报》)

◎ 晚，往人民大会堂，与刘少奇、周恩来等出席中华全国总工会等12个全国性人民团体为庆祝"五一"国际劳动节举行的招待会。(5月1日《人民日报》)

## 5月

**1日** 上午，与刘少奇、朱德等同首都人民联欢，共庆"五一"国际劳动节。(2日《人民日报》)

**3日** 参观北京市干面胡同87号中国科学院先进家属宿舍，并题词："勤俭持家，和衷共济。艰苦朴素，清洁整齐。送走瘟神，迎来喜气。模范集体，高树红旗。"题词手迹发表于16日《科学报》。

◎《日本的汉字改革和文字机械化》发表于《人民日报》，详细介绍了日本使用汉字与汉字改革的情况。说明日本通过整理字体和简化笔画逐步推进汉字改革的进程，最终达到日文的罗马字化以促进事业的效率化；在此基础上通过"制造大量的各种全用假名的文字机器和一部分使用罗马字的文字机器"，日本已"初步走上了文字工作的机械化、自动化和高速化的道路"。而对中国来说"他山之石，可以攻玉"，实现四个现代化，有一个关键性的问题就是"要有效率地使教育普及和提高"。要很好地解决这个关键性的问题，"文字的简易化或现代化"是必不可免的。8月，本文单行本由人民出版社发行。

◎ 夜，跋梁楷画《李太白像》。(据手迹)

**5日** 下午，在上海机场，欢迎以塔德·西里乌尤蒙西为首的布隆迪国民议会代表团由武汉抵达上海访问。之后，陪同代表团参观了上海工业

展览会。(6日《人民日报》)

◎ 游览安徽马鞍山采石矶，探访唐朝诗人李白遗迹，赋五言诗一首："久慕采石矶，来登太白楼。吾蜀李清莲，持杯犹在手。锦袍席地卧，以书枕共肘。举头望牛渚，明月初未有。时鱼正当时，似思大曲酒。赠君三百斗，吟诗三万首。歌颂红旗红，光辉弥宇宙。"为采石矶书录时稍有调整："我来采石矶，徐登太白楼。吾蜀李清莲，举杯犹在手……赠君三百斗，成诗三百首。红旗遍地红，光辉弥宇宙。"又为采石公园题园名。(《采石》1979年第1期；郭沫若纪念馆馆藏资料)

◎ 作七律《马鞍山》："铁骑嘶风爱马鞍，轮辐今已过雄关。天南地北遥相问，跨过昆仑谅不难。"(郭沫若纪念馆馆藏资料)

**6日** 陪同布隆迪国民议会代表团参观上海郊区马陆人民公社。(7日《人民日报》)

◎ 晚，出席上海市副市长曹荻秋为欢迎布隆迪国民议会代表团举行的宴会。(7日《人民日报》)

**7日** 题卢坤峰画双鹫。"岩岩双鹫，郁郁深松。蠢尔狐鼠，直等微虫。铁喙出钩，怒目瞳瞳。振翮待飞，朝霞正红。翱翔八极，鼓荡东风。"(据手迹)

**8日** 上午，陪同布隆迪国民议会代表团由上海飞抵杭州，参观了杭州市都锦生丝织厂，游览了西湖名胜古迹。(10日《人民日报》)

◎ 晚，出席浙江省省长周建人为欢迎布隆迪国民议会代表团举行的宴会，并观看文艺节目。(10日《人民日报》)

**9日** 下午，陪同布隆迪国民议会代表团由杭州飞抵北京。(10日《人民日报》)

◎ 参加毛泽东主席会见布隆迪国民议会代表团。(10日《人民日报》)

**11日** 连日来在浙江各地游览。游览奉化雪窦寺后，又参观天明山南溪温泉，并为随行同志题诗一首："岩身四十丈，瀑布生晴虹。风光翠欲滴，鸟语水声中。"(袁哲飞《郭老在温泉》，《西湖丛书》第3辑《书来墨迹助堂堂》，1979年6月)

**12日** 离南溪温泉时，为温泉题字。访天台山国清寺，并谒唐代著名天文学家一行墓，对一行的治学精神倍加赞赏。参观后为该寺题五绝一首："塔古钟声寂，山高月上迟，隋梅私自笑，寻梦复何痴。"(周荣初《郭

老访国清寺》,《西湖丛书》第3辑《书来墨迹助堂堂》,1979年6月）

**14日** 往临海。前后在雁荡山连游三日。题诗四首。即五绝《题灵岩峰》二首："灵岩有奇石，入夜化为鹰；势欲凌空去，苍茫万里征。""雄鹰踞奇峰，清晨化为石。待到黄昏后，雄鹰看又活。"五言诗《游雁荡》："奇峰传百二，大小有龙湫。我爱中折瀑，珠帘掩翠楼。新松待千尺，水量富更遒。煌煌烈士墓，风光第一流。"七绝《题合掌峰》："星辰慷慨落绵绵，合掌峰顶一线天。为济苍生化霖雨，谁甘学佛学神仙。"（叶大兵《欲济苍生化霖雨》,《西湖丛书》第3辑《书来墨迹助堂堂》,1979年6月）

**16日** 离雁荡山，访温州，先后游览了江心屿、玉海楼，为"来雪亭""百晋斋"等题字，为玉海楼撰写了对联："玉成桃李　海泳波涛"。同时还浏览了玉海楼珍藏的部分古书、字画，对孙仲容（诒让）治学的功绩推崇备至，特为此题词留念："甲骨文字之学，创始于孙仲容，继之为王观堂。饮水思源，二君殊可纪念。"又为温州市文物管理委员会书毛泽东《沁园春·长沙》。（叶大兵《欲济苍生化霖雨》,《西湖丛书》第3辑《书来墨迹助堂堂》,1979年6月）

◎ 晚，应邀参加中共温州地委宣传部为之举行的文艺晚会，观看了瓯剧《高机和吴三春》。夜不能寐，激动之余，枕上成五言诗《游江心屿》："江心本二屿，人力合一之。问谁为此者，蜀僧清了师。清了宋时人，西来自峨嵋。此功不可投，当祀信国祠。千年樟树倒，榕树生其枝。榕樟今合抱，二树成连理。东塔高九层，中空生华盖。榕亦生其巅，仿佛如冠戴。西塔高七层，上有鹭鸶巢。鹭鸶峙其巅，仿佛人所雕。二塔不同时，东唐西北宋。并立如双桅，孤屿浑欲动。浩浩瓯江水，在昔本澄鲜。水土使之分，新松待十年。二纵合为一，一必分为二。高机与三春，斗争同胜利。打破旧牢笼，创造新天地。瓯绸本无花，添花在锦上。上织并蒂莲，下织双鸳鸯。利剪剪裁之，制就新衣裳。衣被天下人，百花颂齐放。"次日书赠温州市文管会，该会副主任方介堪即回赠所刻石印二方以及金石拓本和篆刻条幅。（叶大兵《欲济苍生化霖雨》,《西湖丛书》第3辑《书来墨迹助堂堂》,1979年6月）

◎《"芙蓉国里尽朝晖"——读毛主席新发表的诗词〈七律·答友人〉》发表于《人民日报》。对诗词中涉及的"长岛""芙蓉国"等词及神话传说进行解释，说明了毛主席"在他的诗词中，每每喜欢活用神话传说"，而这些传说"已经不是作为单纯的神话传说或神话人物而存在，而是融冶在现实中作为现实的一体而存在"。结果是让神话人物"从事翻天覆地的生产建设和文化建设"，"诗人的思想把神话人物彻底动员起来了"。

**17 日** 访青田。上午，参观青田石刻工厂，题赠五言诗一首："青田有奇石，寿山足比肩。匪独青如玉，五彩竞相宣。百花颂东风，百果庆丰年。鸢飞百兽舞，百木森岩巅。人物尽风流，英雄与婵娟。开天还辟地，雁荡生云烟。忽见打鱼船，凤尾银鳞连。忽见插秧者，青苗满稻田。忽见破沧溟，长鲸吸百川。忽然成大堤，天池映九天。下有潜水艇，上有飞行船。飞上广寒宫，嫦娥舞蹁跹。斧凿夺神鬼，人巧胜天然。建国亦犹此，鼓劲着先鞭。"下午，游石门洞，题五绝一首："横过石门渡，刘基尚有祠。垂天飞瀑布，凉意喜催诗。"晚赴金华。（单泽阳《鼓劲着先鞭——记郭沫若同志参观青田玉雕厂和石门洞》，《西湖》1979 年第 2 期）

**18 日** 访金华，游双龙洞、冰壶洞。题七律一首："银河倒泻入冰壶，道是龙宫信是巫。满壁珠玑飞作雨，一天星斗化为无。瞬看新月轮轮饱，长有惊雷阵阵呼，压倒双龙何足异，嵌崎此景域中弧。"诗发表于 1965 年 3 月 19 日《羊城晚报》。（张林耕《忆郭老来金华》，《西湖丛书》第 3 辑《书来墨迹助堂堂》，1979 年 6 月）

**19 日** 参观南湖纪念馆，登上中共一大会址之一的革命纪念船，又看了御碑亭、宝梅亭，并帮纪念馆人员鉴别了一段柏化石。（蒋琴南《又披烟雨上楼台——回忆郭老参观南湖纪念馆》，《西湖丛书》第 3 辑《书来墨迹助堂堂》，1979 年 6 月）

◎ 下午，为南湖纪念馆"烟雨楼"题匾额，并书赠七绝一首："又披烟雨上楼台，革命风雷气象开，菱角无根随水活，一船换却旧三才。"（手迹见《东海》1979 年 7 月号）

**21 日** "登黄山，宿文殊院。费了八小时，只走得十六里。立群早一日上山，在此聚集。"（《黄山之歌》注）

**22 日** "雨中续登（黄山），宿北海宾馆，同费八小时，所走里数大约尚少于十六里。"（《黄山之歌》注）

**23 日** 下黄山。其后不久得诗《黄山之歌》，赞美"黄山奇拔万万倍，无怪诗人搁笔殊如痴"。发表于 6 月 14 日《人民日报》。

收人民文学出版社 1977 年 9 月版《沫若诗词选》，现收《郭沫若全集·文学编》第 5 卷。

◎ 作《游黄山》五首，即五绝《黄山即景》，七绝《杜鹃花》《森罗万象》《观人字瀑》和五律《别黄山》。发表于《安徽文学》第 7 期。

收人民文学出版社 1977 年 9 月版《沫若诗词选》，现收《郭沫若全集·文学编》第 5 卷。

**26 日** 在安徽省委统战部部长洪沛陪同下，偕于立群自黄山经芜湖往合肥。在巢湖临湖宾馆用午饭。席间询问巢县、巢湖历史，亚父范增在此是否留有遗迹。饭后，为接待者录毛泽东《卜算子·咏梅》一首，于立群亦题字一幅。离巢湖往合肥途中成七绝四首，至合肥稻香楼宾馆后书出："当年亚父出居巢，七十老翁气未消。对友只能图暗杀，看来奇计未为高。""暗杀阴谋未遂图，居然一怒返巢湖。未到彭城疽发背，空余孤冢在湖濡。""马上何能治天下，项王根本不读书。咸阳一炬书烧尽，秦政焚坑未此愚。""今日楚歌声未然，鼓舞人民战地球。遥看巢湖金浪里，爱她姑姥发如油。"（扬芝明《郭沫若咏巢湖的四首集外佚诗》，《新文学史料》2010 年第 1 期；手迹见陈伏希《郭沫若与夫人于立群为巢湖作诗、题字》，2005 年 11 月 17 日《巢湖日报》）

◎ 晚，在合肥参观安徽省博物馆，得见宿县 1962 年出土的两件铜乐器。（《曾子游鼎无者俞政及其他》，《文物》1964 年第 9 期）

**28 日** 致信方介堪："在温一晤，获得不少知识。并蒙以青田佳石刻章惠赠，特此致谢。"（手迹见《西湖丛书》第 3 辑《书来墨迹助堂堂》，1979 年 6 月）

◎ 中午，往机场，与周恩来等欢迎英国前坎特伯雷教长休勒特·约翰逊和夫人。（29 日《人民日报》）

**29 日** 中午，偕夫人于立群参加周恩来总理同英国前坎特伯雷教长休勒特·约翰逊和夫人的会见。之后，出席周恩来为欢迎休勒特·约翰逊夫妇举行的午宴。（30 日《人民日报》）

◎ 作诗《毛主席和人民在一起》："毛主席和人民在一起！毛主席啊，看到你伸出两个指头，在谈一分为二的道理。一分为二，二合为一，我们要比学赶帮，不断地争取胜利。/毛主席和人民在一起！毛主席啊，你在田里和农民商议，你在关心着今年的油菜子。你是太阳，太阳就是你。年年的油菜子都在加倍地欢喜。/毛主席和人民在一起！毛主席啊，我们是保卫祖国的力量，我们是你亲手培养出的子弟。三八作风，要坚持。我们高举着毛泽东思想的红旗。/毛主席和人民在一起！毛主席啊，你把中国人民解放了，我们是相亲相爱的姐妹和兄弟。不分民族，更不分彼此，团结在你周围，把革命进行到底。"（郭沫若纪念馆馆藏资料）

**30日**　《"玉宇澄清万里埃"——读毛主席有关〈孙悟空三打白骨精〉的一首七律》发表于《人民日报》。称赞这一和诗"是从事物的本质上、深一层地有分析地来看问题的"，接着又结合国际共产主义运动发展史对"一从大地起风雷，便有精生白骨堆"一句进行阐释，并同意毛主席的关于把唐僧作为"中间派"的意见。

**31日**　下午，在家中会见以巴克为团长的比利时科学家代表团。（中国科学院档案）

**下旬**　于黄山游览时，遇安徽省文联副主席陈登科，作家那沙、绥民、严阵、郭小川等，遂题写诗书相赠。书赠郭小川的为毛泽东七律《登庐山》一首。（手稿现藏中国现代文学馆，其中误将"葱茏"写作"逶迤"；照片见许建辉《诗书如人足风流——文学馆馆藏郭沫若诗书作品述略》，2011年6月8日《文艺报》）

◎　访黄山后，路经青阳县蓉城镇，下榻于青阳县委招待所。并书毛泽东《和郭沫若同志"孙悟空三打白骨精"》赠中共青阳县委。（现藏青阳县档案馆）

**本月**　参观芜湖工艺美术厂，并为该厂题词："以铁的资料创造优美的图画，以铁的意志创造伟大的中华。"（沐昌根《铁的艺术》，1979年5月2日《光明日报》）

◎　为温州市图书馆题词："图书馆工作应使之充分地条理化，才能多快好省地为社会主义建设服务。"（现藏温州市图书馆）

# 6月

**1日**　下午，往机场，与刘少奇、董必武等欢迎以阿卜杜拉·萨拉勒总统为首的也门访华代表团。（2日《人民日报》）

◎　往工人体育场，与李德全、史良等参加首都少年儿童庆祝"六一"国际儿童节联欢会。（2日《人民日报》）

**2日** 下午，参加刘少奇主席和周恩来总理同也门共和国总统阿卜杜拉·萨拉勒的会见。(3日《人民日报》)

◎ 下午，陪同也门访华代表团参观北京车站、工人体育场和工人体育馆。(3日《人民日报》)

◎ 晚，往人民大会堂，出席刘少奇主席为欢迎以阿卜杜拉·萨拉勒总统为首的也门访华代表团举行的宴会。(3日《人民日报》)

**4日** 上午，陪同也门访华代表团参观故宫。(6日《人民日报》)

◎ 下午，往人民大会堂，与刘少奇、周恩来等出席首都各界人民为欢迎以阿卜杜拉·萨拉勒总统为首的也门访华代表团举行的集会。(5日《人民日报》)

◎ 晚，与周恩来、陈毅等应邀出席阿拉伯联合共和国驻中国大使查卡里亚·阿德利·伊马姆为欢迎阿卜杜拉·萨拉勒总统访华举行的宴会。(5日《人民日报》)

**5日** 下午，往人民大会堂，与陆定一、康生等出席京剧现代戏观摩演出大会开幕式。(6日《人民日报》)

这次大会是新中国成立以来京剧工作者演出现代戏的一次新高潮，是京剧界的空前盛举。开幕式由文化部副部长齐燕铭主持，文化部部长沈雁冰致开幕词。

◎ 下午，与陈毅等应邀出席丹麦驻中国大使斯怀特为庆祝丹麦王国宪法日举行的招待会。(6日《人民日报》)

**6日** 作《谈金人张瑀的〈文姬归汉图〉》。发表于《文物》第7期。第一，介绍金人张某《文姬归汉图》、宋人宫素然《明妃出塞图》两幅古画的基本情况，认定《文姬归汉图》题款所署为"祗应司张瑀画"，"张瑀为金人"。第二，明确指出："《明妃出塞图》摹仿《文姬归汉图》，也就是说，是宫素然摹仿张瑀。"第三，"张瑀《文姬归汉图》，可以肯定是有独创性的'神品'。"第四，认为汪渔洋《文姬归汉图诗》"和原画一样值得重视"，"足以证明明代以来就认为画的内容是文姬归汉"。"更值得注意的是前人没有提到宫素然的《明妃出塞图》，要据宫画来使张瑀的画改换名称，那倒是真正成为以紫夺朱了。"

现收《郭沫若全集·考古编》第10卷。

**9日** 晚，与周恩来等出席中国和也门友好条约、中国和也门政府联

合公报的签字仪式。(10日《人民日报》)

**10日** 作《文姬归汉图》书后。比对王冶秋送来的日本讲谈社所摄宫素然《明妃出塞图》照片，对画作题款、卷后题诗和流传状况加以考证，认为宫素然当为明末清初人，《明妃出塞图》为《文姬归汉图》的仿作。

现收《郭沫若全集·考古编》第10卷。

**11日** 上午，往机场，与刘少奇、董必武等欢送也门访华代表团离京返国。(12日《人民日报》)

◎ 上午，往机场，与周恩来、彭真等欢迎以坦噶尼喀和桑给巴尔联合共和国第二副总统拉希迪·姆福米·卡瓦瓦为首的政府友好经济代表团。(12日《人民日报》)

◎ 下午，往人民大会堂，与毛泽东、刘少奇等出席共青团第九次全国代表大会开幕式，并于开幕式之前，同毛泽东等会见出席大会的全体代表。(7月7日《人民日报》)

◎ 致函王戎笙："陈总想看台湾影印的《李自成自述》，请关照同志们直接送阅。"(《文献》丛刊1980年第1辑)

**12日** 上午，陪同坦噶尼喀和桑给巴尔联合共和国政府友好经济代表团参观中国革命博物馆。(13日《人民日报》)

**13日** 晚，与吴晗等应邀出席英国驻中国代办贾维为庆祝英国女王伊丽莎白二世诞辰举行的招待会。(14日《人民日报》)

**14日** 下午，往人民大会堂，与周恩来、陈毅等出席首都各界人民为欢迎以坦噶尼喀和桑给巴尔联合共和国第二副总统拉希迪·姆福米·卡瓦瓦为首的政府友好经济代表团举行的集会。(15日《人民日报》)

**15日** 下午，会见由平山照次率领的日本基督教和平代表团。(16日《人民日报》)

**16日** 晚，与朱德、董必武等出席中国同坦噶尼喀和桑给巴尔联合共和国经济技术合作协定的签字仪式。(17日《人民日报》)

◎ 晚，与朱德、周恩来等应邀出席拉希迪·姆福米·卡瓦瓦副总统举行的告别宴会。(17日《人民日报》)

**17日** 上午，往机场，与周恩来等欢送以拉希迪·姆福米·卡瓦瓦副总统为首的政府友好经济代表团赴上海访问。(18日《人民日报》)

◎ 中午，偕夫人于立群，设宴招待英国前坎特伯雷教长休勒特·约翰逊博士和夫人。(18日《人民日报》)

◎ 会见并宴请应邀来我国进行学术访问的以日本京都同志社大学总长住谷悦治教授为首的日本经济学家代表团。代表团中有日本著名经济学家丰崎稔、小椋广胜、吉村达次。(18日《人民日报》)

**22日** 晨，往机场，与周恩来等欢送英国前坎特伯雷教长休勒特·约翰逊博士和夫人返国。(23日《人民日报》)

◎ 晚，与陈毅、李先念等观看越南人民军总政治局歌舞团演出的大型舞剧《义静烈火》，并于演出结束时走上舞台，同演员们亲切握手，热烈祝贺他们演出成功。还与陈毅等会见了歌舞团团长范洪居及主要演员。(23日《人民日报》)

**24日** 为沈从文著《中国古代服饰研究》一书作序。指出："工艺美术是测定民族文化水平的标准……古代服饰是工艺美术的主要组成部分，资料甚多，大可集中研究。于此可以考见民族文化发展的轨迹和各民族间的相互影响。"(沈从文《中国古代服饰研究》，香港商务印书馆1992年版；手迹见《郭沫若全集·考古编》第10卷卷前图版)

**25日** 下午，往政协礼堂，与李先念、廖承志等出席首都各界人民为支持朝鲜人民要求美国侵略军撤出南朝鲜和统一祖国的正义斗争举行的集会。(26日《人民日报》)

◎ 作《对临夏遗迹合葬墓的一点说明》，不赞成将甘肃临夏秦魏家齐家文化遗址发现的男女合葬墓，推断为"以男子为主体，而把女子作为殉葬者来处理的"。认为："这把当时尚非阶级社会的劳动人民的男子说得似乎太野蛮专横了一点"，"很可能是女子自愿殉死的"。手迹发表于《考古》1964年第8期。

现收《郭沫若全集·考古编》第10卷卷前图版。

**26日** 上午，会见来自亚洲九个国家和地区的佛教代表团和代表，并出席中国佛教协会和玄奘法师逝世1300年纪念委员会为招待外国佛教代表举行的宴会。(27日《人民日报》)

**27日** 下午，往政协礼堂，与中国佛教协会会长喜饶嘉错等出席首都佛教界和文化界人士纪念玄奘法师逝世1300年大会。(28日《人民日报》)

**本月** 为扬州女画家吴砚耕题咏菊诗一首："菊丛绕有阶级性，敢与严霜作斗争。花不飘零根不死，东篱岁岁茁新生。"(王寿林《诗人郭沫若在江苏》，《郭沫若学刊》1993年第3期)

## 夏

夏初为感谢湖南省茶叶研究所赠送新茶"高桥银峰"，题寄七律一首："芙蓉国里产新茶，九嶷香风阜万家。肯让湖州夸紫笋，愿同双井斗红纱。脑如冰雪心如火，舌不饦饤眼不花。协力免叫天下醉，三闾无用独醒嗟。"(1978年7月10日《湖南日报》)

## 7月

**1日** 下午，出席报告会，听取了彭真向参加1964年京剧现代戏观摩演出大会的全体演出人员和观摩人员以及首都部分文艺工作者所作的报告。(2日《人民日报》)

◎ 下午，参加周恩来总理同出席第二次亚洲经济讨论会后来到北京的各国朋友的会见。(2日《人民日报》)

◎ 晚，与周恩来等出席廖承志举行的酒会，祝贺第二次亚洲经济讨论会取得的重大成就并欢迎参加该会后来我国访问的各国朋友。(2日《人民日报》)

**3日** 往机场，与楚图南等欢迎英国著名学者、英中友好协会会长李约瑟博士和夫人。(4日《人民日报》)

李约瑟博士和夫人应中国科学院院长郭沫若的邀请来访。

◎ 晚，偕夫人于立群，设宴招待李约瑟博士和夫人。(4日《人民日报》)

**5日** 下午，偕于立群女士由中共大同市领导陪同参观大同市博物馆上、下华严寺及博物馆陈列室。参观后题词："下华严寺薄伽法藏塑像乃九百二十六年前故物，比例合乎自然、表情特别生动，余以为较太原晋祠圣母殿塑像为佳，诚为不可多得之艺术作品，宜尽力加以保护。"(http://www.hudong.com/wiki/%E5%A4%A7%E5%90%8C%E5%B8%82%E5%8D%9A%E7%89%A9%E9%A6%86)

**6日**　参观大同云冈石窟，题诗一首："天教微雨为清尘，来看云岗万佛身。佛法虚无何足道，人民万古显精神。"（王春林《郭沫若佚诗五首》，《郭沫若学刊》2000年第2期）

**10日**　参观山西大同矿区煤峪口煤矿，并为"万人坑"遗址题词："万人坑是日本帝国主义者占领大同期间，活埋煤峪口煤矿工人的地方。这些死难的同胞们，他们并没有死。他们每一个人的口中都在发出雷霆的声音：同胞们！不要忘记这阶级仇恨！"（《郭沫若题词选辑》，《郭沫若研究学会会刊》1984年9月）

**13日**　上午，会见日本著名书法家丰道庆中、西川宁等。（14日《人民日报》）

◎ 对比利时科学家代表团团长巴克回国后的致函作出批示："信写得很诚恳，将这信分送有关方面传观一下。"（中国科学院档案）

◎ 录9年前旧作《别须和田》，寄赠日本市川市日中友协市川支部市川正、米泽秀夫，以备他们筹建诗碑之用。

该诗碑位于市川市，1973年6月10日揭幕。（戈宝权《谈日本建立的四个郭沫若的诗碑》，《战地》增刊1986年第6期）

**15日**　上午，率中国人民保卫世界和平委员会和中国亚非团结委员会代表团飞抵河内。代表团是应越南保卫世界和平委员会和越南亚非人民团结委员会的邀请，参加越南人民关于日内瓦协议签订十周年纪念活动的。（16日《人民日报》）

**15—20日**　作诗《在女英雄的故乡》："在女英雄的故乡，看到征侧、征贰的姊妹。头带着尖顶凉帽，生产能手，迈步如飞。／一编青丝披洒在肩背上，这可节省了打扮的时光。寒天，可借以保护体温；暑天，可借以抵御热浪。"（郭沫若纪念馆馆藏资料）

◎ 作诗《孔雀》："孔雀散步在主席府的园里，这是平生所未见的新奇。它就像我们养的家鸡，它有翅膀，为什么不飞？／美呵，镇定呵，毫无惧怕，你这能走动的常青花！你把主席府当成了家，地上乐园就在我眼下。"（郭沫若纪念馆馆藏资料）

◎ 作诗《鱼和鸟》："鱼，胡主席的伴侣，你们能懂胡主席的话，呼来就来，呼去就去。／鸟，胡主席的伴侣，你们在树林中奏着鲍琴，一根弦子弹出五音。"（郭沫若纪念馆馆藏资料）

◎ 作诗《在群众大会上》："为了纪念十年前的奠边府胜利，为了纪念十年前的日内瓦协议。四十万人的群众，天不亮，已经聚集在汪洋的广场。/是呵，没有奠边府便没有日内瓦，猖狂的美帝又在催奠边府开花。你催吧，西贡立地要变成奠边府，让你把自己埋葬在印度支那。/胜利的信念比钢骨还坚定，万众一心比原子能还要万能。河内的吼声已经传到了金瓯角，金瓯和谅山的统一只等到天明。"经修改后以《西贡终久要变成奠边府》为题发表于8月7日《人民日报》。

◎ 作诗《越南的景德镇》："四处都是中越友谊的象征，我们来到了越南的景德镇，看到了猪八戒在玩弄狮子，看到了孙悟空在打白骨精。/同志们拿出个雪白的瓷瓶，要我题辞作为访问的印证。我题了首反修正主义的诗，同时是赞美下龙湾的风景。/是越南风光也在反对现修，我只是运用了我写字的手。下龙湾的三千个仙女都知道，她们看见现修便银纱蒙头。对美帝的猖狂竟称为和缓，民族利己主义真到了极端。但我们要像那珠江与红河，朝宗于南海，万古长流，不断！"（郭沫若纪念馆馆藏资料）

**16日** 上午，分别拜访了越南国会常务委员会主席长征、越南保卫世界和平委员会主席黎廷探、越南亚非人民团结委员会主席孙光阀和越中友好协会会长黄国越。（17日《人民日报》）

**17日** 上午，往河内市郊梅易革命烈士墓献花圈，并默哀致敬。随后，拜访了越南国家科学委员会主任阮维桢。（18日《人民日报》）

◎ 下午，参观越南革命博物馆。（18日《人民日报》）

◎ 作诗《穆穆篇》，发表于8月12日《人民日报》，记在主席府拜访胡志明主席的经过。诗中充满了对胡志明主席的钦佩和仰慕，并回顾了与胡主席的友情。

收人民文学出版社1977年9月版《沫若诗词选》，现收《郭沫若全集·文学编》第5卷。

**18日** 上午，在河内巴亭会堂，出席河内各界人民为欢迎前来参加越南人民纪念日内瓦协议签订十周年活动的国际友人举行的集会，并发表讲话。高度赞扬越南南方人民反美爱国武装斗争的伟大胜利，并表达了中国人民对越南人民的英勇斗争的坚决支持。讲话全文发表于19日《人民日报》。

**19日** 上午，在河内巴亭广场，出席河内人民纪念日内瓦协议签订

十周年暨声讨美国对越南南方的武装侵略大会。胡志明主席在会上发表讲话。(20日《人民日报》)

**20日** 作《舟游下龙湾》，为乘"海林号"游下龙湾时，应船员索求而题。发表于《诗刊》9月号，为《访越诗抄》之四，有小序。

收人民文学出版社1977年9月版《沫若诗词选》，现收《郭沫若全集·文学编》第5卷。

**21日** 作《下龙湾》组诗之一、之二，发表于8月15日《人民日报》。

**22日** 作《下龙湾》组诗之三、之四，发表于8月15日《人民日报》。

**23日** 致电缅甸和平人士德钦哥都迈的家属，对德钦哥都迈不幸逝世表示哀悼，并向德钦哥都迈的家属表示衷心的慰问。(24日《人民日报》)

缅甸保卫世界和平委员会主席、国内和平委员会主席、著名作家德钦哥都迈，于23日晨病逝。

◎ 晚，出席中国驻越南大使朱其文为欢迎我国代表团访问越南举行的宴会。(25日《人民日报》)

◎ 作《下龙湾》组诗之五至八，发表于8月15日《人民日报》。

《下龙湾》组诗全八首收人民文学出版社1977年9月版《沫若诗词选》，现收《郭沫若全集·文学编》第5卷。

**24日** 上午，率我国代表团离开河内乘专机返国。(25日《人民日报》)

◎ 率中国人民保卫世界和平委员会和亚非团结委员会代表团由越南回到广州。游览白云山，在羊城八景之一的白云松涛处，古大存以"天风海水白云间"句索对，答以"旭日朝霞红雨乱"，并将原句"间"改为"闲"字。(王永华、黄锡林《白云山上一韵事》，1980年7月17日《羊城晚报》)

**25日** 下午，率我国代表团飞抵北京。(26日《人民日报》)

**26日** 下午，与廖承志等应邀出席越南驻华大使陈子平为欢迎以陈辉燎为首的越南保卫世界和平委员会、越南亚非人民团结委员会代表团，以释善豪为首的越南南方民族解放阵线代表团访华举行的招待会并讲话。在讲话中高度赞扬了越南人民加倍努力建设社会主义的英雄气概和对统一祖国坚强必胜的信心。(27日《人民日报》)

**27日** 下午，参加毛泽东主席与越南贵宾的会见。(28日《人民日报》)

**28 日** 往机场，与廖承志等欢送以陈辉燎为首的越南保卫世界和平委员会、越南亚非人民团结委员会代表团，越南南方民族解放阵线代表团副团长阮明芳和团员离京。（29 日《人民日报》）

**本月** 任斯行健先生治丧委员会委员。（22 日《人民日报》）

斯行健，全国人民代表大会代表、中国科学院地质古生物研究所所长，19 日下午在南京病逝。

◎ 出国访问时途经广州，特地到北园饮早茶，并赠诗："北园饮早茶，仿佛如在家，瞬息出国门，归来再饮茶。"（http://210.76.65.23/books/421/5969.html）

## 8 月

**7 日** 诗《警告侵略者》发表于《人民日报》："疯狂的美帝国主义你是打错了算盘，/敢于冒天下之大不韪，发动了大战。/你已经侵占越南南部极尽其野蛮，/你更对越南民主共和国公然侵犯！//你既发动了对越南民主共和国的侵略，/越南民主共和国就取得反抗侵略的全权。/一切维护日内瓦协议的国家都不能袖手旁观，/社会主义阵营的兄弟国家更不能坐视不管。//中越是唇齿相依，血肉相连，情同手足，/你侵犯越南便是侵犯中华人民共和国。/你忘记了在朝鲜战场上所吃到的苦头吗？/今天我们也要全力支持越南反抗你侵略！//世界人民都要惩罚你发动战争的祸首，/我六亿五千万中国人民和你誓不甘休！/我们要把你埋葬在印度支那和东南亚，/要把侵略者永远从我们的地球上赶走！"

◎ 诗《西贡终久要变成奠边府》发表于《人民日报》："为了纪念十年前的奠边府胜利，/为了纪念十年前的日内瓦协议，/四十万人的群众，天不见亮，/已经聚集在汪洋的巴亭广场。//是呵，没有奠边府便没有日内瓦，/猖狂的美帝又在等奠边府开花。/你等吧，西贡终久要变成奠边府，/让你把自己埋葬在印度支那。//胜利的信念比钢骨还要坚定，/万众一心比原子能还要万能。/河内的吼声已经传到了金瓯角，/金瓯和谅山的统一只等到天明。"

**9 日** 下午，往工人体育场，主持首都各界人民支持越南人民反对美帝国主义武装侵略大会，并致开会词。全文载 10 日《人民日报》，题为

《中国人民对美国侵略越南绝不袖手旁观》。(10 日《人民日报》)

**10 日** 下午,往波兰驻中国大使馆,与董必武、周恩来等吊唁波兰人民共和国国务委员会主席、波兰统一工人党中央政治局委员亚历山大·萨瓦茨基的逝世。(11 日《人民日报》)

◎ 作《曾子斿鼎、无者俞钲及其他》。文中"曾子斿鼎"和"无者俞钲",对《文物》1964 年第 7 期发表的二器考释文字,提出一些补充意见。《明妃引》进一步申述作者在《谈金人张瑀的〈文姬归汉图〉》一文中引列的张锡题宫素然《明妃出塞图》诗,虽然盖了一个"天锡"的图章,"不可能是金人的张天锡"。载《文物》1964 年第 9 期。

"曾子斿鼎"和"无者俞钲"部分,现收《郭沫若全集·考古编》第 6 卷;《明妃引》部分,现收《郭沫若全集·考古编》第 10 卷,为《谈金人张瑀的〈文姬归汉图〉》一文"追记"。

**18 日** 晚,与中国亚非团结委员会副主席刘宁一设宴欢迎阿尔及利亚和平委员会主席苏瓦亚·胡阿里、阿尔及利亚民族解放阵线对外关系委员会主席特吉尼·哈达姆,以及阿尔及利亚和平委员会秘书长卢阿哈拉·杜赫米。(19 日《人民日报》)

◎ 为温州市文管会副主任方介堪题词:"一九六四年五月,在温州得晤介堪自来刻印多用篆书,介堪于此道已达炉火纯青之境。唯追求革命化与现代化,刻印如改用现行行书,不知如何?"后来方介堪根据这一意见进行了尝试,用行草书刻印,获得了良好的效果。(叶大兵《欲济苍生化霖雨》,《西湖丛书》第 3 辑《书来墨迹助堂堂》,1979 年 6 月)

**19 日** 上午,参加陈毅副总理同参加第十届禁止原子弹氢弹世界大会后应邀来访的外国代表以及其他外宾的会见。(20 日《人民日报》)

◎ 中午,与廖承志等出席中国人民保卫世界和平委员会和中国亚非团结委员会举行的招待会,欢迎参加第十届禁止原子弹氢弹世界大会后应邀来访的外国代表以及其他外宾。(20 日《人民日报》)

◎ 下午,会见越南文学院副院长怀青。(20 日《人民日报》)

◎ 下午,在家中会见古巴科学院全国委员会委员、历史研究所所长胡利奥·勒·里维兰·布鲁索内教授。(21 日《人民日报》、中国科学院档案)

◎ 晚,与陈毅等出席李四光为欢迎参加 1964 年北京科学讨论会的亚

洲、非洲、拉丁美洲和大洋洲四十个国家和地区的三百四十多位科学家举行的招待会。(21日《人民日报》)

◎ 致电罗马尼亚保卫和平全国委员会，对该委员会主席米哈伊尔·拉列亚院士的不幸逝世表示哀悼。(21日《人民日报》)

**21日** 上午，往人民大会堂，出席1964年北京科学讨论会开幕式，并致欢迎词。开幕式之前，还参加朱德委员长同出席讨论会的各国科学家的会见。欢迎词全文发表于22日《人民日报》，题为《四大洲的科学家在新的基础上团结起来，把科学文化推进一个复兴繁荣的新时期》。(22日《人民日报》)

**22日** 致函巨赞法师："近见一北齐文物，上有'沙诃楼陁碎汝身首，如阿梨树枝'文句。沙诃楼陁是何神？阿梨树枝是否佛典中有此典故？盼示知。复函请交什刹海西河沿八号于立群。"（现藏中国佛教协会图书馆；手迹见朱哲《巨赞法师全集》，社会科学文献出版社2008年版）

**23日** 下午，随毛泽东等会见出席北京科学讨论会的全体科学家。(24日《人民日报》)

**24日** 上午，会见以日中友协副理事长岩村三千夫为首的日中友协学习活动家代表团。(25日《人民日报》)

◎ 晚，出席我国科学技术委员会和阿拉伯联合共和国科学研究部关于发展两国科学技术合作的联合公报的签字仪式，并在仪式结束后举行宴会，庆祝联合公报的签订并欢送以阿联科学研究部部长图尔基为首的阿联科学代表团。(25日《人民日报》)

**25日** 晚，应邀出席阿拉伯联合共和国科学研究部部长图尔基举行的告别宴会，并发表讲话，他祝愿中国和阿联两国人民间的友好合作关系日益发展。(26日《人民日报》)

**26日** 上午，在人民大会堂，会见以尼泊尔教育部秘书柯沙瑞·罗加·潘迪为首的尼泊尔教育代表团。(27日《人民日报》)

◎ 晚，设宴欢迎墨西哥客人吉列尔莫·蒙塔尼奥、埃维尔托·卡斯蒂略等人。(27日《人民日报》)

**27日** 复函巨赞法师："复信收到，谢谢。问题解决了。□字确是针字。唯字是否为施针砭，尚听断定，可备一说。秋佳。"（现藏中国佛教协会图书馆；手迹见朱哲《巨赞法师全集》，社会科学文献出版社2008年版）

◎ 在四川饭店宴请参加北京科学讨论会的日本代表团全体团员。（《夏鼐日记》，华东师范大学出版社 2011 年版）

**29 日** 上午，往人民文化宫，与范文澜等我国著名历史学家接待前来参加北京科学讨论会的各国历史学家，并就共同感兴趣的历史研究问题交换了许多意见。散会后，和与会史学家一起就餐。（31 日《人民日报》；《夏鼐日记》，华东师范大学出版社 2011 年版）

**30 日** 赴十三陵水库及长陵郊游，巧遇夏鼐等。（《夏鼐日记》，华东师范大学出版社 2011 年版）

**31 日** 上午，往人民大会堂，与陈毅等出席 1964 年北京科学讨论会闭幕式。（9 月 1 日《人民日报》）

◎ 晚，与陈毅等参加刘少奇主席同北京科学讨论会主席团成员的会见。并出席陈毅副总理为招待各国科学家、庆祝讨论会取得成功举行的宴会。（9 月 1 日《人民日报》）

**本月**

◎ 月初，访问科学出版社，参加该社建社十周年活动。活动中听取了科学出版社建社十年来编辑出版工作成就及《科学出版社十二年编译出版规范》头两年的执行情况汇报，并参观科学出版社出版成就展。后与全社工作人员合影，并为出版社题词："在四个现代化的伟大斗争中，科学技术现代化是其中的关键。要促进科学技术的现代化必须加强科学技术的出版工作，在这一工作中必须充分发挥严肃、严密、严格的精神。"（钱荣方《郭沫若院长为科学出版社建社十周年题词》，《（中国科学院）院史资料与研究》1997 年第 5 期；科学出版社编《校对手册》，科学出版社 1964 年版）

◎ 在北戴河接见了正在执行暑期演出任务的东风剧团部分同志。与夫人于立群合作为东风剧团题字，写道："伟大的东风啊，吹吧，不断的吹吧，鼓足十分的干劲吹吧。把一切肮脏的东西吹散，把天上可能有的乌云吹开。让太阳永远大放光明，让大地茁壮着新生力量。"（王振国、王鹏、王鑫鲲《东风史话》，解放军文艺出版社 2009 年版）

◎ 为江苏扬州广储门外梅花岭的"史可法纪念馆"题写对联一副："骑鹤楼头，难忘十日；梅花岭下，供仰千秋！"（现藏扬州史可法纪念馆）

◎ 接见参加科学讨论会的日本京都立命馆大学经济学院院长盐田庄兵卫，并题赠毛泽东诗句"热风吹雨洒江天"。（《同京都有密切关系的郭沫

若》，吉林师范大学外研所日本文学研究室编《日本朋友悼念郭沫若》，1978年）

## 9月

**3日** 得法国驻中国大使馆大使佩耶致函，就法国科学界人士所关心的问题提请注意："他们越来越不安地看到中国置于国际科学家的重大的会见之外，并且不参加各国共同进行的研究项目。"还说："直接接触如寄刊物或共同参加学术会是加强有利于两国的科学研究和完善彼此经验的交往的良好途径。"并希望能就这方面的问题进行商酌。（中国科学院档案）

**7日** 晚，往机场，与赵朴初等欢迎以锡兰众议院议长休·费尔南多为首的锡兰议会代表团路经我国前往朝鲜访问。（9日《人民日报》）

◎ 撰辞："画为书祖，书乃画余。先画后书，部得其居。花来沣浦，草拟唐初。芬芳秀布，王者奂如。鼓瑟鼓琴，悠扬其音。鱼出于深，鸟飞自林。琅玕作伴，琼浆泛滥。一拳缱绻，两仪斡旋。"由夫人于立群书出。（郭沫若纪念馆馆藏资料）

**8日** 上午，往机场，与赵朴初等欢送锡兰议会代表团赴朝鲜访问。（9日《人民日报》）

**10日** 上午，往机场，与廖承志等欢迎刚果（布）工会联合会领导人、刚果（布）国民议会第一副议长布坎布·儒利昂和夫人。（11日《人民日报》）

**11日** 下午，在家中接待智利著名诗人巴勃罗·德·罗卡和他的儿子。着重谈到亚洲、非洲、拉丁美洲人民进一步团结起来，同美帝进行斗争的问题。（12日《人民日报》）

**16日** 下午，会见法国驻中国大使馆大使佩耶，就"中国在什么条件下可以参加国际学术会议"的问题进行了交谈。回答说，在没有"两个中国"问题的条件下，中国才能考虑参加问题，就是这个唯一的条件。同时举出一些法中科学文化往来事实数字和事例，并希望"法国学者更多来访问，时间再长些"。（中国科学院档案）

**17日** 下午，会见摩洛哥王国国立音乐、舞蹈和戏剧艺术学院院长、作曲家阿卜杜勒·瓦哈布·阿古米。（18日《人民日报》）

◎ 得日本高分子学会常务理事荒井溪吉致函，商谈拟组织日本高分

子学者代表团再次来中国进行学术访问的相关事宜。(中国科学院档案)

◎ 三题晋朱曼妻薛买地宅券。(据手迹)

**18日** 晚,与廖承志等出席为欢迎以陈文成为首的越南南方民族解放阵线驻华代表团举行的宴会,并发表了赞颂中越人民战斗友谊的讲话。(19日《人民日报》)

**21日** 上午,往机场,与朱德等欢迎以锡兰众议院议长休·费尔南多为首的锡兰议会代表团。(22日《人民日报》)

◎ 晚,参加朱德委员长与锡兰议会代表团的会见,并出席朱德委员长为欢迎代表团举行的宴会。(22日《人民日报》)

◎ 四识并题晋朱曼妻薛买地宅券。(据手迹)

**22日** 上午,陪同以锡兰众议院议长休·费尔南多为首的锡兰议会代表团参观北京大学和北京体育学院。(23日《人民日报》)

◎ 往北京饭店,与周恩来、陈毅等应邀出席马里驻中国大使比拉马·特拉奥雷为庆祝马里共和国成立四周年举行的招待会。(23日《人民日报》)

◎ 往德意志民主共和国驻华大使馆,与董必武、周恩来等吊唁德国统一社会党中央政治局委员、德意志民主共和国部长会议主席、国务委员会副主席格罗提渥的逝世。(23日《人民日报》)

◎ 晚,会见并宴请以阿尔巴尼亚作家艺术家协会主席迪·舒特里基为首的阿尔巴尼亚作家艺术家协会代表团。(23日《人民日报》)

**23日** 晚,与廖承志等出席中国人民保卫世界和平委员会和中国亚非团结委员会举行的招待会,欢迎越南南方民族解放阵线驻华代表团。在讲话中赞扬越南人民在反对美帝国主义和争取祖国统一斗争中取得的辉煌胜利。讲话全文载24日《人民日报》。(24日《人民日报》)

◎ 致信方介堪,讨论5月间在温州见到的晋朱曼妻薛氏买地宅券,说:"今就拓本细读,颇疑此乃用券文体制以为墓志,非真券也",并表示"颇拟作进一步研究"。(手迹见《西湖丛书》第3辑《书来墨迹助堂堂》,1979年6月)

**24日** 上午,陪同以锡兰众议院议长休·费尔南多为首的锡兰议会代表团飞赴上海参观访问。(25日《人民日报》)

◎ 为《蔡文姬》在日本上演题词:"《蔡文姬》能够在日本上演,希望同以前演出过的《屈原》和《虎符》一样能获得同样的成功,对于日本的观众能起借古鉴今的作用。隔着东海,向日本的朋友们和观众们遥致敬礼。"(郭沫若纪念馆馆藏资料)

**26日** 在上海。作诗《高举着毛泽东思想红旗奋勇前进》:"黄浦江,坦坦荡荡的黄浦江。/你高歌猛进,该换了新样。/东海正在涨潮,翻波涌浪。/长风浩浩,吹出了皜皜的秋阳,/照耀得天上地下一片金黄。//我回想到整整的五十年前,/我是第一次和你握手见面。/当时的上海,'冒险家的乐园',/向着我颓丧这一张惨白的脸。/我流过眼泪,增加过你水中的盐。//我忘不了'五卅'惨案的时候,/南京路上青年的鲜血横流。/就在那永安公司附近的路口,/那些骑着高头大马的巡捕头,/把中国人呵看得来真不如狗。//我忘不了十九年前的模样,/日本帝国主义者已经投降,/美帝国主义者却来换上了岗。/花旗军舰布满在这黄埔滩上,/把水里的鱼都挤得来无处躲藏。//这些褪了色的影片在我脑中开卷,/我和你都一分为二,在不断向前。/在你的两岸,烟囱林立,耸入云天;/百丈长的红幡,鲜明地映进了眼睑:'庆祝中华人民共和国成立十五周年!'//中国人站起来了,有了辉煌的今天,/千万不要忘记我们艰苦的当年。/二万五千里的长征跋涉过草原,/延安的窑洞产生了建国的金砖,/还应该尝胆卧薪,千百倍的勤勉。//美帝国主义者临到末路,愈加猖狂,/现代修正主义者更存心为虎作伥,/对于侵略和腐蚀,还需要加紧提防;/我们要为全人类争取彻底的解放,/高举着毛泽东思想红旗,奋勇前往!"发表于10月1日《解放日报》时改题为《黄浦江上》。

**27日** 上午,陪同锡兰议会代表团从上海飞抵杭州,并陪同外宾们参观杭州市丝织工业,并泛舟西湖,欣赏湖光山色。(28日《人民日报》)

**28日** 上午,陪同锡兰议会代表团从杭州飞抵北京。(29日《人民日报》)

◎ 晚,往人民大会堂,与陈毅等出席刘少奇主席为欢迎刚果共和国(布)总统阿方斯·马桑巴-代巴举行的宴会。宴会前,参加刘少奇主席与阿方斯·马桑巴-代巴总统的会见。(29日《人民日报》)

**29日** 上午,偕夫人于立群,会见英国皇家学会理事、英国帝国科技学院物理学教授布莱克特和夫人以及谢菲尔德大学植物学教授克拉彭和夫人。(30日《人民日报》,中国科学院档案)

◎ 中午，与朱德等应邀出席锡兰驻华大使斯·弗·德席尔瓦为欢迎以锡兰众议院议长休·费尔南多为首的锡兰议会代表团访华举行的宴会。（30日《人民日报》）

◎ 下午，偕夫人于立群，会见法兰西学院院士、巴黎理学院教授阿尔弗雷德·卡斯特列尔和夫人。（30日《人民日报》）

◎ 晚，参加刘少奇主席和夫人王光美、周恩来总理和夫人邓颖超同马里共和国总统莫迪博·凯塔和夫人的会见。（30日《人民日报》）

◎ 与周恩来等出席刘少奇主席和夫人为欢迎马里共和国总统莫迪博·凯塔和夫人举行的宴会。（30日《人民日报》）

**30日** 上午，往人民大会堂，与刘少奇等出席首都各界人民为欢迎柬埔寨国家元首诺罗敦·西哈努克亲王、马里共和国总统莫迪博·凯塔、刚果共和国（布）总统阿方斯·马桑巴-代巴举行的集会。（10月1日《人民日报》）

◎ 会见危地马拉前外交部长兼教育部长、剧作家、古巴"美洲之家"副主任、哈瓦那大学美洲史教授曼努埃尔·加利奇。（10月3日《人民日报》）

◎ 上午，往车站，与徐冰等欢迎以西吞·库马丹为首的老挝爱国战线党和中立派联合友好代表团。（10月1日《人民日报》）

◎ 随毛泽东、董必武等会见前来参加我国国庆的来自世界各大洲许多国家和地区的友好代表团、社会活动家和各界知名人士。（10月1日《人民日报》）

◎ 晚，往人民大会堂，出席毛泽东、刘少奇等为庆祝中华人民共和国成立15周年举行的国庆招待会。（10月1日《人民日报》）

**本月** 作《我们的朋友遍天下》，发表于10月5日《人民日报》，通过介绍北京科学讨论会的盛况，指出："全世界被压迫民族和被压迫人民都是我们同呼吸共命运、同甘苦共患难、同战斗共胜利的朋友"，"我们的朋友遍天下"。

## 秋

◎ 为迎接即将到来的国庆节，为荣宝斋书写"自力更生　奋发图强"八个大字。（2004年12月9日《北京日报》）

◎ 书《下龙湾七律八首》（之一）："仙女三千尽害羞，银纱罩面怕凝眸。"（《郭沫若书法集》，四川辞书出版社1999年版）

◎ 书《卜算子·咏梅》赠日本友人岸阳子女士。（《日本郭沫若研究资料集　墨迹·书简·回忆集1》）

◎ 为泾县宣纸厂题词："宣纸是中国劳动人民所发明的艺术创造，中国的书法和绘画离了它便无从表达艺术的妙味。"（手迹见《安徽画报》1979年第5期）

## 10月

**1日**　上午，往天安门广场，与毛泽东、刘少奇等出席首都各界人民庆祝中华人民共和国成立15周年大会，并检阅游行队伍。（2日《人民日报》）

**2日**　上午，往机场，与朱德等欢送以休·费尔南多为首的锡兰议会代表团。（3日《人民日报》）

◎ 上午，偕夫人于立群出席中日友协为庆祝中国日本友好协会成立一周年暨欢迎前来我国参加国庆活动的日本朋友举行的酒会。（3日《人民日报》）

◎ 与董必武等出席中国和刚果共和国（布）友好条约的签字仪式。（3日《人民日报》）

◎ 与黄炎培等出席全国政协为欢迎老挝爱国战线党和中立派联合代表团举行的宴会，并发表讲话。他盛赞中老友谊，并表示坚信老挝人民反抗美帝侵略的正义斗争将取得最后胜利。（3日《人民日报》）

◎ 下午，与楚图南等出席中国人民对外文化协会为招待来我国参加国庆活动的澳大利亚、比利时、英国、法国、卢森堡、荷兰等国客人举行的酒会。（3日《人民日报》）

◎ 晚，往人民大会堂，与刘少奇、朱德等出席庆祝中华人民共和国成立15周年晚会，并观看音乐舞蹈史诗《东方红》。（3日《人民日报》）

**3日**　下午，会见日中文化交流协会理事长中岛健藏和夫人、日中友协第九次访华代表团、以本田良介为首的亚非新闻工作者协会日本协议会代表团等。（4日《人民日报》）

◎ 晚，陪同前来参加我国国庆活动的各国贵宾出席文化部和对外文

化联络委员会联合举行的晚会，观看中央歌剧舞剧院芭蕾舞剧团演出的芭蕾舞剧《红色娘子军》。(4日《人民日报》)

**4日** 下午，与李四光等出席全国政协为欢迎来京参加国庆典礼的回国观光华侨、港澳同胞、少数民族参观团、少数民族青年学习参观团举行的酒会，并致辞。(5日《人民日报》)

◎ 题写五言诗一首："清水出芙蓉，峨眉秀碧空。无猜似明月，明月在怀中。"赠日本友人土岐善麿。后有款识："李太白蜀人也，杜甫称其清新俊逸。"(《日本郭沫若研究资料集 墨迹·书简·回忆录集1》)

**5日** 古巴科学院院长安东尼奥·努涅斯·希门尼斯致函，商谈两院1965年合作工作计划草案等事宜。(中国科学院档案)

**6日** 上午，往机场，与刘少奇、朱德等欢送西哈努克亲王和夫人离京回国。(7日《人民日报》)

◎ 致信方介堪："月前奉上一函，问询孙、冒二氏关于薛氏买地券的考释，想已入览。兹忆及前游孤心屿时曾题一长诗，成诸仓猝，拟加以修改。请将原件寄还，待修改后当再写寄。"(手迹见《西湖丛书》第3辑，《书来墨迹助堂堂》，1979年6月)

**7日** 下午，往政协礼堂，与黄炎培、李四光等出席全国政协为欢迎以西吞·库马丹为首的老挝爱国战线党和中立派联合友好代表团举行的集会。在讲话中谴责美国对老挝的侵略和干涉，并指出："老挝问题只有按照老挝人民的愿望，通过一切有关方面的协商，才能求得和平解决。"(8日《人民日报》)

◎ 晚，往北京饭店，与朱德等应邀出席德意志民主共和国驻中国大使君特·柯尔特和夫人为庆祝德意志民主共和国成立15周年举行的招待会。(8日《人民日报》)

**8日** 晚，与廖承志等出席中日两国人民之间文化交流共同声明的签字仪式。(9日《人民日报》)

◎ 晚，会见并设宴招待以澳大利亚科学院院长切里教授为首的澳大利亚科学代表团全体成员。在祝酒时说，中国科学院赠送的一幅画，画上的荷花和蜻蜓象征着和平，中国和澳大利亚可以和平共处。火药是中国发明的，当时是用来放焰火，但是传到外国以后就被利用来做大炮、武器。有人说中国人好战，你们说中国是否好战？我们的科学家正在向自然开

战,如果说这就是好战,那么科学家都是好战的。(9日《人民日报》;中国科学院档案)

◎ 晚,与包尔汉等出席全国政协为招待老挝爱国战线党和中立派联合友好代表团举行的京剧晚会,观看山东省京剧团演出的现代京剧《奇袭白虎团》。(9日《人民日报》)

**9日** 上午,会见越南文联常务委员、作家农国振。(10日《人民日报》)

◎ 晚,与张奚若等出席中日友好协会和日中友好协会代表团关于进一步加强中日两国人民友谊的共同声明的签字仪式。(10日《人民日报》)

**10日** 会见并宴请以铃木直吉博士为首的日本学术代表团全体成员和正在我国进行学术访问的日本考古学家小野胜年博士。(11日《人民日报》)

◎ 晚,往首都剧场,与杨尚昆等观看日本松山芭蕾舞团演出的大型民族芭蕾舞剧《祗园祭》,并与杨尚昆等会见芭蕾舞团团长清水正夫和副团长、著名芭蕾舞演员松山树子等主要演员。(11日《人民日报》)

**12日** 下午,往政协礼堂,与廖承志、刘宁一等出席首都各界人民纪念日本社会党前委员长浅沼稻次郎逝世四周年大会。(13日《人民日报》)

◎ 下午,偕于立群冒雨回访老舍。

上午,准备往四季青人民公社体验生活的老舍送来八首咏黄山的诗。(《郭沫若老舍赠答诗》,《新文学史料》1978年第1辑)

**13日** 以中国科学院院长名义致电苏联科学院院长姆·弗·凯尔迪什,祝贺苏联发射新的多座载人宇宙飞船"上升"号成功。电文载14日《人民日报》。

◎ 中午,参加周恩来总理同老挝爱国战线党和中立派联合友好代表团成员的会见。(14日《人民日报》)

**14日** 下午,与包尔汉等出席中国老挝友好协会为欢迎老挝爱国战线党和中立派联合友好代表团举行的招待会。(15日《人民日报》)

◎ 与陆定一等组成丁颖同志治丧委员会。(15日《人民日报》)

丁颖,中国农业科学院院长、全国人民代表大会代表、中国科学院学部委员。14日在北京逝世。

◎ 作诗《赞〈东方红〉》。诗云:"《东方红》的演出要永不闭幕,永远正在开头"，"在《东方红》的照耀下我们感受着百倍的鼓舞，我们要比学赶帮，艰苦奋斗，决不要迷失路途"，"高举着革命的红旗，要使东风永远压倒西风！"发表于15日《人民日报》。

收入民文学出版社1977年9月版《沫若诗词选》，现收《郭沫若全集·文学编》第5卷。

**15日** 上午，往车站，与包尔汉等欢送老挝爱国战线党和中立派联合友好代表团赴上海参观访问。（16日《人民日报》）

**16日** 书旧作《哀时古调九首》之一。（《郭沫若书法集》，四川辞书出版社1999年版）

**17日** 上午，出席全国人大常委会第一百二十七次会议扩大会议，听取了有关我国爆炸原子弹的报告。（18日《人民日报》）

**18日** 上午，往中国农业科学院礼堂，出席丁颖同志公祭大会，并担任陪祭。陆定一担任主祭。（19日《人民日报》）

◎ 下午，往工人体育馆，与朱德、周恩来等出席北京国际乒乓球邀请赛开幕式，并观看比赛。（19日《人民日报》）

**20日** 分别收到越南国家科学委员会主任阮维桢、古巴科学院院长安东尼奥·努涅斯·希门尼斯博士、比利时阿拉男爵发来的贺电，祝贺我国第一颗原子弹爆炸成功。（21日《人民日报》）

◎ 在四川省第三届人民代表大会第二次会议上，与朱德等当选第三届全国人民代表大会代表。（24日《人民日报》）

◎ 为北海菊花展题字"菊花是集体的花，请用集体主义的精神来欣赏吧！"（现藏北海公园管理处）

**21日** 收到朝鲜科学院院长姜永昌发来的贺电，祝贺我国第一颗原子弹爆炸成功。（22日《人民日报》）

**22日** 下午，偕夫人于立群，会见阿联中国友好协会秘书长哈桑·阿什马维博士和夫人。（23日《人民日报》）

**23日** 作散曲《猢狲散带过破葫芦·猴儿戏巧乎？》。嘲讽赫鲁晓夫"戏未演完滚下台，一个倒栽葱摔破了天灵盖"。收入四川人民出版社1978年9月版《东风第一枝》，题目为编者所加。（手迹载1978年6月23日《光明日报》）

**24日** 晚，往天桥剧场，与陈毅等观看古巴国家芭蕾舞团演出的芭蕾舞剧《葛蓓利娅》，并于演出结束后走上舞台，同古巴舞蹈家们热烈握手，祝贺他们演出成功。演出之前，还与陈毅等会见芭蕾舞团团长和主要演员。(25日《人民日报》)

**25日** 复函老舍："廿三日信接到，和诗拜读了。我又和您一首。可惜我不能来奉陪，深为内疚。门头村里社为家，四季青青岂浪夸。争取青边三点水，赢将锦上又添花。欢腾西域冲天弹，红恋香山映日霞。反帝放修战前哨，万邦翘首望中华。"(《郭沫若老舍赠答诗》，《新文学史料》1978年第1辑)

**26日** 上午，会见以乌拉圭中国文化协会主席弗朗西斯科·穆塞蒂为首的乌拉圭文化代表团。(27日《人民日报》)

◎ 晚，观看刚果（布）迪亚布歌舞团的首次访华演出，并会见歌舞团团长恩达拉及主要演员。(27日《人民日报》)

**27日** 为成都杜甫草堂藏南宋本《草堂先生杜工部诗集》题词："草堂先生杜工部诗集，素所未见，殆是海内孤本，虽残卷，良可珍惜。藏之草堂，尤得其所，可谓草堂先生重归草堂矣。"(杨庆铭《郭老二三事》引，《抗战时期的郭沫若》，四川社会科学院出版社1985年版)

**28日** 晚，往民族文化宫礼堂，欣赏古巴女钢琴家塞奈达·曼富加斯举行的首次访华演出，并在演出休息时会见了塞奈达·曼富加斯。(29日《人民日报》)

**29日** 上午，往机场，与黄火星等欢送以中国最高人民检察院检察长张鼎丞为首的中国检察工作代表团赴越南访问。(30日《人民日报》)

◎ 会见以费利克斯·毛雷为首的玻利维亚文化代表团全体成员。(30日《人民日报》)

**30日** 上午，往政协礼堂，与周恩来、陆定一等出席首都各界人民庆祝阿尔及利亚革命十周年大会。(31日《人民日报》)

◎ 下午，往机场，与刘少奇、董必武等欢迎阿富汗国王穆罕默德·查希尔·沙阿和王后霍梅拉。(31日《人民日报》)

**31日** 下午，往北京饭店，与刘少奇、周恩来等应邀出席阿尔及利亚驻中国大使穆罕默德·亚拉为庆祝阿尔及利亚革命十周年举行的招待会。(11月1日《人民日报》)

**本月** 作诗《十五年》："十五年前的今天，永远难忘，最可爱的中华儿女们,雄赳赳地跨过鸭绿江。/并肩血战,打败了美国豺狼,中朝人民的战斗友谊,是用鲜血凝成,与日争光。/十五年的期间不算太长,祝勤劳勇敢的朝鲜人民,千年万年不断地蒸蒸日上。/十五年前我曾经去过平壤,敢于斗争、敢于胜利的精神,把纸老虎戳穿成万孔千疮。七年前我又曾经去过平壤,横空飞行着的千里马呵,又长出了超音速的翅膀。/平壤就好像再生的凤皇,斗志昂扬而意气风发,比战前增加了无比的光芒。如果七年后我再去平壤,我虽然不相信任何宗教,但我相信平壤会变成天堂。/只有美帝国主义永不变样,它已忘记了上甘岭伤心岭,于今又在湄公河上依旧疯狂。/纸老虎已第二次遍体鳞伤,尽管还有人想同它拥抱,那是心甘情愿的为美帝殉葬。/朝鲜兄弟呵,我们的榜样!朝鲜兄弟呵,我们的榜样!我们要永远地相助守望。/把敌人淹没在人民战争的海洋!让我们更高地举起革命红旗,使五洲四海的风雷翻腾震荡。"(郭沫若纪念馆馆藏资料)

## 11 月

**1 日** 中午,往机场,与刘少奇、周恩来等欢迎马里共和国总统莫迪博·凯塔和夫人一行。(2 日《人民日报》)

**2 日** 上午,会见以林要教授为首的日本社会、文化活动家代表团。(3 日《人民日报》)

◎ 下午,往人民大会堂,与周恩来等出席首都各界人民为欢迎阿富汗国王穆罕默德·查希尔·沙阿和王后举行的集会。(3 日《人民日报》)

◎ 晚,偕夫人于立群,出席周恩来总理和夫人为欢迎马里共和国总统莫迪博·凯塔和夫人举行的宴会。(3 日《人民日报》)

◎ 晚,偕夫人于立群,出席文化部和中非友协为欢迎马里共和国总统莫迪博·凯塔和夫人一行举行的文艺晚会。(3 日《人民日报》)

**3 日** 上午,会见以小生梦坊为首的日本民族艺能家代表团。(4 日《人民日报》)

◎ 下午,往人民大会堂,出席中国马里友好条约以及中国马里联合公报的签字仪式。(4 日《人民日报》)

◎ 晚,往人民大会堂,设宴为以迪·舒特里基为首的阿尔巴尼亚作家艺术家协会代表团饯行,并致辞。在宴会上赠送阿尔巴尼亚朋友由我国国画家专门创作,并由自己题诗的《山鹰颂》《友谊常青》等三幅国画。(4日《人民日报》)

**4日** 上午,往机场,与刘少奇等欢送马里共和国总统莫迪博·凯塔和夫人一行离京赴我国南方访问。(5日《人民日报》)

◎ 在人民大会堂会见来我国考察的朝鲜科学工作者朴基济、权五烈、李子芳、崔一东、金龙洙、李重熙和徐重渊。谈话中讲到了1964年10月12日在中国陕西省西安东南60公里的蓝田县发现猿人头盖骨和10月16日中国原子弹上天等事情。(5日《人民日报》,中国科学院档案)

**5日** 上午,往机场,与刘少奇、邓小平等欢送以周恩来总理为首的我国党政代表团赴苏参加十月革命节庆典。(6日《人民日报》)

◎ 往机场,与刘少奇等欢送以范文同为首的越南党政代表团离京赴苏参加十月革命节庆典。(6日《人民日报》)

◎ 会见以广田重道、早坂四郎为首的日本和平委员会代表团。(6日《人民日报》)

◎ 晚,会见毛里求斯劳工大会总书记约瑟夫·马塞尔·梅森。(6日《人民日报》)

**6日** 晚,往中南海怀仁堂,与宋庆龄、彭真、陆定一等出席首都各界人民庆祝十月革命胜利47周年大会。(7日《人民日报》)

**7日** 晚,与刘少奇、邓小平等应邀出席苏联驻中国大使契尔沃年科为庆祝十月革命节举行的招待会。(8日《人民日报》)

**9日** 五识并题晋朱曼妻薛买地券。(据手迹)

**12日** 上午,陪同阿富汗国王查希尔和王后一行游览八达岭长城。(13日《人民日报》)

◎ 下午,会见多米尼加人民运动党主席马西莫·洛佩斯·莫利纳。(13日《人民日报》)

◎ 晚,与朱德等出席中国阿富汗联合公报签字仪式。(13日《人民日报》)

◎ 晚,往人民大会堂,与刘少奇等应邀出席阿富汗国王查希尔和王后举行的告别宴会。(13日《人民日报》)

**13日** 上午,往机场,与刘少奇等欢送阿富汗国王查希尔和王后一

行回国。（14 日《人民日报》）

**14 日** 下午，往机场，与毛泽东、刘少奇等欢迎参加十月革命庆祝活动后归来的以周恩来为首的中国党政代表团。（15 日《人民日报》）

**17 日** 下午，会见以浅海一男为首的日本"北京广播听众之会"访华代表团。（18 日《人民日报》）

**19 日** 上午，往机场，与李德全等欢送以刘宁一为首的"声援越南人民反对美帝国主义侵略、保卫和平国际会议"中国代表团启程赴河内。（20 日《人民日报》）

◎ 收到墨西哥前总统卡德纳斯将军的来信，祝贺我国核试验成功。（20 日《人民日报》）

◎ 晚，出席中苏友好协会总会为欢送以苏共中央委员、交通部长鲍·巴·别谢夫为首的苏中友好协会代表团举行的宴会。（20 日《人民日报》）

◎ 晚，与朱德等观看沈阳、成都、兰州、新疆等地区部队战士业余演出队举行的汇报演出。（20 日《人民日报》）

**20 日** 复函胡乔木。"十一月十三日信接读。大作词十三首，仔细拜读了。""今天赵朴初同志来访，我又和他共同研究了一遍。提出如下一些意见，供您参考。"具体为：关于《六州歌头》、关于《水调歌头·国庆夜纪事》、关于《沁园春》、关于《水龙吟》第三、四首、关于《贺新郎》、关于《菩萨蛮》第一、三、五首。（黄淳浩《郭沫若书信集》下，中国社会科学出版社 1992 年版）

胡乔木这些词，经修改发表在《红旗》1965 年第 1 期。

**24 日** 上午，会见以团长黑田寿男和副团长甘文芳、半田孝海为首的日本护送中国烈士遗骨代表团。（25 日《人民日报》）

◎ 为祝贺全国少数民族群众业余艺术观摩演出会开幕作诗《敬礼，毛主席的文艺子弟兵！》。称颂参加观摩演出的少数民族业余文艺工作者："你们才是真的艺术家，你们的艺术富有生命！你们才是真的创造者，你们的创造前无古人！""你们为中国创造了新的天，新的地和新的人民！你们为艺术也创造了新的天，新的地，新的人民！"发表于本日《人民日报》。

**25 日** 上午，往机场，欢迎以最高人民检察院检察长张鼎丞为首的

中国检察工作代表团访越归来。(26 日《人民日报》)

**26 日** 下午，往民族文化宫，与陆定一、茅盾等出席全国少数民族群众业余艺术观摩演出会开幕式。(27 日《人民日报》)

◎ 接罗马尼亚科学院院长依·吉·牟尔古列斯库院士函，告之该院将举行全会，并将选出新的院士，希望从中国选出一位名誉院士和一位通讯院士。

郭沫若为名誉院士，希望得到其建议。(中国科学院档案)

**27 日** 下午，与周恩来、朱德等出席首都各界人民为庆祝阿尔巴尼亚解放 20 周年举行的集会。(28 日《人民日报》)

◎ 下午，与周恩来、朱德等一同会见以泽内尔·哈米提为首的阿尔巴尼亚矿产地质部代表团和以贝尔代夫·吉古率为首的阿尔巴尼亚邮电代表团。(28 日《人民日报》)

**28 日** 上午，往北京展览馆，与张奚若等应邀出席"社会主义阿尔巴尼亚二十年图片展览"开幕式，并观看展览。(29 日《人民日报》)

◎ 晚，往北京饭店，与刘少奇、周恩来等应邀出席阿尔巴尼亚驻中国大使奈斯蒂·纳赛和夫人为庆祝阿尔巴尼亚解放 20 周年举行的招待会。(29 日《人民日报》)

**29 日** 上午，往天安门广场，与毛泽东、刘少奇、朱德等出席首都各界人民为支持刚果（利）人民反对美国侵略、争取民族解放斗争举行的集会，并发表讲话。讲话全文载 30 日《人民日报》。题为《中国人民完全拥护毛主席关于支持刚果（利）人民反对美国侵略的声明》。(30 日《人民日报》)

**30 日** 在哲学社会科学部委员会第四次扩大会议上所作开幕词发表于《科学报》。

## 12 月

**1 日** 诗《要卢蒙巴，不要美国佬!》发表于《人民日报》，声援刚果人民争取民族解放的正义斗争。

**6 日** 晚，出席芬兰驻中国大使约爱尔·托依伏拉和夫人为庆祝芬兰共和国成立 47 周年举行的宴会。(7 日《人民日报》)

**7日** 下午，会见以宗雪雅幸为首的日本合成化学产业工会联合会访华代表团全体成员。(8日《人民日报》)

◎ 与于立群拟将存款交给党和国家的考虑，经中国科学院党组（64）科亥字第288文件报告中央宣传部。

报告说："郭沫若、于立群同志最近写信给科学院党组，详细说明历年共积存稿费18万余元，因为考虑到有些家族、亲友今后仍需要他给予生活补助，自己留下了三万元，估计可足五年之用，其余存款15万元由其秘书送来，全部交给组织处理。并告诉秘书王庭芳同志今后所写的文稿一概不取稿酬，寄来的稿费要原数退回。"报告还提到："近几年来，郭沫若同志曾先后将自己的稿费交党费八万元，救灾二万元，现在又将其多年的积蓄十五万余元交给了组织。"报告的最后意见是："郭沫若将自己的稿费再拿出一部分做为党费交给党组织是可以的，但这一回一次交给党组织十五万余元，似太多了。因为郭沫若从事科学活动也还需要不断购买一些图书，在家庭生活和从事各种社会活动方面，有时还会有一定的特殊用项。留三万元似少了些，再多留存一部分稿费（例如十五万元左右），以备不时之需要还是必要的。至于今后从事写作，只要国家有稿酬制度，稿费也是应该接受的。因为考虑到全国文艺界、科学界有著作的人还相当多，稿费一律不要，可能会使一些人对党和国家的劳动收入政策产生误解。"（中国科学院档案）

中央宣传部宣发（64）507号文件《关于郭沫若同志将其存款交给组织等问题的请示报告》报请中央书记处，根据中国科学院党组报告内容报告，报告认为："党员作家将其稿费全部或一部分交党委，是可以的，也是应该的。但将存款交公则不宜提倡。拟请科学院党组将这个意思向郭沫若同志说明，既然他有些家庭、亲友需要给予生活补助，他本人及其家庭也还有些特殊用项，不必将大部分存款交给组织，至于多交一些党费（例如几万元）则是可以的。至于郭沫若同志今后是否接受稿费，可由他自行处理。"报告的中央传阅单上有刘、周、彭的圈阅。（中国科学院档案）

**8日** 往机场，与周恩来、贺龙等欢迎以李先念为首的中国党政代表团参加阿尔巴尼亚解放20周年庆典后归来。(9日《人民日报》)

◎ 往机场，与周恩来、贺龙等欢迎陈毅副总理出访印度尼西亚和缅甸归来。(9日《人民日报》)

◎ 题赠日本朝日新闻社诗发表于本日《朝日新闻》，诗文为："万里惊涛卷海来，九天日月急旋回。笔橾如帚横空扫，要把乌云尽扫开。"

**14 日**　下午，会见日本大阪大学教授、理学博士堤繁。（15 日《人民日报》）

**16 日**　下午，往政协礼堂，与贺龙等出席首都各界人民为庆祝越南南方民族解放阵线成立四周年暨声援"越南人民反对美帝国主义侵略、保卫和平国际会议"取得成功举行的集会，并致开会词。致辞摘要载 17 日《人民日报》。（17 日《人民日报》）

**17 日**　晚，出席中国文联等三个团体为欢迎亚非作家常设局访问亚洲代表团和柬埔寨作家代表团举行的宴会，并（作为中国文联主席）发表讲话。指出："亚非两大洲革命的、进步的作家和亚非人民在一起，正在为驱逐帝国主义、新老殖民主义而共同斗争。在这个斗争中，中国作家坚决地和亚非作家站在一道。"宴会前，他会见了亚非作家常设局访问亚洲代表团和柬埔寨作家代表团。讲话摘要载 18 日《人民日报》。（18 日《人民日报》）

◎ 致电罗马尼亚科学院院长依·吉·牟尔古列斯库院士，根据其要求，拟推荐竺可桢为该院名誉院士，黄秉维为该院通讯院士。（中国科学院档案）

**19 日**　晚，往北京饭店，与周恩来、陈毅等应邀出席越南南方民族解放阵线常驻中国代表团代理团长阮明芳为庆祝该阵线成立四周年举行的招待会。（20 日《人民日报》）

**20 日**　上午，往政协礼堂，出席中国人民政治协商会议第四届全国委员会第一次会议开幕式，并当选主席团成员。在会上，（以政协全国委员会副主席名义）作了政协第三届全国委员会常务委员会的工作报告。这个报告总结了政协第三届全国委员会常务委员会五年多来的工作，谈到了政协全国委员会今后的主要任务。报告号召各界人士紧密团结在中国共产党和毛泽东主席的周围，在社会主义革命和社会主义建设的各个战线上贡献自己的力量。报告全文载 1965 年 1 月 1 日《人民日报》。（21 日《人民日报》）

**21 日**　下午，往人民大会堂，出席第三届全国人民代表大会第一次会议开幕式，听取了周恩来总理所作的政府工作报告。在会上，与毛泽

东、刘少奇等担任大会执行主席。(22日《人民日报》)

**22日** 上午，会见以阿部知二为首的日本东京都各界友好代表团全体成员。(23日《人民日报》)

**24日** 中午，与陈毅等出席中古友协为欢送古巴国家芭蕾舞团举行的招待会。(25日《人民日报》)

**25日** 与茅盾、巴金等出席中国作家协会代表团和亚非作家常设局访问亚洲代表团联合声明签字仪式。(26日《人民日报》)

**31日** 出席第三届全国人民代表大会第一次会议，与乌兰夫、陶铸等担任会议执行主席。(1965年1月1日《人民日报》)

◎ 中午，设宴招待以卡迈勒·琼卜拉特为首的黎巴嫩议员代表团，并发表讲话，感谢黎巴嫩议员代表团以及其他黎巴嫩朋友为同我国发展友好关系做出的努力。(1965年1月1日《人民日报》)

◎ 参加周恩来总理同以卡迈勒·琼卜拉特为首的黎巴嫩议员代表团的会见。(1965年1月1日《人民日报》)

◎ 下午，与陈毅一同会见以劳尔·马耳多纳多为首的古巴政府贸易代表团、以埃拉尔多·阿拉索拉·菲利尔为首的古巴法律工作者代表团、以何塞·拉蒙·加西亚为首的古巴橡胶专家组和古巴钢琴家塞奈达·曼富加斯。(1965年1月1日《人民日报》)

◎ 晚，往政协礼堂，与陈毅、李四光等出席首都各界为庆祝古巴解放六周年举行的集会，并发表讲话，高度赞扬古巴革命的胜利。讲话摘要载1965年1月1日《人民日报》。(1965年1月1日《人民日报》)

◎ 往人民大会堂，与毛泽东、刘少奇、周恩来等出席首都军民拥军优属、拥政爱民新年联欢晚会，共庆1964年我国在各个战线上取得的伟大胜利，迎接1965年即将到来的社会主义革命和社会主义建设新高潮。晚会前参加了毛泽东主席与英雄模范人物的会见。(1965年1月1日《人民日报》)

## 本　年

◎ 以《东风吟》之四书扇面。(北京中国画院藏，《郭沫若书法集》，四川辞书出版社1999年版)

◎ 以韦庄的《秦妇吟》为于立群书扇面。(《郭沫若书法集》，四川辞书出版社 1999 年版)

◎ 作六言诗《莫愁湖》。

收人民文学出版社 1977 年 9 月版《沫若诗词选》，现收《郭沫若全集·文学编》第 5 卷。

◎ 为上海师范学院题校名。(《上海师范大学学报》1979 年第 1 期)

◎ 赠关愚谦五绝："灵峰有奇石，入夜化为鹰。势欲搏风去，苍茫万里征。"(陈子善《在海外发现的一首郭沫若佚诗》，《郭沫若学刊》1990 年第 1 期)

# 1965 年（乙巳）73 岁

1 月 14 日　中共中央发出关于印发《农村社会主义教育运动中目前提出的一些问题》的通知。

2 月 26 日　中共中央、国务院作出《关于西南三线建设体制问题的决定》，成立西南三线建设委员会，以加强对三线建设的领导。

9 月 9 日　西藏自治区宣告成立，首府设于拉萨市。

11 月 10 日　上海《文汇报》发表《评新编历史剧〈海瑞罢官〉》。该文的发表及在文艺等领域的批判运动，成为"文化大革命"的导火线。

## 1 月

**1 日**　中国科学院院部举行团拜，与张劲夫等四位院长分别致辞。(《夏鼐日记》，华东师范大学出版社 2011 年版)

**2 日**　出席中国人民政治协商会议第四届全国委员会第一次会议。(3 日《人民日报》)

60 位委员在会上作了发言或书面发言。他们表示，完全拥护周恩来总理代表国务院所作的《政府工作报告》，完全同意政协全国委员会副主席郭沫若代表政协第三届全国委员会常务委员会所作的工作报告。

◎ 晚，与周恩来、彭真、陈毅、罗瑞卿等应邀出席古巴驻中国大使皮诺·桑托斯为庆祝古巴解放六周年举行的招待会。(3 日《人民日报》)

**3 日** 下午，出席第三届全国人民代表大会第一次会议，并当选全国人民代表大会常务委员会副委员长。(4 日《人民日报》)

会议选举刘少奇为中华人民共和国主席，宋庆龄、董必武为中华人民共和国副主席，朱德为全国人民代表大会常务委员会委员长。会议根据中华人民共和国主席刘少奇的提名，决定周恩来为国务院总理。

**4 日** 下午，出席第三届全国人民代表大会第一次会议闭幕式，并与毛泽东、刘少奇、周恩来等一同会见出席大会的全体代表。(5 日《人民日报》)

大会一致通过《关于政府工作报告、一九六五年国民经济计划主要指标和一九六五年国家预算初步安排的决议》。决议批准周恩来总理所作的《政府工作报告》，批准国务院提出的 1965 年国民经济计划主要指标和 1965 年国家预算的初步安排。

◎ 致信郭开运。(《郭沫若学刊》2013 年第 2 期)

**5 日** 出席中国人民政治协商会议第四届全国委员会第一次会议闭幕式，与周恩来、彭真、陈毅、黄炎培、陈叔通等担任大会的执行主席。在会上，当选政协全国委员会常务委员。(6 日《人民日报》)

在大会上，全体委员一致推举毛泽东为中国人民政治协商会议第四届全国委员会名誉主席，选举周恩来为政协第四届全国委员会主席。大会通过了政协第四届全国委员会第一次会议决议。大会选举了中国人民政治协商会议第四届全国委员会主席、副主席、秘书长和常务委员。大会还听取了提案审查委员会关于提案的审查报告，通过了关于提案审查的决议。

**9 日** 书毛泽东诗词《七律·登庐山》。(手迹见《郭沫若书法集》，四川辞书出版社 1999 年版)

**11 日** 下午，会见以尼泊尔动力和灌溉大臣普拉丹为首的尼泊尔友好代表团全体成员。(12 日《人民日报》)

**13 日** 下午，会见以久板荣二郎为首的日本戏剧家代表团全体团员。(15 日《人民日报》)

**16 日** 下午，会见以尹龙洙为首的朝鲜科学院电子工学考察团。(17 日《人民日报》)

**23 日** 下午，往机场，与周恩来、陈毅等欢迎以第一副总理兼外交部长苏班德里约博士为首的印度尼西亚代表团来我国访问。(24 日《人民

日报》）

**24日** 晚，往人民大会堂，出席周恩来总理和陈毅元帅为欢迎印度尼西亚代表团举行的宴会。(25日《人民日报》)

**26日** 下午，与周恩来、彭真等出席首都各界为欢迎印度尼西亚代表团举行的集会。(27日《人民日报》)

**27日** 会见以松田权六为首的日本工艺美术家代表团。(29日《人民日报》)

◎ 应《光明日报》之约，作《"红旗跃过汀江"》，发表于2月1日《光明日报》。从时代背景出发对毛主席《清平乐·蒋桂战争》一词作了介绍。并指出："毛主席在诗词和书法方面也为我们提出了典范。那就是要用革命生活和革命精神的推动力量来把诗法、词法、书法革命化！一切工作都必须革命化，这样才能够尽快地由必然的王国跃进自由的王国。"

**28日** 上午，往机场，与周恩来、陈毅等欢送印度尼西亚代表团。(29日《人民日报》)

◎ 致函日本高分子学会会长、京都大学教授樱田一郎，回复日本高分子学会常务理事荒井溪吉的致函，欢迎日本高分子学者代表团再次来中国进行学术访问。(中国科学院档案)

**30日** 七绝《题傅抱石画〈延安画卷〉八首》手迹发表于《光明日报》。

落款谓"一九六五年春节前十日草此"。

收人民文学出版社1977年9月版《沫若诗词选》，现收《郭沫若全集·文学编》第5卷。

## 2月

**1日** 为邓拓、丁一岚书毛泽东诗词《七律·答友人》。(手迹见《郭沫若书法集》，四川辞书出版社1999年版)

◎ 为黎丁书《猢狲散带过破葫芦》。(手迹见《郭沫若书法集》，四川辞书出版社1999年版)

**6日** 为四川少数民族代表团来京参加观摩演出题赠："推倒三山，当家作主。奋发图强，同甘共苦。如弟如兄，载歌载舞。领袖晚年，中华乐土。"(手迹见《郭沫若书法集》，四川辞书出版社1999年版)

**10日**　上午，往天安门广场，与毛泽东、刘少奇等出席首都人民为支援越南人民、反对美帝国主义武装侵略举行的集会和示威游行。(11日《人民日报》)

◎ 致函竺可桢。"昨天我又去看了一次蓝田人的头骨，仔细把它和爪哇人、北京人以及猿的头骨等对比了一下。我看是猿人，不能认为猿。/最重要的关键是在上颚骨和牙齿，那很接近于人，和猿相去很远很远，即使非专家，一眼便可以看出。/蓝田人的牙床在化石形成中，因受外面压迫，变了位。这也是值得重视的一个因素。即化石是可以变形的。(化石变形之例不少。)/因此，那一个问题的小化石骨片，倒底应该粘在右边还是左边，还值得研究。即使应该粘在左边，也要考虑到变形的因素，不能因此便认为是猿。照我看来，这个怀疑的根据不够。/头盖骨的厚度，可能有各种程度的不同。即使是现存人类，因年龄或种族关系，也有厚薄大小之分。在我看来，蓝田人的头盖骨的厚度，比起北京人和爪哇人的来也厚不了多少。/吴汝康同志尚未回国，问题的结论要等他回来才能决定。我只就我的意见写出，求您指正。/此信请送给张劲夫同志一阅。"(中国科学院档案)

**11日**　作《〈邕漓行〉书后》，说明《邕漓行》成诗、结集的经过。收广西壮族自治区人民出版社3月出版的《邕漓行》。

**12日**　作诗《痛斥美国强盗》，痛斥美国的强盗行径，支持越南人民抗击侵略者。发表于13日《人民日报》。

◎ 得日本高分子学会会长樱田一郎、常务理事荒井溪吉函，继续商谈代表团访华事宜。(中国科学院档案)

**13日**　晚，往中南海怀仁堂，与陈毅、陈叔通等出席首都各界人民为庆祝《中苏友好同盟互助条约》签订15周年举行的集会，并发表讲话。指出："在社会主义阵营各国的相互关系中，援助从来都是相互的，而绝不是单方面的。不只是中国从苏联方面得到了援助，苏联也从中国方面得到了相应的援助。"讲话全文载14日《人民日报》。

◎ 晚，与陈毅等一同会见以苏共中央委员、苏联国家运输建设生产委员会主席叶·费·科热夫尼科夫为首的苏中友协代表团。(14日《人民日报》)

**15日**　晚，与周恩来、彭真、陈毅等应邀出席苏联驻中国大使馆为

庆祝《中苏友好同盟互助条约》签订15周年举行的招待会。(16日《人民日报》)

**17日** 上午，往机场，与刘少奇、周恩来等欢迎坦桑尼亚联合共和国总统朱利叶斯·克·尼雷尔和夫人。(18日《人民日报》)

◎ 晚，出席刘少奇主席和夫人王光美、周恩来总理和夫人邓颖超同坦桑尼亚联合共和国总统朱利叶斯·克·尼雷尔和夫人的会见。(18日《人民日报》)

◎ 晚，往人民大会堂，出席刘少奇和夫人王光美为欢迎坦桑尼亚联合共和国总统朱利叶斯·克·尼雷尔和夫人举行的宴会。(18日《人民日报》)

**18日** 晚，与周恩来、陈毅等应尼泊尔驻中国大使凯谢尔·巴哈杜尔之邀，出席为庆祝尼泊尔王国国庆15周年举行的招待会。(19日《人民日报》)

**19日** 晚，往人民大会堂，与周恩来、陈毅等应坦桑尼亚驻华大使哈基·特瓦·赛义德·特瓦之邀，出席为欢迎朱利叶斯·克·尼雷尔总统和夫人访问中国举行的招待会。(20日《人民日报》)

**20日** 下午，往人民大会堂，与周恩来、彭真等出席中国坦桑尼亚友好条约的签字仪式。(21日《人民日报》)

◎ 签字仪式结束后，与刘少奇、周恩来等出席首都各界为欢迎朱利叶斯·克·尼雷尔总统暨庆祝中国坦桑尼亚友好条约签订举行的集会。(21日《人民日报》)

◎ 晚，往人民大会堂，与刘少奇、周恩来等应邀出席朱利叶斯·克·尼雷尔总统和夫人举行的答谢宴会。(21日《人民日报》)。

**21日** 上午，往机场，与周恩来、彭真等欢送朱利叶斯·克·尼雷尔总统和夫人以及随同来访的坦桑尼亚贵宾。(22日《人民日报》)

◎ 晚，偕夫人于立群，设宴欢送以苏联国家运输建设生产委员会主席叶·费·科热夫尼科夫为首的苏中友协代表团和以列宁格勒市苏维埃执委会第一副主席安·普·鲍伊科娃为首的苏中友协列宁格勒分会代表团。(22日《人民日报》)

**22日** 晚，往人民大会堂，与周恩来、刘宁一等出席外交部为庆祝我国和刚果（布）共和国建交一周年举行的招待会。(23日《人民日报》)

◎ 题夅叔为季妃作盨器。（据手迹）

**23日** 邓拓携于立群书赠的大字横联装裱成后的长轴来访。见后，即代于立群步原韵奉和在轴上补题七律一首："喜临秦汉学觚操，拂素敢夸著作操。主席诗词卅七首，新天日月九重高。俯视唐宗怜宋祖，奴看周颂隶兼骚。一联一律亲趋步，大海屠鲸邓子豪。"后有短跋："一九六四年八月廿三日邓拓同志在北戴河拟就一联一律贻赠立群。联语已由立群书出回报，今就原诗韵奉和，代为作答，跋于联后，以博一笑。"（郭平英《〈郭沫若遗墨〉中的佚作及其它》，《四川大学学报丛刊》1982年5月第13辑；郭沫若纪念馆馆藏资料）

于立群书赠邓拓联语为："乘风破浪，冒雪报春"。邓拓回赠所作七律为："风动娥眉左券操，更将翰墨耀朋曹。门临沧海诗心壮，目极云天笔调高。几叶渔舟堪入画，一林蝉唱伴吟骚。往来多少，不及立群意争豪。"

**24日** 诗《爱克斯万岁！》发表于《人民日报》。纪念被美国法西斯暴徒杀害的著名黑人领袖马尔科姆·爱克斯："你宏亮有力的雄辩将永远持续下去"。

◎ 晨，题乌还哺母石刻。（据手迹）

◎ 作东汉秦君石阙题额二则。（据手迹）

◎ 题汉幽州书佐秦君神道石柱拓片。（据手迹）

**26日** 作诗《请以"三八"作风迎"三八"节》。发表于3月8日《体育报》。

◎ 作长句题夅叔为季妃作盨器。（据手迹）

**本月** 应中国历史博物馆邀请，来馆为《中国通史陈列》二楼入口处书《满江红·和郭沫若同志》。（史树青《"今日回思志倍坚"——忆郭老》，《中国历史博物馆馆刊》1979年第1期）

◎ 任秉志同志治丧委员会委员。（24日《人民日报》）

秉志，中国科学院学部委员、中国动物学会理事长、中国科学院动物研究所研究员，因病于21日在北京逝世。

◎ 复函罗马尼亚科学院院士们，表示："将把贵院全体大会给予"中国科学院"二位科学家的荣誉看成是罗马尼亚人民对中国人民的深情厚谊"。（中国科学院档案）

## 3月

**1日** 下午，与邓小平、陈毅等出席首都各界为支持朝日人民反对"韩日会谈"和反对"韩日基本条约"举行的集会，并发表讲话，表示坚决支持朝鲜人民和日本人民反对"韩日会谈"、反对"韩日基本条约"的正义斗争，严厉声讨美帝国主义对亚洲各国人民的挑衅。讲话全文以《中国人民全力支持朝日人民正义斗争》为题载2日《人民日报》。

**4日** 作《看了〈赤道战鼓〉》。发表于6日《人民日报》。称赞话剧《赤道战鼓》"有戏，有革命的内容，有振奋人心的教育意义。我认为它在戏剧现代化和革命化中提出了一个高度的指标"。

**5日** 晚，与周恩来、陈毅、薄一波等往北京饭店，出席摩洛哥王国驻华大使阿卜杜勒·拉蒂夫·菲拉利举行的庆祝摩洛哥王国国庆招待会。(6日《人民日报》)

◎ 古巴科学院院长安东尼奥·努涅斯·希门尼斯致函，继续商谈签订中古两国科学院科学合作1965—1966年工作计划事宜。（中国科学院档案）

◎ 病中观看了空军政治部文工团演出的话剧《女飞行员》，并邀主要演员至家中畅谈了对该剧的意见。谈话中为演员解答了一些文艺理论问题，认为：可以写转变人物，因为人们总是通过实践，认识，再实践，再认识来不断提高，不断前进的；认为英雄人物也有喜怒哀乐，可以哭，这是生活的真实。谈话后给该剧题七绝一首："长空万里任雄飞，正是女儿立志时。思想红旗高举起，缚鹏决不让须眉。"又给几个主要演员题词。（刘惦晨、刘经亚《文艺战士的深切悼念》，1978年6月20日《解放军报》）

**6日** 下午，与周恩来、李先念等应加纳驻华大使乔-菲奥·麦耶和夫人之邀，出席庆祝加纳共和国国庆日招待会。(7日《人民日报》)

**7日** 作《"乌还哺母"石刻的补充考释》，发表于《文物》第4期。对1964年北京八宝山与"汉故幽州书佐秦君神道"同出的"乌还哺母"残石，特别其他学者未能通读的30%左右文字，进行补充考释。认为："这篇文章，行文颇雅驯，尊重孝弟之通，崇尚朝廷制度，推尊前圣孔子，表明着这一意识形态是汉代封建制度的脊骨。""可以说是充分体现了汉代的时代意识"。

收《郭沫若全集·考古编》第 10 卷。

**8 日**　上午，往机场，与彭真、薄一波等欢送以刘宁一为首的全国人民代表大会代表团前往一些非洲国家进行友好访问。（9 日《人民日报》）

◎ 下午，往北京科学会堂，出席首都女科学工作者庆祝"三八"国际劳动妇女节集会，并发表讲话。向奋战在科学技术战线上的女战士们表示热烈的祝贺，鼓励她们以"三八"作风迎接"三八"节，和广大科学技术人员一起，再接再厉，勇猛攀登世界科学技术高峰，使我国科学技术事业迅速赶上并且超过世界先进水平。（9 日《人民日报》）

◎ 夜，为于立群书五言联："摧翻经石峪，压倒逍遥楼"，有题跋："经石峪在泰山，广袤一亩，字大如斗，北齐人所书也。颜真卿书逍遥楼三大字，在四川梓潼县武连驿。""立群同志喜作大字戏以此联奉赠。"（手迹见《郭沫若书法集》，四川辞书出版社 1999 年版）

◎ 作七律《"三八"节之夜》。发表于 5 月 6 日《光明日报》，为《诗六首》之四。喜见"英雄儿女遍中华"，"齐献青春社作家"。

收人民文学出版社 1977 年 9 月版《沫若诗词选》，现收《郭沫若全集·文学编》第 5 卷。

**9 日**　为康大川书毛泽东诗词《沁园春·雪》。（手迹见《郭沫若书法集》，四川辞书出版社 1999 年版）

**12 日**　晚，偕夫人于立群往北京饭店，与章汉夫、方毅等应阿拉伯叙利亚共和国驻中国大使馆临时代办阿卜杜勒·法塔赫·尤纳斯之邀，出席纪念 3 月 8 日革命节招待会。（13 日《人民日报》）

**15 日**　下午，往协和医院，慰问遭到苏联当局残暴迫害而身受重伤的中国留苏学生黄照庚、唐必铭、郑志泰、常增有四人。（16 日《人民日报》）

本月 4 日，苏联军警镇压参加莫斯科反美示威的亚非拉留苏学生，我国留苏学生黄照庚等四人惨负重伤。

**17 日**　下午，与廖承志一同会见堀真琴、佐藤重雄等来华访问的日本和平委员会和日本亚非团结委员会的朋友，以及由团长小佐佐八郎和副团长高桥甫率领的日本禁止原子弹氢弹协议会访华友好代表团。会见结束后，一同出席中国保卫世界和平委员会和中国亚非团结委员会为欢迎日本朋友举行的招待会。在招待会上，发表讲话，指出：中日两国人民的战斗友谊将在反对共同敌人美帝国主义的斗争中进一步增强。（18日《人民日报》）

在北京的各国和平人士：日本的西园寺公一、苏丹的凯尔、新西兰的艾黎、印度尼西亚的威利·哈利安查等应邀参加了招待会。

◎ 得日本高分子学会会长樱田一郎函，及访华代表团名单和讲演题目，来函希望对自己因故不能访华请求理解。（中国科学院档案）

**20日** 下午，会见阿根廷精神病学家格雷戈里奥·贝尔曼教授和夫人。（21日《人民日报》）

◎ 晚，往罗马尼亚驻中国大使馆，与刘少奇、周恩来、邓小平等吊唁罗马尼亚工人党中央第一书记、国务委员会主席格·乔治乌-德治。（21日《人民日报》）

**21日** 致电苏联科学院院长姆·弗·凯尔迪什，祝贺苏联成功发射"上升二号"宇宙飞船。电文载22日《人民日报》。

**22日** 上午，与刘少奇、邓小平、彭真等往机场，为赴罗参加罗马尼亚工人党中央委员会第一书记格·乔治乌-德治葬礼的中国党政代表团送行。（24日《人民日报》）

**23日** 晚，与邓小平、李先念、沈雁冰等应巴基斯坦驻中国大使馆临时代办杜拉尼之邀，出席为庆祝巴基斯坦国庆日举行的招待会。招待会结束后，欣赏了正在中国访问的巴基斯坦民间舞蹈团的演出。（24日《人民日报》）

**24日** 下午，会见以日本著名漫画家松山文雄为首的日本美术活动家代表团。（25日《人民日报》）

**26日** 始作《由王谢墓志的出土论到兰亭序的真伪》。发表于《文物》第6期。写道：南京附近出土的几种东晋墓志中，"以《王兴之夫妇墓志》与《谢鲲墓志》，最有史料价值"。文章分七个部分：第一、二部分，分别介绍王兴之夫妇墓志、谢鲲墓志的相关情况及其史料价值。第三部分，由墓志说到书法。排列了出土的五种墓志，"只是三十五年间的东西"，"基本上还是隶书的体段，和北朝的碑刻一致，只有《颜刘氏墓志》中有些字有后来的楷书笔意"。《兰亭序》写于永和九年，后于王兴之夫妇之死仅三年，后于颜刘氏之死仅八年，"而文字的体段却相隔天渊。

《兰亭序》的笔法，和唐以后的楷法是一致的"，由此"对于传世东晋字帖，特别是王羲之所书《兰亭序》，提出了一个很大的疑问"。第四部分，《兰亭序》的真伪。"问题的核心"是"《兰亭序》这篇文章根本就是伪托的"，引出清末李文田的观点。第五部分，依托说的补充证据。把王羲之《临河序》与传世《兰亭序》对照，明显地看出"《兰亭序》是在《临河序》的基础上加以删改、移易、扩大而成的"，"《兰亭序》所添的'夫人之相与'以下一大段，一百六十七字，实在是大有问题"，而这一大段文字也有其"母胎"，即会稽山阴同游者之一孙绰的《兰亭后叙》。第六部分，依托于何时？"梁与唐之间相距六十余年，这就是依托的相对年代"。推测"依托于智永"，估计"智永写《兰亭》不只一本"。表示"并不否定《兰亭序》的书法价值，也并不是有意侮辱智永"，而是"把应享的名誉归还了主人"。第七部分，王羲之的笔迹应当是怎样？梁武帝《书评》以"王右军书，字势雄强"，而《兰亭序》"字势却丝毫也没有雄强的味道"。庾肩吾《书品》称"善草隶者"128人中包括王羲之，在上上品三人中为第三人。"草隶者章草与隶书"，"必须有隶书笔意"。最后回到《王兴之夫妇墓志》与《谢鲲墓志》，认为在南朝的晋宋时代，"无论在中央或极僻远的地方，文字结构和北朝的碑刻完全是一个体段"。

收《郭沫若全集·历史编》第3卷。

篇末署"一九五六年三月三十一日"，有误。

**本月** 华北区话剧歌剧观摩演出会共进行了五轮演出，期间，观看了各轮演出的一些剧目，并向演员们表示祝贺。（3月28日《人民日报》）

◎《邕漓行》由广西族壮族自治区人民出版社出版。

## 春

为乐山县文化馆补壁："南宋陆游在嘉州所作感事诗有句云，江山壮丽诗无敌。对乐山风物可谓倾倒备至。又云，嘉阳决无木犀，蜀中四处均有蟹，而乐山亦处处均有木犀。其相隔仅千年，植物与动物之差异不至如此。"（手迹见《郭沫若书法集》，四川辞书出版社1999年版）

## 4月

**2日** 晚，与陆定一等应印度尼西亚驻华大使查禾多之邀，出席为庆

祝中国印度尼西亚友好条约及文化合作协定签订四周年举行的招待会。(3日《人民日报》)

**3日** 应廖梦醒索求，书录28年前所作《题廖仲恺先生遗容》。(手迹见《郭沫若遗墨》，河北人民出版社1980年版)

**6日** 中午，往机场，与刘少奇、邓小平等欢迎出访归来的周恩来、陈毅。(7日《人民日报》)

**7日** 致信宫维桢："您给我们的信和《刘剋墓砖志》都收到了，谢谢您。刘剋墓是否为镇江市博物馆所发掘？有发掘报告否？希望在《文物》杂志上发表。闻王兴之父墓又被发现，希望能获得更多的研究资料。"(中国嘉德2011年春季拍卖会拍品0040号)

宫维桢，时任江苏省副省长。

**9日** 与周恩来、邓小平等组成柯庆施同志治丧委员会，并担任委员，刘少奇任治丧委员会主任。(10日《人民日报》)

中共中央政治局委员、国务院副总理、中共中央华东局第一书记、南京军区第一政治委员、中共上海市委第一书记、上海市市长柯庆施同志于1965年4月9日下午逝世。

**10日** 会见以榎原一夫为首的日本大阪府卫星城市政府职员工会联合会代表团。(11日《人民日报》)

**11日** 中午，柯庆施同志的骨灰运抵北京机场时，与周恩来、邓小平、彭真等迎灵。(12日《人民日报》)

**13日** 上午，往劳动人民文化宫，出席柯庆施同志公祭大会。与周恩来、邓小平、彭真、李先念等陪祭，刘少奇担任主祭。(14日《人民日报》)

◎ 致函古巴科学院全国委员会主席安东尼奥·努涅斯·希门尼斯博士，答复有关古巴科学院与中国科学院商签合作1965—1966年工作计划事宜。(中国科学院档案)

**15日** 诗《英雄民族不怕鬼》发表于《人民日报》，揭露了美帝国主义这个"全身披挂"的唯武器论者外强中干的丑态，热烈地赞扬了"热爱祖国、热爱正义、热爱真理、热爱自由"的三千万英雄的越南人民。

**16日** 下午，往机场，与陈叔通等欢迎出访归来的全国人民代表大

会代表团。(17日《人民日报》)

**17日** 下午，会见以佐谷靖为首的日本京都府各界友好代表团全体成员。(18日《人民日报》)

◎ 晚，与邓小平、陆定一等应邀出席叙利亚驻华大使希拉勒·拉斯兰举行的国庆招待会。(18日《人民日报》)

**18日** 下午，与刘少奇、邓小平、彭真、李先念等出席首都各界纪念第一次亚非会议十周年大会，并致开会词。(19日《人民日报》)

**19日** 晚，与刘宁一、廖承志等设宴招待泰国爱国阵线驻国外代表帕荣·朱拉暖。宴会前，还与廖承志等一同会见帕荣·朱拉暖。(20日《人民日报》)

**21日** 《高举毛泽东思想红旗，越过世界先进水平！》发表于《光明日报》《体育报》，祝贺中国男女乒乓球队分获第28届世界乒乓球赛团体冠军。

**22日** 下午，会见以小笠原二三男为首的日本社会主义研究所第二批代表团。(23日《人民日报》)

◎ 会见日本陶瓷研究家小山富士夫和长谷部乐尔。(23日《人民日报》)

**26日** 晚，往北京饭店，与邓小平、李先念等应坦桑尼亚联合共和国驻中国大使馆临时代办罗金巴纳之邀，出席庆祝坦桑尼亚联合共和国成立一周年招待会。(27日《人民日报》)

**27日** 下午，与姬鹏飞、楚图南、吴晗等出席中国尼泊尔友好协会为庆祝中国和尼泊尔王国和平友好条约签订五周年举行的招待会。(28日《人民日报》)

**29日** 下午，往北京展览馆，出席"美国侵略者从越南滚出去"图片展览的开幕式。(30日《人民日报》)

◎ 主持中国作家协会和中央人民广播电台联合举办的"支持越南人民反美斗争"诗歌朗诵会，并朗诵了新作《英雄民族不怕鬼》。(30日《人民日报》)

**30日** 晚，往人民大会堂，出席全国总工会等13个全国性的人民团体为庆祝"五一"国际劳动节举行的招待会。(5月1日《人民日报》)

## 5 月

**1日** 与刘少奇、周恩来、邓小平等一同与首都人民联欢,庆祝"五一"国际劳动节。(2日《人民日报》)

**3日** 下午,会见法国历史学家鲍蒙和他的女儿。(4日《人民日报》)

**4日** 下午,与周恩来、彭真等出席中华全国总工会和北京市总工会联合召开的首都工人支持越南人民抗美救国斗争大会。(5日《人民日报》)

◎ 晚,观看来我国访问的法国古典芭蕾舞团的首次演出,并在演出休息时会见芭蕾舞团团长克劳德·基劳德和主要演员。(6日《人民日报》)

**5日** 上午,与彭真、刘宁一等欢送赴苏参加苏联人民战胜德国法西斯20周年庆祝活动的我国代表团。(6日《人民日报》)

◎ 会见以梅克里为首的阿尔及利亚卫生代表团。(6日《人民日报》)

◎ 晚,往首都剧场,观看日本话剧团的首次访华演出,并会见副团长东野英治郎、杉村春子,导演村山知义,编剧小林宏和主要演员。(6日《人民日报》)

◎ 复函朝鲜科学院院长李钟玉,代表中国科学院欢迎该院代表团即将访问中国,并请该院将商谈项目草案中的考察和进修项目的具体内容函告中国科学院。(中国科学院档案)

**6日** 设宴招待越南民主共和国政治和社会活动家、越南民主党总书记严春庵,越南社会党总书记阮阐,越南保卫世界和平委员会秘书长阮维性以及劳动英雄黎明德。(8日《人民日报》)

◎《诗六首》发表于《光明日报》。分别为:《看〈江姐〉》《看〈战洪图〉》《寄题广西勾漏洞》《看科学研究成绩展览》《当仁不让》《"三八"节之夜》(作于3月8日)。

其中《寄题广西勾漏洞》《"三八"节之夜》《看科学研究成绩展览》《当仁不让》收入人民文学出版社1977年9月版《沫若诗词选》,《当仁不让》改题为《赶超任务》;现收《郭沫若全集·文学卷》第5卷。

《看〈江姐〉》,为本月上旬观看空军政治部文工团演出的歌剧《江姐》后所作。《看〈战洪图〉》,为观看河北省话剧团根据河北省1963年抗洪抢险事迹创作的话剧《战洪图》后所作。

**7日** 上午,往机场,欢送越南民主共和国政治和社会活动家、越南民主党总书记严春庵,越南社会党总书记阮阐,越南保卫世界和平委员会秘书长阮维性以及劳动英雄黎明德。(8日《人民日报》)

◎ 下午,会见以河合陆郎为首的日本地方自治友好代表团。(8日《人民日报》)

◎ 晚,与朱德、贺龙、张治中等应邀出席德意志民主共和国驻华大使柯尔特为庆祝德国人民从法西斯统治下解放20周年举行的招待会。(8日《人民日报》)

**9日** 下午,与贺龙等出席首都各界为庆祝反法西斯战争胜利20周年暨德国人民和捷克斯洛伐克人民解放20周年举行的集会,并发表讲话。盛赞反法西斯战争的胜利是"人类历史上继十月革命社会主义革命之后又一次伟大的事件。……这个胜利,为一切被压迫人民和被压迫民族的解放斗争开辟了新阶段"。警告美国:如果要挑起新的世界战争,就"只能象希特勒、墨索里尼和东条英机一样,遭到全世界人民的严厉惩罚"。讲话全文载10日《人民日报》。

◎ 作诗《献给日本话剧团》:"戏剧是我们的武器,剧场是我们的课堂,人民是我们服务的对象,反帝、反侵略是我们的主张。"有短跋。发表于《戏剧报》第5期。

**10日** 下午,与朱德、叶剑英、张治中等应邀出席苏联驻华大使拉宾为庆祝战胜德国法西斯20周年举行的招待会。(11日《人民日报》)

**11日** 上午,往中山公园中山堂,出席刘亚楼同志公祭大会,并与刘少奇、周恩来、朱德、邓小平等陪祭,林彪担任主祭。(12日《人民日报》)

**12日** 上午,会见以大桥治房为首的日本地方议员促进国际贸易联盟访华代表团全体团员。(13日《人民日报》)

◎ 下午,主持首都各界为声讨美国武装侵略多米尼加举行的集会。(13日《人民日报》)

4月24日,多米尼加发生政变。28日,美国总统约翰逊借口"保卫美国侨民",悍然派遣海军陆战队进行武装干涉。大会由中国人民保卫世界和平委员会、中国拉丁美洲友好协会、全国总工会等十二个人民团体联合举行,刘少奇、朱德、周恩来、邓小平等领导人出席大会。

◎ 晚，会见并宴请以即真周湛为首的日本佛教天台宗代表团。（13 日《人民日报》）

◎ 晚，与曹禺、老舍、谢冰心等观看日本话剧团在京的最后一场演出。（13 日《人民日报》）

**13 日** 作《由王谢墓志的出土论到兰亭序的真伪》一文《书后》。发表于《文物》第 6 期。指出"永和九年，岁在癸丑"的"癸丑"两个字"是添补进去的"，"比较扁平而紧凑，'丑'字并且还经过添改"，"王羲之写文章，岂有连本年的干支都还记不得，而要留空待添的道理"，"这就露出了马脚，足以证明《兰亭》决不是王羲之写的"。肯定《神龙本兰亭墨迹》"就是《兰亭序》的真迹"，"应该就是智永所写的稿本"。王羲之、王献之"父子的异同"："羲之是属于守成派，献之和羲之晚年的代笔者，则是革新派。"王献之认识到社会的要求，感到书法必须改革，应该采取"稿行之间"的道路，"开拓出了梁陈以后，特别是隋唐以后的书法主流"。南齐永明三年的《刘觊买地券》，"仍然还保留着一定的隶书味道"，"证明书法的发展，确实在采取着王献之所说的'稿行之间'的道路"。

收《郭沫若全集·历史编》第 3 卷。

◎ 诗《美国佬，滚回去!》发表于《光明日报》，支持多米尼加人民反对美国侵略的斗争。

**15 日** 下午，会见以岩崎昶为首的日本电影代表团全体成员。（16 日《人民日报》）

◎ 晚，会见并宴请以东京工业大学教授神原周博士为首的日本高分子访华团全体成员。（16 日《人民日报》）

**16 日** 下午，往机场，欢迎越南社会党总书记阮阐、越南民主共和国政治和社会活动家严春庵、越南保卫世界和平委员会秘书长阮维性以及劳动英雄黎明德。晚间，设宴招待越南客人。（17 日《人民日报》）

**17 日** 晚，出席中国人民对外文化协会等四单位为欢送日本话剧团和电影工作者代表团举行的招待会，并致辞。说：中日两国戏剧和电影工作者要用先进的戏剧和电影这个犀利的武器，粉碎美帝国主义通过腐朽的、黄色的戏剧和电影来进行文化侵略，鼓舞人们进行反对美帝国主义的共同斗争。（18 日《人民日报》）

**18 日** 上午，会见法国《新观察家》杂志记者卡奥尔和"巴黎大图片社"摄影师里布。(22 日《人民日报》)

**19 日** 收到越南国家科学委员会主任阮维桢的贺电，祝贺我国第二颗原子弹爆炸成功。(21 日《人民日报》)

◎ 下午，会见以米格尔·贝拉斯科为首的墨西哥中国友好协会代表团。(20 日《人民日报》)

◎ 下午，接见以海尔托·米尔佐夫斯基夫人为首的德意志民主共和国妇女代表团全体成员。(20 日《人民日报》)

**20 日** 收到朝鲜科学院院长姜永昌发来的电报，祝贺我国第二颗原子弹爆炸成功。(21 日《人民日报》)

◎ 晚，偕夫人于立群往机场，与朱德等欢迎印度尼西亚合作国会议长阿鲁季·卡塔威纳塔和夫人。(21 日《人民日报》)

**21 日** 上午，偕夫人于立群往北京机场，欢送印度尼西亚合作国会议长阿鲁季·卡塔威纳塔和夫人赴朝鲜访问。(22 日《人民日报》)

◎ 下午，会见以杉本重藏为首的日本工业展览会代表团和以斋藤保次为首的日本神户经济友好访华代表团。(22 日《人民日报》)

**22 日** 下午，会见印度尼西亚白尔蒂党中央委员苏丹·穆纳夫和中央委员、苏门答腊西部宗教局长贾马鲁丁。(25 日《人民日报》)

◎ 作《由王谢墓志的出土论到兰亭序的真伪》一文《再书后》。发表于《文物》第 6 期。得南京文管会 19 日来信并《王丹虎砖志》，证明前所考王兴之即王彬之子。从拓片看与《王兴之夫妇墓志》"是一人所书，字迹完全相同"。

收《郭沫若全集·历史编》第 3 卷。

**24 日** 上午，往机场，欢送以黄文欢为首的越南党政代表团离京回国。(25 日《人民日报》)

**26 日** 下午，往机场，与李一氓、许广平等欢迎以廖承志为首的、参加在加纳举行的第四届亚非人民团结大会的中国代表团回国。(27 日《人民日报》)

**27 日** 晚，偕夫人于立群，与周恩来、薄一波等应阿富汗驻华大使穆罕默德·舒埃卜·米斯凯尼亚和夫人之邀，出席为庆祝阿富汗王国国庆日举行的招待会。(28 日《人民日报》)

**28日** 上午，会见乌拉圭—中国文化协会代表团团长鲁文·努涅斯和代表团成员巴勃罗·菲耶罗教授。(29日《人民日报》)

◎ 下午，会见阿联电影代表团全体人员，并出席阿拉伯联合共和国电影周开幕式。(29日《人民日报》)

**29日** 下午，出席中国蒙古友好协会为庆祝中蒙友好互助条约签订五周年举行的酒会。(30日《人民日报》)

**30日** 中午，偕夫人于立群往车站，与朱德、陈毅等欢迎印度尼西亚合作国会议长阿鲁季·卡塔威纳塔和夫人。(31日《人民日报》)

◎ 晚，偕夫人于立群，参加朱德委员长和夫人、周恩来总理和夫人同印度尼西亚合作国会议长阿鲁季·卡塔威纳塔和夫人的会见。(31日《人民日报》)

**31日** 出席我国科学界举行的蓝田猿人学术报告会，并且在会上发表讲话。说：蓝田猿人头骨的发现是我国科学工作者继北京猿人头骨的发现之后，对研究人类起源的又一重大贡献。希望我国的古人类学工作者再接再厉，乘胜前进，发现更多的早期人类化石，为世界古人类学树立更高的水平。(6月2日《人民日报》)

**本月** 《殷契粹编》重印本由科学出版社出版。出版前，中国科学院考古研究所曾委托于省吾校阅，著者同意新版将于省吾校阅内容意见可取者"录诸眉端"。

## 6月

**1日** 上午，往机场，与朱德、邓小平、贺龙等欢送周恩来总理应邀前往巴基斯坦、坦桑尼亚进行友好访问。(3日《人民日报》)

◎ 往工人体育馆，与朱德等出席庆祝"六一"国际儿童节大会。(2日《人民日报》)

◎ 下午，偕夫人于立群，与朱德委员长和夫人康克清一同会见印度尼西亚中国友好协会总主席苏罗托和夫人以及印度尼西亚中国友好协会主席、印度尼西亚中国友好协会代表团团长辛基。(2日《人民日报》)

◎ 往民族文化宫礼堂，与朱德等出席中国印度尼西亚友好协会为庆祝该会成立十周年举行的集会。(2日《人民日报》)

**2日** 晚，偕夫人于立群，出席陈毅副总理和夫人张茜为招待印度尼西亚合作国会议长阿鲁季·卡塔威纳塔和夫人举行的宴会。(3日《人民日报》)

**4日** 会见日本损害保险工会书记长加藤忠男、日本松山芭蕾舞团团长清水正夫和教育工会代表奥村和已。(5日《人民日报》)

◎ 偕夫人于立群，与朱德等陪同印度尼西亚合作国会议长阿鲁季·卡塔威纳塔和夫人，出席中国印度尼西亚友好协会举行的文艺晚会，观看了首都文艺工作者演出的京剧现代戏《红灯记》。(5日《人民日报》)

**5日** 上午，陪同印度尼西亚合作国会议长阿鲁季·卡塔威纳塔在北京大学发表演说。(6日《人民日报》)

◎ 下午，偕夫人于立群，参加刘少奇主席和夫人王光美同阿鲁季·卡塔威纳塔议长和夫人的会见。(6日《人民日报》)

◎ 约见来京出差的乐山文化馆工作人员黄高彬，询问家乡社会发展情况及乐山汉代岩墓的情况。与于立群一起为乐山文化馆题词，后又向该馆赠送两人的工作照、生活照和全家照。

黄高彬回到乐山后，托人带来郭沫若少年时代的照片和汉墓碑刻拓片，郭非常高兴，指着那张赤膊坐在日本海边上的照片对一家人说："那个时候，我好棒呵！"随即带领全家上街去看电影、吃川菜。后来将上述那些照片写上了详细的说明，仍寄回乐山文化馆。(黄高彬《怀念郭老》，《四川大学学报丛刊》1979年第2辑)

**6日** 上午，往机场，与邓小平、陈毅、贺龙等欢迎以彭真为首的中国共产党代表团和全国人民代表大会代表团出访印度尼西亚归来。(7日《人民日报》)

◎ 晚，偕夫人于立群，应邀出席印度尼西亚合作国会议长阿鲁季·卡塔威纳塔和夫人为招待朱德委员长和夫人举行的宴会。(7日《人民日报》)

**7日** 晨，与黄高彬会面，再次赠予乐山文化馆一批书法作品。(黄高彬《怀念郭老》，《四川大学学报丛刊》1979年第2辑)

◎ 上午，偕夫人于立群，陪同印度尼西亚合作国会议长阿鲁季·卡塔威纳塔和夫人，乘专机离京赴上海、广州等地访问。抵达上海后，陪同贵宾们游览市容和参观上海大厦、上海市第六人民医院、海燕电影制片

厂。(8日《人民日报》)

**8日** 下午，参加宋庆龄副主席同印度尼西亚合作国会议长阿鲁季·卡塔威纳塔和夫人的会见。(9日《人民日报》)

**9日** 陪同阿鲁季议长和夫人以及随行人员，由上海到杭州进行访问。(11日《人民日报》)

◎ 日本高分子访华团团长神原周，成员畑敏雄、大河原六郎、森芳郎、功刀泰硕、古川欣吾来函，对在中国访问期间得到的照顾和郑重的款待表示感谢。(中国科学院档案)

**10日** 中午，偕夫人于立群，陪同印度尼西亚合作国会议长阿鲁季·卡塔威纳塔和夫人，乘专机由杭州抵达广州。(11日《人民日报》)

**11日** 参加毛泽东主席同印度尼西亚合作国会议长阿鲁季·卡塔威纳塔和夫人的会见。(12日《人民日报》)

◎ 参观广州兰圃，作五言诗一首："世已无王者，兰仍馥郁香。人民今作主，不应再称王。"(郭沫若纪念馆馆藏资料)

◎ 访白云山双溪，成诗一首："莲瓣因风落，浮流似小舟。蜻蜓来弄櫂，鱼众尽抬头。群鱼似唱歌，盆里插红荷。池上忘炎暑，天边云影多。"(郭沫若纪念馆馆藏资料)

◎ 复函朝鲜科学院院长李钟玉，继续商谈两院科学合作1966—1967年计划签订等事宜。(中国科学院档案)

**12日** 上午，偕夫人于立群往广州火车站，欢送印度尼西亚合作国会议长阿鲁季·卡塔威纳塔和夫人。(13日《人民日报》)

◎ 临《兰亭序》，回报"罗培元同志以韩珠船旧藏定武兰亭影印本相赠"。(《郭沫若书法集》，四川辞书出版社1999年版)

**14日** 为《广州日报》复刊题词。写道："广州是祖国南方的门户，是近代革命的策源地，是当前反抗美帝国主义侵略的前哨。在党的生日，《广州日报》复刊，具有十分深刻的意义。这是要更高地举起毛泽东思想的伟大旗帜，使精神化为物质，使物质化为精神，在各个战线上，把社会主义革命进行到底！这是要进一步反抗侵略，把解放全人类的正义斗争进行到底！"手迹发表于7月1日《广州日报》。

◎ 作诗《在罗浮》书赠罗浮疗养院："桃源洞里满荆榛，游泳池众多武人。不信神仙不考古，入泉一浴倍精神。"发表于27日《汕头日报》，为《诗七首》之一。

**16 日** 在海丰拜谒彭湃之母周凤。作五律《在海丰》以记。发表于 27 日《汕头日报》，为《诗七首》之二，有小序。诗云："开创兴农运，我来拜海城。一家皆革命，四子尽牺牲。赤县风云改，心天日月明。百龄彭老母，海内共知名。"

**17 日** 访普宁，作七律《题普宁革命纪念馆》。发表于 27 日《汕头日报》，为《诗七首》之三："三十八年如转瞬，流沙胜地我重来。当时烽炬传千里，从此风雷遍九陔。正道沧桑凭掌握，新天日月费安排。而今美帝疯狂甚，纸虎管教化作灰。"

◎ 访碣石，作五律《雨中游碣石》。发表于 27 日《汕头日报》，为《诗七首》之四："碣石诚多石，汕头一望中。遥思鼓浪屿，想见桃花红。海色分为二，洋风一扫空。王冠当铲却，驱虎有英雄。"

**18 日** 由汕头往澄海县，途经外砂大桥，见民兵正在横渡韩江演习，作七绝《外砂桥上》。发表于 27 日《汕头日报》，为《诗七首》之六，有小序。诗云："外砂桥上日凌空，浩浩韩江水势雄。多少男儿横渡去，雁行前进意从容。"

◎ 在澄海吊杜国庠墓，归途在车中成诗一首。以《在澄海》为题发表于 27 日《汕头日报》，为《诗七首》之五，有小序。"昨游桃花涧，君字见涂朱。今来澄海县，君墓木扶疏。结交五十年，相期马列徒。不惜破唇舌，不惮断头颅。天行有健顺，人力为乘除。不移复不屈，时还读古书。厚墨君虽异，薄儒我不殊。新天日月改，赤县起宏图。百家交争鸣，进步在谦虚。君德乃我师，自愧殊不如。生花献一束，聊表寸心初。"

**20 日** 重访"南昌起义"起义军第三师司令部所在地涵碧楼（已辟为潮安县革命历史文物陈列馆），题写楼名，并为陈列馆题七律一首。以《在潮安》为题，发表于 27 日《汕头日报》，为《诗七首》之七："弹指光阴卅八年，潮安每在梦中旋。楼台倒映涵虚碧，旗帜高扬似火燃。一夕汤坑书附羽，千秋英烈血喷烟。今来重到金山望，日月更新别有天。"

◎ 复函罗马尼亚科学院院长 M. 尼柯列斯库，感谢其邀请参加在布加勒斯特举行的纪念罗马尼亚科学院 100 年的活动。中国科学院将应邀派竺可桢副院长率 4—5 人组成代表团届时前往，但个人由于工作原因不能前往。（中国科学院档案）

**6、7月间** 根据毛泽东主席的提议，偕于立群由广州东江转入江西一游。"十七天中，在瑞金住了三天，在赣州住了一天，在井冈山住了两天，其余都在公路上跑。匆匆忙忙地几乎跑遍了江西全省，却也跑出了二十九首诗词"（张涛《光辉的旗帜　战斗的诗篇》，《星火》1979年第6期）

**24日** 访问瑞金叶坪，作七律一首。发表于《红旗》第8期，题为《叶坪》，为《诗词十首》之一。

收人民文学出版社1977年9月版《沫若诗词选》，为《井冈山巡礼》之一，有题解；现以《访瑞金叶坪》为题，收《郭沫若全集·文学卷》第5卷。

**25日** 作七律《大柏地》。发表于《红旗》第8期，为《诗词十首》之二。

收人民文学出版社1977年9月版《沫若诗词选》，为《井冈山巡礼》之二，有题解；现以《访大柏地》为题，收《郭沫若全集·文学卷》第5卷。

**26日** 用董必武韵作七绝《颂瑞金》四首。发表于8月7日《光明日报》，为《诗词十九首》之一至四。

现收《郭沫若全集·文学卷》第5卷，为《井冈山巡礼》附录。

**27日** 由瑞金往赣州，途中遇阻，成诗《赴赣州途中》二首。发表于8月7日《光明日报》，为《诗词十九首》之五、六。

收人民文学出版社1977年9月版《沫若诗词选》，为《井冈山巡礼》之三、四；现收《郭沫若全集·文学卷》第5卷。

**28日** 作五律《登八境台》、词《菩萨蛮·登郁孤台》。以《访赣州二首》为题，发表于8月7日《光明日报》，为《诗词十九首》之七、八。

收人民文学出版社1977年9月版《沫若诗词选》，为《井冈山巡礼》之五、六，后面一首有小序；现收《郭沫若全集·文学卷》第5卷，前一首改题为《登赣州城内八境台》。

**29日** 在兴国道中，作诗《绿化歌》。发表于8月7日《光明日报》，为《诗词十九首》之九。

收人民文学出版社1977年9月版《沫若诗词选》，为《井冈山巡礼》之七，有小序；现收《郭沫若全集·文学卷》第5卷。

◎ 往井冈山途中，宿于泰和县，作五律《宿太和》。发表于8月7日《光明日报》，为《诗词十九首》之十。

收人民文学出版社1977年9月版《沫若诗词选》，为《井冈山巡礼》之八；现收《郭沫若全集·文学卷》第5卷。

**30日** 由泰和往井冈山，途中作五律《桐木岭》。发表于《红旗》第8期，为《诗词十首》之三。

收人民文学出版社1977年9月版《沫若诗词选》，为《井冈山巡礼》之九；现以《过桐木岭》为题收《郭沫若全集·文学卷》第5卷。

◎ 到达井冈山市政府所在地茨坪，下榻井冈山宾馆二号小别墅。（黎章根《郭老访井冈》，《郭沫若学刊》1989年第4期）

◎ 在中国人民保卫世界和平委员会、中国亚非团结委员会等人民团体举行的联席会议上，被推为调整后的中国人民保卫世界和平委员会的主席。(7月1日《人民日报》)

会议调整了中国人民保卫世界和平委员会、中国亚非团结委员会的组织机构和领导成员。廖承志、刘宁一、陈叔通等被推为中国人民保卫世界和平委员会的副主席。廖承志被推为中国亚非团结委员会的主席，刘宁一、茅盾等被推为副主席。会议还通过了中国人民保卫世界和平委员会、中国亚非团结委员会的常务委员和委员名单。

## 夏

◎ 题关山月画红棉："挥将大笔若屠龙，点染薰风万朵红。捷报频从关外至，令人翘首拜英雄。"（手迹见《郭沫若书法集》，四川辞书出版社1999年版）

◎ 书赠古脊椎动物及古人类研究所毛主席语录一段："人类的历史，就是一个不断地从必然王国走向自由王国发展的历史。……"以纪念蓝田人的发现。（《郭沫若遗墨》，河北人民出版社1980年版）

**本月** 题于碧树画卷诗五首。（《郭沫若题画诗存》，山西教育出版社1997年11月版）

## 7月

**1日** 参观茨坪毛主席旧居、井冈山革命博物馆、黄洋界哨口等处，作七律《黄洋界》。发表于《红旗》第 8 期，为《诗词十首》之五。

收人民文学出版社 1977 年 9 月版《沫若诗词选》，为《井冈山巡礼》之十一；现收《郭沫若全集·文学卷》第 5 卷。

◎ 晚，出席井冈山军民在茨坪大礼堂举行的建党 44 周年纪念大会。在会上作词《念奴娇·在茨坪迎"七一"》。发表于《红旗》第 8 期，为《诗词十首》之四。（黎章根《郭老访井冈》，《郭沫若学刊》1989 年第 4 期）

收人民文学出版社 1977 年 9 月版《沫若诗词选》，为《井冈山巡礼》之十；现收《郭沫若全集·文学卷》第 5 卷。

**2 日** 游小井龙潭，作七律《龙潭》。发表于《红旗》第 8 期，为《诗词十首》之六。（黎章根《郭老访井冈》，《郭沫若学刊》1989 年第 4 期）

收人民文学出版社 1977 年 9 月版《沫若诗词选》，为《井冈山巡礼》之十二；现收《郭沫若全集·文学卷》第 5 卷。

◎ 致函王戎笙。告知"我们现在在井冈山，准备明日下山赴吉安，经南昌、上海回京。回京时估计在十日左右"。"关于民英的学校，我们打算让他转学人大，这对他可能好些。另有信给民英，如他愿意，请您费心为他办一办转学的事"，"如不能转相当年级，我们的意思，即从一年级开始也可以。以入何系为宜，请为考虑"。（《文献》丛刊 1980 年第 1 辑）

**3 日** 离开井冈山，继续前往宁冈、永新、吉安、南昌等地访问。（黎章根《郭老访井冈》，《郭沫若学刊》1989 年第 4 期）

◎ 作七律《访茅坪毛主席旧居》。发表于《红旗》第 8 期，为《诗词十首》之七。

收人民文学出版社 1977 年 9 月版《沫若诗词选》，《井冈山巡礼》十三，有题解；现收《郭沫若全集·文学卷》第 5 卷。

◎ 作五律《红军会师桥》。发表于《红旗》第 8 期，为《诗词十首》之八。

收人民文学出版社 1977 年 9 月版《沫若诗词选》，为《井冈山巡礼》之十四，有题解；现收《郭沫若全集·文学卷》第 5 卷。

**4 日** 作七律《宿永新》和五律《宿吉安》。前一首发表于《红旗》第 8 期，为《诗词十首》之九；后一首发表于 8 月 7 日《光明日报》，为《诗词十九首》之十一。

收人民文学出版社 1977 年 9 月版《沫若诗词选》，为《井冈山巡礼》

之十五、十六，最后一首有短跋；现收《郭沫若全集·文学卷》第 5 卷。

**5 日** 作七律《访南昌》，记"旧地重临已三十八年"的感慨。发表于《红旗》第 8 期，为《诗词十首》之十。

收人民文学出版社 1977 年 9 月版《沫若诗词选》，为《井冈山巡礼》之十七，有短跋；现收《郭沫若全集·文学卷》第 5 卷。

**6 日** 访景德镇，作七律《访景德镇》二首和《西江月·别瓷都》。发表于 8 月 7 日《光明日报》，为《诗词十九首》之十二至十四。

其中《别瓷都》收人民文学出版社 1977 年 9 月版《沫若诗词选》，为《井冈山巡礼》之十八；现收《郭沫若全集·文学卷》第 5 卷。《访景德镇》二首，收上海书画出版社 1979 年 9 月版《井冈山巡礼》，现收《郭沫若全集·文学卷》第 5 卷，为《井冈山巡礼》附录。

**7 日** 作五律《登湖口石钟山》。发表于 8 月 7 日《光明日报》，为《诗词十九首》之十五。

收人民文学出版社 1977 年 9 月版《沫若诗词选》，为《井冈山巡礼》之十九，有短跋；现收《郭沫若全集·文学卷》第 5 卷。

**8 日** 本日由九江出发，乘民主轮赴武汉，赶乘次日飞机返京。（郭沫若纪念馆馆藏资料）

◎ 作五绝《雾中游含鄱口偶成》二首、七律《宿美庐》。三首以《登庐山》为总题，发表于 8 月 7 日《光明日报》，为《诗词十九首》之十六至十八。

其中前二首收人民文学出版社 1977 年 9 月版《沫若诗词选》，为《井冈山巡礼》之二十、二十一；现收《郭沫若全集·文学卷》第 5 卷。《宿美庐》收上海书画出版社 1979 年 9 月版《井冈山巡礼》，现收《郭沫若全集·文学卷》第 5 卷，为《井冈山巡礼》附录，有短跋。

**9 日** "将乘九日飞机返京，时间稍有龃龉。蒙民主轮全体同志为加强火力，提前赶到汉口"，遂作五律《乘民主轮赴武汉》以为感谢。发表于 8 月 7 日《光明日报》，为《诗词十九首》之十九。

收人民文学出版社 1977 年 9 月版《沫若诗词选》，为《井冈山巡礼》之二十二；现收《郭沫若全集·文学卷》第 5 卷。

**12 日** 上午，往机场，与朱德、陈毅等欢迎以黄文欢为首的越南国会访华友好代表团。（13 日《人民日报》）

◎ 中午，往机场，与周恩来、陈毅、罗瑞卿等欢迎乌干达总理阿波洛·密尔顿·奥博特。（13日《人民日报》）

◎ 下午，参加朱德委员长同以黄文欢为首的越南国会访华友好代表团的会见。（13日《人民日报》）

◎ 晚，出席周恩来总理为欢迎乌干达总理阿波洛·密尔顿·奥博特以及随行人员举行的宴会。（13日《人民日报》）

**13日** 与中国人民解放军副总参谋长彭绍辉陪同越南国会访华友好代表团，观看中国人民解放军驻北京部队某部的军事技术表演。（14日《人民日报》）

◎ 晚，往人民大会堂，出席朱德委员长为欢迎越南国会访华友好代表团举行的宴会。（14日《人民日报》）

**14日** 上午，参加周恩来总理、陈毅副总理同越南国会访华友好代表团的会见。（15日《人民日报》）

◎ 上午，在人民大会堂会见古巴科学院全国委员会土壤研究所所长赫尔曼·普拉纳斯·马索特教授。（15日《人民日报》）

◎ 下午，往北京工人体育馆，与周恩来、彭真、谢富治等出席首都各界为欢迎阿波洛·密尔顿·奥博特总理和全体乌干达贵宾举行的集会。（15日《人民日报》）

◎ 与彭真、陈叔通、刘宁一等陪同以黄文欢为首的越南国会访华代表团，观看中国京剧院二团演出的京剧现代戏《南方来信》。（15日《人民日报》）

**15日** 上午，往机场，欢送乌干达总理阿波洛·密尔顿·奥博特一行赴上海访问。（16日《人民日报》）

◎ 下午，往工人体育馆，与朱德、彭真等出席首都各界为欢迎越南国会访华友好代表团举行的集会。（16日《人民日报》）

**16日** 上午，往机场，与廖承志等欢送以刘宁一为首的中国代表团赴日本出席第十一届禁止原子弹氢弹世界大会。（17日《人民日报》）

◎ 下午，参加毛泽东主席和刘少奇主席同以黄文欢为首的越南国会访华友好代表团的会见。（17日《人民日报》）

◎ 下午，陪同越南代表团参观北京体育学院，观看学员的体操表演。（17日《人民日报》）

**17日** 下午，会见以阿米娜·希达雅特夫人为首的印度尼西亚和平委员会代表团。(18日《人民日报》)

◎ 晚，往人民大会堂，与朱德、彭真等应邀出席越南驻华大使陈子平为欢迎越南国会访华友好代表团举行的招待会。(18日《人民日报》)

**18日** 上午，往机场，与朱德、彭真、陈叔通等欢送以黄文欢为首的越南国会代表团离京赴沈阳访问。(19日《人民日报》)

◎ 接读毛泽东函："章行严先生一信，高二适先生一文均寄上，请研究酌处。我复章先生信先寄你一阅。笔墨官司，有比无好。未知尊意如何？"当即约穆欣与《光明日报》有关人员来住处商谈，建议《光明日报》本着百家争鸣方针，在报纸上组织讨论，希望早日发表高二适的文章。(穆欣《亲切的教诲，巨大的鼓舞——缅怀毛主席对〈光明日报〉的关怀》，《名人与光明日报》，光明日报出版社1999年版)

**20日** 上午，偕夫人于立群往机场，与周恩来、彭真等欢迎前国民党政府代总统李宗仁先生和夫人郭德洁女士以及随同回国的程思远先生。(21日《人民日报》)

◎ 晚，参加周恩来总理为欢迎李宗仁夫妇和程思远先生举行的宴会。(21日《人民日报》)

**21日** 会见冈比亚大会党领袖加巴-贾亨巴和总书记詹奈。(22日《人民日报》)

◎ 下午，往机场，与廖承志等欢迎出席赫尔辛基"和平、民族独立与普遍裁军世界大会"后归来的中国代表团团长赵毅敏以及代表团的部分团员。(22日《人民日报》)

◎ 复函德国富莱堡矿业学院院长瓦拉纳，对其邀请参加该院建校200周年庆祝活动表示感谢，说明本人由于工作原因不能前往，中国科学院将派出一个四人组成的代表团参加纪念会。(中国科学院档案)

◎ 为何香凝赠所画菊花扇面一幅题诗："严寒驱尽群花放，黑夜奔逃旭日明。代谢新陈无止境，不平铲去见升平。"原画系为中日青年友好大联欢而作。(郭沫若纪念馆馆藏资料)

◎ 在一份约稿信旁批道："送请作协考虑。我意：可请适当的同志写一篇，但不用我的名字，由我推荐。如何。"

约稿者为锡兰大学一家杂志的主编，其拟出"世界文学专号"。(约稿

信及郭沫若批示载夏红《收藏拾趣》，文物出版社2004年版）

**22日** 晚，与廖承志一同会见并宴请以萨拉瓦第夫人为首的印度尼西亚和平代表团和以田万清臣为首的日本和平代表团。在宴会上发表讲话指出："这次赫尔辛基大会上取得的积极成果，狠狠地打击了美帝国主义，粉碎了现代修正主义妄图控制和利用会议在越南问题上帮助美帝玩弄和谈阴谋。"（23日《人民日报》）

**23日** 晚，与周恩来、陈毅等应邀出席阿拉伯联合共和国驻华大使查卡里亚·阿德利·伊马姆为庆祝阿拉伯联合共和国国庆举行的招待会。（24日《人民日报》）

◎ 复函宗白华。讨论《兰亭序》的真伪，交换有关资料。（宗白华《论〈兰亭序〉的两封信》，1965年7月30日《光明日报》）

◎ 复函胡乔木，告之22日信已接读，觉得胡乔木的词"不宜改动得太多，宜争取早日发表"。又谈了自己6月底在井冈山的见闻。（郭沫若纪念馆馆藏资料）

**24日** 上午，与陈毅等出席首都各界为庆祝古巴革命12周年举行的集会，并发表讲话。代表中国人民向古巴人民表示热烈的祝贺。说："在今后的岁月里，中国人民将永远同兄弟的古巴人民站在一起，携手并肩，为反对美帝国主义、保卫世界和平、促进人类进步而斗争。"讲话摘要载25日《人民日报》。

◎ 下午，往机场，与刘少奇、周恩来、彭真等欢迎缅甸联邦革命委员会主席、革命政府部长会议主席奈温将军和夫人。（25日《人民日报》）

◎ 晚，参加刘少奇主席和夫人王光美、周恩来总理同奈温将军和夫人的会见。并出席刘少奇主席和夫人王光美为欢迎奈温将军和夫人举行的宴会。（25日《人民日报》）

◎ 为儿子世英书条幅："要真能成为红色接班人，必须在火热的阶级斗争、生产斗争、科学实验中，经受艰苦的锻炼，象铁在烈火中百炼成钢。"（1979年6月8日《北京科技报》）

◎ 作《"红军不怕远征难"》，发表于31日《光明日报》。通过对历史背景的介绍分析，逐句解释了毛主席的《七律·长征》，并指出该诗"向全世界宣告：毛泽东思想一形成为物质力量，是战无不胜、攻无不克的。它也向占全世界人口百分之九十的被压迫民族和被压迫人民宣布，枪杆子里面出政权，只有用革命的武装力量反抗反革命的武装力量，才能解放他们自己"。

**25 日**　致电在东京举行的第十一届禁止原子弹氢弹世界大会，表示相信这一届大会必将充分反映日本人民和全世界人民的共同意志和要求，为有力地支援越南人民抗美救国的正义斗争、揭露并打击美帝国主义的战争讹诈与和谈阴谋作出重要的贡献。电文摘要载 28 日《人民日报》。

◎ 下午，偕夫人于立群参加周恩来总理同以阿米娜·希达雅特夫人为首的印度尼西亚和平委员会代表团的会见。(26 日《人民日报》)

◎ 晚，偕夫人于立群，设宴欢迎以阿米娜·希达雅特夫人为首的印度尼西亚和平委员会代表团。(26 日《人民日报》)

**26 日**　晚，往人民大会堂，与刘少奇、周恩来等应邀出席缅甸联邦革命委员会主席、革命政府部长会议主席奈温将军和夫人举行的宴会。(27 日《人民日报》)

◎ 致信毛泽东："《光明日报》要我写一篇文章来解读《长征诗》，遗憾的是我自己没有参加过长征，只能采撷些文资料来加以肊测……送上校样一份，主席如有批阅工夫，《光明》拟于卅一日见报。"(郭沫若纪念馆馆藏资料)

**27 日**　上午，往机场，与周恩来、彭真等欢送缅甸联邦革命委员会主席、革命政府部长会议主席奈温将军和夫人赴沈阳参观访问。(28 日《人民日报》)

◎ 中午，偕夫人于立群，参加毛泽东主席同李宗仁先生和夫人郭德洁女士的会见。(28 日《人民日报》)

**28 日**　下午，会见英属圭亚那妇女进步组织代表锡耳马·里斯夫人和萨基纳·穆罕默德夫人。(29 日《人民日报》)

**29 日**　中午，偕夫人于立群，出席中共中央统一战线工作部部长徐冰和夫人为欢迎李宗仁先生和夫人举行的宴会。(30 日《人民日报》)

◎ 下午，在人民大会堂安徽厅会见保加利亚科学院造型艺术研究所所长阿·奥布列颠诺夫通讯院士。(30 日《人民日报》)

◎ 会见并宴请叙利亚历史学家阿耶德教授和夫人。(30 日《人民日报》)

**30 日**　下午，设宴招待朝鲜科学院代表团一行。(中国科学院档案)

## 8 月

**7 日**　作《〈兰亭序〉与老庄思想》。发表于 24 日《光明日报》。传世《兰亭序》与《世说新语》刘孝标注引《临河序》相比，多一百六十七字。魏晋的高级知识分子之好玄谈、尚旷达，确实依仿于老庄，而所多出的那一大段文字，却"恰恰从庸俗的观点而反对这种思想"，"和'晋人喜述老庄'是貌合神离的"。结论是："传世《兰亭序》既不是王羲之做的，更不是王羲之写的。思想和书法，和东晋人相比，都有很大的距离。"

收《郭沫若全集·历史编》第 3 卷。

**9 日**　下午，会见古巴作家奥内略·豪尔赫·卡尔多索和诗人胡斯托·罗德里格斯·桑托斯。（10 日《人民日报》）

**10 日**　与罗瑞卿副总理出席中国科学技术大学第三届毕业典礼。（12 日《人民日报》）

**11 日**　晚，在人民大会堂安徽厅设宴欢迎越南民主共和国国家科学技术委员会副主任黎克率领的代表团全体成员并讲话。（12 日《人民日报》；中国科学院档案）

**12 日**　作《〈驳议〉的商讨》。发表于《文物》第 9 期，又载 8 月 21 日《光明日报》。阅读高二适《兰亭序的真伪驳议》后所作驳论，分七个部分。第一部分，注家引文能增不能减。反驳《驳议》所说"注家有增减前人之事"，认为只要不是断章取义，减"没有问题"，而增就"大有可商"了。第二部分，《临河序》文并无蛇足。反驳《驳议》所说"'临河'二字，吾意系刘孝标的文人好为立异改上的"。第三部分，《兰亭序》大申石崇之志。指出"《临河序》末尾四十许字却为传世《兰亭序》所无，后者的真伪自然会成为问题"，针对所多一百六十七字为王羲之"以申其志"，"确可说是右军的本文"的说法，重申那一大段文章"是在申石崇之意"。坚信"存世《兰亭序》是在《临河序》的基础上加以删改、移易、扩大而成的说法""是有凭据"的。第四部分，《兰亭序帖》的时代性。《兰亭序帖》"是后来的楷书笔法，把东晋人书所仍具有的隶书笔意失掉了"，"正表明着它的时代性"。第五部分，隶书笔意的伸述。指出：隶书笔意"是指秦汉隶书特别是汉隶的笔法"。"东汉可以算是隶书的最高峰","东汉以后,字体又在逐渐转变,变到唐代,便完全转变到楷书的阶段"。"王羲之时代便要变到《兰亭序帖》那样的字迹,没有那种可能"。第六部分,"僧"字不是徐僧权。赞同苏东坡的说法,"'僧'字是'曾'字之误"。"不能因为一个'僧'字便以为是徐僧权,更不能根据这样的臆说而断定《兰亭序帖》为梁代内府的法物。"第七部分,唐太宗如果生在今天。"由于唐太宗的极度欣赏,作伪者乘机制造出了不少赝品,把书法发展过程淆乱了"。

收《郭沫若全集·历史编》第3卷。

**13日** 下午,夏鼐、尹达来寓所汇报中朝联合考古队在我国东北地区进行考古调查发掘的情况及《中国史稿》事。后又谈到中国书法变迁史及文房四宝的历史。(《夏鼐日记》,华东师范大学出版社2011年版)

**14日** 晚,与董必武、谢富治、沈雁冰等应邀出席朝鲜驻中国大使馆临时代办举行的招待会,庆祝"八一五"朝鲜解放20周年。(15日《人民日报》)

**15日** 下午,会见以狩田义次、上原定清为首的日本书法教育访华参观团全体人员。(16日《人民日报》)

◎ 晚,往北京饭店,与周恩来、薄一波等应邀出席刚果驻华大使阿方斯·贝约纳为庆祝刚果八月革命二周年举行的招待会。(16日《人民日报》)

**16日** 晚,与李先念等出席中国印度尼西亚友好协会为庆祝印度尼西亚共和国建国20周年举行的招待会。招待会结束以后,观看了大型彩色纪录片《万隆精神万岁》,影片介绍了在雅加达举行的万隆会议十周年庆祝活动的盛况。(17日《人民日报》)

**17日** 晚,往北京饭店,与周恩来、谭震林、谢富治等应印度尼西亚驻华大使查禾多和夫人之邀,出席为庆祝印度尼西亚共和国宣布独立20周年举行的招待会。(18日《人民日报》)

**19日** 晨,往北京机场,与廖承志等欢迎由刘宁一和南汉宸率领的中国代表团。(20日《人民日报》)

◎ 下午,会见并设宴招待墨西哥社会名流埃里维尔托·哈拉将军和他的随行人员尼古拉斯·德尔卡多·桑托华尔上校。(20日《人民日报》)

**20 日** 晚，出席由中国人民保卫世界和平委员会、中国亚非团结委员会联合举办的招待会，祝贺在日本举行的第十一届禁止原子弹氢弹世界大会取得了辉煌胜利，并在会上发表讲话。(21 日《人民日报》)

**21 日** 下午，与周恩来等出席 11 个全国性人民团体联合举行的茶会，欢迎出席第十一届禁止原子弹氢弹世界大会后来到中国的各国朋友。(22 日《人民日报》)

**22 日** 晚，会见澳大利亚和平人士威廉·莫罗，并共进晚餐。在座的还有澳大利亚伊格尔斯夫人和莫罗的女儿布顿夫人。(23 日《人民日报》)

**24 日** 晚，会见以罗马尼亚国家文艺委员会音乐委员会顾问约尼查·尤金为首的罗马尼亚表演艺术家小组的全体成员，并往民族文化宫观看了艺术家们的演出。(25 日《人民日报》)

**25 日** 下午，与廖承志等出席首都各界青年为欢迎前来参加中日青年友好大联欢的日本各青年代表团举行的集会。(26 日《人民日报》)

**26 日** 中午，往机场，与彭真、罗瑞卿等欢迎以人大常委会副委员长李雪峰为首，参加印度尼西亚独立 20 周年庆祝活动后回国的中国全国人民代表大会代表团。(27 日《人民日报》)

◎ 下午，与毛泽东、刘少奇、周恩来等一同会见参加中日青年友好大联欢的 23 个日本青年代表团的全体成员，以及参加这次大联欢的其他日本朋友。(27 日《人民日报》)

◎ 晚，出席彭真为欢迎参加中日青年友好大联欢的日本各青年代表团举行的宴会。(27 日《人民日报》)

**28 日** 会见并设宴招待智利伊基克市前市长阿莱汉德罗·巴伦西亚·何。(31 日《人民日报》)

# 9 月

**1 日** 下午，与周恩来、朱德、彭真等出席首都各界庆祝越南民主共和国成立 20 周年集会。(2 日《人民日报》)

◎ 与周恩来、朱德、董必武、邓小平等一同会见以陈辉燎为首的越中友协代表团、越南政府交通运输部副部长洪赤心、以保定江为首的越南电影戏剧代表团、以武光为首的越南劳动青年团代表团。(2 日《人民

日报》）

◎ 晚，会见捷克斯洛伐克民间艺术团团长胡斯卡·弗拉基米尔、艺术指导约瑟夫·什台尔则尔和主要演员，并观看了艺术团的演出。（4日《人民日报》）

◎ 作《题〈中国玩具特刊〉》："古人说'大人者不失其赤子之心'，玩具要在潜移默化中教育儿童，要儿童都成为平凡而又伟大的人。一般的人上了年纪自然是'大人'，希望也在儿童的世界中教育自己，恢复自己的儿童时代的一片天真。"（郭沫若纪念馆馆藏资料）

**2日** 晚，与刘少奇、周恩来、朱德、邓小平等应邀出席越南驻华大使陈子平为庆祝越南成立20周年举行的招待会。（3日《人民日报》）

**3日** 下午，往人民大会堂，与刘少奇、周恩来等出席首都各界为庆祝抗日战争胜利20周年举行的集会，听取了罗瑞卿所作题为《人民战胜了日本法西斯，人民也一定能够战胜美帝国主义》的报告。（4日《人民日报》）

**5日** 致信夏鼐，托其协助提供下列资料："一、彩陶与黑陶上的刻划文（符号）；二、彩陶上的花纹类别（人面、鱼形等）；三、笔、墨、纸等的发展过程；四、笔的遗物包含刀笔、石笔；五、墨的遗物与其化学分析等等。"

**11日** 下午，往北京工人体育馆，出席第二届全国运动会开幕式。（12日《人民日报》）

**12日** 晚，观看保加利亚表演艺术家小组演出的音乐和芭蕾舞片段节目，并且在演出休息时会见了艺术家小组的领队纳伊殿·亚科夫·纳伊殿诺夫和全体演员。（13日《人民日报》）

◎ 作《〈兰亭序〉并非铁案》。发表于《文物》第10期，署名于硕。一、提出60年前贵州两位学者姚华、姚大荣也都怀疑《兰亭序帖》。二、姚大荣批评翁方纲"批评得更露骨"。三、肯定杨守敬所说"集帖所载钟王楷书，皆唐以后抚拓，无分隶遗意，不足为据"，"是有卓识的"，"这样也就把《兰亭》否定了"，"他和缪荃孙的见解是一脉相通的"。四、对于缪荃孙、杨守敬的看法，在民国初年已经有过争论。欧阳辅的见解"和今天为《兰亭》护法者的见解却相差不远"。五、"从《兰亭序》所使用的文字上寻出疑窦的"是孙星衍，提出"'莫'字作'暮'，'褆'

字作'禊','暘'字作'畅',皆俗书,晋代所未有"。"如果今后从晋代铭刻或写本中实在找不出这些字来","那么《兰亭序》依托说可算又从另一个角度得到坚实的内证了"。六、唐初纂集的《艺文类聚》卷四收录了《兰亭诗序》,"基本和《临河序》接近,没有'夫人之相与'以下二百字。这是很值得注意的"。欧阳询等"知道《兰亭序》是依托,但又不敢采录《临河序》,故只采录与《临河序》相近的《兰亭序》的前小半段,以示搪塞","同样的苦心在柳公权书写的《兰亭诗》里面表现得更为透彻"。最后说:"《兰亭序》并不是难移的铁案。"

收《郭沫若全集·历史编》第 3 卷。

**15 日** 上午,往考古所,与夏鼐讨论笔墨遗物方面问题,并视察该所新建成的中国第一座放射性碳素测年实验室。又与黄文弼谈话,希望他能根据新疆出土的汉文简牍,参加关于兰亭序真伪的论战。(《夏鼐日记》,华东师范大学出版社 2011 年版)

**22 日** 晚,与周恩来等应邀出席马里驻华大使比拉马·特拉奥雷为庆祝马里共和国成立五周年举行的招待会。(23 日《人民日报》)

**23 日** 上午,会见以冢本善隆为首的日本关西文化界代表团。(25 日《人民日报》)

**27 日** 上午,往北京机场,与朱德等欢迎以印度尼西亚临时人民协商会议主席哈鲁尔·萨勒为首的印度尼西亚共和国临时人民协商会议代表团。(28 日《人民日报》)

◎ 下午,参加刘少奇、朱德同印度尼西亚共和国临时人民协商会议代表团的会见。并陪同印度尼西亚贵宾们参观了中国革命博物馆。(28 日《人民日报》)

◎ 晚,偕夫人于立群,观看由诺罗敦·帕花·黛维公主率领的柬埔寨王家芭蕾舞团的演出。演出结束时,与陆定一等走上舞台,祝贺柬埔寨艺术家们演出获得成功。(28 日《人民日报》)

**28 日** 上午,往机场,与刘少奇、董必武等欢迎柬埔寨国家元首诺罗敦·西哈努克亲王和夫人。(29 日《人民日报》)

◎ 晚,与朱德、周恩来、董必武等出席刘少奇主席和夫人王光美为欢迎诺罗敦·西哈努克亲王和夫人举行的宴会。(29 日《人民日报》)

**29 日** 与王戎笙访陈垣,讨论《兰亭序》真伪问题,在励耘书屋前与陈垣合影。与陈垣谈论《兰亭序》的问题，陈对当时所讨论的《兰亭序》没有什么新鲜看法，有些看法也还不成熟，暂时还不想写相关文章。但二人谈得兴高采烈，内容涉及文字的变化，南北字体风格异同，《兰亭序》临摹的版本，王羲之字迹的真伪，以及碑版拓片，等等，范围很广。（刘乃和《日记手稿》，转引自刘乃和等著《陈垣年谱配图长编》下，辽海出版社2000年版；刘乃和《励耘承学录》，北京师范大学出版社1992年版）

◎ 下午，会见以藤田茂为首的日本中国归还者联络委员会代表团。（30日《人民日报》）

**30日** 上午，参加毛泽东、刘少奇同印度尼西亚临时人民协商会议代表团、印度尼西亚经济代表团等印度尼西亚贵宾的会见。（10月1日《人民日报》）

◎ 会见多奥朗教授率领的比利时医学代表团全体客人。（10月2日《人民日报》）

◎ 晚，往人民大会堂，与毛泽东、刘少奇等出席周总理为庆祝新中国成立16周年举行的国庆招待会。（10月1日《人民日报》）

**月底** 闻好友傅抱石病逝，极度悲伤。（罗时慧《怀念》，《群众论丛》1980年第2期）

画家傅抱石于29日在南京逝世。

**本月** 为参加第二届全国运动会的甘肃代表团题七律一首："单如狮子集如龙，东亚病夫一扫空。猛创神州新异绩，勇攀世界最高峰。健儿身手争分秒，祖国光荣耀九州。一旦金瓯受威胁，驱除顽寇作先锋。"（1978年9月24日《甘肃日报》）

## 秋

◎ 往中国历史博物馆查看有关文物，与馆员谈《兰亭》故事。为西晋咸宁四年吕氏砖拓本作释文："咸宁四年七月吕氏造，是为晋即祚十四年事，泰岁在丙戌。"又题写跋语："晋武帝咸宁四年当公元二七八年，下距晋穆帝永和九年（公元三五三年）凡七十五年。砖文作章草，甚罕见。此砖在解放前已出土，但不知出土于何时与何地。旧有释吕氏为令氏者，殆误。咸宁四年岁在戊戌，戊误为丙，与前秦文武将军碑同出一辙。碑文建元四年岁在丙辰，丙亦戊字之误。前秦建元四年后于永和九年者十

有五年，两者乃足证兰亭之不足信。"（手迹见《中国历史博物馆馆刊》1979 年第 1 期）

◎ 题词赠乐山沙湾中学。（手迹见《郭沫若书法集》，四川辞书出版社 1999 年）

◎ 与于立群在上海文史馆练字时，为该馆写了两三张条幅，并应丁景唐之索求，书赠旧作《卜算子·咏梅》。（上海社会科学院文学研究所，《资料与研究》1982 年 12 月总 67 期；手迹见《郭沫若书法集》，四川辞书出版社 1999 年版）

◎ 为穆欣书《黄洋界〈井冈山巡礼二十二首〉其一》。（手迹见《郭沫若书法集》，四川辞书出版社 1999 年版）

## 10 月

**1 日** 往天安门广场，出席首都人民庆祝新中国成立 16 周年大会，与毛泽东等国家领导人在天安门城楼主席台上检阅了游行队伍。（2 日《人民日报》）

**4 日** 上午，往北京机场，与朱德、周恩来等欢送印度尼西亚临时人民协商会议代表团赴我国南方访问。（5 日《人民日报》）

◎ 下午，往北京展览馆，与彭真、廖承志等出席日本工业展览会开幕式。（5 日《人民日报》）

**5 日** 晚，出席中国国际贸易促进委员会主席南汉宸为庆祝日本工业展览会开幕举行的招待会。（6 日《人民日报》）

**6 日** 为池田幸子书条幅。（《郭沫若学刊》2004 年第 1 期）

**8 日** 上午，会见以团长小林义雄、副团长伊藤吉春为首的日本亚非团结委员会访华代表团。（9 日《人民日报》）

**11 日** 为萧淑芳画《人民之香》题跋。（据手迹）

**16 日** 作诗《祝罗素先生解放》，赞扬英国哲学家罗素撕碎自己工党党证以抗议英国工党政府屈从美国侵略政策的行为。发表于 17 日《光明日报》。

**18 日** 下午，会见日本仓敷人造丝公司总经理大原总一郎和西日本贸易公司专务董事山田幸次郎等。（19 日《人民日报》）

**20 日** 书《登尔雅台怀人》。（手迹见《郭沫若书法集》，四川辞书出版社

1999 年版）

◎ 为广西三江侗族自治县程阳风雨桥题七律一首。收人民文学出版社 1977 年 9 月版《沫若诗词选》，题为《题三江程阳桥》；现收《郭沫若全集·文学编》第 5 卷。

◎ 题李宇超画荷花，谓："清新多逸趣，潇洒绝纤尘。"（据手迹）

◎ 往夏鼐处，讨论中国文字起源问题，并寻求资料。（《夏鼐日记》，华东师范大学出版社 2011 年版）

◎ 书《龙潭》赠张颖、章文晋。（手迹见《郭沫若遗墨》，河北人民出版社 1980 年版）

**21 日** 上午，往首都机场，与罗瑞卿等欢送以杨勇上将为首的中国人民代表团赴朝访问。（22 日《人民日报》）

**24 日** 与宋庆龄、董必武、周恩来等被选为孙中山诞辰一百周年纪念筹备委员会副主任，主任是刘少奇。（25 日《人民日报》）

**25 日** 下午，往政协礼堂，参加首都各界为纪念中国人民志愿军赴朝作战 15 周年举行的集会，并发表讲话。说："当我们纪念中朝两国人民的战斗友谊，欢呼我们的共同胜利的时候，我们坚信，我们两国人民以鲜血凝成的友谊，不仅在过去经受了长期斗争的考验，在今后的岁月里，在反对美帝国主义的斗争中，在反对现代修正主义的斗争中，必将放射出更加灿烂的光辉。"讲话全文载 26 日《人民日报》。

◎ 晚，与周恩来、彭真、贺龙等应邀出席朝鲜驻华大使朴世昌为纪念中国人民志愿军入朝参战 15 周年举行的宴会。（26 日《人民日报》）

◎ 诗《十五年》发表于《人民日报》，以纪念抗美援朝 15 周年。诗云："中朝儿女并肩打败了美国狼，鲜血凝成的友谊，与日争光"，祝愿中朝人民"要永远地相助守望"。

**27 日** 上午，偕夫人于立群，在家中会见日本著名画家青木大乘和他的女儿青木弥与子。（28 日《人民日报》）

◎ 致信夏鼐，寄送新作《武威王杖十简商兑》一文。

**29 日** 上午，会见以索马里教育部文化司司长雅辛·奥斯曼·舍奈德为首的索马里文化代表团。（30 日《人民日报》）

**30 日** 中午，往北京机场，与贺龙、王炳南、老舍等欢迎以杨勇为首的中国人民代表团回国。（31 日《人民日报》）

◎ 下午，去考古所，与夏鼐、陈梦家谈话，谈到近日寄去的《武威王杖十简商兑》一文，以及兰亭序真伪问题。其间提及，曾与陈垣会面，陈认为分析王羲之的思想，应注意其崇信天师道问题；上海方面徐森玉外，多不同意认兰亭序为伪作。又谈及《石鼓文》，说到自己发表的《石鼓文》宋拓本，乃由藏日本河井荃郎处的小照片放大制版，故可能有些走了样。河井荃部在东京被美军轰炸时所炸毙，收藏品亦大半被毁，此拓本原物恐亦不复存在矣。(《夏鼐日记》，华东师范大学出版社 2011 年版)

**31 日** 下午，在家中会见并设宴招待以日本大阪市立大学理工学部主任井本稔为首的日本有机化学教授代表团。晚，在四川饭店举行宴会。(11 月 1 日《人民日报》)

**本月** 接待杨钟健、许世骐来访，并为许世骐题词："一切都在不断变化，宇宙间没有一成不变的东西。化石就是生物演化最直接的证据。"(手迹载《书法》1979 年第 5 期)

◎ 得知湖北秭归县拟修缮屈原庙和屈原牌坊，题写了"屈原庙"和"屈原故里"。(啸海《屈原故乡和郭沫若》，1980 年 6 月 8 日《文汇报》)

## 11 月

**1 日** 晚，往北京饭店，与周恩来、陈毅、李先念等应阿尔及利亚驻中国大使馆临时代办穆罕默德·胡利之邀，出席为庆祝阿尔及利亚革命 11 周年举行的招待会。(2 日《人民日报》)

**2 日** 晚，会见并宴请以芦田让治教授为首的日本京都学术代表团和以吉田富夫为首的日本京都青年中国研究者代表团。(3 日《人民日报》)

◎ 晚，往天桥剧场，与张奚若、丁西林等观看苏军亚历山德罗夫红旗歌舞团的演出，并在演出休息时会见了歌舞团团长亚历山德罗夫上校和歌舞团其他负责人以及主要演员。演出结束后，走上舞台，同苏军艺术家们握手，祝贺他们演出成功。(3 日《人民日报》)

**5 日** 晚，主持首都各界人民庆祝十月社会主义革命 48 周年大会。(6 日《人民日报》)

◎ 晚，与董必武、陈毅、康生等一同会见以科瓦诺夫·弗拉基米尔·华西里耶维奇为首的苏中友好协会代表团全体成员，及苏军亚历山德罗夫红旗歌舞团团长亚历山德罗夫、苏联新闻工作者代表团团长布拉金、苏联音乐家小组负责人科瓦里、举办苏联造型艺术展览的随展人员什米德特、苏联杂技工作者瓦洛、苏联俄罗斯联邦共和国射击队领队哈尔钦科。（6日《人民日报》）

**6日** 晚，与周恩来、彭真、陈毅、陆定一等应邀出席苏联驻华大使拉宾和夫人为庆祝十月革命48周年举行的招待会。（7日《人民日报》）

**15日** 出席廖承志为欢迎参加中日青年友好大联欢的日本各青年代表团举行的酒会。（16日《人民日报》）

**16日** 下午，往人民大会堂，与廖承志、南汉宸、楚图南、吴晗等出席首都青年为欢迎日本青年举行的集会。（17日《人民日报》）

**18日** 晚，与刘少奇、周恩来、朱德、彭真等一同会见参加中日青年友好大联欢的15个日本青年代表团全体成员。（19日《人民日报》）

◎ 晚，偕夫人于立群，出席彭真为欢迎日本各青年代表团举行的宴会。（19日《人民日报》）

**19日** 下午，出席首都各界反对"日韩条约"大会，并发表讲话。提醒人们："日韩条约"的签订"是美帝国主义阴谋扩大亚洲侵略战争的一个严重步骤，是日本反动派加速复活军国主义、决心公开参与美国侵略战争的一个严重步骤"。指出："如果美帝国主义及其追随者硬要把战争强加在我们头上，中国人民一定坚决同它们斗争到底，并且同亚洲各国人民和全世界人民一道，把它们彻底、干净、全部地消灭掉。"讲话全文以《"日韩条约"是美日反动派新战争信号，中国人民准备好彻底消灭美国侵略者》为题发表于20日《人民日报》。

◎ 晚，与科学院工作人员乘火车往太原。（《夏鼐日记》，华东师范大学出版社2011年版）

**11月19日至12月7日**，前往山西参观农村社教工作、参观大寨。"先后成诗十六首，辑为《大寨行》。"即，七律《重到晋祠》《访太原乳牛场》《访天龙寺石窟》《访贾家庄》《访原王庄》《访西元》《访界村》《看晋剧种种》《留别社教队同志》等。发表于1966年1月1日《光明日报》。

《参观刘胡兰纪念馆》《访杏花村》《访运城》《运城烈士陵园植树》《参观盐池》《在太原参观大寨展览》《宿阳泉市》《过娘子关》《颂大寨》

等9首收人民文学出版社1977年9月版《沫若诗词选》，有小序；现收《郭沫若全集·文学编》第5卷。

◎ 在运城时，作四言诗一首纪念运城解放18周年："党之威力，直瞰太原。解放晋民，创造新天。志士光烈，永垂晚年。攻克运城，学会攻坚。"后又瞻仰烈士陵园，并在园内植双梨双柏。（王寿林《运城解放碑 屹立烈士园——读郭沫若佚诗一首》，《郭沫若学刊》1996年第2期）

**20日** 抵太原，宿晋祠招待所。上午参观晋祠，下午参观太原工人牛奶场。应牛奶场崔生茂场长请求题字两幅："九嶷山上白云飞"，"赤手翻天，雷锋八十，雄心伏虎，花果万千，牛郎回到乡国，银河落自九天"。晚间，省委设宴招待，并请看剧。（《夏鼐日记》，华东师范大学出版社2011年版）

**21日** 在住所看文件。晚，乘火车往晋南去。（《夏鼐日记》，华东师范大学出版社2011年版）

**22日** 抵运城，宿县招待所。接见科学院"四清"工作同志，并合影。之后听取县委葛书记报告，及郁文介绍科学工作队的情况。（《郭老在工作队员座谈会上的讲话记录——一九六五年十一月二十八日》，卷存中国科学院；中国科学院档案；《夏鼐日记》，华东师范大学出版社2011年版）

**23日** 听犯错误又放下包袱的同志报告。（《郭老在工作队员座谈会上的讲话记录——一九六五年十一月二十八日》，卷存中国科学院；中国科学院档案）

**24日** 上午，听学习毛主席著作积极分子报告，并不时插话。最后说："听了七位同志的讲话，感到共同的精神是谦虚，能够自我批评，这是很好多的，是我们学习的榜样。"（《郭老在学习毛选积极分子座谈会上的插话——一九六五年十一月二十四日》，卷存中国科学院；中国科学院档案）

◎ 下午，参观界村盐碱地改造，"从来没想到树木下面可以种粮棉，我活了七十四岁才是第一次见到"。（《郭老在工作队员座谈会上的讲话记录——一九六五年十一月二十八日》，卷存中国科学院；中国科学院档案）

**25日** 上午，听贫下中农报告，并发表讲话，"社会主义教育不光在农村中要进行，在各个方面都要进行。我们科学机关也要开展"。表示"在坐我是第二个年纪大的"，"虽然已经七十三岁了，但我甘心情愿当毛主席一个很小的小学生"，"毛主席给小学生题有八个字：'好好学习，天天向上'，我把这作为我的座右铭，希望各位同样把这八个字作为自己的座右铭"。(《郭老在我县贫下中农座谈会上讲话》,卷存中国科学院)下午,参观西院大队平整土地。"打井,把大石头挖出来,真是大寨精神,改天换地。"(《郭老在工作队员座谈会上的讲话记录——一九六五年十一月二十八日》,卷存中国科学院;中国科学院档案)

夏鼐日记载 26 日郭沫若上午听贫下中农及地富子弟谈对社教运动的体会和感想之后作以上致辞。与中国科学院档案有出入。(《夏鼐日记》,华东师范大学出版社 2011 年版)

**27 日** 到原王庄,"看到了阶级斗争的生动场面","还看了社员摘棉花"。"又参观了运城工业和手工业支援农业展览会和社会主义教育展览会"。(《郭老在工作队员座谈会上的讲话记录——一九六五年十一月二十八日》,卷存中国科学院;中国科学院档案)

**28 日** 听科学院在山西运城参加运城农村社会主义教育运动工作队队员报告。上午听了 6 位的报告,下午听了 5 位的报告。代表科学院和科学家代表团,对工作队表示"亲切的关怀和慰问",说这次下来七天,"总的印象是,农村是一片大好形势","今天我们是受教育的,同志们都值得我们学习,不要以为我们老了,老了也要学习"。讲国际形势,说到"本月十七日联合国对中国席位的表决","出乎美帝意料之外,也出乎日本反动派意料之外"。最后,希望把大寨精神带到机关去,"要使全科学院的人都像他们那样,必要的话,可以献出自己的生命"。(《郭老在工作队员座谈会上的讲话记录——一九六五年十一月二十八日》,卷存中国科学院;中科院档案;《夏鼐日记》,华东师范大学出版社 2011 年版)

**29 日** 感冒稍有发烧,于住处休息时作诗 8 首。(《夏鼐日记》,华东师范大学出版社 2011 年版)

**30 日** 因感冒告别科学院其他人员先返太原。(《夏鼐日记》,华东师范大学出版社 2011 年版)

**本月** 《东吴已有"暮"字》发表于《文物》第 11 期,署名于硕。读到新发表的《武汉出土的两块东吴铅券释文》,"假'暮'为墓,足见三国时代已有暮字",而且"已十分通行"。孙星衍从文字学上怀疑《兰亭序帖》所举三字,"晋已有'畅'字","今又查出'暮'字","因此,要根据《兰亭序帖》说王羲之'精于六书',是适得其反"。

收《郭沫若全集·历史编》第 3 卷。

## 12 月

**7 日** 上午，参观大寨，作五言诗《颂大寨》题赠大寨。

后辑入《大寨行》，收人民文学出版社 1977 年 9 月版《沫若诗词选》，现收《郭沫若全集·文学编》第 5 卷

**10 日** 为天津市红桥区二号路小学题写校名。（手迹现藏天津市红桥区档案馆）

天津市红桥区二号路小学，现名天津市红桥区实验小学。此笺无落款，据邮戳日期引用为 12 月 10 日。

**11 日** 晚，往北京饭店，与彭真、乌兰夫等应邀出席肯尼亚驻华大使科斯克为庆祝肯尼亚独立二周年举行的招待会。（12 日《人民日报》）

**19 日** 下午，主持首都各界为庆祝越南南方民族解放阵线成立五周年举行的大会，并致辞。他指出：这个大会不但表达了全中国人民对于正在反对美帝国主义而英勇战斗的越南人民的敬意和支持，也表达了全世界人民对他们的敬意和支持。会上，彭真发表了长篇讲话。（20 日《人民日报》）

**20 日** 上午，往北京展览馆，出席由中越友协、对外文协等团体举办的"越南南方在胜利前进"图片展览的开幕式。（21 日《人民日报》）

◎ 晚，往北京饭店，与周恩来、朱德、彭真等应越南南方民族解放阵线常驻中国代表团团长陈文成之邀，出席为庆祝越南南方民族解放阵线成立五周年举行的招待会。（21 日《人民日报》）

**21 日** 下午，与朱德等、周恩来等向黄炎培副委员长的遗体告别。（22 日《人民日报》）

黄炎培于 21 日在北京逝世。

◎ 与沈雁冰、宋任穷、李四光等担任黄炎培副委员长治丧委员会委员。朱德担任主任委员。（22 日《人民日报》）

◎ 英国牛津数学研究所 I. M. 杰姆斯致函，希望在莫斯科参加国际大会之后能够访问中国。（中国科学院档案）

**22 日** 与夫人于立群在家中会见日本大阪大学化学系教授堤繁和他的女儿堤由美子。（23 日《人民日报》）

**24 日**　上午，往中山公园中山堂，出席黄炎培先生公祭大会，并与周恩来、邓小平等陪祭，朱德主祭。(25 日《人民日报》)

**25 日**　作《海瑞批判与自我改造》。读姚文元《评新编历史剧〈海瑞罢官〉》后反思自己过去对海瑞的评价，从井田之不行、对"小民"的态度等方面揭露海瑞依旧是封建剥削阶级的一分子，是不值得歌颂的。吴晗的历史剧说明"尽管有渊博的学识，如果立场和方法有问题，依然要犯错误的"。作为一名知识分子"我们能从错误中得到教训。错误了就承认，承认了就改正。那怕是天大的错误，承认了，改正了，那就好了"。(郭沫若纪念馆馆藏资料)

**29 日**　与华罗庚、严济慈、李四光等组成钱崇澍治丧委员，并担任主任委员。(30 日《人民日报》)

我国现代植物学的奠基人之一钱崇澍于 28 日在北京逝世。

◎ 下午，会见以鹤田吾郎率为首的日本美术家代表团全体成员。(30 日《人民日报》)

**30 日**　上午，往中山堂，出席钱崇澍先生公祭大会，并作为主祭人向钱崇澍先生的遗像献了花圈。李四光、竺可桢等陪祭。(31 日《人民日报》)

◎ 下午，与陆定一、楚图南、乔冠华等出席首都各界为庆祝古巴解放七周年举行的集会。(31 日《人民日报》)

**本月**　在美术馆参观泥塑《收租院》，很受感动。(郁风《"能师大众者敢作万夫雄"》，《悼念郭老》，生活·读书·新知三联书店 1979 年版)

◎《武威"王杖十简"商兑》发表于《考古学报》1965 年第 2 期。对武威磨嘴子 13 号汉墓出土的"王杖十简"，提出与其他学者不同的第五种复原形式。指出：汉代的"所谓养老令，其实是骗人的东西。它是为了巩固地主阶级的政权而设的"。"像赐王杖那样的骗局，是恩不及一般老百姓的，也是骗不了一般老百姓的。"

收《郭沫若全集·考古编》第 10 卷。

◎ 应国际书店之邀作七绝《贺日本内山书店成立三十周年纪念》，有短跋。

收入民文学出版社 1977 年 9 月版《沫若诗词选》，现收《郭沫若全集·文学编》第 5 卷。

## 冬

书毛泽东诗词《七律·冬云》，晋祠博物馆藏。(《郭沫若书法集》，四川辞书出版社1999年版)

## 本 年

◎ 为浙江瑞安玉海楼题短联一副："玉成桃李，海涌波澜。"(白启寰《郭沫若联语萃谈》，《集萃》1982年第4期)

◎ 为浙江省文物保护单位淳安县妙石乡洞源村方腊洞题"方腊洞"三字。(手迹见《沙湾文史》1988年12月第5期)

◎ 题于立群画《六只螃蟹》。(据手迹)

# 1966年（丙午）74岁

2月7日　新华社播发长篇通讯《县委书记的榜样——焦裕禄》。随后，全国掀起学习焦裕禄的热潮。

3月8日、22日　河北邢台地区相继发生里氏6.8级和7.2级强烈地震。据不完全统计，受灾面积达10余万平方公里，死亡8064人。在中共中央、国务院和中央军委领导下，在全国人民和解放军的大力支援下，灾区人民积极开展抗震救灾工作。

4月20日　河南林县红旗渠竣工通水典礼举行，总干渠和干渠全长171.5公里。

5月4日至26日　中共中央政治局扩大会议召开，通过由毛泽东主持制定的《中国共产党中央委员会通知》(简称"五一六通知")。

5月28日　中央文化革命小组(简称中央文革)成立。这个小组逐步取代中央政治局和中央书记处，成为"文化大革命"的实际指挥机构。

6月13日　中共中央、国务院发出通知，决定本年度高校招生推迟半年。由于"停课闹革命"，高校从1966年至1969年四年停止招生。

8月1日至12日　中共八届十一中全会召开，通过《中国共产党中央委员会关于无产阶级文化大革命的决定》。

8月18日　毛泽东等在天安门广场接见首都和来自全国各地的红卫兵及群众。红卫兵运动迅速遍及全国。到11月下旬,毛泽东共八次接见红卫兵1100多万人次。

10月27日　我国第一颗装有核弹头的地地导弹飞行爆炸成功。

## 1月

**1日**　书近作《访瑞金》,为上海博物馆藏。(《郭沫若书法集》,四川辞书出版社1999年版)

◎ 赴中国科学院院部参加新年团拜并致辞。(《夏鼐日记》,华东师范大学出版社2011年版)

◎ 题诗邵宇画《海棠》。(《郭沫若题画诗存》,山西教育出版社1997年11月版)

**3日**　致函费在山:"查唐人窦蒙著《述书赋》云:'会稽永欣寺僧智永'。恐绍兴之说较有根据。""张怀瓘亦谓'陈永兴寺僧智永,会稽人'。"(手迹见《西湖丛书》第3辑《书来墨迹助堂堂》,1979年6月)

**4日**　晚,往北京饭店,应邀出席缅甸驻中国大使沙马杜瓦·信瓦瑙为庆祝缅甸联邦独立18周年举行的招待会。(5日《人民日报》)

**6日**　回复湖北省文物管理委员会副主任方壮猷元旦来信,对其将江陵望山1号墓出土铜剑错金鸟篆铭文中的作器者,初释为"邵滑"表示赞同。认为:"此人既为越王,其剑出于楚墓,可见是楚所扶持的越奸,而剑为所晋献。"(湖北省博物馆档案)

**4日**　作《到中流击水,浪遏飞舟》。发表于20日《光明日报》。从写作的革命历史背景出发,结合自己的亲身经历,逐句解释了毛泽东《沁园春·长沙》,认为"(词的)上下两段合拢来所构成的完整的世界,差不多丝毫也不显露象征的痕迹,然而却正包含着一个及其玲珑的象征世界。上半段说在革命潮流中谁是主人,下半段则是说在革命潮流中应该怎样去作主人"。而"读主席的诗词,正需要探索到那高度的政治价值,然后才能真正懂得那些作品的高度的艺术价值"。

**17日**　晚,在罗马尼亚驻中国大使馆,与竺可桢一同接受罗马尼亚

驻中国大使杜米特鲁·乔治乌代表罗马尼亚社会主义共和国科学院授予的名誉院士的证书及证章。(18日《人民日报》)

**19日**　在民族文化宫接见哲学社会科学部高研人员并致辞，然后观看电影《华北戏剧观摩演出》上集（《竞赛》《咱们都是同志》《新社员》）。(《夏鼐日记》，华东师范大学出版社 2011 年版)

**23日**　复方壮猷1月10日两信，仍认为"邵滑之释似不误"。至于望山2号墓棺木上烙印的两处章文，则认为"难辨"，"非'佳王既立'，可断言"。(湖北省博物馆档案)

**28日**　复信常香玉，赞许昌市豫剧团赴京演出的《人欢马叫》："戏是好戏，角色都配备得很好，把人物都演活了。"同时还指出演员必须加强艺术实践，"舞台就是很好的实验室，每演一次等于检验一次。如水到口，冷暖自知"。(常香玉《培育白花　奖掖后进——怀念郭沫若同志》，《悼念郭老》，生活·读书·新知三联书店 1979 年版)

**29日**　会见阿根廷科学研究委员会副主席、布宜诺斯艾利斯大学理学院院长罗兰多·维克多·加尔西亚和他的夫人。(30日《人民日报》)

**本月**　春节为日本横滨山手中华学校题字："青年时代必须打好德育智育体育之基础，树立雄心壮志，养成艰苦朴素的作风，排除自私自利的观念，先天下之忧而忧，后天下之乐而乐。"于3月间由中国访日代表团代为交付。(细川廓真《悼念郭沫若先生》，《アジア経済旬报》No.1085；《日本郭沫若研究资料集墨迹·书简·回忆集1》)

◎ 春节为曾涛书《过娘子关》。(见手迹)

## 2 月

**1日**　复函罗马尼亚科学院院长依·吉·牟尔古列斯库院士，告之所授予的名誉院士的证书和证章已经接受并表示感谢。(中国科学院档案)

**4日**　作《侯马盟书试探》。发表于《文物》1966年第2期。谓，最早将侯马东周晋国遗址出土的朱书玉片，应正确地定名为"盟书"，引用相关文献进行了考证。并且认为："是战国初期，周安王十六年，赵敬侯章时的盟书。"

现收《郭沫若全集·考古编》第10卷。

◎ 书近作《过娘子关》赠露曦。（手迹见《郭沫若遗墨》，河北人民出版社1980年版）

**6日** 作词《水调歌头·题卧蕉图》。收人民文学出版社1977年9月版《沫若诗词选》，现收《郭沫若全集·文学编》第5卷。

**7日** 题李宇超、于立群画《断头莲》。（《郭沫若题画诗存》，山西教育出版社1997年11月版）

**12日** 题李宇超画鸭。（《郭沫若题画诗存》，山西教育出版社1997年11月版）

**13日** 晚，与廖承志、邵力子等出席中苏友好协会总会和北京市中苏友好协会为庆祝《中苏友好同盟互助条约》签订16周年联合举行的酒会和晚会。（14日《人民日报》）

**15日** 晚，与邵力子等应邀出席苏联驻中国大使拉宾为庆祝《中苏友好同盟互助条约》签订16周年举行的酒会和晚会。（16日《人民日报》）

**16日** 晚，欣赏德意志民主共和国乌尔布利希弦乐四重奏组的演出，并在演出休息时，会见乌尔布利希等四位演奏家。（18日《人民日报》）

**17日** 任陈叔通治丧委员会委员。（18日《人民日报》）

陈叔通，人大常委会副委员长、政协全国委员会副主席，于本月17日在北京逝世。

**21日** 于大连收到于立群电报，得知北京大雪，即兴作词《水调歌头·北京大雪》。发表于24日《旅大日报》，为《水调歌头三首》之三。

收人民文学出版社1977年9月版《沫若诗词选》，改题为《喜雪》，有小序；现收《郭沫若全集·文学编》第5卷。

◎ 作词《水调歌头·赠化学物理研究所全体同志》。发表于《旅大日报》，为《水调歌头三首》之二："活用《矛盾论》，高举大红旗。学走群众路线，头脑武装之。三八作风是范，专为人民服务，只少着军衣。内外三结合，大胆破洋迷。出成果，驱虎豹，御熊罴。赶超任务，重担争挑乐莫支，攻破尖端堡垒，满足国民经济，接力把山移。永蓄愚公志，长诵《多云》诗。"

2月19—22日，中国科学院院党委扩大会和政治工作会议在大连化学物理所召开，以大连化学物理所为学习典型的现场会。《水调歌头·赠化学物理研究所全体同志》即郭沫若为大连化学物理所的题词。（中国科学

院大连化学物理研究所大事年表）

**22日** 作词《水调歌头·访大连》。发表于24日《旅大日报》，为《水调歌头三首》之一。

收人民文学出版社1977年9月版《沫若诗词选》，改题为《参观大连港》；现收《郭沫若全集·文学编》第5卷。

**24日** 下午，往机场，与刘少奇、周恩来等欢迎加纳共和国总统克瓦米·恩克鲁玛。（25日《人民日报》）

◎ 晚，往人民大会堂，出席刘少奇主席为欢迎克瓦米·恩克鲁玛总统举行的宴会。（25日《人民日报》）

**26日** 晚，与刘少奇、邓小平等观看越南歌舞艺术团的演出，并会见艺术团全体成员。（27日《人民日报》）

**27日** 致电日本"三月一日比基尼日全国大会"，对日本人民反对美国核战争计划的斗争表示支持。（28日《人民日报》）

**28日** 复方壮猷2月10日来信，认为江陵望山2号墓棺木上烙印的二章文，"'昭竽'说为昭鱼，照音理上来讲，是可以成立的。只是这个'昭竽'与另一印章四字者，不知当怎样勾通。该四字章，释为'佳王既立'，恐怕是有问题的"。现释"佐王柩正"，推断为"职掌王室棺木的有司之印"，"邵竽"则可能是"佐王柩正的私名"。"可惜墓曾被盗，没有更多的文字供考究。"至于1号墓出土错金鸟篆铭文铜剑，则同意唐兰等古文字学家的意见，认为"细审确是勾践之剑"，不再赞同方壮猷初释之"邵滑"。（湖北省博物馆档案）

## 3月

**2日** 致函越南民主共和国国家科学技术委员会主任陈大义，邀请其在北京签1966—1967年科学合作协议，并商谈有关事宜。（中国科学院档案）

**3日** 晚，应邀出席摩洛哥王国驻中国大使阿卜杜勒·拉蒂夫·菲拉利为庆祝摩洛哥王国国庆日举行的招待会。（4日《人民日报》）

**5日** 致函阿尔巴尼亚地拉那大学校长卡尼雷曼·于利校长，随函附上中国科学院与地拉那大学科学合作1966—1967年执行计划中方项目草

案。(中国科学院档案)

**10日** 上午，会见印度尼西亚国家文化研究所副所长、历史学家李德清博士。(11日《人民日报》)

**14日** 晚，应阿拉伯叙利亚共和国驻中国大使馆临时代办法拉赫之邀，出席为纪念叙利亚3月8日革命节举行的招待会。(15日《人民日报》)

**15日** 上午，会见以冈本文弥为首的日本民族艺能家代表团全体成员。(16日《人民日报》)

◎ 作词《水调歌头·赞焦裕禄同志》，发表于《人民文学》1966年第4期。"伟大红旗展，雄心壮志伸。敢上青天揽日，奋迅缚鹏鲲。活用毛诗毛选，事事调查研究，一意为人民。兰考焦裕禄，耿耿铁精神！盐碱净，内涝治，风沙驯。弦歌声起，杨柳东风万户春。借问津梁何处？专在躬行实践，献出此心身。群众中来去，光天日月新。"

收人民文学出版社1977年9月版《沫若诗词选》，改题为《水调歌头·赞焦裕禄》，文字有较大改动；现收《郭沫若全集·文学编》第5卷。

**18日** 下午，出席首都各界纪念越南全国反美斗争日16周年和"声援越南人民周"大会，并发表长篇讲话。讲话全文载19日《人民日报》，题为《越南人民战争完全可以打败美帝国主义，中国人民决心不惜牺牲同各国人民一起为埋葬美帝而奋斗》。

**19日** 会见墨西哥经济学家、和平人士格拉谢拉·莱特·克萨达。(21日《人民日报》)

**21日** 手书诗词《井冈山巡礼》，并作后记，说明当初未能一气写完的原因。1979年9月由上海书画出版社出版。现收《郭沫若全集·文学编》第5卷。

**22日** 任艾思奇同志治丧委员会委员。(23日《人民日报》)

艾思奇，哲学家，中共中央高级党校副校长、全国人民代表大会代表、中国科学院哲学社会科学部学部委员。6月22日，在北京逝世。

**25日** 上午，往中共中央高级党校礼堂，出席首都各界追悼艾思奇同志大会。(26日《人民日报》)

◎ 往机场，与朱德、周恩来等欢送刘少奇主席和夫人、陈毅副总理和夫人赴巴基斯坦、阿富汗等国访问。(27日《人民日报》)

**26日** 下午，会见瑞典生物化学家蒂西利斯教授和夫人及热化学家松内副教授。(28日《人民日报》)

◎ 晚，会见由柬埔寨国民教育部副国务员沈力速率领的柬埔寨文化科学代表团，并出席对外文委和科委为欢迎柬埔寨文化科学代表团举行的宴会。(28日《人民日报》)

**27日** 下午，在北京体育馆主持首都各界人民为声援美国人民反对美帝侵越战争举行的集会，并致辞。在致辞中他赞扬美国人民掀起了美国历史上空前广泛的反战运动。(28日《人民日报》)

◎ 晚，与周恩来等观看巴基斯坦文化艺术团演出的巴基斯坦民间歌舞，并参加会见巴基斯坦文化艺术团团长拉赫曼和副团长阿奇兹夫人。(28日《人民日报》)

**28日** 在中南海武成殿接见以越南考古学部负责人阮文义为首的越南考古学考察团全体成员，以及正在我国考察的越南微生物学家阮麟勇。(29日《人民日报》;《夏鼐日记》，华东师范大学出版社2011年版)

**29日** 下午，接见菲律宾《写实》周刊记者安东尼奥·阿兰尼塔。(30日《人民日报》)

**31日** 复函李镜池。"大著《周易类释》原稿接到，已经读了一遍。《科学思维·科学知识》一节，写得好。你在《周易》范围内，可以说把辩证法的萌芽写活了。""但有一个时代性的问题"，"您认为《周易》编著于西周末年，似乎为时过早。在中国思想发展史上，有好些地方很难说通。""八卦究竟作于何时，尚难断定。""周易中谈到夫妇关系，已有妇人从一而终之义。""商贾，在古代是由奴隶兼管的。成为唯利是图的真正的商人集团是在春秋年间。""益卦爻辞中很明显地利用到春秋时晋国的故事"，"'为依迁国'当是左传僖公三十一年'狄围卫，卫迁于帝丘'的故事。"《周易古经今注》讲到的"睽孤"，"明显地是赵氏孤儿的故事"。结论是："《周易》之制作是由长期积累所成，其中有西周时代的原始资料，但也有春秋时代的资料"，"孔子读《周易》的传说是有问题的。《周易》的完成应当在春秋末年或战国初年"。建议参看《青铜时代》中所收《周易的制作时代》与《驳〈说儒〉》二篇，说"前一篇虽然颇有可商兑的地方，但我的看法在基本上还没有什么大变动"。信末附言："原稿奉还，附赠《青铜时代》一册，请评正。"(《有关〈周易〉的信》，

《中国史研究》1979年第1期）

## 春

◎ 为南京博物院书《访井冈山龙潭〈井冈山巡礼〉其一》。（手迹见《郭沫若书法集》，四川辞书出版社1999年版）

◎ 为关愚谦书毛泽东《菩萨蛮·大柏地》。（中国嘉德2011年春季拍卖会拍品0911号）

关愚谦，曾先后任职于财政部、中国人民对外友好协会。

◎ 为于立群书《满江红·领袖颂》。（手迹见《郭沫若书法集》，四川辞书出版社1999年版）

◎ 为黄烈书《颂大寨》。（北京保利国际拍卖有限公司2011年春季拍卖会拍品2944号）

◎ 为中国科学院地球化学研究所成立题字："地球化学是一门新兴科学，成立专门研究机构在我国是一件大喜事。于矿产资源综合利用的物质成份、成矿作用、成矿规律研究中作出优异的成绩，以促进社会主义建设事业。"（手迹现藏中国科学院档案馆）

本年2月，中国科学院地球化学研究所成立。中国科学院地球化学研究所是由北京地质研究所的地球化学部分、昆明地质工作站和贵阳化学研究所合并组成的。

◎ 为陕西省宝鸡县虢镇中学题写校名。（黄同科、符军社《沈尹默、郭沫若题写校牌记事》，2009年12月30日《书法报》）

## 4月

**1日** 应邀出席柬埔寨驻中国大使张岗为柬埔寨文化科学代表团访华举行的宴会。（2日《人民日报》）

**4日** 下午，接见并宴请以团长山口圭一为首的日本禁止原子弹氢弹协议会友好代表团全体团员。（5日《人民日报》）

**6日** 上午，会见日本中医代表团团长和田正系及代表团团员犀川龙。（7日《人民日报》）

◎ 下午，会见以深田肇为首的日本社会主义青年同盟代表团全体成

员。(7日《人民日报》)

**7日** 书赠龙潜《水调歌头》一首："灿烂英雄像，辉煌时代光。伟大熔炉威力，好铁炼成钢。阶级感情充沛，主席思潮澎湃，滚滚似长江。一气呵成后，锤炼百千方。三过硬，三结合，几星霜。屠熊刳虎，激荡风雷震八荒。实践延安讲话，体现建军纲领，笔杆变真枪。亿万欧阳海，工农待颂扬。"后有款识："《欧阳海之歌》是社会主义革命文艺的力作，读后成水调歌头一首以赞之。"(中国嘉德2010春季拍卖会拍品965号)

该词后以《水调桥头·读〈欧阳海之歌〉》为题发表于5月7日《解放军报》。

龙潜，抗战时曾任周恩来秘书，后为中国历史博物馆馆长。

**11日** 下午，会见以香川京为首的日本书法访华参观团全体人员。(12日《人民日报》)

**13日** 与于立群合作为力力食堂作书画两幅。为于立群画《黄瓜和南瓜》题诗为："不劳而食天天耻，场圃辛勤学种瓜。换来粱粟麦黍稷，变就油盐酱醋茶。"为于立群画《牵牛花》题诗为："一轮红日出东方，齐吹军号声琅琅，驱除暮气迎朝气，覆地翻天倒海洋。"(郭平英《〈郭沫若遗墨〉中的佚作及其它》，《四川大学学报丛刊》1982年5月第13辑)

**14日** 出席全国人大常委会第三十次会议，听取石西民所作的关于社会主义文化革命的报告后发言："拿今天的标准来讲，我以前所写的东西，严格地说，应该全部把它烧掉，没有一点价值"，因为自己是"口头上的马克思列宁主义，纸头上的马克思列宁主义，就是没有切实地做到，没有实践，没有真正照着毛主席的指示办事，没有把毛主席思想学好"。在发言中以《欧阳海之歌》的作者金敬迈，作泥塑《收租院》的四川工人们、绛县县委书记、人大代表周明山为典型，强调"我们不仅没有为工农兵服务，而是倒转来是工农兵在文史哲方面为我们服务了"。最后表示要"好好地向工农兵学习，拜工农兵为老师"。全文以《向工农兵群众学习，为工农兵群众服务》为题发表于5月5日《人民日报》。

2月5日，毛泽东阅彭真报送的有关《海瑞罢官》问题的七个材料，其中包括《关于郭沫若一封信的汇报》(指郭沫若请辞一切职务的信)。3月20日，毛泽东主持政治局常委扩大会议，在谈到学术界、教育界问题时说，许多事情"事实上是资产阶级、小资产阶级掌握的"，"这是一场广泛的阶级斗争"。又说："现在要保几个，郭老、范老是要保的。"30日，毛泽东在上海同康生等谈话，对彭真为组长的中央文化革命五人小组《关于当前学术讨论的汇报提纲》进行批评，说中宣部是"阎王殿"，要"打倒阎王，解放小鬼！"谈话提到学术批判"要区别对待。郭沫若、范文澜，我还是赞成保护。郭功大于过，谁也会犯错误"。4月2日，康生向周恩来等传达毛泽东30日谈话。4月9日至12日，在邓小平主持召开的中共中央书记处会议上决定：拟以中共中央名义起草一个通知。彻底批判文化革命五人小组《汇报提纲》的错误，并撤销这个提纲；成立文化革命文件起草小组，报毛泽东和政治局常委批准。（《毛泽东年谱（1949—1976）》第5卷，中央文献出版社2013年版；龚育之《龚育之回忆"阎王殿"旧事》，江西人民出版社2007年版）

**16日** 上午，往伊拉克驻中国大使馆，与朱德等吊唁伊拉克共和国总统阿卜杜勒·萨拉姆·穆罕默德·阿里夫。（17日《人民日报》）

**17日** 应敦煌文物研究所索求，书赠柳宗元《敌戒》全文。（常书鸿《回忆和悼念》，《悼念郭老》，生活·读书·新知三联书店1979年版）

**4月中旬至5月上旬** 偕于立群赴四川。在中共西南局和四川省委负责人安排下先后参观了西昌、渡口等地，"五一"在成都度过。准备回故乡乐山，但因故未能成行。（王廷芳《光辉的一生 深切的怀念》，《四川大学学报丛刊》第2辑）

**19日** 偕于立群由宝鸡至武则天故里四川广元。下午赴皇泽寺参观。（王廷芳《郭老始终眷念着家乡》，《郭沫若学刊》1991年第1期；陈凤翔《郭沫若在武则天故里》，《沙湾文史》1988年12月第5期）

**20日** 应广元县委请求题写咏皇泽寺五言律诗："广元黄泽寺，石窟溯隋唐。媲美同伊阙，鬼斧似云岗。三省四通地，千秋一女皇。铁轨连西北，车轮日夜忙。"（陈凤翔《郭沫若在武则天故里》，《沙湾文史》1988年12月第5期）

◎《毛泽东时代的英雄史诗——就长篇小说〈欧阳海之歌〉答〈文艺报〉编者问》发表于《文艺报》第4期。认为"欧阳海是普通一兵，同时又是个真正的英雄。他平凡，又伟大"，而"《欧阳海之歌》把欧阳海写活了，把欧阳海周围的人也都写活了……是划时代的作品"。"活学活用毛泽东思想产生了欧阳海，活学活用毛泽东思想产生了《欧阳海之歌》……因此，文艺工作者必须以毛泽东思想为指针，认真改造自己，缩短自己和工农兵之间的距离，缩短自己和英雄人物之间的距离"。并抄录新作《水调桥头·读〈欧阳海之歌〉》给记者。

◎ 到剑门关游览。"地方领导同志嘱题诗，因成一律"《游剑门关》："剑门天失险，如砥坦途通。秦道栈无迹，汉砖土影融。群峰齿尽黑，万砾色皆红。主席思潮壮，人民天下雄。"（手迹见《郭沫若书法集》，四川辞书出版社 1999 年版）

◎ 晚，抵成都，宿两日。（王廷芳《郭老始终眷念着家乡》，《郭沫若学刊》1991 年第 1 期）

**22 日** 参观四川大邑泥塑《收租院》，成《水调歌头·访大邑收租院》。

收人民文学出版社 1977 年 9 月版《沫若诗词选》，有小序；现收《郭沫若全集·文学编》第 5 卷。

**23 日** 作《水调歌头·西南建设》。

收人民文学出版社 1977 年 9 月版《沫若诗词选》；现收《郭沫若全集·文学编》第 5 卷。

**24 日** 乘飞机由成都抵西昌。（王廷芳《郭老始终眷念着家乡》，《郭沫若学刊》1991 年第 1 期）

**25 日** 由西昌至会理，途中成《水调歌头》一首，书赠中共会理县委以作纪念："晨自泸山发，飞驰峡道中。忽见霸王鞭者，耸立一丛丛。车辆穿梭织锦，尘毂轻飚上树，公路宛如龙。仿佛琼州岛，赤日照当空。蕉叶茂，桉树密，挺深棕。甸沙关上漫饮，清茶沐凯风。欲往攀枝花去，只为迟来一月，不见木棉红。别有奇花放，钢都建基雄。"（手迹见《四川文艺》1978 年第 10 期）

**28 日** 访大渡口，成《水调歌头》二首。其一《攀枝花》："火热斗争地，青春献国家。多少英雄儿女，培植大红花。来自五湖四海，奠定三通一住，振奋乐无涯。誓夺煤和铁，虎口拔钢牙。镇渡口，扛宝鼎，控金沙。战斗天地，两论三篇入月槎。昨日荒江空谷，今夕万家灯电，伸手把云拏。三五完成后，钢产甲中华。"其二《干打垒》："骇死美洲虎，恨僵北极熊。万事此间齐备，而且有东风。铁岭煤山对立，电力水泥并举，统一斗争中，云浪金沙暖，飞舞东方龙。闹革命，凭自力，靠三棚，垒墙干打，已水电路三通，主席思潮挂帅，物质精神互变，满望新愚公。钢水奔流日，映天盖地红。"（《攀枝花》1979年第1期；手迹见《郭沫若书法集》，四川辞书出版社1999年版）

◎ 为步云书访井冈山七律一首。（见手迹）

**30日** 返回成都。计划于5月2日回乐山。（王廷芳《郭老始终眷念着家乡》，《郭沫若学刊》1991年第1期）

## 5月

**1日** 在成都与一个工厂的工人们一起欢度"五一"节。晚，出席西南局和四川省的负责同志举行的晚宴。席间接北京来电，要求速回京参加会议，不得不放弃回家乡的计划。（《致元弟翙昌信》，南京《文教资料简报》1979年总第88期；王廷芳《郭老始终眷念着家乡》，《郭沫若学刊》1991年第1期）

◎ 作诗《赵小寿之歌》。发表于8日《解放军报》。赞扬在4月15日印度尼西亚暴徒冲击我国驻印尼使馆事件中，为保护国旗而受伤的赵小寿同志："这样的英雄战士，猛勇不可当，是最宏大的最坚强的物质力量"。

**2日** 游成都南郊公园，题词《西江月·游南郊公园》，送锦江宾馆加章，后又派人拿回去重写。并为园内"成都武侯祠文物保管所"和"成都武侯祠文物陈列室"题名。（《郭沫若书法集》，四川辞书出版社1999年版；http://www.wuhouci.net.cn/ArticleShow.asp? ArticleId=139）

**8日** 中午，接见并宴请以东京大学教授藤堂明保为首的日本中国语研究者教育者代表团，日中文化交流协会事务局长白土吾夫及历史学家安藤彦太郎。（9日《人民日报》）

**9日** 下午，接见以三浦八郎为首的日本地方议员促进国际贸易联盟访华代表团，以后藤满为首的日本妇女地方议员代表团的全体人员。（10日《人民日报》）

**10日** 晚，应邀出席阿尔巴尼亚党政代表团团长穆罕默德·谢胡在人民大会堂举行的告别宴会。（11日《人民日报》）

**11日** 下午，接见并宴请日本书籍出版协会会长野间省一率领的日本出版代表团。（12日《人民日报》）

◎ 晚，出席中国阿尔巴尼亚联合声明的签字仪式。（12日《人民日报》）

◎ 晚，往机场，欢送以穆罕默德·谢胡为首的阿尔巴尼亚党政代表团。(12日《人民日报》)

**14日** 晚，接见由川口大助率领的日本地方自治友好代表团全体成员。(16日《人民日报》)

**15日** 上午，会见日本自由民主党顾问松村谦三及其随行人员。(16日《人民日报》)

**18日** 下午，接见由鸿上芳雄率领的日本冈山经济友好代表团全体成员。(19日《人民日报》)

◎ 为日本讲谈社图书《西安碑林》作序，介绍碑林石刻的史料价值和艺术价值，同时高度评价了古代石刻工匠的劳动智慧："名人书法实因匠人刀笔而增妍"。现收《郭沫若全集·考古编》第10卷。

《西安碑林》一书于本年8月在日本出版。

**19日** 接见并宴请以伊藤实为首的日本亚非团结委员会访华代表团(21日《人民日报》)

**23日** 晚，偕夫人于立群，接见并设宴招待比利时争取和平与各国人民独立行动和比利时声援越南南方人民委员会主席安东·阿拉男爵和夫人。(24日《人民日报》)

**24日** 下午，接见以智利众议院第二副议长卡洛斯·席博里·阿尔塞雷卡为首的智利议员代表团全体成员。(25日《人民日报》)

◎ 晚，出席中国人民外交学会会长张奚若为欢迎智利议员代表团举行的宴会。(25日《人民日报》)

**27日** 下午，会见以白石凡为首的日本中国美术史研究家代表团全体成员。(28日《人民日报》)

**30日** 晚，会见并宴请以金子灵学、朝比奈靖司为首的日本和平委员会第三次访华代表团全体成员。(31日《人民日报》)

**31日** 下午，接见并设宴招待澳大利亚悉尼大学电气工程系教授、澳大利亚科学院院士克里斯琴森和夫人及他们的儿子斯蒂芬·克里斯琴森。(6月2日《人民日报》)

**本月** 接见日本外宾时，有来宾问及4月14日在人大常委会第三十次会议上发言的事，即回答道："我烧书是否定我自己，是凤凰涅槃的意思。"(王廷芳《周恩来和郭老的友谊》，《怀念周恩来》编辑小组编《怀念周恩来》，

人民出版社1986年版）

## 6月

**3日** 下午，接见酒井郁造率领的日本社会党活动家访华团全体成员。（4日《人民日报》）

**4日** 致函昭通县人委管理文物的同志。因在京得见《孟孝琚残碑》拓本，询问"此碑尚存否？如尚在，望能拓寄一二份，连碑侧的青龙白虎一并拓下。碑的背面，如有文字刻画，亦请拓寄。估计碑的上半截尚有文字画刻，如朱雀人物等。残碑出土于城南十里白泥井马家宅旁，上半截或许尚在土中，望注意"。信末写有三段文字："碑之末端所刻郡人谢崇基跋文言'移置城中凤池书院藏书楼下，陷诸壁间'。凤池书院，今不知作何用？碑亦不知尚存否？""碑如陷在壁间，似可以取出，以观察其碑阴及两侧。""此碑乃西汉成帝时物，在云南省中恐为最古的碑刻，故请注意调查。"（张希鲁《西楼文选》，昭通行署文化局印行，1985年）

**7日** 下午，接见以罗马尼亚新闻工作者协会主席内斯托尔·伊格纳特为首的罗马尼亚新闻工作者代表团。（8日《人民日报》）

**8日** 下午，接见瑞典广播公司电视台台长拜仑茨和夫人，瑞典广播公司顾问、瑞典舞蹈学院院长海格尔以及瑞典广播公司音乐部主任布隆达尔和夫人。（9日《人民日报》）

**9日** 下午，接见苏丹著名精神病专家提加尼·马希博士。（10日《人民日报》）

**13日** 下午，接见叙利亚大马士革文化中心主任哈利德·苏菲和拉塔基亚文化中心主任塔米姆·阿布·哈松。（14日《人民日报》）

**15日** 下午，接见由名誉团长古川大航、团长山田无文率领的日本临济宗访华代表团全体成员。（17日《人民日报》）

**17日** 下午，接见应北京钢铁学院邀请来华参观访问讲学的日本东北大学金属材料研究所所长广根德太郎教授（19日《人民日报》）

**20日** 致电越南民主共和国国家科学技术委员会主任陈大义，对将派黎克副主任率领的代表团到北京签订合作协议表示欢迎。（中国科学院档案）

**22日** 当选为出席亚非作家紧急会议的中国代表团团长,许广平、巴金、刘白羽为副团长。(23日《人民日报》)

**23日** 下午,偕夫人于立群,会见墨西哥前水利部长、著名工程师阿杜勒富·奥里维·阿勒巴和他的夫人等家人。(24日《人民日报》)

**24日** 会见以山崎昇为首的日本社会党渔业代表团。(25日《人民日报》)

**26日** 上午,会见以渡边三郎为首的日本社会党山形县活动家访华代表团和以斋藤直已为首的日本社会党北海道活动家访华代表团。(27日《人民日报》)

◎ 下午,在出席亚非作家紧急会议的各国(地区)代表团团长会议上,当选亚非作家紧急会议主席。会议讨论通过了大会的议事规则和议程。(27日《人民日报》)

◎ 晚,应亚非作家常设局秘书长曼努维拉之邀,出席为欢迎参加亚非作家紧急会议的代表和观察员举行的招待会,并发表讲话。讲话摘要载27日《人民日报》。

**27日** 主持亚非作家紧急会议开幕式并讲话。指出:"这次会议说明亚非各国人民和作家反对以美国为首的帝国主义和新老殖民主义的斗争决心,是任何力量都阻挠不了,是任何人都破坏不了的","为了支持和声援英雄的越南人民抗美救国斗争,为了进一步加强反对美帝国主义及其走狗的国际统一战线,为了我们亚非各国发展反帝的民族的新文化,我们要进一步团结起来,把笔杆子和枪杆子要紧密地结合起来,完成我们共同的任务"。讲话摘要发表于28日《人民日报》。

◎ 作为亚非作家紧急会议中国代表团团长,与其他国家代表团团长、副团长、国际组织的观察员及特邀来宾一起,参加陈毅等领导人的会见。(28日《人民日报》)

**28日** 晚,与林枫等应亚非新闻工作者协会总书记查禾多之邀,出席为欢迎参加亚非作家紧急会议的各国各地区代表和观察员举行的招待会。(29日《人民日报》)

**30日** 上午,出席亚非作家紧急会议,代表会议主席团向大会提出《坚决支援越南人民斗争的紧急呼吁书》,谴责美帝国主义悍然轰炸越南首都河内和海防的罪恶行径。呼吁书经全体代表一致通过。(7月1日《人

民日报》)

## 7月

**2日** 晚，与亚非作家常设局秘书长曼努维拉等观看几内亚国立佐利巴舞蹈团为参加亚非作家紧急会议的代表和观察员所作的专场演出。演出休息时，与曼努维拉等一同会见舞蹈团主要成员。(3日《人民日报》)

**4日** 出席亚非作家紧急会议全体会议，并作题为《亚非作家团结反帝的历史使命》的长篇发言。讲话全文发表于5日《人民日报》。

◎ 晚，接见并宴请以日本田径联盟会长河野谦三为首的日本体育代表团全体成员。(6日《人民日报》)

**5日** 出席中日两国人民文化交流共同声明的签字仪式。(6日《人民日报》)

◎ 晚，应出席亚非作家紧急会议的柬埔寨代表团团长郑璜之邀，出席为招待中国代表团、越南代表团、越南南方民族解放阵线代表团和老挝代表团举行的宴会。(6日《人民日报》)

**9日** 上午，往人民大会堂，出席亚非作家紧急会议闭幕式，并致闭幕词。强调指出：这次会议既表达了亚非作家和亚非人民坚决支持越南人民抗美救国斗争的巨大决心，也表达了亚非作家和亚非人民反对帝国主义和新老殖民主义的团结精神。致辞摘要载10日《人民日报》。

◎ 下午，与刘少奇、周恩来等会见出席亚非作家紧急会议的各国代表和观察员，并合影留念。(10日《人民日报》)

◎ 晚，出席周恩来总理为庆祝亚非作家紧急会议胜利闭幕举行的宴会。(10日《人民日报》)

**10日** 上午，往人民大会堂，主持首都各界人民为声讨美帝轰炸河内、海防和扩大侵越战争的罪行举行的集会，并致开会词。开会词全文载11日《人民日报》。

**16日** 于武汉作《水调歌头·看武汉四十一届横渡长江比赛》，发表于19日《武汉日报》。

收入人民文学出版社1977年9月版《沫若诗词选》，有小注："时亚非作家紧急会议在北京闭幕后，代表们齐集武汉晋见毛主席。"现收《郭沫若全集·文学编》第 5 卷。

**17 日** 在武汉，参加毛泽东主席接见亚非作家紧急会议代表和观察员的仪式。（18 日《人民日报》）

◎ 致函井冈山负责同志，并寄去毛泽东手书《西江月·井冈山》照片。信写道：

"井冈山的负责同志们：去年访问井冈山时黄洋界的诗碑在改建中，同志们打算刻上主席《西江月·井冈山》的手迹。曾有同志到北京商量此事。

我曾向主席请求，满足同志们的愿望。最近蒙主席写就，并摄影寄上。请照碑式勾勒，并且适当放大为荷。

如以主席原式，则当成横披形，已建立碑又须改建。如何之处，请酌量处理，寄件收到后，望回一信。"（汤根姬《毛泽东〈西江月·井冈山〉手迹之由来》，《党史文汇》2012 年第 2 期）

**19 日** 在武汉，出席廖承志为招待参加亚非作家紧急会议的各国朋友举行的酒会。（20 日《人民日报》）

**20 日** 会见以泷次夫为首的日本社会主义研究所第四次访华代表团。（21 日《人民日报》）

**22 日** 上午，往天安门广场，与刘少奇、周恩来等出席首都各界支持越南人民抗美救国斗争大会。（23 日《人民日报》）

**23 日** 与聂荣臻、李四光等出席北京科学讨论会 1966 年暑期物理讨论会开幕式。开幕式前，与聂荣臻等会见了这次讨论会的主席团成员。（24 日《人民日报》）

◎ 晚，往人民大会堂，出席聂荣臻副总理为欢迎参加北京科学讨论会 1966 年暑期物理讨论会的各国科学家举行的宴会。（24 日《人民日报》）

**24 日** 上午，会见以深泽充为首的日本九州地区经济友好地方议员代表团全体成员。（25 日《人民日报》）

◎ 往机场，欢送以刘宁一为首的出席第十二届禁止原子弹氢弹世界大会的我国代表团赴日。（25 日《人民日报》）

**26 日** 晚，设宴招待美国黑人领袖罗伯特·威廉和夫人。（27 日《人民日报》）

**30 日** 出席中国科学院和朝鲜科学院科学合作 1966—1967 年执行计

划的签字仪式。之后，设宴招待出席签字仪式的朝鲜朋友。(31日《人民日报》)

**31日** 往人民大会堂，与聂荣臻等出席北京科学讨论会1966年暑期物理讨论会闭幕式，并代表中国人民和中国科学工作者发表讲话。指出："这次讨论会的召开和取得的成就，再一次打破了所谓西方优越论，证明了所谓欧洲和北美是世界文明中心的说法早已过时。"讲话摘要载8月1日《人民日报》。

◎ 下午，与刘少奇、周恩来等一同会见出席北京科学讨论会1966年暑期物理讨论会的各国科学家代表团和科学家以及其他外国朋友。(8月1日《人民日报》)

◎ 晚，参加毛泽东主席同出席北京科学讨论会1966年暑期物理讨论会的各国代表团和科学家及其他外国朋友的会见。(8月1日《人民日报》)

◎ 晚，在人民大会堂，与周恩来总理设宴招待出席北京科学讨论会1966年暑期物理讨论会的各国科学家，庆祝该讨论会胜利闭幕。(8月1日《人民日报》)

◎ 晚，往军事博物馆，与周恩来、朱德等出席首都"八一"建军节联欢晚会，并一同会见了参加联欢晚会的英雄模范代表。(8月1日《人民日报》)

## 8月

**1日** 晚，在上海举行酒会并致辞，欢送出席亚非作家紧急会议的各国作家。致辞摘要载2日《人民日报》。

**2日** 晚，在上海文化广场，与廖承志等出席上海各界为欢送出席亚非作家紧急会议的各国作家举行的集会，并发表长篇讲话。指出："我们的会议，对于亚非人民反对帝国主义和新老殖民主义的胜利道路，对于亚非反帝革命的、人民大众的、民族的新文化与新文艺的方向，都已经再一次显豁指明了；蕴藏在人民中间的力量是无穷无尽的，它将如火山爆发一样，彻底摧毁帝国主义和新老殖民主义在亚非的统治。"讲话全文载3日《人民日报》，题为《投身到人民大众的火热斗争中去！》。

**4日** 会见以小野冢润澄为首的日本真言宗丰山派访华友好代表团。(5日《人民日报》)

**6日** 晚，往机场，欢迎"维护禁止原子弹氢弹世界运动的正确路线和光荣传统"的外国朋友。（7日《人民日报》）

为维护禁止原子弹氢弹运动的光荣传统而退出第十二届禁止原子弹氢弹世界大会的澳大利亚、新西兰、锡兰、巴苏陀兰、比利时和苏丹代表团的代表们，应邀来我国访问。

**6日** 下午，接见以楯兼次郎为首的日本社会党国会议员访华团，以山本勇太郎为首的第三批日本社会党活动家代表团。（7日《人民日报》）

**7日** 上午，往机场，欢迎以阿卜杜勒·贾巴尔·汗为首的巴基斯坦议会访华代表团。（8日《人民日报》）

◎ 下午，参加朱德委员长和夫人同巴基斯坦议会访华代表团全体成员的会见。（8日《人民日报》）

◎ 晚，出席朱德委员长为欢迎巴基斯坦议会访华代表团举行的宴会。（8日《人民日报》）

**8日** 下午，往人民大会堂，与周恩来、陈毅等出席首都各界为支持美国黑人反对种族歧视斗争举行的集会，并发表讲话，声援美国黑人反抗政府实行种族歧视政策的正义斗争。讲话全文载9日《人民日报》。

**9日** 上午，参加周恩来总理和陈毅副总理同以阿卜杜勒·贾巴尔·汗为首的巴基斯坦议会访华代表团的会见。（10日《人民日报》）

◎ 下午，会见以幡井勉为首的日本学术参观团全体人员。（10日《人民日报》）

◎ 下午，出席中国巴基斯坦友好协会为欢迎巴基斯坦议会访华代表团举行的酒会。（10日《人民日报》）

◎ 下午，陪同巴基斯坦议会访华代表团游览故宫。（11日《人民日报》）

◎ 晚，陪同巴基斯坦议会访华代表团观看芭蕾舞剧《红色娘子军》。（11日《人民日报》）

**10日** 与廖承志设宴招待亚非作家常设局秘书长森纳那亚克和夫人。（11日《人民日报》）

◎ 晚，往机场，欢迎"维护禁止原子弹氢弹世界运动的正确路线和光荣传统"的八个国家的朋友。（11日《人民日报》）

**11日** 下午，参加董必武主席同以阿卜杜勒·贾巴尔·汗为首的巴

基斯坦议会访华代表团全体成员的会见。(12日《人民日报》)

◎ 晚，设宴欢迎以越南国家科学技术委员会副主任黎克为首的越南国家科技委员会代表团。(12日《人民日报》)

**12日** 下午，出席首都各界人民为欢迎"维护禁止原子弹氢弹世界运动的正确路线和光荣传统"的各国朋友举行的集会。(13日《人民日报》)

◎ 晚，出席中国人民保卫世界和平委员会和中国亚非团结委员会举行的招待会，欢迎"维护禁止原子弹氢弹世界运动的正确路线和光荣传统"的各国朋友，并讲话。在讲话中指出："世界人民必胜，分裂主义必败。反对美帝国主义的国际统一战线一定会不断扩大和巩固，一定会取得胜利。"(13日《人民日报》)

◎ 晚，应邀出席巴基斯坦国民议会议长阿卜杜勒·贾巴尔·汗和夫人举行的宴会。(13日《人民日报》)

**13日** 参加毛泽东主席同以阿卜杜勒·贾巴尔·汗为首的巴基斯坦议会访华代表团的会见。(14日《人民日报》)

**14日** 上午，陪同以阿卜杜勒·贾巴尔·汗为首的巴基斯坦议会访华代表团赴外地访问。(15日《人民日报》)

**16日** 作《水调歌头·访鞍钢》。

收人民文学出版社1977年9月版《沫若诗词选》，现收《郭沫若全集·文学编》第5卷。

**17日** 陪同巴基斯坦议会代表团到达上海。以后两天，陪同贾巴尔·汗一行参观上海现塘湾公社、上海市第六人民医院。(18日—20日《人民日报》)

◎ 晚，出席上海市市长曹荻秋和夫人为欢迎巴基斯坦议会访华代表团举行的宴会。(21日《人民日报》)

**19日** 陪同巴基斯坦贵宾们在上海参观了上海重型机器厂，观看了一万二千吨水压机的操作。(21日《人民日报》)

◎ 在上海，与上海市市长曹荻秋等出席庆祝无产阶级"文化大革命"群众大会，并发表讲话。(20日《人民日报》)

◎ 晚，举行宴会，欢送巴基斯坦议会访华代表团。(21日《人民日报》)

◎ 作诗《上海百万人大游行庆祝文化大革命》。收人民文学出版社

1977年9月版《沫若诗词选》。

**20日** 上午，偕夫人于立群，陪同巴基斯坦议会访华代表团离开上海到广州参观访问。中午，飞抵广州。（21日《人民日报》）

◎ 下午，陪同巴基斯坦议会访华代表团游览了广州著名的风景区白云山。（21日《人民日报》）

◎ 晚，出席广东省代省长林李明和夫人为欢迎巴基斯坦议会访华代表团举行的宴会。（21日《人民日报》）

**21日** 上午，偕夫人于立群往广州车站，欢送巴基斯坦议会访华代表团。（24日《人民日报》）

**28日** 下午，往机场，欢迎以穆亚比·安德烈·乔治为首的刚果（布）议会代表团。（29日《人民日报》）

◎ 晚，参加朱德委员长和夫人同刚果（布）国民议会议长穆亚比·安德烈·乔治和夫人的会见。（29日《人民日报》）

◎ 晚，出席朱德委员长和夫人为欢迎刚果（布）议会代表团举行的宴会。（29日《人民日报》）

**30日** 会见以宫川寅雄为首的日本美术家代表团全体成员。（31日《人民日报》）

◎ 晚，与朱德等陪同刚果（布）议会代表团观看反映刚果（利）人民反对美国侵略、争取民族解放斗争的舞剧《刚果河在怒吼》。（31日《人民日报》）

◎ 与宋庆龄、章士钊、程潜、何香凝、傅作义、张治中、邵力子、蒋光鼐、蔡廷锴、沙千里、张奚若一同被周恩来列为"应予保护的干部"名单。（《周恩来同志在"文化大革命"期间保护干部的若干电文》，《文献和研究》1983年第3期）

**31日** 下午，往天安门广场，参加毛泽东主席对红卫兵的接见。（9月1日《人民日报》）

## 9月

**1日** 陪同刚果（布）议会代表团游览长城和颐和园。（2日《人民日报》）

**2日** 陪同刚果（布）国民议会议长穆亚比参观中国革命博物馆。（3

日《人民日报》）

◎ 致函王戎笙。"附信一件，请阅。我想推荐你跟他们谈，请由你直接回信约谈（地点时日由你定）。你可同意吗？同意便请费心照办。"（黄淳浩《郭沫若书信集》下，中国社会科学出版社1992年版）

据王戎笙回忆，这是"文化大革命"初期红卫兵写信要求见郭沫若，郭沫若致函王戎笙，请其代为接见。

**3日** 下午，会见由古井喜实、小坂善太郎、江崎真澄、福田一等11人组成的日本自由民主党国会议员访华团。（4日《人民日报》）

◎ 晚，应邀出席刚果（布）国民议会议长穆亚比·安德烈·乔治举行的告别宴会。（4日《人民日报》）

**4日** 上午，往机场，欢送以穆亚比·安德烈·乔治为首的刚果（布）议会代表团赴外地访问。（5日《人民日报》）

**5日** 作《水调歌头·读毛主席的第一张大字报〈炮打司令部〉》。收人民文学出版社1977年9月版《沫若诗词选》。

**8日** 上午，往机场，欢迎以谢赫·穆克塔尔为首的索马里国民议会友好代表团。（9日《人民日报》）

◎ 下午，参加朱德委员长同索马里国民议会友好代表团全体成员的会见。（9日《人民日报》）

◎ 晚，出席朱德委员长为欢迎索马里国民议会友好代表团举行的宴会。（9日《人民日报》）

**9日** 上午，陪同索马里国民议会议长谢赫·穆克塔尔参观北京第三棉纺织厂。（10日《人民日报》）

◎ 下午，陪同索马里国民议会议长谢赫·穆克塔尔参观中国革命博物馆。（10日《人民日报》）

◎ 晚，与朱德、陈毅等应邀出席朝鲜驻中国大使馆临时代办金在淑为庆祝朝鲜成立18周年举行的招待会。（10日《人民日报》）

◎ 作《水调歌头·文革》。收人民文学出版社1977年9月版《沫若诗词选》。

◎ 晚，与朱德等陪同索马里国民议会友好代表团，观看舞剧《刚果河在怒吼》。（11日《人民日报》）

**12日** 下午，参加董必武副主席会见索马里国民议会友好代表团全

体成员的活动。(13 日《人民日报》)

**13 日**　上午,会见以法国参议院社会事务委员会副主席罗歇·拉格朗日为首的法国参议院社会事务委员会代表团全体成员。(15 日《人民日报》)

◎　晚,往首都剧场,出席日本前进座剧团访华演出开幕式,并观看了演出。演出结束后,与廖承志等走上舞台,向演员们表示祝贺。(14 日《人民日报》)

**14 日**　下午,会见以河角广为首的日本学术代表团。(15 日《人民日报》)

**15 日**　下午,往天安门广场,参加毛泽东主席对红卫兵的接见。(16 日《人民日报》)

**16 日**　上午,陪同索马里国民议会友好代表团乘飞机赴武汉进行参观访问。代表团于 16 日上午到达武汉。出席了湖北省副省长阎钧曾举行的宴会,参观了武汉长江大桥、武汉重型机床厂。(17 日、19 日《人民日报》)

**18 日**　结束在武汉的访问后,陪同索马里国民议会友好代表团乘飞机赴长沙参观访问。(19 日《人民日报》)

**28 日**　上午,会见以羽根荣一为首的第四批日本社会党活动家代表团。(29 日《人民日报》)

◎　晚,往机场,欢迎以坦桑尼亚海岸省省长基顿杜为首的坦桑尼亚友好代表团和以东巴基斯坦省督阿·穆奈姆·汗为首的巴基斯坦友好代表团。(29 日《人民日报》)

**29 日**　下午,会见巴基斯坦作家、同人会秘书长贾米路丁·阿里和夫人。(30 日《人民日报》)

◎　晚,出席陈毅副总理为欢迎巴基斯坦友好代表团举行的宴会。(30 日《人民日报》)

**30 日**　会见几内亚作家聂·卡·孔德特和夫人。(10 月 1 日《人民日报》)

◎　晚,往人民大会堂,出席周恩来总理为庆祝新中国成立 17 周年举行的招待会。(10 月 1 日《人民日报》)

## 秋

◎ 当获悉傅抱石家被抄,造反派将财物洗劫一空时,立即汇款救助,并对秘书说:"无论如何也要帮助解决抱石家的困难,拿不出钱就把我的书籍字画卖掉!"(罗时慧《怀念》,《群众论丛》1980 年第 2 期)

## 10 月

**1 日** 上午,往天安门广场,出席庆祝新中国成立 17 周年大会,并与毛泽东等国家领导人检阅了群众游行队伍。(2 日《人民日报》)

◎ 作《水调歌头·国庆》。收人民文学出版社 1977 年 9 月版《沫若诗词选》。

**2 日** 下午,会见摩洛哥拉巴特阿拉伯联盟阿拉伯化常设局秘书长阿卜杜勒·阿齐兹·本·阿卜杜拉和夫人。(7 日《人民日报》)

**3 日** 上午,会见瑞典生理学教授冯·艾勒和夫人。(7 日《人民日报》)

◎ 上午,往机场,欢送以谢赫·穆克塔尔为首的索马里议会友好代表团离京赴朝鲜访问。(4 日《人民日报》)

◎ 下午,往人民大会堂,与陈毅、廖承志等出席中日友好协会为庆祝该会成立三周年举行的招待会,并致开会词。指出:"中日友好是两国人民的共同利益;是两国人民的共同愿望;是历史发展的必然趋势。尽管在前进道路上还会出现种种障碍和暗礁,但是,在中日两国人民共同努力下,中日友好运动总是要乘风破浪继续前进的!"致辞全文载 4 日《人民日报》。

◎ 晚,应邀出席巴基斯坦友好代表团团长阿·穆奈姆·汗举行的答谢宴会。(4 日《人民日报》)

**4 日** 上午,会见由穆罕默德·卡里夫·贾马率领的索马里文化代表团全体成员。(7 日《人民日报》)

◎ 往机场,欢送以阿·穆奈姆·汗为首的巴基斯坦友好代表团赴我国南方参观访问。(5 日《人民日报》)

**5 日** 上午,会见菲律宾众议员小拉蒙·米特拉、《马尼拉时报》专

栏作家阿弗雷多·罗赛斯和《写实周刊》编辑胡安·杜贝拉。(7日《人民日报》)

◎ 下午，与刘宁一等出席首都各界举行的集会，对日本各界知名人士9月26日呼吁促进日中友好运动的声明表示欢迎和支持。

会上宣读了郭沫若与刘宁一、廖承志等我国各界人士和各群众团体负责人联合发表的《支持日本各界知名人士促进中日友好》的声明，表示决心把中日人民的反美战斗友谊推向新高峰。(6日《人民日报》)

**6日** 上午，会见以清水正夫为首的日本松山芭蕾舞团全体成员。(7日《人民日报》)

◎ 下午，会见以田中寿美子为首的日本妇女会议代表团全体成员。(7日《人民日报》)

◎ 下午，会见以滨田系卫为首的日本北京广播听众代表团。(7日《人民日报》)

**7日** 下午，会见以一圆一亿为首的日本兵库县学术代表团。(9日《人民日报》)

**8日** 上午，会见以四宫久吉为首的日本自由民主党国会议员访华团。(9日《人民日报》)

**9日** 与刘宁一等出席中国亚非团结委员会和日本亚非团结委员会访华代表团共同声明的签字仪式。(10日《人民日报》)

**10日** 会见也门萨那电台副台长穆罕默德·豪兰尼及内务和地方行政部计划检查局局长穆罕默德·奥拉希。(11日《人民日报》)

**12日** 下午，会见以日本业余摔跤协会顾问、日本体育协会理事山口久太为首的日本摔跤代表团部分成员。(13日《人民日报》)

◎ 出席中日友好协会代表团同日中友好协会代表团共同声明的签字仪式。(13日《人民日报》)

◎ 作词《水调歌头·"长征红卫队"》，有小序。收人民文学出版社1977年9月版《沫若诗词选》。

**16日** 下午，会见以实川博为首的日本地方议员促进国际贸易联盟代表团。(17日《人民日报》)

**25日** 下午，会见巴基斯坦外交部长赛义德·沙里夫丁·皮尔扎达。(26日《人民日报》)

◎ 晚，偕夫人于立群，与周恩来、陈毅等应邀出席巴基斯坦驻中国大使苏尔坦·穆罕默德·汗为欢迎巴基斯坦外交部长赛义德·沙里夫丁·皮尔扎达和夫人访华举行的宴会。(26日《人民日报》)

**28日** 作《水调歌头·导弹核武器试验成功》，庆祝27日导弹核武器试验成功。

收人民文学出版社1977年9月版《沫若诗词选》，现收《郭沫若全集·文学编》第5卷。

**31日** 下午，与周恩来、陶铸等出席纪念鲁迅大会，并作题为《纪念鲁迅的造反精神》的讲话。指出："鲁迅的一生是战斗的一生，造反的一生"；如果鲁迅还活着，"他一定会站在文化革命战线的前头行列，冲锋陷阵，同我们一起，在毛主席的领导下，踏出前人所没有走过的道路，攀上前人所没有攀登过的高峰。"讲话全文载11月1日《人民日报》。

◎ 作《水调歌头·蔡永祥》。以笔名"高虹"发表于11月23日《解放军报》。歌颂舍身救人的解放军战士蔡永祥，有小序，记述了蔡永祥的英雄事迹。

收人民文学出版社1977年9月版《沫若诗词选》，现收《郭沫若全集·文学编》第5卷。

**本月** 向英国前坎特伯雷教长休勒特·约翰逊的夫人诺慧尔·约翰逊致唁电。(25日《人民日报》)

休勒特·约翰逊于22日病逝。

## 11月

**3日** 上午，往天安门，参加毛泽东主席第六次对红卫兵的接见。(4日《人民日报》)

**7日** 晚，应邀出席苏联驻中国大使馆临时代办拉兹杜霍夫为庆祝十月革命49周年举行的招待会。(8日《人民日报》)

**9日** 会见马里历史学家穆萨·奥马·西、人种学家优素福·西塞和语言学家康塔夫人。(10日《人民日报》)

◎ 晚，应邀出席柬埔寨驻中国大使张岗为庆祝柬埔寨王国独立13周年举行的招待会。(10日《人民日报》)

**10日** 上午，往天安门，参加毛泽东主席第七次对红卫兵的接见。（12日《人民日报》）

**12日** 下午，往人民大会堂，与周恩来、宋庆龄等出席纪念孙中山先生诞生一百周年大会。（13日《人民日报》）

**14日** 下午，举行招待会，欢送亚非作家常设局秘书长森纳那亚克率领亚非作家常设局友好代表团出访亚非国家。在讲话中祝代表团对增进亚非人民的战斗友谊、加强亚非作家的反帝团结做出新贡献。讲话摘要载15日《人民日报》。

**15日** 往机场，欢送亚非作家常设局秘书长森纳那亚克率领的友好代表团赴巴基斯坦访问。（16日《人民日报》）

**22日** 致电日中友好协会（正统）总部和松本治一郎先生治丧委员会，对日中友协（正统）总部会长松本治一郎的逝世表示哀悼。（23日《人民日报》）

松本治一郎于22日于日本福冈逝世。

**24日** 往中国美术馆，出席"亚非人民反帝漫画展览"开幕式。（25日《人民日报》）

**25日** 上午，往天安门，参加毛泽东主席第八次对红卫兵的接见。（27日《人民日报》）

**28日** 晚，往人民大会堂，出席文艺界无产阶级"文化大革命"大会。（12月4日《人民日报》）

◎ 作《水调歌头·大民主》，有小序。收人民文学出版社1977年9月版《沫若诗词选》。

**29日** 晚，应邀出席阿尔巴尼亚驻中国大使瓦西里·纳塔奈利为庆祝阿尔巴尼亚解放22周年举行的招待会。（30日《人民日报》）

**30日** 会见并宴请以马场克三为首的日本社会科学家代表团。（12月1日《人民日报》）

## 12 月

**1日** 偕夫人于立群，会见并宴请澳大利亚经济学家威尔莱特和夫人。（2日《人民日报》）

◎ 致函澳大利亚贝纳特教授，以个人的名义邀请其来华访问。（中国

科学院档案）

**5日** 晚，与陈毅、张奚若等观看罗马尼亚军队歌舞团的访华演出，并与陈毅等在演出休息时，会见了歌舞团领队阿波斯托尔·埃米尔上校、团长迪努·斯太利安上校和歌舞团主要成员。（6日《人民日报》）

**12日** 晚，往首都剧场，观看罗马尼亚表演艺术家小组的访华演出，并在演出休息时会见了罗马尼亚表演艺术家小组领队乔治·布若尔和全体演员。（13日《人民日报》）

**14日** 上午，往八宝山，出席吴玉章同志追悼会，在悼词中介绍了吴玉章同志的生平和他对于中国人民革命事业所作的贡献。（15日《人民日报》）

无产阶级革命家、教育家吴玉章于12日在北京逝世。

**17日** 出席中国人民保卫世界和平委员会等团体为庆祝越南南方民族解放阵线成立六周年举行的电影招待会。（18日《人民日报》）

**18日** 下午，往工人体育场，主持首都各界人民为声讨美帝轰炸河内和庆祝南越民族解放阵线成立六周年举行的集会，并致开会词，向越南南方人民在抗美救国斗争中取得的胜利表示祝贺。致辞全文载19日《人民日报》。

**20日** 下午，往北京展览馆，与廖承志等出席庆祝越南南方民族解放阵线成立六周年而举办的"越南南方人民必胜"图片展览开幕式。（21日《人民日报》）

◎ 晚，应邀出席越南南方民族解放阵线常驻中国代表团代理团长阮明芳为庆祝该阵线成立六周年举行的招待会。（21日《人民日报》）

**27日** 会见以大阪大学教授筱田军治为首的日本应用物理学术代表团和以青山学院大学教授田口玄一为首的日本实验设计学术代表团。（30日《人民日报》）

◎ 晚，会见阿尔巴尼亚国家歌舞团团长巴·佩约和歌舞团主要演员，以及正在我国访问的阿尔巴尼亚作家依·乌鲁齐。（28日《人民日报》）

◎ 晚，往首都剧场，出席阿尔巴尼亚国家歌舞团访华演出开幕式，并观看演出。（28日《人民日报》）

**29日** 作《水调歌头·新核爆》。收入民文学出版社1977年9月版《沫若诗词选》。

## 冬

◎ 往六所，在那里住了一个月。

总理办公室主任童小鹏来看望，转达周恩来的意思：偕于立群一同暂时离家到外面去住。并叮嘱这件事不要告诉机关，只带秘书和司机，以防泄密。随即往六所，在那里住了一个月，至形势稍缓和时才回家。（王廷芳《周恩来和郭老的友谊》，《怀念周恩来》编辑小组编《怀念周恩来》，人民出版社1986年版）

## 本 年

◎ 为上海博物馆建馆十周年书毛泽东诗词《清平乐·六盘山》。（手迹见《郭沫若书法集》，四川辞书出版社1999年版）

# 1967年（丁未）75岁

1月1日 《人民日报》《红旗》元旦社论称1967年要向"党内一小撮走资本主义道路的当权派"展开总攻击。《红旗》刊姚文元文，诬周扬是"资产阶级文艺路线总头目"；茅盾、巴金、老舍、赵树理、曹禺为"资产阶级权威"；翦伯赞、夏衍、田汉、阳翰笙、林默涵、齐燕铭等亦被点名。

1月11日 中共中央、国务院、中央军委、中央文革贺电支持上海造反派篡夺上海市党政大权。群众组织"夺权运动"推向全国。

2月中旬 谭震林、陈毅、叶剑英、李富春、李先念、徐向前、聂荣臻等中央政治局委员在军委会议和周恩来主持的会议上，对"文化大革命"中诬陷迫害老干部、乱党、乱军的行为强烈不满，受到毛泽东批评。被称为"二月逆流"。

2月17日 中共中央发布《关于文艺团体无产阶级文化大革命的决定》。

4月1日 《人民日报》刊戚本禹《爱国主义还是卖国主义？——评

反动影片〈清宫秘史〉》，影射攻击刘少奇。

5月11日　中共中央通知要求深入开展"对党内最大的一小撮走资本主义道路当权派的大批判运动"。

5月　中央文革小组成立文艺组，江青任组长。林彪委托江青召开的部队文艺工作座谈会纪要公开发表。各地纪念毛泽东《在延安文艺座谈会上的讲话》发表25周年。

6月17日　我国第一颗氢弹在西部地区上空爆炸成功。

10月14日　中共中央、国务院、中央军委、中央文革小组要求各地学校复课，边教学边改革。27日中共中央、中央文革小组要求成立革命委员会的单位恢复党的组织生活。

11月6日　《人民日报》《红旗》《解放军报》编辑部文章，纪念十月革命50周年，称"文化大革命"是马克思主义发展史的"第三个里程碑"。

11月　新华社报道，北京周口店再次发现中国猿人头盖骨化石。近30个学科的科学工作者对珠穆朗玛峰海拔最高的7000多米地区进行综合科学考察，获得大量科学资料。

# 1月

**1日**　《日本与中国》的题词手迹，发表于日本《日本与中国》。云："欢迎真友人的鞭策，唾弃伪善者的画皮。"（吉林师范大学日本文学研究室编译《日本朋友悼念郭沫若·郭沫若先生和〈日本与中国〉》）

**3日**　阅中国科学院物理所二室"毛泽东思想宣传组"编印的《毛主席诗词抄本》。针对抄本中六首假冒的"毛主席诗词"，告知这六首诗词经中国科学院声学所查实，为该所陈明远所写。其中《七律·庆贺第二次核试验成功》的"寄心北海跃龙门"句，把中国比为鲤鱼，苏联比为龙，要达到苏联的标准才能成为龙的提法不妥。提醒：

一、毛主席诗词应以正式公布者为绝对可信。

二、尚未正式公布者，主席可能还要修改，不愿早日流传；但早迟会公布的。

三、近来有人妄以杂草或毒草冒充毛主席诗词，千万不要上当。

**4 日**　晚，与陈毅、谢富治、李四光、许德珩等出席缅甸联邦驻华大使沙马杜瓦·信瓦瑙举行的招待会，庆祝缅甸独立 19 周年。(5 日《人民日报》)

**13 日**　与中国科学院历史所王戎笙等谈话，回忆 1961 年 3 月 21 日《中国史稿》北京饭店会议情况和毛泽东对古代史分期的意见。

**14 日**　致函澳大利亚科学家贝纳特。云："悉尼大学克里斯琴森教授已向我转达了你的访华愿望。现在我十分荣幸地以我个人的名义欢迎你和你的夫人在 1967 年 5 月间或者你们认为合适的时候以私人身份来华访问三至四周。我们将负担你们的往返旅费和在华期间的膳宿、交通费用。我相信你们的访问，将会进一步加强中、澳两国人民之间的相互了解和友谊。顺致良好的祝愿。"(中国科学院档案)

**26 日**　赴机场，迎接亚非作家常设局友好代表团结束亚非 8 国的访问后返抵北京。(27 日《人民日报》)

**本月**　考李白之子女；李白妻许氏应以天宝五年前后死于东鲁；"杜甫嗜酒"。

◎ 同意中国科学院哲学社会科学部建议：出席阿尔巴尼亚 1968 年 1 月在地拉那召开的纪念 15 世纪民族英雄斯堪德培学术会议人选应与历史学相关，由戚本禹或肖力任代表团团长。针对戚、肖两人若脱不开身，拟请郭沫若任团长的方案，批示："我年纪大了，不足以代表我们无产阶级文化大革命的新气势，你们可不必考虑我出国的问题"。(中国科学院档案)

## 2 月

**11 日**　下午，接待北京丰盛中学、北京三十三中、北京八中部分"红卫兵"的突然来访。

**13 日**　根据正在同仁医院就诊的海城县一转业军人请求，嘱工作人员将一付使用过的助听器送去，以解决其困难。

**中旬**　嘱中国科学院对外联络局代为回复日本冈山县中西宽治 1966 年 8 月 24 日函。

复函就郭沫若 1956 年赠送的两只丹顶鹤久未繁殖事，介绍中国专家对丹顶鹤饲养与繁殖的建议；告知中国丹顶鹤为数不多，无力再次赠送。

对冈山医学界友人提出来华交流医疗经验事，答复建议非常好，理解日本朋友愿为中日两国人民友谊作努力的心情，但因日本佐藤政府敌视中国，现在尚不具备来华工作的条件。(中国科学院档案)

**18日** 与陈毅、李先念、周建人等出席尼泊尔王国驻华大使伦迪尔·苏巴举行的招待会，庆祝尼泊尔国家民主日。(19日《人民日报》)

**24日** 与许广平、丁西林等出席在京的亚非作家、记者同中国文艺界人士共同举行的茶会并讲话，欢迎亚非作家常设局秘书长森纳那亚克率领亚非作家常设局代表团访问亚非各国归来；谴责苏联领导集团助长美帝国主义的侵越战争，破坏亚非人民团结；表示为创造亚非人民大众的新文化和新文艺，将把在北京举行的第三届亚非作家大会筹备得更好。(25日《人民日报》)

## 3月

**19日** 与陈毅、刘宁一、廖承志、彭绍辉等在全国政协礼堂出席首都各界支持越南人民抗美救国斗争大会，纪念"3·19"越南全国反美斗争日。讲话谴责美国新的战争升级罪行，说"争取越南的彻底解放和祖国的统一，是三千一百万越南人民多少年来为之浴血奋战的神圣的民族愿望。世界上没有任何力量能够迫使越南人民分割开来"。中国人民一向把越南人民的抗美救国战争和胜利看作是对自己的极大支持，把全力支援越南人民看作是自己应尽的国际主义义务。大会由廖承志主持。(20日《人民日报》)

**23日** 与周恩来、陈毅等应邀出席巴基斯坦驻华大使苏尔坦·穆罕默德·汗举行的国庆招待会。(24日《人民日报》)

**25日** 出席阮明芳为纪念"3·19"越南全国反美斗争日17周年举行的电影招待会，观看反映越南南方人民抗美救国斗争的纪录片和越南故事片《阮文追》。(26日《人民日报》)

**本月** 草《李白与杜甫》中《杜甫嗜酒终身》《杜甫的门阀观念》等章节片断："饭颗山头"（李白与杜甫在诗歌上的交往）、"杜甫望岳"、"杜甫生于正月元日"、"杜甫之死"（杜甫嗜酒终身）、"杜甫的门阀观念"、"杜甫远祖杜预"（杜甫的门阀观念）。

## 4 月

**11 日** 接海军政治部通知，民英于 7 日在海军服役部队饮弹身亡，不胜惊愕悲痛。请求海军政治部准许汉英、庶英、世英，以及民英在中央音乐学院的同学林铭述同赴原部队驻地处理后事。嘱将一小部分民英的骨灰带回北京，其余都按照民英希望成为一名海军战士的志向，投葬大海。两天后，上述请求获得批准。

汉英、庶英、世英等离京后，夫人于立群由于极度悲痛导致神经官能症加重。连续数日陪伴赴北京医院门诊治疗。民英骨灰带回北京以后，选用一方印有翠竹的棉布，书写挽言"郭民英 一九四三——一九六七"，覆盖其上。

郭民英生于 1943 年 11 月 4 日。中学时期表现出对音乐的酷爱，自学过笛子、二胡、小提琴等多种乐器。1962 年高中毕业后考入中央音乐学院管弦系。在校期间曾把家中的录音带、录音机带到学校，和同学一起欣赏西方古典音乐。1964 年校内一学生给毛泽东主席写信，反映中央音乐学院偏离"党的教育方针"，崇尚"大、洋、古"，校风不正等问题，郭民英成为典型事例之一。该信被《内部参考》全文刊登，形成舆论压力。

1964 年郭民英因觉自己接受音乐专业教育时间过晚，不适宜继续在音乐专业方面深造，几经考虑决定退学。其后曾随中国科学院历史所研究人员赴山东参加"四清"，表现优秀。1965 年郭民英隐瞒了患有高血压和忧郁症的病情，报名参军，服役于中国人民海军东海舰队。在部队中积极开展连队业余文艺活动，深受战士喜爱。一年后被吸收为中共预备党员。

郭民英去世后，原所在部队通知家属，经上报党组织批准，取消其中共预备党员资格。郭沫若去世后，于立群向有关方面提出落实政策的请求。1979 年 3 月东海舰队淞沪水警区决定，恢复郭民英预备党员身份。

**19 日** 致信北京军区政治部战友文工团，请"五一"期间为中国科学院职工演出。

**20 日** 就苏联方面通知出席"加强国际和平"列宁国际奖金委员会审议 1966 年度获奖名单一事，授权中国人民保卫世界和平委员会发言人发表谈话，拒绝出席 20 日的会议，并宣布退出该组织，今后不再与之发生任何关系。

发言人指出,"加强国际和平"列宁国际奖金委员会原名"加强国际和平"斯大林国际奖金委员会,旨在表彰在反对帝国主义、维护世界和平事业中有杰出贡献的人士。苏共"二十大"以后,该奖的得奖者中虽然有为维护世界和平而努力的人,但也有不少是投机分子和叛徒,甚至赫鲁晓夫也被授予该奖,"是对伟大列宁的名字的侮辱"。(22日《人民日报》)

◎ 下午,感谢周恩来、陈伯达、康生、江青因民英意外死亡,来住所看望。(《周恩来年谱1949—1976》,中央文献出版社1997年5月版)

**24日** 出席中华全国新闻工作者协会和亚非新闻工作者协会集会,庆祝"亚非新闻工作者日"。(25日《人民日报》)

**26日** 晚,与周恩来、陈毅、彭绍辉等应邀出席坦桑尼亚联合共和国驻华大使保罗·埃利埃尔·姆瓦卢科举行的招待会,庆祝坦桑尼亚建国三周年。(27日《人民日报》)

**27日** 与谢富治、廖承志、粟裕等出席首都十万人集会,拥护我国政府声明,控诉印度尼西亚政府疯狂迫害数百万无辜华侨,驱逐我国代办和总领事的反华排华活动。(28日《人民日报》)

**30日** 与周恩来、陈伯达、康生、李富春等领导人及首都群众到机场,迎接被印尼政府无理勒令离境的中国驻印尼使馆临时代办姚登山和驻雅加达总领事徐仁返回北京。(5月1日《人民日报》)

**下旬** 接读戚本禹送来江青12日讲话稿。

稿件引用了毛泽东赞同郭沫若认为春秋战国之交是奴隶制与封建制分水岭的谈话。

**本月** 草《李白与杜甫》一书中"杜甫与严武""杜甫的阶级意识""杜甫与岑参""李白与杜甫在诗歌上的交往""李白在政治活动中的第二次大失败""杜甫与苏涣"等章节片断:"杜甫与严武"、"遭田父泥饮美严中丞"、"牛郎与织女"、"杜甫与岑参的优劣"、"为什么要'划却君山'?"、"由'猛虎行'到张旭之死"、"关于苏涣"等。

# 5月

**1日** 在天安门城楼上参加"五一"国际劳动节庆祝晚会。(2日《人

民日报》)

**4日** 会见以布隆迪国民教育和文化部长弗朗索瓦·基萨马雷为首的布隆迪鲁瓦加索尔革命青年组织代表团。(5日《人民日报》)

**8日** 致函澳大利亚科学家贝纳特,告知收到3月8日的来电和3月7日、9日两次来信。称在1月14日的邀请信中曾提到:"……在1967年5月间或者你们认为合适的时候以私人身份来华访问三至四周。"因此,"你和你的夫人愿于1968年5月初来华,我仍然表示欢迎"。(中国科学院档案)

**9日** 会见日本记者同盟主席小林雄一率领的日本记者同盟代表团。(10日《人民日报》)

◎ 出席捷克斯洛伐克社会主义共和国驻华大使瓦·克日斯特克举行的国庆招待会。(10日《人民日报》)

**10日** 下午,接见日本作家由起重子、曹禺《雷雨》日译本译者之一影山三郎。(13日《人民日报》)

《雷雨》日译本1936年2月出版,由邢振铎、影山三郎合译,秋田雨雀、郭沫若分别作序。

◎ 晚,与张奚若、楚图南等在首都剧场观看锡兰"桑几萨·曼雅理"文工团访华首场演出,演出休息时与全体演员见面。(11日《人民日报》)

**11日** 下午,会见由中村九一郎率领的日中友协(正统)总部第14次活动家访华代表团成员。(13日《人民日报》)

**12日** 下午,会见杰·赛格杰夫人率领的阿扎尼亚(南非)泛非主义者大会妇女代表团成员。会见时沈兹九等在座。(13日《人民日报》)

**17日** 下午,会见坦桑尼亚坦噶尼喀非洲民族联盟代表团成员鲁塔基亚米尔瓦和基达。张奚若会见时在座。(18日《人民日报》)

**18日** 下午,往工人体育场,与周恩来、陈伯达、陈毅、谢富治等出席声讨香港英国当局镇压香港爱国同胞的群众集会。(19日《人民日报》)

**19日** 上午,会见日本社会党著名人士田中稔男等二人。(22日《人民日报》)

**20日** 回复大连海军指挥学校"毛泽东诗词编辑小组"提出的问题。

据南京师范学院中文系、南京大学中文系1976年6月《毛主席诗词学习文章选编·郭沫若同志答海军指挥学校毛主席诗词学习小组问》;湘潭师范专科学校 1978 年 7 月《郭沫若同志读毛主席诗词》，郭沫若就下列问题作答：

问："黄洋界上炮声隆"（《西江月·井冈山》），有的地方说主席当时率不足一营人留守在井冈山，有的地方说主席当时不在井冈山上，不知郭老是否知道主席当时在不在井冈山上？

答：一九六五年我到过井冈山，据当地负责同志讲，主席当时不在井冈山。

问："收拾金瓯一片"（《清平乐·蒋桂战争》），我们把"金瓯"释作"大好河山"，不知可否？

答：可以。

问："白云山头云欲立，白云山下呼声急"（《渔家傲·反第二次大"围剿"》），这里的"白云山"究竟在何处？有的说在东固附近，经我们查考似有根据。至于说在会昌附近，与第二次大"围剿"作战路线不符。不知你对此有无更正？可靠的"白云山"是否在东固附近？

答：可能在东固附近。

问："雄关漫道真如铁"（《忆秦娥·娄山关》），我们解作"漫说雄关真如铁"意。但有人把"漫道"解成"漫长的道路"。他们这样解可以吗？

答：不能如此解。

问："问讯吴刚何所有"（《蝶恋花·答李淑一》），可否解作杨、柳二烈士探访吴刚生活怎么样和都有些什么东西？

答：原词是一问一答（作者自答），要联系下一句解。

问："一样悲欢逐逝波"（《七律·送瘟神》），我们之间还有争论，有人认为你解释的正确，有人认为是指人民的"悲"和瘟神的"欢"都一去不复返了。不知你怎样看？

答：两首诗是新旧时代的对比，如解为"都一去不复返"，和全诗（第一首）情调不协，而且与第二首犯复。

问："黑手高悬霸主鞭"（《七律·到韶山》），有的用主席同一时期的著作《湖南农民运动考察报告》来解释，即"黑手"是指农民群众"举起他们那粗黑的手……发号施令，指挥一切"。有不少同志不同意这个解释，你以为怎样理解是正确的？

**答**：翻成英文时，有的同志请示过主席，主席说：是指黑暗势力。有剧烈的对立斗争，故第五句言"有牺牲"。

**问**："正西风落叶下长安，飞鸣镝"（《满江红·和郭沫若同志》），你解释为"形势正好，枯枝败叶被吹折了，苍蝇蚊子也被扫荡了，我们应乘着这大好形势再向前进攻"。有人却与你解释意思相反。不知你意见如何，有无修改？

**答**：翻成英文时，有同志向主席请示过。我是按照主席的意思解的。

**问**：《满江红·和郭沫若同志》这首词，一般文稿印的是"一九六三年一月九日"的时间，而主席的手稿却写的是"一九六三年二月五日"的时间，不知手书是以后另写的还是别的原因？

**答**：主席的原词后来经过小小的修改。"一月九日"是初稿的日期，"二月五日"可能是修改的日期。

**问**："便有精生白骨堆"（《七律·和郭沫若同志》）中的"精"，你原解释为"革命阵营中的保守派"是不是修正主义者？

**答**：是修正主义。

**问**："芙蓉国里尽朝晖"（《七律·答友人》）中的"芙蓉"是指木芙蓉还是荷花？

**答**："芙蓉"是木芙蓉，不是荷花。荷花是在夏天开花，谭用之的原诗句是"秋风万里芙蓉国"。译成英文时，同志们也请示过。

**问**：《渔家傲·反第二次大"围剿"》中的"枯木朽株"是否指腐恶的敌人？

**答**："枯木朽株"有人请示过，不是"指腐恶的敌人"，而是相反。

**问**：《念奴娇·昆仑》中的"倚天抽宝剑"，我们解作来自李白的《大猎赋》，不知可否？

**答**："倚天抽宝剑"，宋玉《大言赋》："长剑耿耿倚天外"，比李白早。

**21日** 回复市川正氏，感谢日本市川市友人为修建《别须和田》诗碑作出努力。

郭沫若《别须和田》诗碑由市川市市民出资建于市川须和田公园，手迹由田中明次郎、田中新太郎父子摹刻。（田家农《天津市代表访问郭老旧居》，1979年6月6日《天津日报》）

**23 日**　与林彪、周恩来、陈伯达、康生、李富春等出席在人民大会堂举行的纪念毛泽东《在延安文艺座谈会上的讲话》发表25周年集会。

集会由江青主持。陈伯达、戚本禹讲话大事吹捧江青，称其"一贯坚持和保卫毛主席的文艺革命路线"，"在戏剧、音乐、舞蹈各个方面，做了一系列革命的样板，把牛鬼蛇神赶下文艺的舞台，树立了工农兵群众的英雄形象"，是"文艺革命披荆斩棘的人"。（24日《人民日报》）

◎　晚，与周恩来、陈伯达、康生、李富春、董必武等观看上海京剧院在人民大会堂演出的现代京剧《智取威虎山》。（24日《人民日报》）

**25 日**　与周恩来、李先念等在人民大会堂出席首都群众集会，支持巴勒斯坦和阿拉伯各国人民反对美帝国主义及其侵略工具以色列的正义斗争，讲话谴责美国利用以色列给巴勒斯坦制造了沉重灾难，对叙利亚等阿拉伯国家进行武装侵略和颠覆破坏活动；谴责苏联领导集团充当美国的帮凶，阴谋扑灭阿拉伯人民的反帝革命。（26日《人民日报》）

**26 日**　在工人体育馆，与聂荣臻等出席中国科学院为《在延安文艺座谈会上的讲话》发表25周年举行的纪念大会，并讲话。（中国科学院档案）

《人民日报》发表毛泽东1944年1月9日《看了〈逼上梁山〉以后写给延安平剧本院的信》。原信中"郭沫若在历史话剧方面做了很好的工作，你们则在旧剧方面做了此种工作"32个字被删去。（25日《人民日报》）

**27 日**　会见日中友协（正统）派遣的原在华日侨第一次代表团团长滨崎功和全体成员。（30日《人民日报》）

◎　与陈毅等出席阿富汗驻华大使举行的国庆招待会。（28日《人民日报》）

**29 日**　晚，会见并宴请以日本京都大学教授、历史学家井上清为首的日本社会科学家代表团，以及日中文化交流协会事务局长白土吾夫。西园寺公一等在座。（30日《人民日报》）

**31 日**　担任中国作家代表团团长，出席亚非作家常设局举行的纪念《在延安文艺座谈会上的讲话》发表25周年讨论会，主持开幕式并致辞。（6月1日《人民日报》）

## 6月

**1日** 为中国科技大学地震专业学生创办的《地震战线》题写刊名，并题词："把毛泽东思想伟大红旗插上地震预报科学的最高峰！"（据手迹复印件）

1966年3月邢台发生地震，周恩来在灾区视察时对科大地震专业同学提出"希望在你们这一代解决地震预报"。受此激励，《地震战线》于1967年5月在科大创办，在大量学术刊物停刊的情况下，为普及地震预报知识、推广群测群防提供了平台。在中国科学院支持下，自第6期开始改油印为铅印。（周玉凤《〈地震战线〉与地震预报知识的普及》，《中国科技史杂志》2012年第33卷第1期）

**2日** 在工人体育馆，与聂荣臻等出席中国科学院纪念"5·16通知"发表一周年大会，并讲话。

◎ 晚，在人民大会堂与陈毅出席对外文委和对外友协举行的纪念《在延安文艺座谈会上的讲话》发表25周年文艺晚会，招待外交使团和在京国际友人。（4日《人民日报》）

**5日** 晚，与周恩来、陈伯达、康生、谢富治、江青、萧华、杨成武等出席亚非作家常设局纪念《在延安文艺座谈会上的讲话》发表25周年讨论会闭幕式。亚非作家常设局秘书长森纳那亚克宣布第三届亚非作家大会11月在北京召开；请周恩来总理把大会的致敬信转交毛泽东主席。

致闭幕词《做一辈子毛主席的好学生》，表示："我们的讨论会虽然结束了，但我们的学习并没有结束。学了还要用，还要实践。学习是没有尽境的，一辈子也不能结束。""着重实践，着重言行一致，这是伟大的毛泽东思想的一个重要的特征。毛主席自己也就是这种伟大思想的实践躬行者。""我们要做毛主席的好学生，就要向毛主席的实践躬行的精神好好地学习。这种精神可以称为'韶山精神'、'延安精神'、'长征精神'、'井冈山精神'。我们就是要实践这种精神，普及这种精神，深入这种精神。我们要做实行家，不要做空谈家。"最后引用4日晚作的一首诗，云："三十四个国家的八十多位毛主席的学生，／来自六大洲，高擎着光焰无际的指路明灯，／那就是毛主席《在延安文艺座谈会上的讲话》，／照亮了我们每一位同学的灵魂深处，/照亮了亚非革命文艺的前进的路途。//……毛主席的光辉著作是我们永远的精神食粮。/我们要毫不利己、专门利人，学白求恩那样高尚；/我们要做新愚公，把帝修反三座大山投入海洋！"诗中称江青"是我们学习的好榜样"，"善于活学活用战无不胜的毛泽东思想"，"奋不顾身地在文艺战线上陷阵冲锋，/使中国舞台充满了工农兵的英雄形象"。(6日《人民日报》)

**7日** 会见以田中晃为首的日本国际贸易促进地方议员联盟访华代表团。(9日《人民日报》)

**9日** 和来自32个国家和地区参加"纪念毛主席《在延安文艺座谈会上的讲话》二十五周年讨论会"的作家和其他与会者一起，受毛泽东接见。(10日《人民日报》)

**10日** 下午，接待中国人民大学语言文学系学生来访。

谈到新中国文学成就时，回答说，成绩是重要的，基本的，我们唱的是"红旗歌谣"。在回答如何看待记录片《梅兰芳》时说，我们看待人，评论事，不能抓住一枝一节。人民不会忘记做过好事的朋友，梅兰芳在抗战期间拒绝演戏，是有民族意识和气节的，比周作人难得。(叶伯泉《记和郭老的一次谈话》，《文艺百家》1979年第1期)

◎ 晚，与周恩来、陈伯达、康生、谢富治、江青等在人民大会堂观看上海京剧院演出的现代京剧《海港》。(11日《人民日报》)

**12日** 与周恩来、陈毅等应邀出席尼泊尔驻华大使伦迪尔·苏巴为庆祝尼泊尔国王马亨德拉生日举行的招待会。(13日《人民日报》)

**13日** 复信北京大学中文系"傲霜雪"战斗组。

据南京师范学院中文系、南京大学中文系《毛主席诗词学习文章选编·郭沫若同志给新北大〈毛主席诗词注释〉编写同志的两封信》。复信云：

"毛主席诗词的注解，看了一遍。有些地方，我作了小的修改，有些地方我打了问号，请你们斟酌。

《渔家傲·反第二次大'围剿'》中，'枯木朽株齐努力'句，我以前的解释是和你们的解释一样的。有人请示过主席，主席说那样的解释是错误的。因为"努力"是好字眼，不能属诸'腐恶'的敌人。

'枯木朽株'这个词，最初见于邹阳《在狱中上梁孝王书》，比司马相如《谏猎疏》还早。

'有人先谈，则以枯木朽株，树功而不忘。'准此，主席词中的'枯木朽株'不是恶意，可解为'老人病人都振作起来，一起努力'。供参考。"

**18日** 与刘宁一、张奚若、楚图南等出席亚非新闻工作者协会和中华全国新闻工作者协会举行的大会，庆祝亚非新闻工作者协会书记处第五次全体会议闭幕。(19日《人民日报》)

◎ 作诗《欢呼第一颗氢弹上天》，庆贺17日我国第一颗氢弹试验成功。诗中写道："欢呼啊，第一颗氢弹飞上了天，红色的大喜报向全世界传遍。"(郭沫若纪念馆馆藏资料)

**19日** 作《水调歌头·第一颗氢弹爆炸》，上阕云："震撼寰区宇，氢弹飞上天。创造人间奇迹，速度信空前。""垄断成泡影，讹诈化轻烟。"下阕道："促进国民经济，鼓舞第三世界，天畔彩霞鲜。奉告全人类，使用不争先！"

收人民文学出版社1977年9月版《沫若诗词选》，现收《郭沫若全集·文学编》第5卷。

**21日** 下午，与周恩来、李富春、陈毅、李先念等在机场，欢迎赞比亚共和国总统肯尼思·戴维·卡翁达及夫人来华访问。晚，出席周恩来在人民大会堂举行的欢迎宴会。(22日《人民日报》)

**24日** 会见日本科学仪器展览团团长萩原定司及展览团其他负责人。(25日《人民日报》)

◎ 与周恩来、陈毅等应邀出席阿联、阿尔及利亚、几内亚、马里、刚果（布）、坦桑尼亚、肯尼亚等非洲七国驻华使节举行的午宴，欢迎卡翁达总统访问中国。晚，应邀出席卡翁达和夫人的答谢宴会。(25日《人民日报》)

**25日** 与陈毅、李先念、谢富治、邓颖超等赴机场，欢送周恩来陪同卡翁达一行离京，到上海访问。(26日《人民日报》)

◎ 为中国科学院红卫兵司令部作《水调歌头·一分为二》。

**27日** 晚，与陈毅、张奚若等出席对外文化联络委员会为欢迎越南南方解放军歌舞团举行的宴会。(28日《人民日报》)

**30日**晨，作《沁园春·纪念党的生日》，曰："十月炮声，送来马列，四十六年。忆上海风云，工人住宅；南湖烟雨，农户渔船。"

收入民文学出版社 1977 年 9 月版《沫若诗词选》，现收《郭沫若全集·文学编》第 5 卷。

## 夏

◎ 书录毛泽东词《卜算子·咏梅》，赠孟炳春。（手迹见《郭沫若遗墨》，河北人民出版社 1980 年 5 月版）

## 7月

**2 日** 回复新北大《毛主席诗词注解》打印稿。

据《毛主席诗词学习文章选编·郭沫若同志给新北大〈毛主席诗词注释〉编写同志的两封信》，复信就三个问题作答：

1.《浪淘沙·北戴河》中"秦皇岛外打鱼船。一片汪洋都不见，知向谁边？"究竟有什么寓意，上下阕的联系怎样？

2.《登庐山》中"桃花源里可耕田"一句，是指人民公社的发展吗？

3.《答友人》中的"友人"是实指还是虚指？所指大概是什么样的人？

答云：

1. 我看不出有什么寓意。上阕是借景抒情，下阕是借史抒情，和《沁园春·雪》是同样的手法。我的解释是往常见到的打鱼船，今天在大风大浪中看不见了，和你们的解释有些不同，主席看海而想到鱼船，是表示对人民的关怀，这和曹操的自负是完全两样的。大雨、白浪、沧海、秋风，和曹操当时的情况都可发生联想，曹操打败了乌桓，也可能联想到打败了美帝。

2. 陶潜的《桃花源记》是属于空想的社会主义的范畴。空想的社会主义，列宁认为是马克思主义的三个来源之一，恩格斯也是有肯定的。可以想见，主席对陶潜在当年能有这样的空想，还是认为可取的，故在诗里还想到他。因此，桃花源可以让人们联想到人民公社，但空想和现实是大有区别的。

3. 这个人姓周，名字我忘记了，是民主人士。好像是湖南省副省长。

他献给主席的诗，我处也有，但不知放到什么地方去了。我建议：没有必要说出。

4. 打字稿看了一遍，有些地方作了一些修改，直接写到稿子上面了，送还你们，仅供你们参考。有些地方可能还有问题，并望你们仔细推敲。要注释得恰到好处，我看是不容易的。

◎ 据《毛主席诗词学习文章选编·郭沫若同志给新北大〈毛主席诗词注释〉打印稿上的批注》，郭沫若批注为：

《沁园春·长沙》"激扬文字"：激扬是动词，由"激浊扬清"而来。

《菩萨蛮·大柏地》"谁持彩练当空舞"：出虹时每伴有霓（雌虹），在虹之上，色较淡，色序相反。这一正一反，一雌一雄，更显示出彩绸飞舞之趣。

《忆秦娥·娄山关》"雄关漫道真如铁"：漫道，空说，没有意思地说。

《十六字令·山》：异常豪迈，虽是三首，如同一首。

"快马加鞭未下鞍"：红军战士几十万人，不能每人都有马骑，不如解释为主席自己，请斟酌。

"民谣：上有骷髅山，下有八宝山……"：民谣中的"八宝山"在贵州雷山县，似宜说出。可能第一首是一九三四年在贵州境内所作。其他二首可能作于四川以后了。

《七律·长征》"更喜岷山千里雪"：岷山以山脉而言，绵亘青海、甘肃、四川境内。以孤独的山峰而言，在四川松潘，不是大雪山。大雪山一名夹金山，海拔四千公尺以上，在川西康定县，是岷山山脉南支之一峰。诗中"千里雪"，是以山脉而言，包含夹金山在内。在这里可能是指夹金山，但不能说岷山又叫大雪山。

《念奴娇·昆仑》"安得倚天抽宝剑，把汝裁为三截"：我加了一个横字，因为要横断才能减低高度。如果是竖剖，高度不会变。请酌。如把"横断"改为"腰劈"，或许更醒豁。

**6日** 在中国科学院（京区）"革命造反派联合夺权委员会勤务组"公布的"革命委员会"成员分配比例征求意见稿中，被列为"革命领导干部"。

这一"革命委员会"成员分配比例征求意见稿包括："革命领导干部

2人：陈伯达同志、郭沫若同志；解放军代表3~5人。建议包括总理联络员刘西尧同志、刘坚同志、秦宝臻同志；革命干部10人；科学家代表5人（初步提名为：关肇直、竺可桢、吴有训、张大煜、彭加木）；革命群众代表38人，京区31人（包括科技大学和科技学校各1人），京外各大区分院各1人，贵阳地化所1人。共有委员58~60人。"（中国科学院档案）

此前，周恩来在5月26日接见"中国科学院夺权委员会"成员和部分干部代表时曾指出："三结合"要把郭沫若结合进去。（《周恩来年谱1949—1976》，中央文献出版社1997年5月版）

上旬，中国科学院哲学社会科学学部财务负责人印鉴因潘梓年、吴传启被审查，更换为郭沫若。

**11日** 出席蒙古驻华使馆为"独立日"举行的招待会。（10日《人民日报》）

**14日** 复信解放军驻江苏江浦6494部队14分队沈炳贵，回答对"东方白"一词的批评。

**18日** 汇集以往所作有关批驳胡适的文章篇目：《反响之反响》（1922秋）、《斥〈五鬼临门〉》（1931年正月，《创造十年》第十一章）、《中国古代社会研究·自序》（1929.9.20）及附录《夏禹的问题》（1930.9.7）、《驳〈说儒〉》、《替胡适改诗》、《驳胡适〈国际形势的两个问题〉》、《金文丛考·序》、《论屈原的存在》（1942.2.20）、《评离骚的作者》（1951.5.5）、《评离骚以外的屈赋》（1951.5）。

**24日** 晚，观看索马里艺术代表团访华首场演出。演出休息时，与代表团团长贾马·哈拉夫、副团长优素福·阿里·哈伦和代表团部分成员会见。（25日《人民日报》）

**26日** 偕夫人于立群在人民大会堂宴请日本历史学家安藤彦太郎和夫人，西园寺公一、浅川谦次在座。（27日《人民日报》）

**29日** 为次日召开中国科学院革命委员会成立大会，作诗《七月三十日》。写道："毛主席的光辉著作《实践论》已经发表三十周年，/去年的今天，北京科学革命派的大辩论正在眼前开展，/转瞬一年了，全中国和科学院，都起了裂变和聚变，/战无不胜的毛泽东思想是精神原子弹，威力无边!""今天我们实现革命的大联合和三结合,以利于大批判,/以利于更好地进行阶级斗争、生产斗争以及科学实验。/在科学革命中如何进行斗批改,还有待于认真的实践",/"来不得半点虚伪和骄傲,决定地需要的倒是其反面"。//我们要遵循伟大导师的最高指示:"抓革命,促生产",/要把斗批改的革命任务和赶超的生产任务打成一片。/我们希望有更多的胰岛素人工合成那样的研究样板,我们希望有更多的断肢再植那样的外科手术的尖端。"(中国科学院档案)

**30日** 下午,与周恩来、李富春、聂荣臻、萧华、粟裕等出席在人民大会堂举行的中国科学院革命委员会成立大会。以贺诗《七月三十日》为大会发言。(8月3日《人民日报》;中国科学院档案)

**31日** 晚,出席国防部在人民大会堂举行的招待会,庆祝中国人民解放军建军40周年。(8月1日《人民日报》)

**本月** 寄福州市建设局园林管理处宣传队"雪松"编辑组有关毛泽东诗词解释的资料若干种,供查阅。(嘉德2014年春季拍卖名人书札 http://auction.artron.net/paimai-art0034112089/)

# 8月

**4日** 下午,会见日中友协(正统)派遣的原在华日侨第二次访华代表团团长古川芳太郎一行。代表团成员中有人参加过八路军,或到过延安。(5日《人民日报》)

**6日** 复信福州市建设局园林管理处宣传队"雪松"编辑组:"七月卅一日信接到,谢谢你们给我的毛主席像章。李俊,我不认识。赵朴初,一年多来未曾见面,似在病中。《欲与天公试比高》,原载《天地玄黄》(见《沫若文集》第13卷334页)。注释主席诗词的工作,据我所知,各地都在进行。你们能够严格从事,是好的作风。祝你们取得优异的成就。"提醒此前寄去几种有关主席诗词的资料"已经一个多月了","如已用毕,请即掷还。因我手中只有那一份,有时自己也要用"。(嘉德2014年春季拍卖名人书札 http://auction.artron.net/paimai-art0034112089)

**7日** 会见并宴请以日本大阪市立大学教授香坂顺一为首的日本毛泽东著作语言研究家代表团。楚图南、周培源等在座。(12日《人民日报》)

**9日** 下午，会见黑人领袖杜波依斯的夫人歇莉·格雷姆。丁西林等在座。(11日《人民日报》)

**11日** 参观北京聋哑治疗语言训练班。

**12日** 晚，与楚图南等观看日本齿轮座剧团的首场演出。(14日《人民日报》)

齿轮座剧团成立于1952年4月，原由日共山口县领导。20世纪60年代中共与日共关系破裂。1966年9月山口县成立以福田正义为首的日本共产党（左派），齿轮座亦脱离日共。

**13日** 上午，会见叙利亚朋友萨里姆·苏莱曼·萨迪及夫人。(14日《人民日报》)

**14日** 提醒中国科学技术大学，对曾在该校进修的中国科学院声学所人员陈明远制造"未公开发表的毛主席诗词"的做法要加以提防。

**15日** 会见由团长山田雄一、副团长田村信子和影山博邦率领的日本学生访华友好参观团117人。(17日《人民日报》)

**16日** 会见由团长大广直、副团长竹本良美率领的日本教职员访华参观团。(17日《人民日报》)

**20日** 作《念奴娇·忆延安大学》。记述1960年访问延安大学时的情境："我愿报名来入校，求作新生录用。不是诙谐，并非机智，长把雄文诵。终身磨练，普天共仰鸣凤。"

收入民文学出版社1977年9月版《沫若诗词选》，现收《郭沫若全集·文学编》第5卷。

**21日** 下午，接待中国人民大学语言文学系来访的师生。

中国人民大学语言文学系师生收到郭沫若为他们编印的《马恩列斯论文艺》《毛泽东论文艺》《鲁迅论文艺》题写的书名。因题字未署名，且尺寸较小，师生请求重题。郭沫若婉拒说："我还未有盖棺论定……由我题书名，不就把你们的书毁了吗?"遂书赠毛泽东《七律·和郭沫若同志》和鲁迅诗句"横眉冷对千夫指，俯首甘为孺子牛"。(周红兴《难忘的记忆》，《郭沫若研究》第3辑，文化艺术出版社1987年6月版)

**22日** 作《念奴娇·参观北京市聋哑治疗语言训练班》，词云："银针度穴，使聋童进入有声世界。万动原来非默默，番卷舌端自在。""入耳声声，'爷爷你好'，怎不令人爱?东风万里，心潮海样澎湃。"

收人民文学出版社 1977 年 9 月版《沫若诗词选》，现收《郭沫若全集·文学编》第 5 卷。

**24 日**　上午，与康生、李先念、刘宁一、阿沛·阿旺晋美等赴八宝山革命公墓，出席杨明轩追悼会。(25 日《人民日报》)

杨明轩，全国人大会常委会副委员长、中国民主同盟中央委员会主席，22 日在北京病逝。

**25 日**　复河南上蔡洙湖中学教师徐正之来信："大作拜读了，谢谢您的指教，谨如嘱'挂号退还'。我自己也希望成为'一个彻底的"辩证"唯物主义者'。凤凰每经五百年要自焚一次，从火中再生。这就是我所说的'烧掉'的意思。"（据手迹；又见朱永祥、梁良《凤凰从火中再生》，1982 年 3 月 21 日《解放日报》）

1967 年 8 月，河南省某中学教员徐正之将所写评论郭沫若历史剧《武则天》的文章投寄《人民日报》文艺部，文章言及郭沫若 1966 年 4 月在第三届全国人大常委会第三十次会议上的发言，说"简单的烧掉是不能解决问题的，也是不科学的。真正的共产党人，要敢于坚持真理，修正错误"。文艺部编辑提出三条处理建议，供作者选择：一、写成大字报张贴；二、在群众小报上发表；三、送郭沫若阅处。徐正之按第三条建议，将稿件寄给郭沫若。不久，收到郭沫若 25 日回复。（王锦厚《郭沫若学术论辩》，成都出版社 1990 年 6 月版；徐正之《我与郭老通信始末》，《新闻爱好者》2002 年第 11 期）

## 9 月

**2 日**　晚，与周恩来、康生、李先念、谢富治等应邀出席越南驻华大使吴明鸾举行的招待会，庆祝越南独立 22 周年。(3 日《人民日报》)

**8 日**　出席对外友协和中朝友协举行的招待会，庆祝朝鲜国庆十九周年。(10 日《人民日报》)

**9 日**　上午，与毛主席诗词英译组成员研究修改翻译稿。

◎　与李先念、谢富治等应邀出席朝鲜驻华大使玄峻极举行的国庆招待会。(10 日《人民日报》)

**12 日**　晚，偕夫人于立群赴巴基斯坦驻华使馆，出席为欢迎教育部

秘书夏哈布及夫人举行的宴会。(13日《人民日报》)

**13日** 下午,会见由日中友协(正统)总部派遣的以寺广映雄为首的中国研究家代表团、以渡部行雄为首的日中友协(正统)总部第15次访华代表团。(15日《人民日报》)

**15日** 在家中接待巴基斯坦教育部秘书夏哈布和夫人。巴基斯坦驻华大使苏尔坦·穆·汗和夫人会见时在座。(16日《人民日报》)

◎ 赋即景诗:"喜鹊飞来吃海棠,满庭皓皓耀秋阳。偶然一叶随风落,缭乱红花溢耿光。"

**18日** 下午,接见锡兰自由党议员、锡兰议会反对党领袖西里瓦德纳。(19日《人民日报》)

**21日** 作《满江红·科大大联合》。词云:"皓月当空,校园内天高气爽。大联合,弟兄携手,肺肝相向。团结精神坚似铁,抛除派性人不让。锣鼓声彻夜震遥空,神向往。斗批改,莫轻放!帝修反,甚狂妄。把内忧外患,和根扫荡!西望长安情万种,东方红日寿无量。立新功志壮又心雄,忠于党!"收人民文学出版社1977年9月版《沫若诗词选》。

**22日** 与李先念、董必武等应邀出席马里共和国驻华临时代办塞南塔为马里建国七周年举行的招待会。(23日《人民日报》)

◎ 书《西江月》二首,祝贺中国科学院计算数学所新制电子计算机性能超过英国。词云:"不作爬行动物,赶超世界水平。算机今又报超英,氢弹闻之高兴。革命又抓生产,精神物质相生。最高指示铸灵魂,真是立竿见影。""争取国家四化,完成任务光荣。反修反帝反蛇神,打破私心要紧。 抽出倚天宝剑,山头一概铲平!神州七亿一条心,推动寰球革命!"(中国嘉德2013春季拍卖会预览)

**26日** 与周恩来、陈伯达、康生、李富春、李先念等到机场,迎接阿尔巴尼亚劳动党政治局委员、部长会议主席谢胡率领的党政代表团。(27日《人民日报》)

**27日** 与韩念龙等出席对外文委举行的午宴,欢迎越南杂技团。正在北京访问的越南大学中专部代表团应邀出席。(28日《人民日报》)

◎ 下午,与周恩来、李先念、周建人等到机场,迎接刚果(布)全国革命运动中央委员会第一书记、总理、政府首脑安布鲁瓦斯·努马扎莱,及其率领的刚果(布)全国革命运动和政府代表团。(28日《人民

日报》）

◎ 晚，出席周恩来为谢胡及其率领的代表团举行的欢迎宴会。（28日《人民日报》）

**28日** 会见日本社会党国会议员冈田春夫。（29日《人民日报》）

◎ 晚，与聂荣臻等到机场迎接巴基斯坦新闻和广播部部长赫瓦贾·夏哈布丁率领的巴基斯坦政府友好代表团。（30日《人民日报》）

**29日** 上午，与李富春、聂荣臻、杨成武、粟裕等在机场，迎接由越南劳动党政治局委员、副总理黎清毅，劳动党政治局委员、国会常委会副主席黄文欢率领的越南党政代表团抵京。

◎ 下午，与聂荣臻、粟裕等往机场迎接战斗英雄黄文旦率领的越南南方民族解放阵线代表团。

◎ 晚，出席聂荣臻举行的宴会，欢迎巴基斯坦新闻和广播部部长夏哈布丁率领的巴基斯坦政府友好代表团。（30日《人民日报》）

**30日** 晚，出席周恩来举行的庆祝国庆18周年招待会。（10月1日《人民日报》）

# 10月

**1日** 上午，在天安门城楼上参加检阅群众游行队伍。晚，参加国庆焰火晚会。（2日《人民日报》）

**2日** 与周恩来、李先念等，应邀出席几内亚共和国驻华临时代办卡马拉举行的招待会，庆祝几内亚建国九周年。

◎ 下午，会见巴勃罗·卡萨斯·桑托菲米欧率领的哥伦比亚文化友好代表团，塞尔希奥·罗勃亚德率领的智利友好代表团，以及智利瓦尔帕来索智中文协副主席安东尼奥·周。

◎ 与李富春、周建人等出席对外文委和对外友协联合举办的文艺晚会，陪同阿尔巴尼亚党政代表团，越南南方民族解放阵线代表团，马里总统府办公厅主任巴卡拉·迪亚洛，刚果（布）全国革命运动和政府代表团，巴基斯坦政府友好代表团，坦桑尼亚友好代表团等各国来宾观看现代京剧《沙家浜》。（3日《人民日报》）

**3日** 会见由阿卜杜勒·马基德·阿卜杜勒·拉欣姆、米尔加尼·阿里·穆斯塔法率领的苏丹中国友协代表团。

◎ 晚，与李先念、周建人等陪同刚果（布）全国革命运动和政府代表团，越南民主共和国党政代表团，越南南方民族解放阵线代表团，巴基斯坦政府友好代表团，以及马里等各国来宾出席文艺晚会，观看现代芭蕾舞剧《红色娘子军》。（4日《人民日报》）

◎ 晚，与周恩来等应邀出席巴基斯坦政府友好代表团的告别宴会。

**4日** 上午，与聂荣臻、周建人、张奚若等到机场，为赫瓦贾·夏哈布丁率巴基斯坦政府友好代表团离京前往青岛等地参观访问送行。

◎ 下午，会见阿尔巴尼亚作家艺术家协会指导委员会委员莱·培多为团长的阿作家艺术家代表团。（5日《人民日报》）

**5日** 晚，与周恩来、李先念、周建人等应邀出席努马扎莱率领的刚果（布）全国革命运动和政府代表团在人民大会堂举行的告别宴会。次日，与周恩来、周建人等赴机场，欢送代表团离京赴南方访问。（6日、7日《人民日报》）

**6日** 与楚图南等出席对外友协举行的招待会，欢送藤川夏子为团长的日本齿轮座剧团。在京访问的河原崎虎之助为首的日中文化交流协会代表团应邀参加。（8日《人民日报》）

**7日** 上午，与聂荣臻、杨成武、粟裕等在机场，欢送、以黎清毅为首的越南党政代表团结束访问回国。

◎ 下午，与聂荣臻、粟裕等在机场，为黄文旦率领的越南南方民族解放阵线代表团离京赴外地访问送行。（8日《人民日报》）

**8日** 上午，偕夫人于立群参观中国科学院计算数学技术研究所研制成功的新型晶体管通用数字计算机。题词："新型晶体管通用数字计算机研制成功是战无不胜的毛泽东思想的伟大胜利，必须更进一步活学活用毛主席著作，全面完成赶超任务！"（郭沫若纪念馆馆藏资料，朱汝章捐赠）

**12日** 晚，会见持永只仁率领的日本中国通讯社访华小组。（13日《人民日报》）

**13日** 晚，与周恩来、陈伯达、康生、李富春等出席谢胡举行的告别宴会。宴会后，观看由阿尔巴尼亚地拉那业余艺术团和中国芭蕾舞演员联合演出的《红色娘子军》。（14日《人民日报》）

**14日** 与周恩来、陈伯达、康生、李富春等在机场欢送谢胡率领的

阿尔巴尼亚党政代表团结束访问。(15日《人民日报》)

◎ 出席中国科学院计算数学技术研究所祝捷誓师大会。会上作《西江月》一首："成绩纵然伟大,斗私不可后人。使人进步在虚心,戒骄戒躁谨慎。形势当前大好,东风万里前程。人人都学解放军,高举红旗迈进。"(郭沫若纪念馆馆藏资料)

**15日** 书《满江红·领袖颂》、毛泽东词《满江红·和郭沫若同志》横批,赠田克俊。(手迹见《郭沫若书法集》,四川辞书出版社1999年版)

**20日** 与周恩来、李富春等到机场,欢迎莫克塔·乌尔德·达达赫总统及其率领的毛里塔尼亚代表团。(21日《人民日报》)

**21日** 上午,陪同达达赫总统一行参观北京工农兵体育学院。晚,陪同出席文艺晚会,欣赏交响乐《沙家浜》。(22日《人民日报》)

**23日** 重读中华书局排印的《再生缘》前十七卷本校样,在校样上题："观此书人物选姓颇有用意。书中三位主要人物,皇甫少华切黄字,梁素华切梁字,孟丽君切梦字,盖取《黄粱梦》为其主题也。此断非偶然。"手迹见郭沫若校订《再生缘》卷首插页。(《再生缘》北京古籍出版社2002年版)

◎ 晚,与周恩来、李富春等应邀出席达达赫总统的告别宴会。次日,赴机场送行。(24日、25日《人民日报》)

**31日** 与楚图南等出席"老挝人民革命斗争22年"图片展开幕式。出席开幕式的有老挝友人贵宁·奔舍那夫人和其他老挝朋友。(11月1日《人民日报》)

**本月** 在中华书局排印的《再生缘》前十七卷本校样上草拟《再生缘》前十六卷一首一尾所交代的写作日期,未完成。(《再生缘》北京古籍出版社2002年版)

## 11月

**1日** 下午,会见由小林满智子率领的日中友协(正统)青年妇女代表团。(2日《人民日报》)

**3日** 为于立修录写毛主席诗词三十七首。(据手迹)

**6日** 下午,出席首都人民纪念十月革命50周年大会。(7日《人民日报》)

**9日** 与日本国际贸易促进协会神户支局友好商社访华代表团团长村上正二郎、秘书长渡贵雄一行会面。(10日《人民日报》)

**10日** 作《满江红》，小引："欢迎解放军代表进驻科技大学，一九六七年十一月十日晨献给解放军代表同志们"。词云："解放军来，科技大，东方荡漾。从今后，一新更始，群情欢畅。三八作风昭日月，五千同学经风浪。猛斗批，努力狠批修，迎头上！　抓革命，凯歌放；促工作，心潮涨。要赶超国际水平不让。大海航行靠舵手，高峰攀上心雄壮。齐高呼，领袖寿无疆，光万丈！"（郭沫若纪念馆馆藏资料）

**12日** 为3日书写的毛泽东诗词三十七首作跋："立修同志之名本诸《离骚》'恐修名之不立'。一九三八年抗日战争初期军次桂林时，由余所代取。近年来因修正主义出现，每被简称为'修'，因而修字顿含恶意，势必非改不可。商酌久之，迄未决定。今日立修来访，将所写主席诗词赠之。立群同志建议：'可改为立新'，甚为妥贴，盖取树立新功之意也。因述此意以为跋。"（据手迹）

◎ 收到越南南方民族解放阵线中央委员会主席团主席阮友寿律师10月29日信。(13日《人民日报》)

来信致周恩来、郭沫若，感谢中国对越南南方民族解放阵线9月公布的政治纲领给予强有力的支持。

**24日** 会见意大利东方出版社社长玛丽娅·雷吉斯夫人、意大利《方针报》社长朱塞佩·雷吉斯。(26日《人民日报》)

**27日** 与周恩来、李先念等，应邀出席毛里塔尼亚驻华大使哈尔希举行的庆祝独立七周年招待会。(28日《人民日报》)

**28日** 与李富春、姚文元、李先念等出席庆祝阿尔巴尼亚解放23周年大会。次日，与周恩来、陈伯达、康生、李富春等出席阿尔巴尼亚驻华大使纳塔奈利举行的国庆招待会。(29日、30日《人民日报》)

## 12月

**2日** 上午，会见以日中友协（正统）本部大阪分会副会长久保专治为首的日本关西中小企业家同友会代表团。

◎ 下午，会见由穆罕默德·贾马·乌尔多率领的索马里文化代表团。

(4日《人民日报》)

**3日** 上午，会见由团长、罗马尼亚科学院主席团委员拉·里庞率领的罗科学院代表团成员。吴有训在座。(4日《人民日报》)

**4日** 上午，与刘宁一往陈劭先寓所，向其遗体告别志哀。

陈劭先，全国人大常委、全国政协委员、民革中央团结委员会副主任委员，2日突发心脏病，在家中逝世。(5日《人民日报》；韩树艺《陈劭先》，中国国民党革命委员会中央委员会网站 www.minge.gov.cn)

**6日** 上午，会见由阮文广率领的越南南方代表团。

◎ 晚，与李富春、陈毅等出席芬兰驻华大使海莱尼乌斯举行的招待会，庆祝芬兰独立50周年。(7日《人民日报》)

**11日** 晚，出席对外友协为欢迎阿拉伯叙利亚共和国奥玛雅民间艺术团举行的宴会。(13日《人民日报》)

**15日** 下午，在北京饭店主持召开亚非作家协商会议，在开幕式上发表讲话。会议历时7天，至21日结束。(郭沫若纪念馆馆藏资料)

**16日** 晚，与陈毅、楚图南等观看叙利亚奥玛雅民间艺术团访华演出。(17日《人民日报》)

**19日** 下午，陪同周恩来、康生、李富春等接见阮春龙团长，黎氏芝、山禄副团长率领的越南南方人民代表团，并出席首都人民庆祝越南南方民族解放阵线成立七周年大会。(20日《人民日报》)

**20日** 上午，与李富春等出席"越南南方人民决战决胜美国侵略者"图片展览开幕式。展览由对外友协和中越友协为庆祝越南南方民族解放阵线成立七周年举办。

◎ 晚，与周恩来、陈伯达、康生、李富春、陈毅等出席越南南方民族解放阵线常驻中国代表团团长阮文广举行的招待会。(21日《人民日报》)

**21日** 接读中国科学院对外联络局送来日本宗教界人士西川景文10月16日信，题赠联语："以鉴真为榜样，有晁衡作前驱。"手迹发表于日本《宗恳》杂志1968年新年号。

西川景文此前来信邀郭沫若为日中友好宗教者恳话会机关刊物《宗恳》新年号撰稿。中国科学院对外联络组因工作人员少，未及时将来信送交郭沫若，延误近两个月后始发现；考虑到写文章已来不及，建议婉谢。郭沫若未采纳，随即向对外友好协会了解对方近况，而后拟就此联寄赠，在《宗恳》1968年新年号封面上刊出。（中国科学院档案；郭平英《在郭沫若晚年作品中阅读中日友好》，《郭沫若学刊》2011年第1期）

**22日** 下午，陪同周恩来在人民大会堂与亚非作家常设局负责人和参加亚非协商会议的来自21个国家的代表会面。（23日《人民日报》）

**23日** 与康生、姚文元、李先念等出席"阿尔巴尼亚造型艺术展览"开幕式。（24日《人民日报》）

**27日** 晚，与楚图南、周一萍等观看罗马尼亚梯米什瓦拉·克拉约瓦市木偶剧团的首场演出。演出休息时，会见乌托·阿奈塔团长和剧团团员。（28日《人民日报》）

**28日** 与李先念、张治中、蔡廷锴、许德珩、李宗仁等参加邵力子追悼会。（29日《人民日报》）

邵力子，全国人大常委、全国政协常委，因病于25日在京逝世。

**31日** 晚，与楚图南等出席对外文委为罗马尼亚克拉约瓦市木偶剧团举行的招待会。

# 1968年（戊申）76岁

2月20日 根据聂荣臻建议，中国空间技术研究院经毛泽东批准成立。

3月 林彪、江青，诬杨成武、余立金、傅崇碧"武装冲击中央文革"。中央军委常委会被军委办事组取代。

5月25日 中共中央转发《北京新华印刷厂军管会发动群众开展对敌斗争的经验》。各地展开"清理阶级队伍"工作，大批干部群众被错整。

7月 中共中央、国务院、中央军委、中央文革小组发布通告，严禁破坏交通、抢劫军车、冲击解放军机关、杀伤指战员的行为。再度公告制止武斗事件。27日"首都工人毛泽东思想宣传队"进驻清华大学整顿秩序。派驻工宣队、军宣队的做法推向全国。

8月 据中组部编制的第八届中央监委委员、第三届人大常委委员、第四届全国政协常委政治情况报告，有37名监委和候补监委，60名人大常委，74名政协常委被诬为"叛徒、特务、反革命修正主义分子"。

**9月7日**　《人民日报》《解放军报》社论传达毛泽东通过"斗、批、改"达到"天下大治"的设想，称29个省、市、自治区已建立革命委员会，运动进入"斗、批、改"阶段。

**10月5日**　《人民日报》发表毛泽东"广大干部下放劳动"的号召。党政机关、高等学校的干部教师陆续下放到"五·七干校"劳动学习。

**10月13日至31日**　中共第八届扩大的十二中全会召开，在极不正常的情况下，作出把刘少奇"永远开除出党，撤销其党内外一切职务"的错误决定。

**12月22日**　《人民日报》传达毛泽东指示："知识青年到农村去，接受贫下中农的再教育，很有必要。"知识青年上山下乡运动在各地展开。

# 1月

**2日**　上午，会见由白土吾夫率领的日中文化交流协会活动家代表团。(4日《人民日报》)

◎　与刘宁一等应邀出席泰国爱国阵线驻国外代表处举行的招待会，庆祝爱国阵线成立三周年，讲话赞扬泰国人民武装斗争取得胜利。(3日《人民日报》)

**6日**　会见日本社会党国会议员石野久男、枝村要作，以及以藤原丰次郎为首的千叶县友好人士代表团。(7日《人民日报》)

**10日**　回复湖北黄石红光一村223号李继红来信，收到寄来的"淳熙十六年"印(1189年，宋孝宗最末一年)、崇宁重宝(宋徽宗，1102—1116)、太平通宝(宋太宗太平兴国，976—983)、政和通宝(宋徽宗，1111—1116)。

**12日**　作沁园春《考察须弥》。词前小序云："关于喜马拉雅山区域的科学考察成绩斐然，大为振奋。成沁园春一首，献给考察队的同志们。喜马拉雅古称须弥山，须弥、喜马，乃一音之转。"上阕颂扬科考队坦然面对险阻:"纵炎阳射线,透穿金石;巉岩剑锷,刺破苍穹;耳畔冰崩,眼前氧缺;无限风光在险峰!"下阕悉数高寒生态景象:"看杜鹃杨柳,十分娟媚;鱼龙旱獭,百倍从容;笔颖狼毫,螺杯鹦鹉,画出联翩三叶虫。"

收人民文学出版社1977年9月版《沫若诗词选》,现收《郭沫若全集·文学编》第5卷。

**14日** 为田克俊书录毛泽东诗词三十七首册页。扉页由于立群题名。

**17日** 与乔冠华、周一萍等出席中阿友协举行的报告会,纪念阿尔巴尼亚民族英雄乔治·斯坎德培逝世500周年。丁西林作报告,介绍15世纪阿人民和斯坎德培反抗土耳其侵略者的历史。观看斯坎德培事迹图片展和阿尔巴尼亚影片。(18日《人民日报》)

**19日** 晚,与乔冠华、周一萍、丁西林等应邀出席阿尔巴尼亚驻华大使纳塔奈利为纪念斯坎德培逝世500年举行的电影酒会。(20日《人民日报》)

**22日** 下午,会见阿根廷作家贝尔纳多·克尔顿及夫人。(23日《人民日报》)

**28日** 赋《沁园春》,副题"咏杂交高粱,献给努力进行育种、栽培、推广和宣传工作的同志们",刊中国科学院革命委员会《革命造反》报。记录中国科学院遗传研究所杂交高粱雄性不育研究工作的成果:"碱地之花,远超纲要,不等寻常!有人培阉种,雄须不育,天然母系,雌蕊孤芳;使之杂交,因而蕃衍,亩产能增四倍强。收成早,更抗虫耐脊(瘠),涝旱两忘。相期备战备荒,首先是精神要武装,把《两论》深研,全心全意,《三篇》朗诵,同住同商。廿又六天,花期差距,控制提前自有方。循此道,向自由王国,永远飞翔!"

## 2月

**1日** 作《沁园春》一首。以《沁园春三首 祝贺南越新春大捷》为题,刊3月1日中国科学院《革命造反》报。词云:"越南南方,新春大捷,战果辉煌。使西贡匪巢,鸡飞狗跳;寇方使馆,鬼哭神伤。正面进攻,六时占领,除夕天兵下大荒。卷风暴,看天崩地裂,倒海翻江。

城关、基地、机场,到处是熊熊烈火光。笑谈虎牛皮,全部破产;蜡熊狐媚,无法帮腔。五十万人,等同稻草,急电纷飞渡海洋。白宫兽,已精魂震荡,诚恐诚惶。"

**3日** 再赋《沁园春》。与1日所作《沁园春》,以《沁园春三首祝贺南越新春大捷》为题,刊3月1日中国科学院《革命造反》报。词云:"间谍贼船,普韦布洛,被捕元山。斥美帝发疯,调机遣舰;苍龙助虐,鼓浪翻澜。算尽心机,无非讹诈,又把和谈诡计玩。求同伙,会安全理事,勾结苏修。　　突然风暴掀天,卷来自南方之越南,传猛袭伪都,几擒寇首;重光顺化,围困溪山。平地惊雷,椰林烈火,基地机场四处燃。怎么办?叫鹰派鸽派,进退两难。"

**5日** 下午,会见由松本康行率领的日本社会党国会议员秘书学习团一行。(7日《人民日报》)

**14日** 作《登采石矶太白楼》,调寄水调歌头。初见《李白与杜甫·李白的家室索隐》,人民文学出版社1971年10月版。上半阕记景:"久慕燃犀渚,来上青莲楼。日照长江如血,千里豁名眸。"下半阕邀李白同游:"君打浆,我操舵,同放讴。有兴何须美酒,何用月当头?"

收人民文学出版社1977年9月版《沫若诗词选》,词前有小引:"追忆一九六四年五月五日在安徽马鞍山采石矶感兴";现收《郭沫若全集·文学编》第5卷。

《李白与杜甫·李白的家室索隐》述该词创作经过:"一九六四年五月,我曾经去过采石矶,看到了古人所谓燃犀渚或牛渚。长江边上的太白楼也焕然一新了。我当时做了一首《水调歌头》以纪行。"郭沫若1964年5月访问马鞍山采石矶时曾赋五言诗,而非《水调歌头》。诗云:"我来采石矶,徐登太白楼。五蜀李清莲,举杯邀在手。遥对江心洲,似思大曲酒。赠君三百斗,成诗三万首。红旗遍地红,光辉弥宇宙。一九六四年五月五日漫题。"手迹存马鞍山采石矶公园。《水调歌头·登采石矶太白楼》应在这首五言诗基础上续写完成。《沫若诗词选》注写作日期为"1968年2月14日"。

**17日** 与韩念龙、丁西林、周一萍等出席中越友协为祝贺越南南方军民新春全面出击取得胜利的报告会。

越南驻华大使吴明鸾,越南南方民族解阵线常驻中国代表团团长阮文

广应邀作报告。(18日《人民日报》)

**23日** 与陈毅、张奚若、许广平、楚图南等,出席亚非作家常设局为杜波依斯诞生100周年举行的纪念会,并讲话。重温毛泽东1963年8月的评价:"杜波依斯博士是我们时代的一位伟人。他为黑人和全人类的解放进行英勇斗争的事迹,他在学术上的卓越成就,和他对中国人民的真挚友谊,将永远留在中国人民的记忆里。"(24日《人民日报》)

**25日** 晨,作《清平乐》一首:"春回宇宙,文革凯歌奏,派性消除唯恐后。齐把私心猛斗。 冰天雪地梅花,献身吐放红霞。引出山花烂漫。东风吹遍天涯。"跋云:"科技大学举行活学活用毛泽东思想积极分子大会,为赋此词,以资共勉。"(郭沫若纪念馆馆藏资料)

**29日** 作《沁园春》其三,与1日、3日所作《沁园春》,以《沁园春三首 祝贺南越新春大捷》为题,刊3月1日中国科学院《革命造反》报。词云:"捷报重传,东风千里,南国初春。喜寇军总署,接连中弹;龙平武库,爆炸成尘。西贡周遭,湄公流域,一夜齐轰炮万尊。猛、准、狠,凭协调一致,顽敌丧魂。 英雄民族嶙峋,大无畏精神绝等伦。会鼓舞亚非,农村奴隶,包围欧美,城市蛇神。人民战争,汪洋大海,物内桃园此问津。齐奋发,快迎风推动,历史车轮!"

## 3月

**3日** 作《沁园春》。词云:"军训有方,凯歌迭奏,鼓荡东方。喜冰雪潜逃,苍山如海,云霞蒸蔚,红雨翻空。万丈长缨,倚天宝鉴,缚就长缨斩大鹏。怀三七,遇周年纪念,喜讯重重。 十年校庆欣逢,把抗大作风莫放松。要服务工农,一心一德。赶超国际,有始有终。解放人群,牺牲自我,永远忠于毛泽东。培党性,把红旗高举,树立新功!"

收人民文学出版社1977年9月版《沫若诗词选》。

**14日** 与粟裕等出席在北京工人体育馆召开的中国科学院首届活学活用毛泽东思想积极分子代表大会和第一次政治工作会议,作题为《把毛泽东思想伟大红旗插上科学技术的最高峰》的讲话,朗诵《满江红》《望海潮》各一首。

《满江红》云:"高唱凯歌,新形势越来越好。斗私字,争先恐后,武装头脑。滚滚寒流天外逃,彤彤红日心中照。献忠诚,同做新愚公,争分秒。　不爬行,戒骄躁,去迷信,破镣铐。向自由王国,永远飞跃。超字当头凭三敢,政工第一师五好。更高擎,领袖大红旗,卷风暴。"

《望海潮》云:"最新指示,条条落实,神州七亿舜尧。剑劈昆仑,澄清玉宇,何容派性嚣嚣!忠诚天样高,有三军榜样,五好英豪。超美雄心,反修壮志,气冲霄!　东风吹入梅梢,快山花烂漫,红雨翻潮;滚滚寒流,沉沉冰雹,弃甲曳兵而逃。天外红旗飘,看珠穆含笑,淮海多娇。人类前途大好,解放在明朝。"(中国科学院档案;《中国科学院首届学习毛主席著作积极分子代表大会简讯》第1期)

**15日** 拟《东风第一枝·纪念首届活学活用毛泽东思想学习积极分子代表大会与第一次政治工作会议同时胜利开幕》:"盛会空前,群情酣畅,东风欣有主。葵花万朵朝阳,骏马千群迎曙。山呼海啸,澄清了五洲迷雾。看红旗天外飘扬,彩练空中飞舞。　担当着赶超任务,誓不作爬行龟步。翻天掀起珠峰,复地横飞海飓。鸿毛泰岳,大关节辨之清楚。努力征服必然,飞向自由疆土。"(郭沫若纪念馆馆藏资料)

◎ 回答北京师范大学中文系"红烂漫"战斗组编写《主席诗词试解》过程中疑难问题的提问。

据1968年5月5日《江淮红卫兵》载《郭沫若同志答关于毛主席诗词解释中的疑难问题》;南京师范学院中文系、南京大学中文系1976年6月《毛主席诗词学习文章选编·郭沫若同志给北师大〈毛主席诗词试解〉编写同志的回信(节)》,郭沫若在复信中写道:"你们的《试解》来不及细看,对所提的问题,信笔作答,以供参考。"问答内容未经郭沫若审阅。

一、目前很多地方流传着一种对毛主席诗词的主席自注,现将我们得到的传抄本寄上,这是否确是主席的自注?传抄中是否有讹误?

[答]据我看来,是主席自注,但传抄中讹误不少。凡未正式公布的文字,最好不要引用。

二、诗词中的问题

**《沁园春·长沙》**

"万类霜天竞自由"的含义,有人认为是指社会上的各个阶级都在为自己的生存和自由权利而斗争着。我们则认为,是写蓬勃发展的革命形势和工农群众争自由求解放的革命斗争精神。这种理解是否恰当？

［答］是一九二五年暮秋写的，须考虑到当时长沙的情况。两种解释都不免是猜测。

### 《菩萨蛮·黄鹤楼》

词的写作时间，我们是按写于"四一二"大革命失败之后，"八七"会议之前来理解的。请指正。

［答］词作于"一九二七年春"，当年公历五月六日（阴历四月六日）立夏，超过了这个限度是值得考虑的。

"黄鹤知何去？剩有游人处。"主要是痛斥陈独秀右倾机会主义者，还是也包括对蒋介石的痛斥？"剩有游人处"是否有具体含义？

［答］陈独秀当时还没有离开武汉，蒋介石更说不上。如果用象征的手法去追求，除诗人自己外无法肯定。

### 《蝶恋花·从汀州向长沙》

一九三〇年左右，红军力量还比较弱小，按毛主席的革命路线，是长期积蓄革命力量……词中"六月天兵征腐恶，万丈长缨要把鲲鹏缚"是否是指红军攻打南昌的事件？若指这一军事行动，如何与毛主席的革命路线一致起来？这两句诗如何理解才符合主席思想？鲲鹏是否有所实指？

［答］这首词是有问题。关键是在"国际悲歌"作如何解。我曾解为《国际歌》，恐不确。应该是指第三国际的不正确的指挥。宜注意到"席卷"字面，是指广大农村，并非城市。

### 《渔家傲·反第二次大"围剿"》

"不周山下红旗乱"一句，除解释为千百万觉醒了的工农群众如同新时代的共工一样，将要大破大立，改天换地等等以外，"不周山"是否还需要落实？

［答］最好不要勉强落实。

### 《清平乐·会昌》

"东方欲晓"一句是毛主席对第五次"围剿"后期形势的分析。……"莫道君行早"接"东方欲晓"连贯而下，我们感到是有深刻寓意的，但我们见到的有关讲解，都不完全令人满意，请您指教。

［答］"东方欲晓"象征意义自明，"莫道君行早，更有早行人"是成语。"君"在这里可能指自己或同去登山的人，因为山上还有红军在通

夜防哨。对友虚心，对敌自信，是辩证的统一。

"风景这边独好"一句是否可以理解为既是对中央苏区的赞美，而更主要的还是对毛主席所制定的革命路线的充分肯定？

［答］可作这样理解。

### 《忆秦娥·娄山关》

关于历史背景。根据历史事实，红军长征中1935年1月14日经娄山关到遵义，1935年2月25日红军二过娄山关进攻遵义。《娄山关》一词反映的是哪一次过娄山关的情形？我们认为是写二取娄山关。因为：（1）这首词写于1935年2月。（2）第二次经过一场激战才夺取了娄山关。词中所写实际上包含这一场战斗。（3）这首词写的是一天的事。这和《红军第一方面军长征记》中所写第二次过娄山关的实际情况比较符合。

［答］同意你们的解释。

《娄山关》一词是写战斗还是写行军？我们认为不是直接写战斗，而是写战斗中的行军，因为从内容上，看不出对战斗的正面描写。这样解释对不对？

［答］当和遵义会议联系起来考虑。

"马蹄声碎，喇叭声咽"，有什么寓意？"声碎"、"声咽"有没有特殊的含意或感情色彩？

［答］求之过深，无法回答。如以象征的意义来说，上半段是写遵义会议以前，下半段是以后。注意"而今迈步从头越"句。

如何理解"残阳如血"一句？

［答］实感之外也象征着战斗的历程。

### 《念奴娇·昆仑》

这首词的主题是什么？其主题是怎样表现出来的？昆仑山有无象征意义？

［答］排除障碍（"大山"），实现世界革命。

上半阕既写了昆仑山的雄伟气势，又写了昆仑山的不驯（或罪恶？），二者怎样恰当地辩证统一起来？如何全面地理解昆仑的形象？恰如其分地认识昆仑的功罪？

［答］作为"大山"解便容易领悟。

下半阕寓意如何？这首词我们理解不透，请郭老指教。

[答] 我的理解见上。

### 《清平乐·六盘山》

"何时缚住苍龙"……这个典故的用法与出处我们没有找到……请郭老指教。

[答] "苍龙"指太岁。俗语："你敢在太岁爷头上动土"，包含有恶霸之意。（另一解为东方的方位，其色为青，其兽为龙。我曾疑指日本，但主席已否认。）

### 《沁园春·雪》

有注中说：《雪》是反对封建主义，批判两千年的封建主义的一个侧面。这一个侧面是指哪一个侧面？我们在《试解》中引用《中国革命与中国共产党》一文中的话来解释为，"中国自从脱离奴隶制度进到封建制度以后，其经济、政治、文化的发展，就长期地陷在迟缓的状态中。"这种解释合适不合适？我们粗浅的理解，"略输文采"、"稍逊风骚"、"只识弯弓射大雕"等，是用来说明即使是封建阶级的杰出代表人物，也是为了封建统治者的利益，以武力夺取政权以后，实行残酷的封建统治，他们一个个改朝换代，却从不曾致力于政治、经济、文化等根本的社会改革，从不去触动封建基础的一根毫毛，致使几千年的封建社会停滞不前，这是对两千年封建主义的极为深刻的批判。我们这样解释当否？

[答] 主要是从政治方面批判封建时代，就是这个"侧面"。批判旧时代一般是否定大于肯定。这里也多少有些肯定，提到了几位帝王，就是他们多少还值得一提。其他是自桧而下了。

"无数英雄"、"惜"、"略输"、"稍逊"等这些用词，是否也包含了对秦皇汉武等历史人物应有的肯定？

[答] 见上解释，多少有些肯定。但"只识弯弓射大雕"便肯定得更少了。

文采、风骚、大雕……这句话的意思是否说因为是写诗，所以只能用"文采"、"风骚"、"大雕"等去批判他们，不能咒骂；同时用历史唯物主义的观点看问题，对他们也不能只是咒骂一通了事，而要用历史唯物主义去批判他们。所以才采用了"文采"、"风骚"、"大雕"的批判方法。我们这种看法是否恰当？

[答] "文采"、"风骚"是好字眼，批判是在"略输"、"稍逊"上，

即是多少有点肯定。"只识弯弓射大雕"则毫无文采可言了。但能有点武功，故也没有被陷没在忘却的大海里。

主席诗词中所提到的历史人物，大都多少包含着肯定的意思。他如魏武、陶令，同属此例。

### 《七律·人民解放军占领南京》

"天若有情天亦老"和"人间正道是沧桑"之间的逻辑关系如何？我们把前句解为是后句的反衬，即：几千年黑暗的旧中国，剥削之残酷，压迫之沉重，劳动者生活之艰难，世世代代人民斗争道路之曲折，虽万世不老之苍天，若有感情，也会因之衰老，但是，"人间正道是沧桑"……这种理解是否恰当？

[答] 大体近是。

### 《七律·和柳亚子先生》

"观鱼"一典是否出自《三国演义》中的诸葛亮观鱼？（诸葛亮曰："臣非观鱼，有所思也。"）现在不少版本，"观鱼"一典多引"临渊羡鱼，不如退而结网"或"庄子与惠子游于濠梁之上"来解释，我们觉得不妥。郭老以为如何？

[答] "观鱼"等于钓鱼，你们的解释都求之过深。柳亚子说他要学严光去钓鱼，故主席用了"观鱼"字样。春秋左氏传隐公五年经作"矢鱼"，传作"观鱼"。

### 《浪淘沙·北戴河》

这首词的主题是不是对"换了人间"的新时代的热情歌颂？……前半阕是怎样为表现主题服务的？是不是以写景为主……于写景之中，极为自然地溶进了我们伟大领袖对劳动人民最亲切的关怀？

[答] 主席的诗词都是抒情。写景，情在其中。叙事，情亦在其中。

词中为什么要联系到曹操？又为什么要联系到曹操的"遗篇"？是不是由于风骤雨急的海景而自然地引起联想？曹操的"遗篇"不仅写了海景，而主要是表达了一个封建阶级的代表人物的"不平凡"的抱负。但他的所谓"抱负"和今天无产阶级的革命抱负比较起来，只能是一粟之比于沧海而已。毛主席正是借此用了今昔对比的手法，极为有力地批判了以曹操为代表的封建社会，热情洋溢地歌颂了"换了人间"的新时代。以上的理解对不对？

〔答〕对于曹操也多少有点肯定，不然就不值得一提。你们问了几个"为什么"，解诗好象在讲哲学论文。这样很难回答。主席做诗当时，只是看到、想到，因而便做到。地望、苍海、大雨、秋风、戎事，都可以发生联系，我已经作过这样的揣测。当否不敢定。

　　上段写景，下段怀古，和《沁园春·雪》是一样手法。

### 《水调歌头·游泳》

　　"子在川上曰：逝者如斯夫！"现在一般解释为：主席勉励我们，要以"只争朝夕"的自强不息的精神，投入革命斗争。我们的看法稍有不同。我们认为，主席在这里是教导我们，一个革命者，应该在革命斗争的大风大浪中度过自己的时光。我们这样解释，基于以下一些考虑：1.这样的解释能紧扣主题。上片写横渡万里长江的豪情，下片写征服长江天险的壮志宏图，上下两片都是写敢于同大风浪搏斗的。2.毛主席是在征服了波涛汹涌的万里长江之后联想起这句话的，与孔子站在岸上的处境和空发感慨的情绪绝然不同。3."逝者如斯夫，不舍昼夜。"这句确有孔子勉励人们自强不息的意思，而这样的意思又主要是从"不舍昼夜"体现出来的，主席只引用了"逝者如斯夫"，看不出有"不舍昼夜"的意思。我们的这种解释是否正确，请指正。

　　〔答〕用上了《论语》的一句话，有丰富的幽默感。主席游泳本身便是教训，一定要在字句间去追求，容易失之穿凿。当然追求也是好事。

### 《七律二首·送瘟神》

　　"一样悲欢逐逝波"一句，我们组内的理解不同，部分同志同意您的解释……部分同志认为第一首诗是写旧社会的，第二首诗是写新社会，特别是写大跃进的。……认为第一首就写了两个社会的同志解释说："一样悲欢逐逝波"是两首诗的过渡，时代变了，但刚解放，还不能彻底消灭血吸虫，到了五八年大跃进时（即"春风杨柳万千条"的时候），才能彻底赶走瘟神。我们觉得持不同看法的同志的解释，把两首诗之间两个本质不同的时代鲜明强烈的对比给冲淡了。同时这种解释又有违于写诗的一般规律。

　　〔答〕我倾向于新旧时代对比的解释。"一样悲欢逐逝波"是对旧时代的批判。

　　对这句诗的不同理解，在很大程度上与对"坐地日行八万里，巡天遥看一千河"的不同理解有关。认为第一首诗即包含有新旧两个社会的同志，认为这两句诗说明时代发生了天翻地覆的变化。另一部分同志则认为，这两句诗从哲理上讲，主要是宇宙在时间上、空间上都是无穷无尽的。这两句诗的寓意可能是指在漫长的黑暗的旧社会里，劳动人民的苦难是极为深重的。这种理解对不对？这两句诗在第一首诗中的作用和寓意究竟如何？

[答]"坐地"、"巡天"两句，写地球的自转、公转。新时代是这样转，旧时代也是这样转。在这里是写诗人自己，我看没有寓意。

对于第一首诗后四句的解释，我们最没把握，渴望郭老指正。

[答] 诗人在坐地巡天中（即日日夜夜的革命生活中）设想遇到牛郎，因此作出一问一答。

"一样悲欢逐逝波"在诗句上如何理解才恰当？

[答] 解同上。

### 《七律·登庐山》

"桃花源里可耕田？"一句，我们基本上同意您的看法，但具体解释又稍有不同，是否妥当，请您指正。

[答] 同意你们的看法。

### 《七律·答友人》

"斑竹一枝千滴泪，红霞万朵百重衣"一联，我们基本上同意您的解释。只是觉得"千滴泪"似有寓意。可否解释成：手里拿着布满了旧社会千滴泪痕的斑竹，身上披着闪耀着新社会万般幸福的彩霞。这一幸福的形象因为通过今昔对比，忆苦思甜而表现得更充分了。这种理解当否？

[答] 可以。

### 《七绝·为李进同志题所摄庐山仙人洞照》

"天生一个仙人洞"的含义是什么？我们解释为共产主义的实现，是人类历史发展的必然规律，是不以人的意志为转移的客观法则。这种解释是否牵强？

[答] 恐怕有些牵强。这首诗的重点是在"无限风光在险峰"。

### 《七律·和郭沫若同志》

我们对您两首诗解释当否？请指正。

[答] 我原诗中的"白骨精"是指帝国主义，"唐僧"是指赫秃。因

而"愚曹"不限于唐僧,所有修字号的宝贝们都包括着。"教育及时"是指剧本的反修意义。"大圣毛"是有用意的,你们似乎没有看出。

和诗的解释基本上是对的。此诗中的"白骨"和"妖精"便是修字号了。"僧"不再是赫秃,而是本来的玄奘法师。"猪"却不单是猪八戒,而是指一切受了教育的人。两诗中的孙大圣都是一样的,有用意。"无容赦"就是不讲情面,毫不放松。

**23日** 晚,与陈毅、赛福鼎、粟裕等出席巴基斯坦伊斯兰共和国驻华大使苏尔坦·穆罕默德·汗举行的国庆招待会。(24日《人民日报》)

## 春

为日本书法家種谷扇舟录毛泽东词句。(《日中国交正常化20周年记念 郭沫若生诞100周年记念 郭沫若展》图录)

## 4月

**2日** 回答《毛主席诗词》民族文字版翻译中的疑难问题。

据《毛主席诗词学习文章选编·郭沫若同志给〈毛主席诗词〉民族文字版翻译中的几个疑难问题的答复》,对毛泽东诗词部分词句如何解释作答。

问:"怅寥廓"——怅字的含义是什么?如何理解这句话?有的同志说,怅在这里表示感触、忧心,为革命担忧;另一些同志认为是表示感慨,语气是"寥廓啊!"经几次研究定不下来,我们暂按后一种意见处理了。

[答] 同意后一种。

问:"竞自由"——对这句话有几种理解:(1)比一比看谁更自由,竞相自由;(2)自由地竞争(竞相)或比赛;(3)争着去自由。(1)(3)的理解相近,我们准备暂按这种意见处理。

[答] 我倾向于第二种,万物并不是都有意识的。

问:"东方欲晓,莫道君行早"——这句话是什么语气?君是自称还是对称?现在的理解有人说"君"是指你,是对称。意思是东方欲晓,不要说你走得早(更有早行者);还有一种理解说"君"是指我们。全句的意思是：东方欲晓，莫要说我们走得早（有劝勉鼓励的意思）。准备按后一种意见处理。

［答］同意后一种。

问：昆仑——是否帝国主义的象征？因这关系到翻译时整个一首词的修辞色彩问题。

［答］昆仑是"大山"，象征革命进行中的障碍。

问："一样悲欢逐逝波"——有的同志说这句话的意思是悲者自悲、欢者自欢，依然如过去一样。另一部分同志认为这句话的意思是悲和欢都一样地随着流水过去了。从这两句过渡到下面的"春风杨柳万千条……"我们拟暂照后一种解释。

［答］我倾向于前一种，两首是新旧时代的对比。

问："教育及时堪赞赏"——是谁教育？暂处理是：《三打白骨精》这出戏起了及时教育的作用，因郭诗是看了《三打白骨精》后写的，有表扬戏的作用。

［答］是说该戏有反修的教育意义。郭诗中的"白骨精"是指帝国主义，"唐僧"则是象征赫秃，故认为"教育及时"。

问："为有牺牲多壮志"——对这句话的理解和句法结构有不同的看法。一部分同志说正是由于有先辈的不怕牺牲，因而激起更多的壮志，这句同下句"敢教日月换新天"是并列关系。句法结构上，"为有牺牲多壮志"有因果关系。另一些同志认为"为有"贯穿全句，即正因为有先辈的牺牲和多壮志，因而"敢教日月换新天"。现在倾向后一种理解的同志多些。

［答］我的看法是：为有先烈的牺牲，而促进了后死者的壮志。

问："陶令不知何处去，桃花源里可耕田？"——目前对这句诗存在不同的两种看法，一种认为桃花源可以耕田，桃花源不能全部否定，两句的意思是：陶令不知何处去，在桃花源里耕田吧？（或者桃花源里不是可以耕田了吗？）另一种意见认为桃花源里不能耕田，对桃花源要否定，两句的意思是：陶令不知何处去，桃花源里难道可以耕田吗？最初讨论确定按第一种意见处理，现准备改照后一种意见处理。

［答］照原来的字句，译轻松一点好些，不是全盘肯定，也不是全盘否定。对于空想的社会主义，马、恩、列都是多少肯定了它的历史意义

的。主席诗中所提到的古人，如秦皇、汉武、唐宗、宋祖等也都不是全盘否定。请酌。

问："赣水那边红一角，偏师借重黄公略。"这里的"借重"，是在建立红一角（革命根据地）时借重了黄公略，还是从汀州向长沙的进军中借重了黄公略？

［答］当是后者。

问："白云山头云欲立，白云山下呼声急"——"呼声急"是指敌人的呼声，还是我们的冲杀声？

［答］"枯木朽株"，有同志请示过主席，是自己人；则"呼声急"，当是自己的冲杀声。

"马蹄声碎，喇叭声咽。"这是行军的气氛，还是打仗的气氛？

［答］我觉得是行军的气氛。

问："夺席谈经非五鹿，无车谈铗怨冯驩。"这两句诗经几次讨论，译不准确。如果逐字串讲，这两句诗是什么意思？"非"与"怨"在句中是什么成分？是谓语还是其他什么成分？

［答］上句柳亚子把典故用错了，"夺席谈经"是东汉光武帝时戴凭的故事，他把它弄成西汉末年的五鹿充宗去了。上句是客气话，说自己没有学问，没有"夺席谈经"的本领。下句是牢骚，说自己象冯驩一样在埋怨出门没有车子坐。

问："雪压冬云白絮飞"，这是一种怎样的景象？现在译文上处理不好雪和冬云的关系。是否雪压着冬云，冬云低垂这样的景象？

［答］不妨讲活一点，我想似乎可以这样："寒冷的气压，闷郁的稠云，大雪象棉株絮一样纷飞。"

写出一些不成熟的意见，仅供参考。

**16日** 下午，接见由八木一郎等九人组成的日本社会党新潟县农村活动家代表团。(19日《人民日报》)

**19日** 闻讯世英清晨被北京农业大学"造反派"绑架。

**20日** 给国务院机关事务管理局军代表写信，请求出面调查世英被绑架的事实真相，予以妥善解决。

◎ 晚，出席周恩来召集国防科委、国防公办、七机部和中国科学院等单位代表的会议，解决国防科研、国防生产系统派性斗争问题。会议从晚9时40分持续至次日2时40分，长达5小时。为不给周恩来增加更多干扰，未向周恩来反映世英遭"造反派"绑架事。(郭庶英、郭平英《回忆父亲》，《郭沫若研究专刊》1979年；中国科学院《内部参考》1967年第93期；《竺可桢日记〔V〕》，科学出版社1990年版)

**22日** 晨，郭世英被迫害致死。下午，北京农业大学农学系"造反派"代表来通知世英死亡消息，愤怒中呵斥学生代表退出其办公室。嘱汉英、平英和王廷芳到学校了解情况；要求校方请法医作死亡鉴定。

据郭平英、郭庶英《回忆父亲》，世英的去世使母亲于立群无法抑制悲愤，她痛骂农大"造反派"目无法纪、惨无人道；又在极度哀痛中责怪父亲在世英被绑架当晚见到周总理时不向总理报告。面对责难，父亲"沉默着，过了好一阵才颤抖地说出一句话：'我也是为了中国好啊！……'他再也说不下去，站起身来走了出去。我们望着他的身影，望着那已经变驼的背脊，泪水不知不觉地流了出来。""世英最喜欢文学，他很早以前就可以写诗，写剧本，常常和爸爸一起讨论问题，而且他性格豪爽，一旦知错，改正得最坚决，所以爸爸格外喜欢他。但是，爸爸在世英的生命安全受到威胁的时候，他首先想到的不是自己的孩子，不是自己的家庭，而是整个国家。爸爸知道，总理自文化革命开始以来，一直处于一伙阴谋家、野心家的围攻之中；总理身边的人几乎都被停止工作，一人承担着全部繁重的国务。爸爸不愿在这种时候，再拿自己家里的事去劳累总理，牵累总理。"周恩来得知世英去世消息后，曾在看望郭沫若、于立群时安慰说："革命总是要有牺牲的。'为有牺牲多壮志，敢教日月换新天'。"事后两次派联络员去农业大学调查事件真相。郭沫若深深理解周恩来处境，未提更多要求。他心怀隐痛，将世英在河南黄泛区农场劳动期间日记和民英的部分日记抄录一过。这八本日记一直静静放在他的办公桌上。

**26日** 晚，坦桑尼亚驻华大使姆瓦卢科举行国庆招待会，与周恩来、陈毅等应邀出席。(27日《人民日报》)

**27日** 出席中国尼泊尔友好协会举行的招待会，庆祝中尼和平友好条约签订八周年。(28日《人民日报》)

# 5月

**1日** 晚，在天安门与首都军民共度"五一"之夜。(2日《人民日报》)

**20 日** 陪同毛泽东等中央领导接见中国科学院活学活用毛泽东思想积极分子。(《竺可桢日记第 5 册》，科学出版社 1990 年版)

**25 日** 与丁西林等出席中国阿富汗友好协会举行的招待会，庆祝阿富汗王国独立 50 周年。(27 日《人民日报》)

**27 日** 晚，与周恩来、陈毅等应邀出席阿富汗驻华大使苏海尔为庆祝阿独立日举行的招待会。(28 日《人民日报》)

## 6 月

**11 日** 晚，与周恩来、陈毅等应邀出席尼泊尔驻华大使伦迪尔·苏巴为马亨德拉国王举行的生日招待会。(12 日《人民日报》)

**17 日** 致函阿尔巴尼亚国立地拉那大学校长卡赫雷曼·于利，邀请在交换执行计划草案后，派代表团来北京商签 1968—1969 年科学合作执行计划。(中国科学院档案)

**18 日** 下午，与周恩来、康生、李富春、陈毅等在机场欢迎坦桑尼亚联合共和国总统朱利叶斯·克·尼雷尔和夫人来华访问。

◎ 晚，出席周恩来在人民大会堂为尼雷尔一行举行的欢迎宴会。(19 日《人民日报》)

◎ 宴会前周恩来告知，河北满城报告中央当地在国防工程中发现大型古墓，嘱负责此事，提出处理意见。宴会后请王廷芳次日前往了解隶属哲学社会科学学部的考古所近况，如情况尚好，通知派合适人员来面谈。(王廷芳《郭沫若与满城汉墓的发掘》，《郭沫若学刊》1990 年第 3 期；《中国文物报》1994 年 5 月 15 日—7 月 10 日)

**19 日** 约见考古所有关同志，商谈派遣业务人员会同河北省有关单位赴满城县陵山发掘大型崖洞墓事宜。写信报告周恩来、陈伯达。说："关于满城县发现古墓事，我和考古研究所的同志们商谈结果，初步拟订由三位同志（名单见附件）前去了解情况，再作进一步的发掘计划。请批示，并请通知满城负责单位，以便前往联系。""又据考古所的同志们反映，河北省文化局原有文物工作队，在保定市，文革前有队员二、三十人，现况不明。如该工作队今尚存在，似可就近调往工作。并此附闻。"(郭沫若纪念馆馆藏资料；王廷芳《郭沫若与满城汉墓的发掘》，《郭沫若学刊》1990 年第 3 期；《中国文物报》1994 年 5 月 15 日—7 月 10 日)

◎ 晚，与周恩来、陈毅、李先念等应邀出席坦桑尼亚大使为尼雷尔总统访华举行的招待会。（20 日《人民日报》）

**20 日** 晚，接中国科学院值班室转达陈伯达对满城古墓简报的批示，与中国科学院刘继英等商定，次日由中国科学院召集考古所、古脊椎动物所、古人类所及满城县来京汇报人员开会，提出工作方案。

陈伯达在中央办公厅关于河北省满城县发现古墓简报上批示："请中国科学院和郭老负责办理此事"。次日下午，中国科学院根据郭沫若意见召开满城发掘工作会议，决定由考古所 5 人，古脊椎动物所 2 人组成考古工作队，25 日出发。（王廷芳《郭沫若与满城汉墓的发掘》，《郭沫若学刊》1990 年第 3 期；《中国文物报》1994 年 5 月 15 日—7 月 10 日）

**21 日** 晚，与周恩来、陈毅、李先念等应邀出席尼雷尔总统和夫人的告别宴会。（22 日《人民日报》）

**22 日** 上午，赴机场欢送尼雷尔总统一行离京赴朝鲜访问。（23 日《人民日报》）

◎ 接读周恩来对 19 日报告批复，以及给北京军区郑维山代司令、陈先瑞副政委信。派人将周恩来批复送郑维山。

周恩来批复中指示北京军区根据郭沫若意见，配合满城古墓发掘工作。次日，郑维山会见刘继英等人，回复郭沫若三点意见：1. 北京军区派参谋陪同考古队前往满城，考古队自保定到满城的车辆及安全由河北省军区负责；2. 物质上凡军队能解决的，一定大力支持，负责解决；3. 军事工程完全服从考古发掘的需要。（王廷芳《郭沫若与满城汉墓的发掘》，《郭沫若学刊》1990 年第 3 期；《中国文物报》1994 年 5 月 15 日—7 月 10 日）

**24 日** 下午，听取考古所王仲殊、卢兆荫关于满城汉墓发掘设想和准备情况，表示赞同。（王廷芳《郭沫若与满城汉墓的发掘》，《郭沫若学刊》1990 年第 3 期；《中国文物报》1994 年 5 月 15 日—7 月 10 日）

**30 日** 复福建师范学院"飞雪迎春"战斗组来信，回答有关毛泽东诗词解释的三个问题。

一、《念奴娇·昆仑》中的"昆仑"，《沁园春·雪》中的雪景象征什么？"飞起玉龙三百万"句的主席原注提到孙行者借芭蕉扇的故事，是否指对社会的改造，现在只能"倚天抽宝剑"——即武装斗争才能实现社会的根本改变？

[答] 我看"昆仑"代表大山,以前压在我们头上的所有三座大山。"雪"象征反动势力。(又,在来信"现在只能'倚天抽宝剑'——即武装斗争才能实现社会的根本改变"句下画线,批注:"可以这样解"。)

二、《浪淘沙·北戴河》如何联系当时反对高饶反党联盟这一背景?"秦皇岛外打鱼船,一片汪洋都不见,知向谁边"是否深有所指?

[答] 求之过深,总不免失诸穿凿,请原谅,我不能作确切的回答。

三、《七律·登庐山》中"云横九派浮黄鹤,浪下三吴起白烟"一联,众说纷纭,有谓指大跃进景象,有谓写敌人嚣张气焰,有谓"云"指机会主义,"九派"指跃进浪潮,哪种说法比较符合原意?

[答] 我比较同意第一种。有人说,主席诗中的云、烟都指敌对势力,那是穿凿。"白云山头云欲立","遍地英雄下夕烟"的"云"、"烟"决不是敌对势力。(《郭沫若同志对福建师院〈毛主席诗词笺释〉编写组同志提出的几个问题的解答(节)》,《毛主席诗词学习文章选编》)

◎ 与粟裕、刘西尧等出席中国科学院在中关村操场召开的庆祝建党47周年、颁发《毛泽东选集》1—4卷袖珍合订本大会并讲话。(中国科学院档案)

**下旬** 建议财政部把支持满城汉墓发掘的专项经费拨中国科学院代管,绕开哲学社会科学学部,避免由于学部机构瘫痪,使经费运转受阻。(王廷芳《郭沫若与满城汉墓的发掘》,《郭沫若学刊》1990年第3期;《中国文物报》1994年5月15日—7月10日)

## 7月

**1日** 晚,与毛泽东等出席庆祝建党47周年文艺晚会,观赏钢琴伴唱《红灯记》、交响音乐《沙家浜》。(2日《人民日报》)

**3日** 听取卢兆荫、胡寿永对满城汉墓发掘工作第一次进度汇报。根据出土器物铭文年号,疑墓主人为中山靖王刘胜,指出如能发现印章,墓主人身份会更加确定。要求一定要保护好文物和现场,尽量不让人参观;文物和现场的处理,俟发掘工作全部结束后,形成方案报请周总理决定。(王廷芳《郭沫若与满城汉墓的发掘》,《郭沫若学刊》1990年第3期;《中国文物报》1994年5月15日—7月10日)

**20日** 听取胡寿永、赵夫考、张天夫对满城汉墓发掘第二次进度汇报，详细了解 12 日在后室发现金缕玉衣及其他文物的情况。决定 22 日赴满城，报周恩来批准。（王廷芳《郭沫若与满城汉墓的发掘》，《郭沫若学刊》1990 年第 3 期；《中国文物报》1994 年 5 月 15 日—7 月 10 日）

**22 日**　晨，前往满城汉墓发掘现场，登上陵山，深入墓穴，细心察看各墓室的结构以及随葬器物的分布情况。接见考古队全队人员并座谈。往返竟日。（中国科学院考古所满城发掘队《满城汉墓发掘纪要》，《考古》1972 年第 1 期；王廷芳《郭沫若与满城汉墓的发掘》，《中国文物报》1994 年 5 月 15 日—7 月 10 日）

**28 日**　向周恩来、陈伯达、康生及"文革小组"报告对满城汉墓发掘现场的考察情况，详细描述金缕玉衣的形制，对墓中未见尸骨提出质疑，指出该墓北面另有一座大墓，请求继续进行发掘，以解决现存疑点。报告写道：

"二十二日由河北军区副政委黄振棠同志陪同，前往满城南陵山，看了'汉墓'的清理工作。""后室已清理完毕。高级殉葬品颇多，就中有玉衣一件，是第一次见到的。衣由青玉片缀成，每片长方形，长约二寸，宽约一寸，在四角穿孔，由黄金丝结扎，完整无缺。等身大，从头面到脚平陈在后室北侧（该墓坑系坐西向东），枕以铜枕，俨如一个人。青玉片的刻琢，穿孔，黄金丝的制成，结扎，都显示了二千多年前劳动人民的高度智慧和技巧。""坑中没有尸骨，是值得注意的。要说尸骨消化了，不可能。因为坑中的马骨、鱼骨及骨器都还在，河南安阳殷墟的尸骨、西安半坡村新石器时代的尸骨都还在，为什么坑中没有尸骨？"

信中怀疑该墓为陪葬坑，主墓可能位于和这儿邻接着不远的北侧，其山体表面的礁石同样是被清除了的。建议"责成科学院革委会，河北省革委会，在河北军区和当地驻军的大力支援之下，用原班人马继续发掘，费不了多大的人力物力，很可能创造出一个以革命的三结合进行学术研究的样板。"（郭沫若纪念馆馆藏资料）

**30 日**　出席中国科学院革命委员会成立一周年大会，赋诗《庆本院革委会成立一周年》，云："我院换新天，月轮十二圆。斗私谁敢后？批判我争先！因素人第一，宝书生命泉。大哉毛主席，万年万万年。"（郭沫若纪念馆馆藏资料）

◎　赋诗《贺化工冶金所一步炼钢成功》："一步炼钢庆成功，人人思想必先红。中华儿女多奇志，我院冶金有化工。今见虚心成活虎，更当学习似生龙。相期永远还永远，无限忠于毛泽东。"（郭沫若纪念馆馆藏资料）

## 8月

**1日** 出席国防部在人民大会堂举行的招待会，庆祝中国人民解放军建军41周年。（2日《人民日报》）

**6日** 接读周恩来、陈伯达、郑维山对7月28日报告的回复意见。决定中国科学院、北京军区、河北省、考古所开会，共同讨论下一段工作方案。

周恩来7月30日批示："郭老有关汉墓来信，伯达、康生、江青、文元同志亲启。"8月4日批示："再送请郑维山、陈先瑞同志办。郑维山、陈先瑞同志即与郭老洽办。"

陈伯达8月3日批示："我想可以按照郭老的设想去做。"

郑维山批语："照郭老请示执行的办法"，"部队可由六工区及挖掘的原班人马负责，并请军区、卅八军加以协助"。（王廷芳《郭沫若与满城汉墓的发掘》，《郭沫若学刊》1990年第3期；《中国文物报》1994年5月15日—7月10日）

**8日** 因感冒无法参加中国科学院、北京军区、河北省、考古所就满城汉墓发掘召开的会议，写出12条备忘录交王廷芳，请代其参会。备忘录指出："现已清理出的殉葬品上有'中山内府'字样，可以证明墓是中山王之墓。有'卅四年'、'卅七年'、'卅九年'等字样，可以证明那些器物是中山靖王刘胜时所造成购置的（刘胜在位四十三【二】年，只有他够格）。但仅此，还不能断定墓'必为刘胜之墓'。因为刘胜的子孙也可以用其祖或父的遗物殉葬。希望所悬想的主墓中能发掘出更确凿的证据（最好有'刘胜'的印章）。"认为"主从二墓坑可能是对称的形式。陪葬墓的墓门位置可以作为探索'主墓'墓道的线索。从墓门而入，循序渐进，这样，墓内的状况便不会被扰乱了"。提醒注意墓内可能有刻画（如伏羲、女娲、青龙、白虎、朱雀、玄武之类）或者壁画，竹简书编。考古所的同志似乎可以多去几位，如估计时间过长，也可以考虑轮流换班，但总要有熟手参与。又补充提议先派少量人打深沟勘察，如确实证明北坡是座大墓，再组织正式发掘。（王廷芳《郭沫若与满城汉墓的发掘》，《郭沫若学刊》1990年第3期；《中国文物报》1994年5月15日—7月10日）

◎ 就广岛县冈野嘉广希望得到毛主席诗词字帖，通过书法宣传毛泽东思想的来信，嘱中国科学院外事组回复：中国没有专门教书法的人；送一份毛泽东《满江红》手迹；告知日本书道杂志有人在专门收集毛主席墨迹。（中国科学院档案）

**15日** 与周恩来、陈毅等，出席刚果（布）驻华大使馆临时代办巴库拉举行的招待会，庆祝刚果（布）革命五周年。（16日《人民日报》）

**17日** 报告周恩来，考古工作队已探明2号墓墓道。（王廷芳《郭沫若与满城汉墓的发掘》，《郭沫若学刊》1990年第3期；《中国文物报》1994年5月15日—7月10日）

**19日** 会见日中文化交流协会常务理事河原崎长十郎。（21日《人民日报》）

会见时，河原崎告知准备在日本上演《屈原》，说在日上演该剧会受到极大欢迎，给日本社会带来很大影响。郭沫若听后没有明确表示好或不好。（河原崎长十郎《崇高精神的生涯》，吉林师范大学外研所日本文学研究室编《日本文学情况与研究》1978年第1期）

**23日** 致函周恩来，报告"满城第二墓的发掘，已经把墓门找着了，外面用两层厚砖封闭着（陪葬坑没有这道手续），尚待揭启"。提议中央新闻电影制片厂派人到现场，拍摄发掘过程的彩色纪录片，"那样对于学术研究和介绍，都有很大的好处"。（郭沫若纪念馆馆藏资料；王廷芳《郭沫若与满城汉墓的发掘》，《郭沫若学刊》1990年第3期；《中国文物报》1994年5月15日—7月10日）

◎ 与周恩来、黄永胜、陈毅、李先念等应邀出席罗马尼亚驻华大使杜马举行的国庆招待会。（24日《人民日报》）

◎ 与陈毅接见日本第四次学生友好参观团和日本第四次教职员友好参观团成员。（25日《人民日报》）

**24日** 下午，往考古所察看运回该所进行整理的满城一号汉墓出土文物，勉励要将随后进行的二号墓发掘搞得更好。（王廷芳《郭沫若与满城汉墓的发掘》，《郭沫若学刊》1990年第3期；《中国文物报》1994年5月15日—7月10日）

◎ 与陈毅等出席对外友协、中罗友协举行的招待会，庆祝罗马尼亚国庆。（26日《人民日报》）

**31日** 回复福建某中学地理教员胡善美来函。云："八月十五日信收到。对于汀江的叙述，蒙您补正，谢甚。李贺（七九〇——八一六）是唐代的诗人，与韩愈同时，二十七岁去世，被称为'鬼才'，比贺铸早得多。《陆游传》上说他'嘉定二年（一二〇九）卒'，但陆游的诗中有'嘉定三年（一二一〇）正月后，不知几度醉春风'，可见宋史有误。其他请进一步查考吧。"（手迹见《诲人不倦的良师——悼念郭沫若同志》，《福建文艺》1978年8月号）

## 夏

鉴于哲学社会科学学部自"文化大革命"开始即陷入瘫痪状态，拟采纳考古所部分人员建议，将该所从学部划归中国科学院直接领导。但该建议后因多种原因难以付诸实施，颇觉遗憾。

按照周恩来关于中国科学院和学部的运动要完全分开，不得挂钩的意见，科学院只能接收考古所中与学部运动无过多牵连的业务人员，其他人员仍须留在学部，考古所势必被分成两部分。因而该设想最终未能实现。（王廷芳《郭沫若与满城汉墓的发掘》，《郭沫若学刊》1990年第3期；《中国文物报》1994年5月15日—7月10日）

## 9月

**2日** 在北京饭店理发时，向周恩来介绍满城汉墓发掘情况。周恩来对派中央新闻电影制片厂派人到现场拍摄纪录片的意见表示赞同。（王廷芳《郭沫若与满城汉墓的发掘》，《郭沫若学刊》1990年第3期；《中国文物报》1994年5月15日—7月10日）

◎ 与周恩来、康生、黄永胜、陈毅、李先念等应邀出席越南驻华大使吴明鸾的招待会，庆祝越南独立23周年。（3日《人民日报》）

**4日** 听取胡寿永关于满城第二座汉墓发掘情况汇报。（王廷芳《郭沫若与满城汉墓的发掘》，《郭沫若学刊》1990年第3期）

**7日** 与陈毅等出席中朝友好协会、对外文化友好协会举行的招待

会，庆祝朝鲜国庆20周年。（9日《人民日报》）

**9日** 晚，与董必武、陈毅等出席朝鲜驻华大使馆临时代办金在淑举行的国庆招待会。（10日《人民日报》）

**10日** 电话询问满城汉墓发掘进度，认为二号墓墓主人可能是女性。往考古所观看新运回的二号墓陪葬品。（王廷芳《郭沫若与满城汉墓的发掘》，《郭沫若学刊》1990年第3期；《中国文物报》1994年5月15日—7月10日）

**16日** 接满城考古工作队电话，报告二号墓出土了刻有"窦绾""窦君须"字样的印章等文物，因而推测墓主人是"窦太后"后人，嫁给中山靖王刘胜为后妃。（王廷芳《郭沫若与满城汉墓的发掘》，《郭沫若学刊》1990年第3期；《中国文物报》1994年5月15日—7月10日）

**中旬** 指示满城工作队，计算开凿两座汉墓的石方，估算需要多少人力，花多少年时间才能凿成。（卢兆荫《郭老与满城汉墓》，《郭沫若学刊》1992年第3期）

据中国科学院考古所满城发掘队《满城汉墓发掘纪要》，满城汉墓考古工作队于20日结束发掘工作返回北京。发掘工作历时111天，共出土包括两具完整的金缕玉衣、长信宫灯、错金博山炉在内的国宝级文物1万余件。这些文物反映出汉代社会财富的积累和生产力的发展水平，为研究我国古代冶炼、铸造、雕刻等工艺制造史提供了重要依据。（《考古》1972年第1期）

**22日** 与董必武、陈毅等出席马里驻华大使甘多举行的招待会，庆祝马里共和国成立八周年。（23日《人民日报》）

◎ 签署致电阿尔巴尼亚国立地拉那大学校长卡赫雷曼·于利，感谢该校接受邀请，欢迎派团于10月1日前来访。

该代表团因行程受阻，推迟至10月10日到达。（10月9日《人民日报》；中国科学院档案）

**23日** 听取考古所卢兆荫关于满城二号汉墓发掘情况汇报。赞同推断一号墓墓主为中山靖王，二号墓墓主为刘胜夫人窦绾的意见。对窦绾墓出土的40枚铜币拓片予以关注。其后依照铜币正面文字的韵脚、文义，排比理清出铜币顺序，定名"宫中行乐钱"。

二号墓40枚铜币出土时次序散乱，均单面有阳文铸字，背面无纹饰。铸字分两类，一种分别铸"第一""第二"至"第廿"序号（"第三"

缺，"第十九"重）；另一种各铸三或四个字。两类铜币各20枚。郭沫若据文字韵脚、文义，排比出铜币的对应顺序为：

第一，圣主佐；第二，得佳士；第三，常毋苛；第四，骄次己；第五，府库实；

第六，五谷成；第七，金钱□；第八，珠玉行；第九，贵富寿；第十，寿毋病；

第十一，万民番；第十二，天下安；第十三，起行酒；第十四，乐无忧；第十五，饮酒歌；

第十六，饮其加；第十七，自饮止；第十八，乐乃始；第十九，田田妻鄙；第廿，寿夫王母。

"骄次己"疑读"骄恣己"，□读"施"，"番"假为"蕃"，"乐乃始"谓奏乐开始，"妻鄙"犹言妻党、妻族，"田田"蕃盛貌。这一研究成果为汉代文献增添一项新资料。（卢兆荫《郭老与满城汉墓考古工作》，《郭沫若学刊》1992年第3期）

**28日** 作《满江红·毛主席去安源》。云："日出东方，安源矿，金光先到。正前进，气吞玉宇，志凌苍昊。革命雷霆深鼓动，工人阶级真领导。""有擎天巨伞，不愁天倒。屹立高峰云五彩，岂容白骨余烟袅？更高举天样大红旗，横空扫！"

收入民文学出版社1977年9月版《沫若诗词选》，现收《郭沫若全集·文学编》第5卷。

◎ 作《满江红·向工人阶级致敬》。云："谁最聪明？当然是工人阶级。凭双手，开天拓地，创基立业。紧握铁锤抓革命，破除镣铐消剥削。无私心舍己而为公，如门合。　先锋队，原动力；促生产，出知识。把五七指示认真实习。工农兵学成一体，社会主义不变色。永忠于心中红太阳，毛主席！"

收入民文学出版社1977年9月版《沫若诗词选》。

◎ 往考古所察看满城二号汉墓出土文物。（王廷芳《郭沫若与满城汉墓的发掘》，《郭沫若学刊》1990年第3期；《中国文物报》1994年5月15日—7月10日）

**29日** 晚，出席周恩来在人民大会堂举行的宴会，欢迎由阿尔巴尼亚劳动党政治局委员、人民部长会议副主席兼国防部长贝基尔·巴卢库率

领的阿尔巴尼亚党政代表团。(30 日《人民日报》)

**30 日** 晚,出席周恩来举行的招待会,庆祝新中国成立 19 周年(10 月 1 日《人民日报》)

## 10 月

**1 日** 在天安门城楼上参加国庆庆祝集会。(2 日《人民日报》)

**2 日** 晚,与周恩来、陈毅等出席巴基斯坦政府友好代表团团长、总统顾问赛义德·菲达·哈桑的告别宴会。(3 日《人民日报》)

**4 日** 在北京工人体育场,出席欢迎巴卢库及阿尔巴尼亚党政代表团的集会,与周恩来等陪同代表团成员观看文艺晚会。(5 日《人民日报》)

**6 日** 与陈毅等会见亚非作家常设局秘书长森纳那亚克和夫人,并设午宴招待。(7 日《人民日报》)

◎ 晚,与周恩来等出席阿尔巴尼亚驻华大使纳塔奈利为阿尔巴尼亚党政代表团举行的告别宴会。(7 日《人民日报》)

**11 日** 晚,会见并宴请由阿尔巴尼亚国立地拉那大学副校长弗·谢胡率领的地拉那大学代表团。(10 日《人民日报》,中国科学院档案)

**16 日** 陪同澳大利亚共产党主席希尔往考古所参观满城汉墓出土文物。(王廷芳《郭沫若与满城汉墓的发掘》,《郭沫若学刊》1990 年第 3 期;《中国文物报》1994 年 5 月 15 日—7 月 10 日)

**17 日** 陪同越南民主共和国总理范文同往考古所参观满城汉墓出土文物。(王廷芳《郭沫若与满城汉墓的发掘》,《郭沫若学刊》1990 年第 3 期;《中国文物报》1994 年 5 月 15 日—7 月 10 日)

**24 日** 与董必武等出席赞比亚驻华大使馆临时代办伦比举行的招待会,庆祝赞比亚独立四周年。(25 日《人民日报》)

**下旬** 接读日本名古屋市立女子短期大学校长有山兼孝 8 日来信,得知日本物理学家坂田昌一教授今夏患代谢性骨病,经过放射治疗后已回家疗养。嘱中国科学院外事组根据坂田及其家属在中国寻找中药的愿望,咨询对症的中药治疗办法。

中国科学院外事组根据郭沫若意见,将坂田昌一病情资料送中医研究院广安门医院研究。广安门医院认为,此病尚无特效药,目前病情处于稳定期，随时可能恶化，可根据病情提供一较稳妥的疗养性处方，虽不能治愈，但对病情可能有些益处。医院又提出"需防止日本人借此对我国治疗癌症的研究成果进行摸底"。为此，中国科学院拟就两种处理意见，征询对外友协：1. 以郭院长名义复函对方，以不掌握坂田患病详情为由，婉拒为其寻找中药；2. 以郭沫若名义复函对方，提供广安门医院所开处方，供进行汉医治疗时参考，同时表明"较倾向于按第二种意见处理"。（中国科学院档案）

## 11 月

**1 日** 与谢富治、姬鹏飞等出席阿尔及利亚民主人民共和国驻华大使萨赫利举行的招待会，庆祝阿尔及利亚革命 14 周年。（2 日《人民日报》）

**8 日** 晚，举行宴会，欢送地拉那大学代表团结束在我国的访问，次日回国。（10 日《人民日报》）

**11 日** 签署致函朝鲜人民民主共和国科学院院长吴东昱。告知来信于 10 月 7 日收到，对给中国科学院的邀请表示谢意。由于进入"斗、批、改"的新阶段，等待我们去做的工作很多，今年"将不派代表团去贵国商签两院科学合作计划。但双方可根据需要和对方的可能，就具体项目通过通信方式分别商定"。（中国科学院档案）

**17 日** 对中国科学院外事组《有关接待罗马尼亚科学院代表团几个具体问题的请示报告》作批示。针对将签字、宴请分别安排在科学会堂、北京饭店，批注："1 同在大会堂举行较好。2 罗大使是否参加？"针对"伙食费及其他零用费均自理"，批复："是我院邀请来的客人，与来华考察者有别，在约略同等的范围内，可以考虑作为客人接待，较为妥帖。"针对接待计划删除"游览八达岭"，改为增加介绍"无产阶级文化大革命情况"的意见，批复："游览节目如对方要求，可考虑适当安排。"（中国科学院档案）

**28 日** 接读中国科学院外事组 26 日函，得知向坂田昌一提供广安门医院处方的建议已获对外友协、外交部会签，国务院外事办公室亦批准同意。回复有山兼孝：

"1968 年 10 月 8 日的来信收到。获悉坂田昌一教授身体欠安，深为挂念，请代为转达我个人和中国同行们对坂田教授的问候，切望坂田教授早日恢复健康。接到先生的来信后，我便分别请北京有关的医疗单位研究了有关坂田教授病情的'意见书'。由于不掌握坂田教授的临床诊断详细材料，故意见颇难一致，也难以对症下药。因此，回信拖延，乞谅。尊信需要汉药方，兹谨将北京中医研究院广安门医院处方一件送上，仅供参考。该处方中所有的中药，闻均可在贵国的汉药房买到。

"目前我国无产阶级文化大革命，已经接近全面胜利，全国亿万群众热烈响应中国共产党第八届扩大的十二中全会的伟大战斗号召，正坚决用毛泽东思想统一认识，统一步伐，统一行动，为第九届全国代表大会在适当时候胜利召开而奋斗。想先生早已关注到，我们愿意共同表示庆贺。

"最后再次请先生代为转达对坂田教授的问候，祝愿他早日痊愈。"

复函初由中国科学院外事组草拟。郭沫若删去拟稿中"着重补肾健骨，佐以平肝"，"食物宜食清淡"，"情绪上要健康开朗"等语，批注："病理不必写上，日本人吃东西非常清淡，也不必写。"删减了拟稿对"文化大革命"进展的介绍，批注："日本报上都有记载的事，不必叙述。"结尾处删去望"以更加饱满的精力，在教学和科研中取得更大成果，为中日两国人民的友谊作出更大贡献"的高亢语句，只保留祝"早日痊愈"字样。关于为坂田提供中药处方的请示报批耗时近一个月，中科院外事组就此拟请广安门医院重抄处方，将日期推迟。郭沫若批示："最好航空寄出，不必另抄了。"（中国科学院档案）

## 12 月

**1 日** 复周国平信："你写给大家的信，我都看到。我很羡慕你们，你们正在用自己的双手创造着雄伟的史诗，比李太白、杜少陵的作品，比但丁、莎士比亚的作品，雄伟到无数倍。可惜我已经老了。年轻时曾经幻想过到新疆去，当然只是一刹那的梦。如今，这梦由你们的手变成了现实。我要为你们欢呼！"署名"老兵"。（郭沫若纪念馆馆藏资料）

**9 日** 应邀出席坦桑尼亚驻华大使姆瓦卢科举行的招待会，庆祝坦桑尼亚（大陆部分）独立七周年。（10 日《人民日报》）

**18 日** 为 1962 年 4 月 7 日在《光明日报》上发表的《再谈〈盘中

诗〉》作"补记",将满城汉墓出土的"宫中行乐钱"与《盘中诗》对照,认为二者文字风格极相近,"三字诗句在汉初已流行于上层,然则《盘中诗》可能是西汉的作品了"。(郭沫若纪念馆馆藏资料;《郭沫若文论选》,吉林人民出版社1982年版)

**19日** 出席首都群众集会,庆祝越南南方民族解放阵线成立八周年。(20日《人民日报》)

**20日** 越南南方民族解放阵线常驻中国代表团团长阮文广举行招待会,庆祝民族解放阵线成立八周年,与周恩来等应邀出席。(21日《人民日报》)

**28日** 作《沁园春·迎接一九六九年》。词云:"天安门外旗翻,看马恩列斯齐开颜。喜中华锦绣,山花烂漫,东风骀荡,杨柳蹁跹。黑白红黄,亚非欧美,星火燎原四海翻。仰红日,在太空高照,光箭万千!"

收入人民文学出版社1977年9月版《沫若诗词选》。

## 本　年

◎ 与《毛主席诗词》朝鲜文版翻译组部分同志座谈。

据《毛主席诗词学习文章选编·郭沫若同志和〈毛主席诗词〉朝鲜文版翻译组部分同志的谈话(记录稿未经本人审阅)》,谈话内容为:

**《沁园春·长沙》**

**怅寥廓:**"寥廓"是浩浩茫茫、无边无际之意,即宇宙广阔无边。"怅",表示感触,感觉到宇宙高大无边。

**激扬文字:**"激扬",是激浊扬清之意。主席在长沙读书时很年轻,当时社会上流行的是章太炎、梁启超等人的文章,当时社会上最流行的文字是他们的文字。这句话的意思是批评当时的一般流行的文章。

**《西江月·井冈山》**

**山下旌旗在望,山头鼓角相闻:** 主席说,山下山头都是我们自己的人。我到过井冈山,黄洋界在很高的地方,井冈山里头也分山上山下,有上井、中井、下井。"旌旗",一般用于自己方面的多。

**《清平乐·蒋桂战争》**

**洒向人间都是怨,一枕黄粱再现:**"洒向人间都是怨",说的是军阀战争给广大人民带来了普遍的灾难,像下雨一样。当时我所在的四川也是这样,军阀分割,好几个地方混战,给人民带来了灾难。

上下两句的关系是并列关系,但内容上,内在联系上也有因果关系,所以处理为因果关系也未尝不可。

翻译"一枕黄粱再现"这一句时,对"再"字要引起注意。就是说旧军阀混战都自取灭亡,现在军阀再战,照样是重蹈覆辙。

《渔家傲·反第一次大"围剿"》

**唤起工农千百万,同心干,不周山下红旗乱**:时态要处理为未然型好。"不周山",在译文中不一定直译出来,因为"不周山"不好理解。

《渔家傲·反第二次大"围剿"》

**枯木朽株齐努力**:"枯木朽株"是指我们自己,不是指敌人。译文里还是不直译好,要意译。"枯木朽株"说的是受伤的人也带伤作战,老人也老当益壮,藐视敌人参加战斗。

《清平乐·会昌》

**东方欲晓,莫道君行早**:"莫道君行早",只说了成语的一半,这一成语的全文是"莫道君行早,更有早行人"。当时主席清早登上了会昌城外的岚山高峰,那里挖有我们的战壕,有很多同志守卫在那里,当时主席登岚山,有不少同志陪同。

"东方欲晓",字面上的意思是天快亮了,但它有双关义,是说革命快要胜利了。

"莫道君行早",字面上的意思是你不要说起得很早,山上还有守卫的同志,比你起得更早。这句话也是双关义,说的是不要夸自己的功劳,不要以功臣自居,别人有比你功劳更大的。就是嘱咐同志们谦虚谨慎。

"君",指自己也可以,指同路去的人也可以。

**踏遍青山人未老,风景这边独好**:"踏遍青山人未老",说的是踏遍了很多地方,但精神百倍,士气高昂之意。时态可处理为已然型。

《忆秦娥·娄山关》

**马蹄声碎,喇叭声咽**:主席这首词写的是遵义会议后在娄山关打了胜仗,第二次过娄山关的情景,描写的是胜利后行军的情景,不是激烈战斗场面。

**而今迈步从头越**:"从头越",不是从山顶上跨过之意,是重新开始之意。革命尽管艰难困苦，但遵义会议以后确立了正确的路线，大方向已确定，革命有了光明的前途。

**苍山如海**：说的是今后的革命有艰难的行程。

**残阳如血**：说的是今后的革命要有艰难的斗争。

《念奴娇·昆仑》

这首词写的是打倒帝国主义实现共产主义要经过艰难的斗争，因此有困难有障碍物，当时我们头上就压有三座大山，所以要把昆仑裁为三截。昆仑作为大山，象征实现共产主义的障碍物。

**莽昆仑**："莽"，是混混莽莽，莽莽苍苍之意。是说宏大的昆仑。

**把汝裁为三截**：这个"裁"字要注意，是横裁，不是竖裁。

《七律·人民解放军占领南京》

**钟山风雨起苍黄，百万雄师过大江**：上下句子互相调换也可以，形式上看来是并列，但从内容上看也有因果关系。

《七律·和柳亚子先生》

**牢骚太盛防肠断，风物长宜放眼量**：上一句是说牢骚太过分就受不了。下一句，"长宜"在内容上是同"放眼量"发生关系，意思是说对于任何事物都应该放眼量看长远一点。"长宜"在句子成分上是状语。

附：柳亚子原诗《感事呈毛主席》

**夺席谈经非五鹿，无车弹铗怨冯□**："夺席谈经"的典故是柳亚子引错了的。"夺席谈经"的故事出自东汉光武帝时的戴凭身上。元旦贺朝时，光武帝召集学者讲经书，互相辩驳，得胜者可以夺座位，戴凭夺了五十多个。五鹿充宗是西汉时的人，也是个经学家，但同"夺席谈经"的故事毫无关系。

"非"字是"不像"的意思，是说我不像五鹿那样夺席谈经，换句话就是我没有五鹿那样夺席谈经的才能。

"怨"字是埋怨的意思。是说我同无车弹铗的冯骧那样埋怨。

上下句都是在发牢骚。上一句是客气话，下一句是直接发牢骚，埋怨自己像冯骧那样没有车坐。

《浪淘沙·北戴河》

**秦皇岛外打鱼船**：这里的句号可以不要，它是与下一句发生关系连下去的。有人说这一句是渔人们冲破惊涛骇浪深入到海里打鱼的情景。我看这说法不合乎现实。这句是说大雨滂沱，白浪滔天，打鱼船都回来了的意思。

**《七律二首·送瘟神》**

**一样悲欢逐逝波**：《送瘟神》第一首诗写过去，第二首是写现在，两首是互相对称的。

我看这一句理解为悲者自悲，欢者自欢，依然如故，更合乎主席的原意。（但这未向主席请示。）假如把这一句理解为悲欢都逐逝波一去不复返，就与下一首内容上重复了，这样上下首就不对称了。

**《七律·到韶山》**

**为有牺牲多壮志，敢教日月换新天**：上一句是说因为有牺牲，革命的壮志更增强了。"敢教日月换新天"这一句的时态处理为未然型好。

**红旗卷起农奴戟**："红旗"，指党的领导，党发动农民，领导农民拿起武器。

**黑手高悬霸主鞭**："黑手"，指敌人的魔掌，东霸天、西霸天、南霸天、北霸天，举起了残酷镇压人民的鞭。这样就开展了你死我活的尖锐的阶级斗争。有激烈的阶级斗争，就得有牺牲。"但是，中国共产党和中国人民并没有被吓倒，被征服，被杀绝。他们从地下爬起来，揩干净身上的血迹，掩埋好同伴的尸首，他们又继续战斗了。"

**《七律·登庐山》**

**陶令不知何处去，桃花源里可耕田**：主席在这里表达了一种轻松、幽默感。意思是说陶渊明不知道哪里去了，在桃花源里耕田吗？

现在对这两句解说纷纭，分歧是从对陶渊明的评价上引起的，就是对陶渊明采取多少肯定的态度，还是全盘否定的态度。"桃花源"是陶渊明所假托的乌托邦，是空想社会主义范畴，这空想社会主义，在历史上是有进步意义的，应局部地肯定它的进步性。列宁讲马克思主义有三个来源，一是英国的经济学，二是德国的哲学，三是法国的空想社会主义思潮。恩格斯也说没有空想的社会主义就不会有科学的社会主义理论。所以对空想社会主义不是全盘否定它。陶渊明比空想社会主义学说的创始人欧文、圣西门、傅立叶更早，是迄今一千多年以前的人，他在一千多年以前幻想那种社会，不是一钱不值的，不能一概抹杀他的。

主席在诗词里引用的古人都是值得提和提得起来的人。比如秦皇、汉武、唐宗、宋祖、成吉思汗、曹操，都是历史上有若干贡献的人，若完全否定，就与历史唯物主义不相符。我的看法是不全部否定，是局部否定。今天的人民公社是现实的桃花源。一九五九年正是大跃进，大家都上山下乡，陶渊明在的话也会下乡耕田去了。

**《七律·和郭沫若同志》**

**一从大地起风雷，便有精生百骨堆：** 这两句意思是一形成革命阵营，在内部就有反革命、修正主义出现的问题。

附郭沫若原诗：《看〈孙悟空三打白骨精〉》

郭老谦虚地说，我的附诗不要加进去。我写这首诗，白骨精比喻帝国主义，唐僧比喻赫光秃。但主席在和诗里是把白骨精比喻为修正主义，把唐僧比喻为要争取的中间派。

**咒念金箍闻万遍：** 是闻万遍念金箍咒。意思是对孙悟空（像阿尔巴尼亚、中国等社会主义国家）刁难。

**精逃白骨累三遭：** 是白骨精接连逃三次。句法上是念金箍咒让白骨精逃跑三次之意。说的是对敌人仁至义尽。

**一拨何亏大圣毛：** 意思是拔一毛何损于大圣毛，这里"大圣毛"的毛是有所指。

**《七律·冬云》**

**雪压冬云白絮飞：** 这里指北方来的寒流。"雪压冬云"是下雪前愁云惨淡的景象。

郭老最后说主席的诗词不好译，语言非常简练，内容非常深奥。所以译的时候要反复推敲，翻译出来的一定要成诗，不成诗不行。要是只表达思想内容的话只用白话文解释出来就好了，翻译出来后，一定要有原诗词的风韵才行。毛主席的诗比如是一杯茅台酒，译出来后起码要成为一杯白干，成一杯白开水不行，成一杯混水那就更糟了。我看过英文的译文，我不满意。

主席诗词的解释也可以采取这样的方法，先由对原文理解比较深的人来直译出来，然后由诗人再加工，采取这种两相结合的办法。

# 1969年（己酉）77岁

3月　苏联军队4次入侵珍宝岛地区，打死打伤我国边防人员。我边防部队被迫还击，外交部向苏提出强烈抗议。事件加重党内对国际形势严重、世界大战不可避免的估计。

4月　中共第九次代表大会在京举行，肯定了"文化大革命"的错误理论和实践；加强了林彪、江青等人在党内的地位；林彪"是毛泽东同志的亲密战友和接班人"被写入党章。28日中共九届一中全会选举毛泽东为中央委员会主席，林彪为副主席；毛泽东、林彪、陈伯达、周恩来、康生为政治局常委。

8月　成立全国性以及各省、市、自治区人民防空领导小组，展开群众性挖建防空设施活动。

10月17日　根据国际形势有可能突然恶化的估计，全军进入紧急战备状态。次日"林副主席第一个号令"下达。

10月26日　中共中央发出《关于高等院校下放问题的通知》，中央所属高等院校全部下放地方管理，部分高校被撤销或合并。

11月12日　原中共中央副主席、国家主席刘少奇受政治陷害，在开封含冤去世。

## 1月

1日　致函李四光。写道："李老：听说您病了，我很想和立群同志一道来看，但怕惊动您，反而不好。因此只好失礼。我们衷心祝愿您早日恢复健康。""关于旅大市出土古生物化石事，我的意见已面告李林同志，不赘述。我同意由地质部与科学院（古生物研究所）共同派人去调查，请您作为建议，回复总理。敬颂新禧！嫂夫人静候。"（《李四光和他的时代：李四光书信简集》，科学出版社2012年8月版）

2日　与谢富治、王新亭、姬鹏飞、李强等，出席古巴驻华临时代办加西亚举行的招待会，庆祝古巴解放11周年。（3日《人民日报》）

**3日** 出席泰国爱国阵线常驻国外代表处举行的酒会并讲话,庆祝泰国爱国阵线成立四周年,赞扬泰国人民的革命武装斗争,沉重打击了他侬—巴博傀儡集团的统治,沉重打击了美国在泰国和东南亚推行的侵略政策和战争政策。(4日《人民日报》)

**6日** 复周国平信。写道:"你的信和写给我的诗——《寄语老兵》,我都看了,其他的诗也看了。我这个老兵非常羡慕你,你现在走的路才是真正的路。可惜我'老'了,成为了一个言行不一致的人。我在看世英留下来的日记,刚才看到一九六六年二月十二日他在日记后大书特书的两句:'全世界什么最干净?泥巴!'我让他从农场回来,就像把一颗嫩苗从土壤里拔起了的一样,结果是什么滋味,我深深领略到了。你是了解的。希望你在真正的道路上,全心全意地迈步前进。在泥巴中扎根越深越好,扎穿地球扎到老!不多写了,再说一遍:非常羡慕你!"(手迹见周国平《岁月与性情·与郭沫若通信》,长江出版社2004年版)

**11日** 与姬鹏飞等出席坦桑尼亚联合共和国驻华大使姆瓦卢科举行的招待会,庆祝桑给巴尔革命五周年。(12日《人民日报》)

## 2 月

**1日** 与周恩来、谢富治、傅作义、许德珩、章士钊、卢汉、刘文辉、刘斐等,向李宗仁遗体告别。(2日《人民日报》)

李宗仁1月30日凌晨在北京病逝。临终前致信毛泽东、林彪、周恩来:"我在一九六五年毅然从海外回到祖国所走的这一条路是走对了的。""在我快要离开人世的最后一刻,我还深以留在台湾和海外的国民党人和一切爱国的知识分子的前途为念。他们目前只有一条路,就是同我一样回到祖国怀抱,或为解放台湾贡献力量,此外没有别的抉择。"

## 3 月

**22日** 下午,与林海云、韩念龙、丁西林等,出席中巴友好协会举行的酒会,庆祝巴基斯坦伊斯兰共和国国庆。(23日《人民日报》)

**23日** 晚,与周恩来、谢富治、邱会作、方毅等出席巴基斯坦驻华大使凯瑟举行的国庆招待会。(24日《人民日报》)

**下旬** 对中共"九大"政治报告讨论稿提意见。

1968 年 12 月，周恩来召集国务院各部委负责人会议，谈"九大"代表条件时，提到高级知识分子有李四光、钱学森、郭沫若三人。（《竺可桢日记第 5 册》，科学出版社 1990 年版）

1969 年 3 月 31 日，毛泽东在修改"九大"政治报告的批语中写道："又看了一遍，做了一些修改，主要是把第四节与第五节对调一下，末尾一小节当作第五节，这是郭沫若同志提出来的，我觉得这个意见较好。"（《建国以来毛泽东文稿》第 12 卷，中央文献出版社 1993 年版）

**本月至 5 月** 读日本山宫允编译《英诗详释》，将书中 43 位英美作家短诗译为中文，共得 50 首。译稿书写在原书英文部分的空白处。8 篇译诗附有批注。

批注认为威廉·瓦慈渥斯的《黄水仙花》"不高明"，"后两段（特别是最后一段）是画蛇添足。板起一个面孔说教总是讨厌的"；《虹》"也没多大妙处，肤浅的说教，未免可笑"。亨利·冯的《懊恼》"初读好象作者很有沉痛的忏悔，读到第三节才只是为了写作，大有头重脚轻之感"。马修·安诺德的《多浮海岸》"诗意不统一，初段写景非常明朗，转入后三段，愈写愈黑暗，几乎无法收拾。不应该在月夜写这样的诗，如在暴风雨之夜，或可使情调统一一些"。威廉·布来克的《老虎》"如此纵情赞颂，未免出自意外。诗是费了大力气，也不见得怎么出色"。妥默司·康沫尔《荷恩林登之战》"这首诗并不好，没有什么写实，也没有什么目标，只是些空响的壮语而已"。

批注肯定罗素·格林的《默想》"这首诗很有新意，的确有破旧立新的感觉。我自己也曾有过这样的感觉，但不纯"。理查·沃尔夫《爵士约翰·摩尔在科龙纳的埋葬》"写得实在而不做作。但很感人"。

《英诗详释》，东京吾妻书房 1954 年出版，由山宫允赠送郭沫若。书中收英美抒情短诗 57 首，用日英对照形式并附日文讲解。

《春之女神着素装》《春》《月神的奶头》《偶成》《交响的绿坪》《灵魂》《林》《默想》《喷泉》《八哥与画眉》10 篇译文，以《郭沫若译诗十首》为题，在 1980 年《战地》第 1 期上发表。全部译诗以《英诗译稿》为题，1981 年 5 月由上海译文出版社用英汉对照形式出版。卷首收译者像 1 页，《爵士约翰·摩尔在科龙纳的埋葬》译稿与附白 2 页，目录

6页，成仿吾1980年4月《序》2页；书后有郭庶英、郭平英1980年8月《整理后记》2页。

## 4月

**1日至24日** 出席中国共产党第九次全国代表大会，为会议主席团成员。24日当选中央委员会委员。(2日、25日《人民日报》)

◎ 会议期间作《满江红》三首。

其一，《庆祝"九大"开幕》云："雄伟庄严，象沧海波涛汹涌。太阳出，光芒四射，欢呼雷动。万寿无疆声浪滚，三年文革凯歌纵。开幕词句句如洪钟，千钧重。""听谆谆教导，天衣无缝。改地换天争胜利，除熊驱虎英雄颂。庆神州一片东方红，献忠勇！"

其二，《歌颂"九大"路线》："纸老虎，戳穿了；'乌龟壳'，粉碎掉。喜纳新吐故，心雄力饱！万朵葵花头上仰，一轮红日心中照。新凯歌来自新战场，珍宝岛！"

其三，《庆祝"九大闭幕"》："天地立心妖雾扫，帝修落魄瘟神惧。喜工农牢掌专政权，真民主。""团结会，及时雨；有希望，开新宇。同环球凉热，还须争取。备战备荒抓革命，戒骄戒躁服民务。更高擎天样大红旗，排空舞！"

三首词均收人民文学出版社1977年9月版《沫若诗词选》。

**9日** 与周恩来、黄永胜、赛福鼎、傅作义等，向张治中同志遗体告别。(10日《人民日报》)

张治中，全国人民代表大会副委员长、国防委员会副主席、民革中央副主席，6日在京病逝。其遗嘱中说："我的后半世生活在伟大的毛泽东时代"，"解放后十七、八年来，我所日夕念念不忘的是解放台湾这一片祖国的神圣领土"。"台湾是一定迟早要解放的，是任何反动力量所不能阻挡的。"

**26日** 晚，与周恩来、谢富治、李先念等，出席坦桑尼亚驻华大使萨利姆·艾哈迈德·萨利姆举行的招待会，庆祝坦桑尼亚联合共和国国庆五周年。(27日《人民日报》)

## 5月

**1日** 晚，在天安门城楼上，同出席党的第九次全国代表大会的代表及首都群众一起，共庆"五一"国际劳动节。(2日《人民日报》)

**上旬** 在和平宾馆与郭安娜会面，委托王廷芳解决郭安娜提出的两件事。第一，郭和夫的工作，请中国科学院与所在单位大连化学物理所联系，尽早安排，结束"文化大革命"以来无事可做的状况。第二，郭安娜的生活问题，报告刘西尧，请予关照。建议在上海期间仍住上海大厦，不收房租；在大连期间，由当地保证应有的副食供应。

关于解决郭安娜生活问题的报告送刘西尧后，由纪登奎批转国务院机关事务管理局军代表予以落实。(王廷芳《她酷爱中国》，1994年9月13日《解放日报》；《抗战胜利以后郭沫若与安娜的四次见面》，《百年潮》2000年第7期)

**17日** 与林海云、罗贵波、丁西林等应邀出席挪威驻华大使奥尔高举行的招待会，庆祝挪威宪法日。(18日《人民日报》)

**19日** 下午，陪同毛泽东等接见参加毛泽东思想学习班的中国人民解放军指战员、干部群众代表，解放军总后勤部、海军、空军代表大会代表，工程兵第二次四好连队代表大会代表，铁道兵、通信兵有关会议代表，防化兵毛泽东思想学习班成员。(20日《人民日报》)

**21日** 复信郭开运。写道：

"五月六日信接到，料想健康，甚感欣慰。六六年五月一日曾在成都，本拟于次日乘火车赴沙湾与弟一晤，不意晚间即得北京电召，回京开会，因而改变计划。转瞬又是三年多了，时间过得真快。

弟所集主席词句一联，外边早有流传。兄往年曾集为十一字长联如下：

江山如此多娇，飞雪迎春到；风景这边独好，新潮逐浪高。

得你拟的横联'曙光初照'，甚有意思。

你要我为你写成对联，我不便写。因主席年前有指示：'我们不要题字'。我自文化大革命发动以来便没有为人写字了。细想挂对联这样的习惯也是须得破除的。

祝你好，并祝你爱人魏姊好。"

（南京师范学院《文教资料简报》1979年4月第88期）

**27日** 与周恩来、李先念等，出席阿富汗驻华大使苏海尔举行的招待会，庆祝阿富汗独立日。（28日《人民日报》）

**本月** 获悉北京地铁施工过程中，在拆除西直门箭楼时发现元代和义门瓮城遗址。两次赴现场，登上20多米高城楼，细察城楼南壁元代至正年间的墨书题记。（夏鼐《郭沫若同志对于中国考古学的卓越贡献》，《悼念郭老》，生活·读书·新知三联书店1979年版）

中国科学院考古所曾希望对和义门瓮城遗址加以保护，郭沫若未直接回应。1971年7月审阅新华社报道各地考古发掘稿件时，作增补："元大都和义门瓮城城门的重见天日，要归功于北京市拆卸城墙的工人"，对工人当时主动报告主管部门，没有自行毁掉和义门的做法予以肯定。（周长年《二十六年前的一次考古发掘报告》，《新闻业务》1997年第20期）

## 6月

**5日** 出席丹麦王国驻华大使汉森举行的招待会，庆祝丹麦宪法日。（6日《人民日报》）

**10日** 出席中尼友好协会为尼泊尔国王马亨德拉50诞辰举行的电影招待会，观看纪录片《南京长江大桥》。（11日《人民日报》）

**11日** 与周恩来、李先念等应邀出席尼泊尔驻华大使苏巴举行的招待会，庆祝马亨德拉国王50诞辰。（12日《人民日报》）

**13日** 与余湛交谈，为外交部提供中国西部边境历史沿革资料。

**16日** 复周国平信。写道："你寄来的诗，我都看过。写得好，有生活内容。我写不出来，你不到农场去也是写不出来的。""认真说，我倒真正羡慕你们。用你的话来说，我是'出胎生骨的时间'太长了，因而想要脱胎换骨近乎不可能了。在我，实在是遗憾。"（周国平《岁月与性情·与郭沫若通信》，长江出版社2004年版）

**26日** 与周恩来、李先念等一起观看越南民族艺术团的访问演出。（28日《人民日报》）

## 7月

**9日** 晚，与周恩来、黄永胜、李先念等应邀出席越南南方共和临时

革命政府驻华大使阮文广举行的招待会,庆祝临时革命政府成立。(10日《人民日报》)

**11日** 与李先念等出席朝鲜驻华临时代办金在淑举行的宴会,庆祝中朝友好合作互助条约签订八周年。(12日《人民日报》)

**12日** 下午,与周恩来、黄永胜、李先念等,在首都机场欢迎巴基斯坦总统行政委员会委员努尔·汗空军中将和由他率领的巴基斯坦政府友好代表团访问我国。(13日《人民日报》)

**13日** 晚,出席周恩来为欢迎努尔·汗及其率领的巴基斯坦政府友好代表团举行的宴会。(14日《人民日报》)

**16日** 晚,与周恩来、黄永胜、李先念等,出席努尔·汗和夫人在人民大会堂宴会厅举行的告别宴会。(17日《人民日报》)

**17日** 上午,赴机场欢送努尔·汗及其率领的巴基斯坦政府友好代表团前往我国南方参观访问。(18日《人民日报》)

◎ 晚,与李先念、姬鹏飞等出席伊拉克驻华临时代办欧斯曼·阿尼举行的国庆招待会。(18日《人民日报》)

**31日** 与陈伯达、谢富治、李先念等往八宝山革命公墓,向范文澜同志遗体告别。(8月1日《人民日报》)

范文澜,中共中央委员、全国人大常委会委员、中国科学院哲学社会科学部委员、近代史研究所所长,29日在北京病逝。

## 8 月

**1日** 晚,出席国防部在人民大会堂举行的招待会,庆祝中国人民解放军建军42周年。(2日《人民日报》)

**12日** 会见日本第五次教师友好参观团团长大广直,副团长竹本良美、金治洁,以及参观团全体成员。(13日《人民日报》)

**15日** 晚,与周恩来、李先念等应邀出席刚果(布)驻华大使恩达拉举行的招待会,庆祝刚果(布)革命六周年。(16日《人民日报》)

**22日** 晚,与周恩来、李先念等应邀出席罗马尼亚社会主义共和国驻华大使杜马举行的祝罗马尼亚国庆25周年招待会。(23日《人民日报》)

**30日** 会见日本第五次学生友好参观团团长小宫秀雄、副团长片冈

宏，以及参观团全体成员。(31日《人民日报》)

## 9月

**1日** 与李先念等出席中国人民对外文化友好协会、中越友好协会举行的酒会，庆祝越南民主共和国独立24周年。(2日《人民日报》)

**2日** 晚，与周恩来、黄永胜、李先念等应邀出席越南驻华大使吴明鸾举行的招待会，庆祝越南独立24周年。(3日《人民日报》)

**3日** 回复耿庆国，告知附诗"写出了你自己的实感，读来有味"。欢迎单独来，或和张瑚同志一道来。(据手迹)

**6日** 上午，与周恩来等往越南民主共和国驻华使馆，吊唁胡志明主席病逝。(7日《人民日报》)

**7日** 出席对外友协和中朝友协举行的酒会，庆祝朝鲜民主主义人民共和国成立21周年。(8日《人民日报》)

**8日** 与谢富治、邱会作等出席朝鲜驻华临时代办金在淑举行的国庆招待会，庆祝朝鲜民主主义人民共和国成立21周年。(9日《人民日报》)

**9日** 作《西江月》二首，副题"献给地震预报战线上的同志们"。手迹发表于《地震战线》1969年第7期。

其一，"漫道地球已死，时而覆岳翻天。能教沧海变桑田，陵谷一朝转换。知患贵能防患，患来免致茫然。战书敢向地球宣：'不准突然捣乱！'"

其二，"地震敢于预报，誓将准确加添。工农兵学共争先，斩断爬行路线！北阙太阳所在，首都首要安全。欢呼国庆廿周年，'九大'精神实践！"

收人民文学出版社1977年9月版《沫若诗词选》。

◎ 复信周红兴。就在陕西长安发现的彩陶残片，说："信和彩陶照片都收到。陶片上的花纹，我看是人类像。原片存何处？半坡是出土过人像、鱼像的花纹，但没有这样生动，更有艺术味。石器时代的画家可能是有优劣之分。"(《郭沫若研究》第3辑，文化艺术出版社1987年6月版)

**17日** 陪同周恩来会见途经北京的阿尔及利亚全国革命委员会委员卡伊德·艾哈迈德，及其率领的阿尔及利亚代表团成员。(18日《人民

日报》）

**20日** 在家中与严济慈会面。

**21日** 上午，在家中与刘西尧、吴有训、竺可桢谈中国科学院的任务。建议吴有训、竺可桢下午去慰问严济慈，使其安心。（《竺可桢日记第5册》，科学出版社1990年版）

**22日** 复信周红兴。云："9月18日信接到。陶片上的类人头像可以送来看看。来时可以同罗髯渔同志一道来。最好是星期四（25日）下午三时半左右。"（《郭沫若研究》第3辑，文化艺术出版社1987年6月版）

**25日** 下午，在家中与罗髯渔、周红兴会面。

郭沫若知罗髯渔已获"解放"，颇喜悦。在观看彩陶残片后说，人类历史就是从低级向高级、从幼稚到成熟的历史，就像一个人的成长过程一样。妇女怀胎中的婴儿身上有更多的毛，臀部还有尾巴的遗迹，是人类童年、原始的象征。（周红兴《难忘的回忆》，《郭沫若研究》第3辑，文化艺术出版社1987年6月版）

**26日** 下午，与周恩来、李先念等在机场，欢迎刚果共和国（布）全国革命委员会领导机构成员、总理、政府会议主席阿尔弗雷德·拉乌尔少校和由他率领的刚果共和国（布）全国革命委员会和政府代表团由上海抵京。（27日《人民日报》）

**27日** 上午，与周恩来、黄永胜、李先念等在机场，欢迎柬埔寨王国政府首相朗诺中将和由他率领的柬埔寨国家代表团由广州到达北京。

◎ 下午，与周恩来、黄永胜、叶剑英、李先念等在机场，欢迎越南劳动党中央委员会政治局委员、越南民主共和国政府总理范文同，及其率领的越南劳动党和越南民主共和国政府代表团。

◎ 晚，与李先念等在机场，分别欢迎由外交部长哈姆迪·乌尔德·穆克纳斯率领的毛里塔尼亚政府代表团；由交通、运输和公共工程大臣鲁·普·吉里率领的尼泊尔王国政府代表团；由法塔赫领导成员阿布·卡塞姆率领的巴勒斯坦民族解放运动代表团。（28日《人民日报》）

**28日** 中午，设便宴欢迎吉里率领的尼泊尔王国政府代表团，致祝酒词。（29日《人民日报》）

**29日** 下午，与周恩来、叶剑英、李先念等在首都机场，欢迎由越南南方民族解放阵线中央委员会主席团主席、越南南方共和临时革命政府顾问委员会主席阮友寿率领的越南南方民族解放阵线，以及共和临时革命政府代表团。当晚，出席周恩来举行的欢迎便宴。（30日《人民日报》）

◎ 下午，与周恩来、黄永胜、李先念等在机场，分别欢迎由陆军参谋长阿卜杜勒·哈米德·汗中将率领的巴基斯坦政府友好代表团；由总统办公室地方行政和乡村发展国务部长、国民议会议员、坦盟全国执行委员会中央委员彼·阿·基苏莫率领的坦桑尼亚友好代表团。（30日《人民日报》）

**30日** 晚，出席周恩来为庆祝中华人民共和国成立20周年举行的盛大招待会。

◎ 夜，与周恩来、叶剑英等在机场欢迎朝鲜劳动党中央委员会政治委员会常委、中央委员会书记、朝鲜最高人民会议常任委员会委员长崔庸健，以及由他率领的朝鲜党政代表团。（10月1日《人民日报》）

## 10 月

**1日** 在天安门上参加国庆庆祝大会和游行观礼。

◎ 晚，出席周恩来为朝鲜代表团所设欢迎便宴。（2日《人民日报》）

**2日** 与周恩来、李先念等出席几内亚驻华临时代办卡马拉举行的招待会，庆祝几内亚共和国建国11周年。

◎ 晚，与周恩来、陈伯达、康生、叶剑英、李先念等，陪同参加国庆活动的各国代表团观看舞剧《红色娘子军》。（3日《人民日报》）

**3日** 与李先念等往机场欢送尼泊尔王国政府代表团离京去南方访问。

◎ 上午，与周恩来、黄永胜、李先念等在机场，分别欢送越南党政代表团、朝鲜党政代表团、柬埔寨国家代表团离京回国；欢送巴基斯坦政府友好代表团离京去外地访问。

◎ 晚，与周恩来等陪同缅甸、锡兰、瑞典、意大利等国兄弟党成员观看舞剧《红色娘子军》。（4日《人民日报》）

**4日** 上午，与邱会作等在机场，欢送巴勒斯坦民族解放运动（法塔赫）代表团离京去外地访问。

◎ 晚，与李先念等出席周恩来举行的宴会，欢迎刚果（布）全国革命委员会领导机构成员、总理、政府会议主席阿尔弗雷德·拉乌尔少校和夫人，及由他率领的刚果（布）全国革命委员会和政府代表团。(5 日《人民日报》)

**5 日** 与李先念、吴法宪、叶剑英等出席中国人民对外友好协会举行的晚会，观看坦桑尼亚杂技学习团的告别演出。(6 日《人民日报》)

**6 日** 与李先念、韩念龙等，出席朝鲜驻华临时代办金在淑举行的招待会，庆祝朝中建交 20 周年。(7 日《人民日报》)

**8 日** 与黄永胜、李先念、叶剑英等，出席周恩来举行的宴会，欢迎越南南方民族解放阵线中央委员会主席团主席、越南南方共和临时革命政府顾问委员会主席阮友寿，及其率领的越南南方民族解放阵线和越南南方共和临时革命政府代表团。(9 日《人民日报》)

◎ 致函夏渌，说："大作《释弜》，看了一遍，我同意你的见解，确是比字。""但此字似可假为被。如你所引《粹·592》首一字，释为被，似颇妥当。供参考。"(信函手迹见 2005 年 8 月 8 日《书法报》)

**10 日** 与周恩来、李先念等在机场，欢送拉乌尔总理率刚果（布）代表团离京去我国南方访问。(11 日《人民日报》)

**13 日** 与张奚若、丁西林、申健等出席对外友协和中拉友协宴请来华访问的多米尼加共和国前总统、多米尼加革命党领袖胡安·博什，多米尼加 1965 年革命政府国务部长、四二四运动领导人爱克多·阿里斯蒂。(14 日《人民日报》)

**16 日** 与周恩来、叶剑英、李先念、李作鹏等到机场，欢送阮友寿主席率代表团去我国南方访问。(17 日《人民日报》)

**18 日** 与李先念、彭绍辉等会见由老挝爱国战线党中央委员昭苏·冯萨率领的老挝爱国战线党代表团，出席对外友协举行的欢迎宴会。(19 日《人民日报》)

**21 日** 陪同周恩来接见多米尼加共和国前总统、多米尼加革命党领袖胡安·博什等多米尼加客人。(22 日《人民日报》)

**23 日** 与黄永胜、李先念等，出席周恩来为范文同和由他率领的越南党政代表团举行的欢迎宴会。(24 日《人民日报》)

**24 日** 与周恩来、黄永胜、李先念到机场，欢送范文同及越南党政代表团去我国南方访问。(25 日《人民日报》)

**25 日** 与李先念、肖劲光等出席赞比亚驻华临时代办伦比举行的招待会，庆祝赞比亚共和国独立五周年。

◎ 晚，与邱会作、彭绍辉等应邀出席朝鲜驻华临时代办金在淑为中国人民志愿军赴朝作战 19 周年举行的宴会。（26 日《人民日报》）

**31 日** 回复黄烈。信云："三十日信收到。您所开列的十一种新疆地区有关中苏边界的地图，可能很有用处。希望您亲自拿来我处看看，再作处理。许久不见，很想同您谈谈。下星期一（十一月三日）的下午三时，我在家等您。专复，祝健康！"（手迹见《转变中的近代中国·郭沫若》，文物出版社 1992 年版）

## 11 月

**1 日** 晚，与谢富治、粟裕等应邀出席阿尔及利亚驻华临时代办纳赛赫迪纳·哈发特举行的招待会，庆祝阿尔及利亚革命 15 周年。（2 日《人民日报》）

**6 日** 复函黄烈。云："您抄来的储光羲诗，收到。谢谢您。外交部今天派了两位同志把地图十一张取去了，他们向您表示感谢。余湛同志信，请阅存。'服药求神仙，多为药所误'，这两句诗的出处，您知道吗？"（据复信手迹）

"服食求神仙，多为药所误"，语出《古诗十九首·驱车上东门》。在《李白与杜甫·李白的道教迷信及其觉悟》中引用。

**8 日** 晚，出席中柬友好协会为庆祝柬埔寨王国国庆 16 周年举行的酒会。（9 日《人民日报》）

**9 日** 晚，与周恩来、李先念等应邀出席柬埔寨驻华大使瓦朗丹举行的国庆招待会。（10 日《人民日报》）

**10 日** 收阅竺可桢来函。复信同意来信中关于钓鱼岛石油开采权属于中国的观点，建议直接给周恩来写信，愿为转交。

竺可桢来函建议人大常委会就日本舆论界声称尖阁岛是冲绳岛的一部分，与中国争夺石油开采权问题发表声明，明确该岛的开采权属于中国。（《竺可桢日记第 5 册》，科学出版社 1990 年版）

**14 日** 晚，与李先念、邱会作、吴德等出席北京市革命委员会、解

放军总政治部、中国人民对外友协、中阿友协举行的招待会，欢迎阿尔巴尼亚人民军艺术团到京。（15日《人民日报》）

**17日** 复信殷涤非："前后两信和诗词均收到，诗词蒙录赠，谢谢。""毛主席去年有过指示：'我们不要题字'。因此我早就封了笔了。您要题座右铭，我不好违背主席的指示，请鉴谅。""宣纸两张，只好缴白卷了。"（据复信手迹复印件）

**19日** 会见日中友好协会（正统）总部理事长宫崎世民等日本友人。（20日《人民日报》）

**20日** 会见日中文化交流协会常任理事宫川寅雄等日本友人。

◎ 晚，与李先念、邱会作、吴德等在民族文化宫剧场观看阿尔巴尼亚人民军艺术团访华首次演出。（21日《人民日报》）

**21日** 会见日中友好协会（正统）总部会长黑田寿男等日本友人。（22日《人民日报》）

**24日** 会见日本国际贸易促进协会专务理事萩原定司等友好人士。（26日《人民日报》）

**25日** 与谢富治、粟裕等，出席中阿友协和中国人民对外友好协会为庆祝阿尔巴尼亚解放和人民革命胜利25周年举行的"阿尔巴尼亚电影周"开幕式。（26日《人民日报》）

**28日** 就英国科学家李约瑟希望来华访问一事，向竺可桢了解中国科学院以前接待李约瑟访问情况。拟就书面意见致中科院外事部门："关于李约塞夫妇和助手，及所推荐的三位学者访华事，刚才已在电话中谈及。此事，由学部处理有困难。因学部明年要迁往信阳，李约塞本人是自然科学家，所推荐的三人也有两人是属于自然科学的范围（一位是森林学家，一位是数学家），和学部也不对口径。因此，学部仍把原信送到我处来了。我再转到你处，请你们处理。（在电话中已得到你们同意。）"

"我的意见是：鉴于时局的不稳定，他们的来访似可以再推缓一两年。请刘西尧同志考虑一下。如果你们同意我这个想法，问题很简单，请立即用我的名义回他一信，但把话说得娓婉一点。如我这个想法不周到，请征询一下外交部的意见，上报请示后再回答。"（中国科学院档案；《竺可桢日记第5册》，科学出版社1990年版）

◎ 下午，出席并主持召开首都群众集会，庆祝阿尔巴尼亚解放25周

年。康生、黄永胜、姚文元、谢富治等出席。(29日《人民日报》)

◎ 晚，与周恩来等应邀出席毛里塔尼亚驻华大使哈尔希举行的国庆九周年招待会。(29日《人民日报》)

**29日** 阿尔巴尼亚驻华大使罗博举行国庆招待会，与周恩来等应邀出席。(30日《人民日报》)

## 12月

**6日** 应邀出席芬兰驻华大使海莱尼乌斯举行的独立日招待会。(7日《人民日报》)

**15日** 阅改中国科学院外事组以郭沫若名义起草的致李约瑟复信，建议李约瑟与夫人和助手"在一、两年后的适当时机到我国来访问"，以便中国科学院集中精力，搞好"斗批改"这一"改革科研体制的工作"。提出"如果伯克先生、奥福特教授以及罗埃博士能在那时和您们来访，我们也非常欢迎。请您向三位先生转达"。(中国科学院档案)

一年半以后，郭沫若向李约瑟正式发出访华邀请。

**19日** 与李先念等出席对外友协和中越友协举行的酒会，庆祝越南南方民族解放阵线成立九周年。(20日《人民日报》)

## 本　年

《李白与杜甫》一书手稿由中国科学院印刷厂印刷装订成册。

陈伯达阅读该书书稿后，严加指责，说第一章为了证实李白不是少数民族引用的李白描写汉民族迫害杀戮少数民族的作品，要通通改掉。书稿遂被长时间搁置。(王锦厚《郭沫若学术论辩》，成都出版社1990年6月版)

10月，外交部发表《驳苏联政府一九六九年六月十三日声明》，引用郭沫若《李白与杜甫》书中关于李白出生在碎叶的观点。指出"新疆地区同中国其他部分发生政治、经济、文化联系，至少也有两千多年的历史。远在公元前，中国汉朝就在巴尔喀什湖以东、以南的广大地区设有行政机构。八世纪，中国唐朝的大诗人李白就出生在巴尔喀什湖南的碎叶河上的碎叶。巴尔喀什湖以东、以南地区的准噶尔部是中国厄鲁特蒙古人的游牧部落。清朝平定准噶尔部，是中国的内部问题，和中俄边界毫不相干。在清朝，中国的西部疆界原在巴尔喀什湖，这不仅有大量中国官方文件的记载，就连沙皇俄国和苏联的许多著作和历史地图也都是确认的。"（10月9日《人民日报》）

# 1970年（庚戌）78岁

2月至3月　国务院全国计划工作会议提出要"狠抓战备"，集中力量建设三线战略后方。

3月17日至20日　中共中央工作会议讨论召开四届人大和修改宪法问题。毛泽东提议不设国家主席。

3月27日　中共中央发出《关于清查"五·一六"反革命阴谋集团的通知》。林彪、江青等借机把反对"中央文革"、林彪、江青一伙的干部群众打成"五·一六"分子。

4月24日　我国第一颗人造地球卫星发射成功，成为世界上第五个能够自主研制和发射人造地球卫星的国家。

4月28日　我国政府声明支持越南（北方和南方）、柬埔寨、老挝三国四方最高领导人会议。

5月20日　毛泽东发表声明《全世界人民团结起来，打败美国侵略者及其一切走狗！》。

6月27日　中共中央批准北大、清华"招生（试点）的请示报告"，同意废除考试制度，招收工农兵学员。

8月23日至9月6日　中共九届二中全会在庐山举行。开幕会上林彪称赞毛泽东的天才；陈伯达在小组会散发材料，吹捧林彪；毛泽东严加批评。林彪、江青集团间的斗争表面化。

11月16日　中共中央成立中央组织宣传组，康生任组长，江青、张春桥、姚文元、纪登奎、李德生为组员。后康生称病，李德生调沈阳，该组被江青、张春桥、姚文元操控。

12月22日　周恩来按照毛泽东提议召开华北会议批判陈伯达；改组北京军区。

## 1月

**2日** 应邀出席古巴驻华临时代办加西亚举行的招待会,庆祝古巴解放11周年。(3日《人民日报》)

**9日** 作诗三首,和龚自珍《杂诗》三首。(郭沫若纪念馆馆藏资料)

其一:"先生毕竟是诗豪,一赋《闲情》韵致高。夸父女娃同拜倒,征知满腹有牢骚。"

"娃"殆为"娲"之误。龚自珍原诗:"陶潜酷似卧龙豪,万古浔阳松菊高。莫信诗人竟平淡,二分《梁父》一分《骚》。"

其二:"孟轲读倦说荆轲,《三颂》吟酸咏《九歌》。记得先生尊鲁叟,圣贤任侠哪边多?"

龚自珍原诗:"陶潜诗喜说荆轲,想见《停云》发浩歌。吟到恩仇心事涌,江湖侠骨恐无多。"

其三:"先生情性青莲温,应向田家说报恩。五十何殊百步走,同归朝叩富尔门。"

龚自珍原诗:"陶潜磊落性情温,冥报因他一饭恩。颇觉少陵诗吻薄,但言朝叩富儿门。"

**12日** 与姬鹏飞、方强等应邀出席坦桑尼亚联合共和国驻华临时代办萨里姆举行的招待会,庆祝坦噶尼喀独立八周年和桑给巴尔革命六周年。(13日《人民日报》)

**13日** 下午,赴八宝山革命公墓参加王维舟同志遗体告别仪式。(14日《人民日报》)

王维舟,全国人大常委会委员,于10日在京逝世。

**17日** 作《西江月》四首,献给全国地震工作会议。以手迹形式发表于《地震战线》1970年第1期。

其一:"七〇年代伟大,各条战线扬镳。风流人物看今朝,地震力争预报。肩荷赶超任务,岂容松懈分毫!必须力戒躁和骄,呈出崭新风貌。"

其二:"翘首西南一角,为陵为谷频传。工农兵学齐上前,高举红旗抗患。 当作帝修看待,大家擦掌磨拳。集中力量将敌歼,敢向地球开战!"

其三:"地球还同纸虎,虫鱼敏感异常。请看鸟兽尤激昂,岂有人而怅惘? 总结由来经验,制定规划远长。赤心捧献红太阳,树立全球榜样。"

其四:"有所发明创造,为毛主席争光。爬行主义太荒唐,祸国殃民无量! 跃进歌声四起,行军军歌悠扬。东风吹送梅岭香,转瞬百花齐放。"

1966年邢台地震以来,中国进入强震活跃期。1970年初云南通海7.7级大地震,仍毫无预警。国家决定筹组地震局,加快地震预警工作,期待在三五年内对5级以上地震能够有所预报。(钱钢《在地震预警问题的背后》,《二十一世纪》2008年8月)

**20日** 接有山兼孝12日来信,得知坂田昌一已接受癌症切除手术,希望继续用中医方法治疗。复信云:"新年恭喜。一月十二日手书奉悉。请向坂田昌一教授问候。所嘱之件,已经交有关部门研究,结果如何,当尽快手答。专此,顺候教安。"

复信经刘西尧请示周恩来后发出,并将有山兼孝来信和坂田昌一病情诊断书转卫生部研究处理。(中国科学院档案)

**22日** 收到刘西尧转来卫生部针对坂田昌一病情提供的处方,再复刘西尧云:"对坂田病症的处方,我写了一信给有山兼孝,请您过目后,交外事组付邮。"(中国科学院档案)

处方中有两味草药"鸡血藤"、"阿胶珠"因书写不规范,曾使对方配药时发生疑点。

**本月** 根据江青要求,为京剧样板戏《红灯记》《沙家浜》唱词提修改意见。提出《红灯记》中李铁梅唱词"不许泪水腮边洒"的"洒"字宜改为"挂"。《沙家浜》中沙奶奶讲诉共产党解救其子四龙时的一句唱词"共产党就像他的亲娘一样"比喻不当。沙奶奶即是四龙的母亲,这唱词等于说"共产党就像我自己一样"。后将这句唱词改为"共产党就像太阳一样"。

上述意见被中国京剧团及时采纳。其后江青欲请郭沫若担任"样板剧团总顾问";又让郭沫若和夫人于立群入住钓鱼台,安排在康生、江青住所之间的一幢楼内。郭沫若均以自己耳背无法胜任工作,夫人身体不好，小儿子郭建英身体也不好，需要照顾等理由予以推脱。郭建英时为初中学生，因学校停课，郭沫若几乎每天为其讲解《史记》和英语。（郭庶英《我的父亲郭沫若》，辽宁人民出版社2004年版）

**本月** 根据外交部初步意见，对尼泊尔、印度、巴基斯坦三国国情作了解。

外交部就尼泊尔国王邀请中国领导人出席比兰德拉王太子婚礼事，拟议由郭沫若作为特使，代表周恩来总理、董必武副主席前往尼泊尔。1月27日，周恩来批阅该项送审报告时写道："考虑再三以请郭老为特使致贺较妥"。随后毛泽东批示："可以照总理设想作出访安排。但究应如何安排，请中央酌定。"（《周恩来年谱1949—1976》，中央文献出版社1977年5月版；《毛泽东年谱1949—1976》第6卷，中央文献出版社2013年12月版）

# 2月

**3日** 致函坂田昌一，云："贵恙近况，谅有好转，此间同志甚为悬念。感祝早日康复。上月22日应有山兼孝氏之嘱，曾奉上中医第二次处方，想已到达。望能有所贡献。敬祝痊安。""蒙赐贺年片，已拜领，谢谢。"（载《郭沫若研究》第9辑，文化艺术出版社1991年12月版）

**16日** 回复有山兼孝6日来信，根据中国科学院外事组与卫生部沟通结果，详细解答处方中因鸡血藤、阿胶珠误写为"鸡血苊""阿肢珠"而造成的疑问：

"二月六日信悉。经将信中所陈之事咨询有关单位研究后，得知：鸡血苊确即鸡血藤。如无此药，可用丹参五钱代。阿肢珠是阿胶珠之笔误，此药可用阿胶三钱，熬好以后代用。原处方中所列二十种药物，在无以上两种时，亦可继续照服。坂田教授的健康，同为我国朋友们所十分关切。恳切地望他早日康复，并请代为问候。"（中国科学院档案）

◎ 嘱中国科学院外事组与卫生部联系，按照处方剂量准备好30服鸡血藤、阿胶珠，托西园寺公一带往日本，转交有山兼孝。（中国科学院档案）

**20日** 将浙江宁波蒋仲青来函及《关于潮汐成因的大胆怀疑和设想》一文转请竺可桢阅处。（《竺可桢日记[V]》，科学出版社1990年版）

该信后由北京天文台回复。

**24日** 请竺可桢向地理所借阅关于尼泊尔的书籍。（《竺可桢日记[Ⅴ]》，科学出版社1990年版）

**25日** 出任中华人民共和国特使和中国友好代表团团长前往加德满都，参加尼泊尔王国比兰德拉王太子和艾什瓦尔雅公主婚礼并进行友好访问。

代表团团员有：全国人大常委委员贝时璋，全国人大代表、河北省革委会委员徐恒禄。周恩来、李先念、林海云、韩念龙、刘西尧等到车站送行。(26日《人民日报》)

**26日** 晚，飞抵巴基斯坦东部城市达卡，受到东巴基斯坦首席秘书沙菲乌勒·阿扎姆，达卡专区专员穆罕默德·阿拉乌丁，巴外交部代表曼苏尔·艾哈迈德·乔杜里，东巴巴中友协主席米尔扎·吴拉姆·哈菲兹等人迎接。中国驻巴大使张彤和驻达卡总领事胡景瑞也到机场迎接。(3月1日《人民日报》)

**27日** 上午，离开达卡前往加德满都。东巴首席秘书、达卡专员、巴外交部代表、东巴巴中友协主席等到机场送行。送行的还有张彤、胡景瑞等。

抵达加德满都，在机场受到尼外交大臣杰亨德拉·巴哈杜尔·拉杰班达里，全国评议会副议长普拉贾·拉贾·拉克斯米·辛格和我国驻尼大使王泽等人欢迎。(3月1日《人民日报》)

◎ 率团出席比兰德拉王太子和艾什瓦尔雅公主在王国政府大厦举行的婚礼。次日，出席在王宫举行的婚礼。(2日《人民日报》)

## 3月

**1日** 下午，率团拜会比斯塔首相。晚，观看焰火。(3日、4日《人民日报》)

**2日** 下午，率团拜会尼全国评议会议长拉利特·昌德。(5日《人民日报》)

◎ 晚，与王泽等出席马亨德拉国王、王后举行的婚礼招待会，会后观看文艺演出。(4日《人民日报》)

**4日** 与王泽等出席马亨德拉国王、王后举行的庆贺宴会。(5日《人民日报》)

**5日** 应尼泊尔王国政府和全国评议会邀请对尼进行友好访问。下午，与贝时璋、徐恒禄分别会见比斯塔首相、昌德议长。

◎ 晚，应邀出席昌德议长举行的招待会。首相比斯塔、首席法官辛格等高级官员，以及尼中友协会长在座。(7日《人民日报》)

**6日** 率团与马亨德拉国王会晤。尼泊尔交通、运输和工程国务大臣、国王首席私人秘书等在座。(8日《人民日报》)

**7日** 中午，出席尼中文化协会举行的欢迎宴会。祝酒指出，中国和尼泊尔像兄弟一样，自古以来，我们两国人民之间就存在着传统的友谊。特别是从中尼建交以来，这种传统的友谊得到了巩固和发展。希望我们代表团的这次访问，能为中尼友好大厦增添一砖一瓦。

◎ 下午，出席尼中友协举行的集会并讲话。尼泊尔首席法官辛格，国务会议常务委员会主席夏尔马等出席。王泽、使馆官员和中国工程技术人员代表参加集会。

讲话说，我们两国人民之间的友谊具有悠久的历史和广阔的前景。二十年来，中尼友好发展到了一个新的阶段。特别是自从马亨德拉国王陛下亲自过问国事以来，两国之间的友谊有了更进一步的发展。我们的尼泊尔朋友可以放心，在你们保卫民族独立和国家主权的正义斗争中，中国人民将永远是你们可靠的朋友。我们非常高兴地注意到，在中尼两国的关系中，始终表现了相互尊重、相互谅解和友好相处。我们两国之间的友好关系的顺利发展为国与国之间的和平共处树立了一个良好的榜样。(9日《人民日报》)

**8日** 参观中国援建工程逊科西水电站、加德满都—科达里公路上的"友谊桥"，受到中尼两国工程技术人员和尼泊尔工人的欢迎。(10日《人民日报》)

◎ 参观途中赋诗云："灯火连霄满面开，乘车专为看桥来。堡楼虎踞红旗耿，钢轨龙蟠白雾回。漫道银河天上落，全凭银臂水中栽。六千七百余公尺，通途天堑万口雷。"(郭沫若纪念馆馆藏资料)

◎ 晚，出席王泽为中国友好代表团访尼举行的招待会。比斯塔等军政官员，尼中友好协会会长，尼中文化协会主席，尼和平委员会主席及各国使节应邀出席。(10日《人民日报》)

**9日** 下午，结束对尼泊尔为期10天的出使和访问，离开加德满都前往巴基斯坦。

在尼访问期间，还参观了加德满都附近的帕坦古城、尼泊尔博物馆，以及中国援建的皮革皮鞋厂、砖瓦厂、公路工程机械修配厂。（10日、11日《人民日报》）

◎ 抵达巴基斯坦达卡，开始对巴基斯坦为期3天的访问。东巴首席秘书、达卡专区专员、东巴巴中友协主席等在机场迎接。旋即出席东巴巴中友好协会举行的招待会，观看业余艺术家演出。晚，出席东巴首席秘书阿扎姆举行的欢迎宴会。达卡大学副校长，巴外交部代表和东巴巴中友协主席等作陪。（11日《人民日报》）

**10日** 上午，分别拜会东巴军事管制执行官雅科卜·汗中将，达卡大学副校长阿布·赛义德·乔杜里。出席东巴省督斯·姆·阿赫桑中将举行的欢迎午宴。

◎ 晚，率团离开达卡，由张彤陪同飞赴巴基斯坦首府卡拉奇。东巴省督、东巴首席秘书、达卡大学副校长等在机场送行。（11日《人民日报》）

◎ 晚，抵达卡拉奇，受到巴财政部长纳瓦布·穆扎法尔·阿里·汗·基齐勒巴什，外交部外事秘书苏尔坦·穆罕默德·汗等官员的迎接。（12日《人民日报》）

**11日** 上午，向巴基斯坦开国者穆罕默德·阿里·真纳陵墓献花圈。随后，率代表团与叶海亚·汗总统会见。

◎ 中午，出席张彤举行的欢迎午宴。巴基斯坦海军总司令穆扎法尔·哈桑海军中将、财政部长、外交部外事秘书、巴中友协主席等应邀出席。（12日《人民日报》）

◎ 晚，出席巴基斯坦财政部长基齐勒巴什举行的欢迎宴会。致辞说："中国和巴基斯坦是友好的邻邦。我们两国人民之间有着深厚的传统的友谊。""在反对帝国主义和扩张主义的斗争中，我们互相同情、互相支持。在发展经济合作方面，我们互相帮助，互相满足彼此的需要。事实证明，建立在和平共处五项原则基础上的中巴友谊有着广阔的发展前途。"感谢巴方支持中国人民反对制造"两个中国"的阴谋的斗争。重申中国政府和人民"将一如既往，坚决支持巴基斯坦政府和人民维护民族独立、反对外来侵略和干涉的正义斗争，坚决支持克什米尔人民争取自决权利的正义斗争"。深信加强中巴友谊符合两国人民的根本利益，有利于亚非人民

团结反帝的共同事业。（13日《人民日报》）

**12日** 晨，结束对巴基斯坦的访问，离开卡拉奇回国。（13日《人民日报》）

巴基斯坦查谟和克什米尔自由党主席努尔·穆罕默德发表声明，欢迎郭沫若重申中国完全支持查谟和克什米尔人民的自决权利。中国对克什米尔自决权利和巴基斯坦反对外国侵略所给予的无条件支持震动了帝国主义国家。巴中友谊使世界帝国主义国家不安。

卡拉奇《晨报》《黎明报》，拉瓦尔品第《战斗报》《建设报》分别发表社论，赞扬中国友好代表团的访问使巴中友谊不断加强。《黎明报》说，以郭沫若为团长的中国友好代表团的成功访问，为巴总统和郭沫若有成效地交换意见提供了机会，使巴领导人和人民有可能表明他们如何珍视中国的友谊，如何希望保持这种友谊。《建设报》说，巴基斯坦人民对中国和中国领导人有着感激和爱戴之情，不允许任何企图动摇巴中友谊——我国安全基础的阴谋得逞。（15、16日《人民日报》）

**16日** 下午，与贝时璋、徐恒禄回到北京。在车站受到周恩来、李先念等人迎接。（17日《人民日报》）

**18日** 阅中国科学院送交有山兼孝3月8日来信，得知日前寄出的中药处方对坂田昌一病情有效。批示"交外事组译出，请院领导一阅，并抄卫生部"。（中国科学院档案）

有山兼孝3月8日来信述，坂田昌一服中药后患部疼痛消除，食欲增进，精神好转，吃饭时能在床上坐起上半身来，医生们高度评价这种西医难以想象的恢复。告知郭沫若的复信已装入镜框，挂在坂田昌一床前，说"中医药方加上先生的题字手迹，对坂田教授是一种科学方面和精神方面的无上支援，使他重新获得了精神上和肉体上的力量"。

**21日** 与李先念等往机场，欢迎巴勒斯坦民族解放运动（法塔赫）第一负责人、巴解组织执行委员会主席亚西尔·阿拉法特率代表团来访。随后出席李先念举行的欢迎晚宴。（22日《人民日报》）

**22日** 中午，与丁西林、刘希文、王笑一等在机场迎接松村谦三、藤山爱一郎等日本客人一行12人。（23日《人民日报》）

**23日** 晚，巴基斯坦驻中国大使凯瑟举行国庆招待会，与周恩来等应邀出席并讲话。指出巴基斯坦人民有着反对帝国主义和扩张主义的光荣传统。巴基斯坦政府奉行独立自主的外交政策，坚持捍卫国家主权和民族尊严，反对外来侵略和干涉，反对大国沙文主义的扩张政策。对此，中国政府和人民表示十分钦佩。中巴两国人民有着深厚的传统友谊。在我们两国政府和人民的共同努力下，中巴两国之间的友好合作关系不断获得巩固和发展。最近，我和中国友好代表团对巴基斯坦进行了友好访问，受到巴基斯坦政府和人民的殷勤接待和热烈欢迎。我们对于巴基斯坦政府和人民的这种深厚的友好情谊，表示衷心的感谢。(24 日《人民日报》)

**24 日** 设晚宴欢迎松村谦三一行，与松村谦三分别致辞。日本日中备忘录贸易办事处驻北京联络处代表出席宴会。丁西林、刘希文、王笑一等作陪。

讲话说，中国和日本是近邻，中国人民和日本人民有着长时期的和平友好的历史。对松村谦三近年来为增进中日两国人民的友好关系和促进中日两国关系的正常化，所做的努力表示钦佩。指出，与中日两国人民和平友好的共同愿望相反，日本反动统治者顽固坚持加紧追随美帝国主义、与中国人民为敌的政策，对中日两国关系的正常化设置了重重障碍。在美帝国主义的扶植下，日本军国主义势力正在加紧复活。日美联合公报悍然声称，中国台湾地区是"日本安全的一个极重要因素"，朝鲜"对于日本自己的安全是必不可少的"，要对印度支那地区的所谓"稳定"发挥"作用"。这几句话道破了美日反动派妄图阻挠中国人民解放自己的领土台湾省，阻挠朝鲜人民统一自己的祖国，阻挠越南人民取得抗美救国战争的最后胜利，以期实现其吞并中国台湾，囊括朝鲜，染指印度支那地区的野心。重申日美新的军事勾结，必然给日本人民带来新的深重的灾难，必然进一步恶化中日两国之间的关系。深信，决定日本命运的是日本人民，而决不是美日反动派。中日两国人民要和平友好的愿望，是大势所趋，人心所向。

◎ 晚，与吴德，姬鹏飞等陪同阿拉法特及代表团成员观看舞剧《红色娘子军》。(25 日《人民日报》)

**26 日** 批复关于"金冬日"以及"生活教育社"问题的调查提纲："所调查事项，我都不知道。金冬日此人也不知道。既任伪职，又阻挠'生活教育社'立案，是反动分子是可以想见的。这样的人，我更无从知道。"(孔夫子旧书网)

**27日** 与周恩来、李先念等应邀出席阿拉伯国家外交使节为巴勒斯坦民族解放运动代表团访华举行的宴会。(28日《人民日报》)

**28日** 与李先念等在机场欢送巴勒斯坦民族解放运动代表团离京到越南访问。(29日《人民日报》)

◎ 前往医院看望重病中的美国作家安娜·路易斯·斯特朗。(30日《人民日报》)

## 4月

**2日** 与周恩来、李先念等向斯特朗遗像和骨灰告别，致悼词。悼词写道：

"斯特朗同志是美国人民的优秀儿女，是中国人民的忠挚朋友。她一生追求进步，爱憎分明，反对帝国主义，反对修正主义，坚定支持各国人民争取民族和社会解放的庄严事业，为增进中、美两国人民之间的了解和友谊做了巨大的工作。

斯特朗同志早年就投身于进步的社会活动，积极反对帝国主义发动的第一次世界大战，参加了1919年反对垄断资本的西雅图总同盟罢工。1921年，她第一次到了苏联。在此后的二十多年中，她向美国和世界人民大量介绍了在列宁和斯大林领导下的社会主义苏联的革命和建设。在此期间，她还广泛报道了世界其他地区人民的革命斗争。

斯特朗同志曾六次访问中国，对我们的伟大领袖毛主席怀有无比的崇敬。在她的著作中到处洋溢着对毛主席的热爱和对中国人民革命事业必胜的坚强信念。她曾无限深情地说：'中国能有毛泽东主席的伟大天才是很幸福的。'"

"斯特朗的一生是光辉的一生，战斗的一生。她的逝世不仅是美国人民的损失，也是中国和其他国家人民的损失。"(3日《人民日报》)

斯特朗3月29日晚在北京逝世。

**6日** 晚，会见并设宴欢迎日本友好贸易七团体代表团萩原定司、木村一三等9人。刘希文、丁西林、王笑一等作陪。

发表讲话，对日本友好贸易界的朋友和日本人民一道积极参加反美爱国斗争、坚持中日关系的政治三原则、贸易三原则和政治经济不可分的原则，为促进中日两国人民的友好和贸易关系的发展作出积极努力表示敬意。谴责日本佐藤政府追随美帝国主义，勾结苏修社会帝国主义，变本加厉地执行敌视中国的反动政策。指出日美新的军事勾结，必然给日本人民带来新的深重的灾难，也必然进一步恶化中日两国之间的关系。中日两国人民要友好的愿望，是大势所趋，人心所向。这个时代的伟大潮流是任何人也阻挡不了的。主张同中国友好的日本各界人士和友好贸易界的朋友们也都表示了鲜明的态度，反对佐藤政府的反动政策。在这种形势下，如果有人，有意无意地为佐藤政府进行辩护，只能助长它加速复活军国主义的气焰和顽固坚持敌视中国的政策。这对于改善中日关系显然是毫无裨益的。（7日《人民日报》）

**13日** 接读有山兼孝3月25日来信、坂田昌一3月30日来信。得知2月18日复信和西园寺公一托请日中文化交流协会事务局村冈副局长转交的两味中药鸡血藤、阿胶珠已收到。阅中国科学院外事组关于上述来信的报告和译文，指出"译文有些字句上不大准确，请注意"。（中国科学院档案）

**14日** 参加中国国际贸易促进委员会和日本国际贸易促进协会等7团体共同声明签字仪式和庆祝酒会。（15日《人民日报》）

**15日** 与李先念、王新亭、李强等应邀出席朝鲜驻中国大使玄峻极举行的招待会，庆祝金日成五十八岁寿辰。招待会后观看朝鲜故事片。

◎ 与李先念等陪同周恩来接见日本友好贸易7团体代表萩原定司、木村一三等。（16日《人民日报》）

**19日** 与丁西林、王笑一等出席中国中日备忘录贸易办事处代表和日本日中备忘录贸易办事处代表会谈公报签字仪式。松村谦三及其率领的访华团成员、西园寺公一、日中备忘录贸易办事处驻北京联络处代表参加仪式。刘希文、古井喜实代表双方签字。

◎ 与李先念等陪同周恩来接见日本松村谦三及访华团。西园寺公一、日中备忘录贸易办事处驻北京联络处代表在座。（20日《人民日报》）

**20日** 与刘希文、丁西林、王笑一等应邀出席松村谦三的告别宴会，与松村谦三分别祝酒。次日，赴机场为松村一行送行。（21日、22日《人民日报》）

**24日** 坦桑尼亚联合共和国驻中国大使万布拉举行招待会，庆祝坦

国庆六周年，与周恩来、李先念等应邀出席。(25日《人民日报》)

**28日** 与李先念等出席中尼友好协会举行的酒会，庆祝中尼和平友好条约签订十周年。(29日《人民日报》)

## 4、5月间

与周恩来分别就四川成都凤凰山明墓的考古发掘作指示，同意中国科学院考古研究所和四川省博物馆共同组成工作队进行发掘。(中国社会科学院考古所、四川省博物馆成都明墓发掘队《成都凤凰山明墓》；杨铭庆《郭老二三事》，《考古》1978年第5期)

## 5月

**1日** 晚，在天安门城楼上同首都军民共度"五一"国际劳动节。(2日《人民日报》)

**6日** 下午，与李先念、周建人、李四光、傅作义，许德珩等赴八宝山革命公墓，向马叙伦骨灰告别。(7日《人民日报》)

马叙伦，全国政协副主席、中国民主促进会主席、中国民主同盟副主席，4日凌晨在北京病逝。

**7日** 偕夫人于立群，与周恩来、康生、黄永胜、李先念等观看越南第四区业余艺术团的演出，观看演出的还有柬埔寨国家元首西哈努克和夫人、柬民族团结政府首相宾努和夫人，老挝爱国战线党总书记富米·冯维希等。(8日《人民日报》)

**10日** 作七绝《赠日本松山芭蕾舞团》。云："银丝白发话艰难，壮志终移三座山。二十八年如昨日，万方翘首望延安。"诗前小序曰："日本松山芭蕾舞团为纪念毛泽东《在延安文艺座谈会上的讲话》发表二十八周年，在东京演出芭蕾舞剧《白毛女》，题此以赠。"

收入人民文学出版社1977年9月版《沫若诗词选》，与1972年4月30日所作另一首七绝以《赠日本松山芭蕾舞团（二首）》为题；现收《郭沫若全集·文学编》第5卷。

**13日** 接读有山兼孝6日来信，批复中国科学院外事组："坂田教授的病情逐渐好转，打算在本月底退院。送来'临床经过书'及坂田夫人

的'追记',想请中国大夫看看,如药方须更改,仍望交付有山兼孝转。请向刘西尧同志汇报。"(中国科学院档案)

**16日** 与周恩来、康生、黄永胜、李先念等出席挪威驻华大使举行的招待会,庆祝挪威宪法日。(17日《人民日报》)

**21日** 出席在天安门广场举行的集会,声讨美国扩大侵略战争,拥护毛泽东20日声明《全世界人民团结起来,打败美国侵略者及其一切走狗!》。(22日《人民日报》)

**27日** 晚,与李先念、姬鹏飞等应邀出席朝鲜大使玄峻极举行的宴会,欢迎同柬埔寨右派势力进行坚决斗争的朝鲜、中国、越南南方共和国前驻柬外交人员胜利返回。(28日《人民日报》)

**30日** 根据中国科学院外事组咨询卫生部意见,回复有山兼孝:"五月五日来信及附件均收到。坂田教授病情逐渐减轻,同申庆贺。经征询处方大夫意见,据云:处方不必更换,原方可以照服,但阿胶珠可以改用阿胶;如果白血球上升,则可不用鸡血藤。"(中国科学院档案)

## 6月

**5日** 出席中国人民对外友协和中越友协举行的招待会,庆祝越南南方共和临时革命政府成立一周年,并讲话。(6日《人民日报》)

**6日** 与周恩来、李先念等应邀出席越南南方共和临时革命政府驻华大使阮文广举行的招待会。(7日《人民日报》)

**8日** 作读诗札记《大江东去》。从洪迈《容斋续笔》卷八《诗词改字》谈到苏东坡《念奴娇·赤壁怀古》的"异字","有一个字至关重要,《容斋续笔》中却未提及",即"小乔初嫁了"的"了"字。"王闿运校改为'与'字,至确。二字草书,形极相近。东坡幻想的词中世界('故国神游'),在赤壁之战时有小乔参加。出场人物为周瑜、小乔、诸葛亮,连东坡自己也加进去了。因为他在'神游'。"

"'英发'当为'映发',公瑾与小乔同上战场,小乔的美丽与周公瑾的雄姿亮相映发。"

"'羽扇纶巾'自即诸葛亮。或言指周瑜,那是因为'与'字误为了'了'的原故,使'多少豪杰'成为了一个'周郎'。即此也可以证明

‘了’字必为‘与’字之误。”

“‘多情’即指小乔。”"《赤壁怀古》作于宋神宗元丰五年壬戌（一〇二八），东坡年四十七岁。由于‘神游’而加入一群古人之中，以他为最年老，故小乔笑他有了白头发。这幅画画得很入神。但因错了一个字便把整个画面破坏了。"

"传世有《至宝斋法帖》及《雪堂石刻》载有东坡醉笔《赤壁怀古》已书作‘小乔初嫁了’，毫无疑问是后人假造的。帖中多败笔……断非东坡手书。故不能据此以证‘了’之非‘与’。"

与另三篇札记《东风吹绽海棠开》《水阔天空》《形夭无千岁》，合为《读诗札记四则》，见1982年11月7日《文艺报》1982年第11期；1982年11月16日《光明日报》转载；又见《郭沫若古典文学论文集》，上海古籍出版社1985年版。

**10日** 晚，与丁西林等出席中尼友协举行的酒会，庆祝尼泊尔马亨德拉国王五十一岁诞辰。(11日《人民日报》)

**11日** 晚，应邀出席罗马尼亚驻华大使杜马为波德纳拉希率代表团访问中国举行的酒会。次日上午，赴机场为代表团送行。(12日、13日《人民日报》)

**13日** 晨，作读诗札记《东风吹绽海棠开》。指出敦煌曲子词抄本有《鱼美人》一首，"现藏巴黎，标号为‘伯三九九四’"，"一般作《虞美人》，当是字误。词中亦有误字，前人均未注意。其词云：东风吹绽海棠开，香榭满楼台。香和红艳一堆堆。……‘榭’字毫无疑问系麝字之误。‘香麝’指人而言。‘香麝满楼台’谓看花的人拥满楼台。‘香榭’何能‘满楼台’，辞不可通"。

"知‘榭’乃麝误，则全词皆活。‘香榭满楼台’之下承以‘香和红艳一堆堆’，‘香’即指美人，‘红艳’指海棠。海棠无香，人与花相对，故言‘和’。一堆堆的人，一堆堆的花。人满楼台花满园，春光照眼，煞是好看。""这首词，应该说是绝妙好词。"

附笔说，不详撰人名的一首《菩萨蛮》也是好词，颇疑"与《鱼美人》均系欧阳炯所作"。(见《文艺报》1982年第11期；1982年11月16日《光明日报》转载；又见《郭沫若古典文学论文集》，上海古籍出版社1985年版)

**14日** 下午，前往火车站，与周恩来、李先念等欢送柬埔寨国家元

首西哈努克亲王赴朝鲜访问。(15日《人民日报》)

**15日** 晨，作读诗札记《水阔天空》。认为："江标所辑《文山乐府》中《念奴娇·驿中言别友人》一词，系用东坡《赤壁怀古》原韵。词是好词，和韵十分自然，不着痕迹。但细审词意，作者不应是文山。""文山不至自称为'英雄'、为'奇杰'。""唐圭璋辑《全宋词》此词两收：既收入在文天祥名下，现收入在邓剡名下。""一词两收，同出一据，辑者实未深考。"

案这首词应是邓剡的作品，邓剡是文天祥的盟友，宋理宗时的进士，后来参加了文山的抗元军幕，崖山兵败，投海未死。"邓剡是崇拜文天祥的，故誉之为'英雄'、为'奇杰'，比之以蔺相如，以孔明；而自己则说是'正为鸥盟留醉眼，细看涛生云灭'。江山虽已一盘破碎，但还没有完全死心，要留心细看宋朝的再起（'涛生'），胡尘的消灭（'云灭'）。"《文山先生全集·指南录》中"不写作'邓剡'，而只写作'友人作'，盖以回避元人的眼目。免使邓剡被牵连。文山是有深意的"。

以为"词调虽然激昂，意趣却颇消极"。"末二句尤其悲观。'伴人无寐，秦淮应是孤月'……颇有'天下英雄唯使君与操耳'之意。这是标准的遗老思想，作者的意识中是没有人民的"。（见《文艺报》1982年第11期；1982年11月16日《光明日报》转载；又见《郭沫若古典文学论文集》，上海古籍出版社1985年版）

◎ 上午，赴机场，与李先念等欢迎索马里民主共和国最高革命委员会副主席穆罕默德·艾南希和由他率领的政府代表团。(16日《人民日报》)

**19日** 与李先念陪同艾南希和由他率领的索马里民主共和国政府代表团成员观看芭蕾舞剧《红色娘子军》。次日上午，前往机场欢送艾南希一行回国。(20日、21日《人民日报》)

**22日** 晚，与周恩来会见《苏联是社会主义国家吗?》一书作者、日本反修青年访华团成员新谷明生、佐久间邦夫、足立成男、原田幸夫。会见时申健、吴晓达、庄涛在等座。(22日《人民日报》)

**23日** 下午，与李先念等在机场欢迎越南国会副主席黄文欢率越南国会代表团在出访途中抵达北京；迎接赴朝鲜参加反美斗争月活动的越南政府代表团、越南南方民族解放阵线和越南南方共和临时革命政府代表团、老挝爱国战线党代表团到京。(24日《人民日报》)

**24日** 上午，在机场，与周恩来、李先念、吴法宪等为黄永胜、李作鹏率中国代表团赴平壤送行。与邱会作、汪东兴等为越南、越南南方、老挝代表团同机赴朝送行。

◎ 与周恩来、李先念、吴法宪等欢迎朝鲜劳动党中央政治委员会常委、副首相兼外相朴成哲、政治委员会候补委员、中央委员会书记金仲麟率朝鲜代表团到达北京。下午，朴成哲、金仲麟会见周恩来、康生。会见时与李先念等在座。晚，出席周恩来举行的欢迎宴会作陪。（25日《人民日报》）

**25日** 下午，出席在北京工人体育场举行的纪念朝鲜祖国解放战争20周年，声讨美国霸占南朝鲜和我国领土台湾的群众集会。（26日《人民日报》）

**27日** 下午，与吴法宪等到机场欢送越南国会代表团离开北京。

◎ 晚，与周恩来、江青、李先念等陪同朴成哲一行观看京剧《沙家浜》。（28日《人民日报》）

**28日** 与周恩来、康生、江青等在机场迎接黄永胜、李作鹏率中国代表团回到北京。随即出席朝鲜大使为朝鲜代表团访华举行的宴会。（29日《人民日报》）

**29日** 上午，与周恩来、李先念等到机场欢送朝鲜、越南、越南南方、老挝代表团回国。（30日《人民日报》）

**本月** 多次了解中国科学院考古所对成都凤凰山明墓的发掘情况。

# 7月

**1日** 与李四光、刘西尧、石煌、崔星组成国家科委、中国科学院党的核心领导小组，任小组长。出席国务院各部门党的核心领导小组和革命委员会成立大会。次日下午，出席国家科委、中国科学院联合革命委员会第一次会议。（《竺可桢日记第5册》，科学出版社1990年版）

**2日** 与周恩来、黄永胜、李先念等在车站欢迎西哈努克亲王结束对朝鲜的国事访问到达北京。（3日《人民日报》）

**4日** 与李四光、石煌、崔星、吴有训、竺可桢、贝时璋、严济慈、童第周、谢怀德、丁西林、陆维钊等应邀出席朝鲜驻中国大使玄峻极举行的晚宴，庆祝朝中两国科学院科学合作协定签订十周年。讲话指出，中朝两国的科学工作者在科学合作中互相学习，互相支援，对中朝两国社会主义建设和科学事业的发展，增进两国科学工作者和两国人民之间的战斗友谊，起到了很好的作用。我们深信，中朝两国科学工作者之间的科学合作和战斗友谊，必将得到进一步加强。（5日《人民日报》）

**5日** 与董必武、康生等出席周恩来为西哈努克亲王和宾努首相举行的欢迎宴会。（6日《人民日报》）

**6日** 晚，外交部、国家体委在首都体育馆举行体育表演，招待西哈努克亲王和夫人、首相宾努亲王和夫人，以及其他在北京的各国朋友。与董必武、周恩来、江青、黄永胜、叶群、李先念等陪同观看体育表演。（7日《人民日报》）

**7日** 出席在首都体育馆召开的中国科学院全体人员大会，宣布党的核心领导小组与革命委员会成立。讲话指出，"斗、批、改"简化成了三个字，好像很简单，其实这里包含着极其大量的工作，包含了极其广泛的工作分野。拿自然科学理论战线上的批判工作来说，最近科技界正在开展对于爱因斯坦相对论的讨论。爱因斯坦的相对论，突破了牛顿力学，代替了牛顿力学，这是历史发展的必然规律。未来的新理论也必然突破相对论。（中国科学院档案）

据郭汉英《忆郭老二三事》，1969年在"中央文革"和陈伯达授意下，《红旗》杂志准备刊登一篇批判爱因斯坦相对论的文章。为此中国科学院召集部分研究人员征求意见。父亲对此十分重视。他在日本留学时就接触过相对论，听过爱因斯坦的演讲，说"爱因斯坦的相对论，不是哲学意义上的相对主义"。如果由《红旗》杂志发表这种文章，会在世界上引起哗然。在当时情况下，公开反对批判相对论难以奏效，而默认这种批判泛滥下去，后果更为严重。父亲提议搞个内部刊物，允许不同意见发表。在周恩来以及联络员刘西尧的支持下，"那场企图公开批判爱因斯坦相对论的闹剧被制止了，变成内部讨论，母亲为内部刊物题写了刊名"。一些从事自然科学的研究人员进入"批判组"后，逐步扭转了以哲学批判代替科学研究的状况。（《中关村回忆》，上海交通大学出版社2011年版）

◎ 晚，与李先念、肖劲光、姬鹏飞等出席坦桑尼亚驻华大使举行的酒会，庆祝坦噶尼喀非洲民族联盟成立16周年。（8日《人民日报》）

**10 日** 出席中朝友协和对外友协举行的酒会，庆祝中朝友好合作互助条约签订九周年。(9 日《人民日报》)

**11 日** 晨，作读诗札记《形夭无千岁》。认为陶渊明《读〈山海经〉》十三首中第十首"对于女娲既赞扬而又惋惜，这正表明了陶渊明的性格"。宋人曾纮"节外生枝"，将诗中"形夭无千岁"改为"刑天舞干戚"，"后人视为定论，刻本径改原书"，是"一件很奇怪的公案"。结合《山海经》中相关文字，考证陶渊明"十分尊崇上帝"，"何至于在诗中歌颂'与帝争神'的刑天？故从思想方面来说，'形夭无千岁'被校改为'刑天舞干戚'，是万万说不通的。曾纮之说断不可从！"

引韩愈诗《学诸进士作精卫衔石填海》，说明"对于精卫的评价，韩愈见解高于陶渊明"。以为"精卫填海有类愚公移山，古代留下了这个传说是很富有教育意义的，精神十分可取"。"精卫的前身是炎帝的少女——女娃，一个是少女，一个是老翁，一个要填海，一个要移山，合拢来便是沧海可以变桑田，桑田可以变沧海，而是要用人力来促进这个变化。"(见《文艺报》1982 年第 11 期；1982 年 11 月 16 日《光明日报》转载；又见《郭沫若古典文学论文集》，上海古籍出版社 1985 年版)

◎ 应邀出席朝鲜驻华大使玄峻极举行的宴会，庆祝中朝友好合作互助条约签订九周年。(12 日《人民日报》)

**14 日** 与周恩来、李先念等应邀出席法国驻华大使马纳克举行的国庆招待会。(13 日《人民日报》)

**15 日** 与李先念等往机场欢迎拉乌尔副主席率刚果国务委员会代表团来访。晚，与周恩来、李先念等出席董必武举行的欢迎宴会作陪。(16 日《人民日报》)

**16 日** 与周恩来、李先念应邀出席伊拉克驻华临时代办举行的招待会，庆祝伊拉克"7·17"革命二周年。(17 日《人民日报》)

**21 日** 往机场欢送拉乌尔率刚果代表团赴上海访问。(22 日《人民日报》)

**22 日** 上午，到机场欢迎越南民族、民主及和平力量联盟中央委员会主席、越南南方共和临时革命政府顾问委员会副主席郑廷草率领越南民族、民主及和平力量联盟代表团出访途中到达北京。设晚宴招待郑廷草一行。(23 日《人民日报》)

◎ 晚，与乔冠华、周化民、柴成文等应邀出席波兰驻华临时代办维西聂夫斯基举行的招待会，庆祝波兰国家复兴节。(23日《人民日报》)

**23日** 下午，参加周恩来会见郑廷草及其率领的越南民族、民主及和平力量联盟代表团。(24日《人民日报》)

**26日** 中午，在机场欢送郑廷草率代表团离开北京。(27日《人民日报》)

**27日** 应邀出席朝鲜驻华大使玄峻极举行的宴会，庆祝祖国解放战争胜利17周年。(28日《人民日报》)

**30日** 下午，会见以常山升为团长、宫本繁为副团长的日本农村青年友好访华团全体成员。庄涛、徐明、张雨会见时在座。(31日《人民日报》)

## 8月

**1日** 晚，出席国防部举行的招待会，庆祝中国人民解放军建军43周年。(2日《人民日报》)

**2日** 与周恩来、黄永胜、吴法宪、李先念等到机场，欢迎南也门人民共和国总统委员会主席萨勒姆·鲁巴伊·阿里，和由他率领的南也门人民共和国代表团到京。下午，陪同董必武、周恩来会见鲁巴伊一行。(3日《人民日报》)

**4日** 偕夫人于立群，与周恩来共同设宴，为西园寺公一和夫人回国饯行。西园寺公一之子西园寺彬弘，秘书奥村一男和夫人在座。杨骥等出席作陪。(5日《人民日报》，中国人民对外友好协会网《中国日本友好协会大事记》)

**6日** 与周恩来、黄永胜、邱会作、李先念等在机场，欢迎苏丹民主共和国革命指挥委员会主席、总理兼外交部长加法尔·穆罕默德·尼迈里少将率领苏丹友好代表团到达北京。(3日《人民日报》)

**7日** 参加董必武、周恩来与尼迈里和苏丹友好代表团会见。出席董必武、周恩来举行的欢迎晚宴会作陪。(8日《人民日报》)

**8日** 到机场，欢送鲁巴伊率南也门代表团到沈阳访问。(9日《人民日报》)

**9日** 到机场迎接黄文欢率越南国会代表团回国途中到达北京。(10

日《人民日报》)

**11日** 阅北京聋哑治疗语音训练班全体师生及家长来信。来信反映训练班工作人员、中国科技大学微生物系护士唐祥辉的工资被停发，训练班面临解散的问题。批示说，这个班此前我去看过，"的确有些成绩"。"唐祥辉的薪资，每月五十元，科技大学现已停发，故该班的维持成问题。"提议通知科大留守人员，继续照发唐祥辉工资，或由中国科学院代发，把唐祥辉改为中国科学院的卫生人员，以便维持训练班的存在。(中国科学院档案)

◎ 晚，与贝时璋、庄希泉等出席康生、吴法宪举行的宴会，欢迎越南国会代表团。(12日《人民日报》)

**12日** 下午，会见由团长东谷敏雄、副团长越智喜代秋、鸟海幸雄、秘书长后藤恒太率领的日本第六次教职员友好访华团。(13日《人民日报》)

**13日** 上午，往机场，欢送尼迈里率苏丹代表团离京赴朝鲜访问。

◎ 往机场欢送黄文欢率代表团回国。(14日《人民日报》)

**15日** 会见并设宴欢迎由黑田寿男率领的日本社会党活动家代表团。西园寺公一在座。讲话指出，反对美日反动派复活日本军国主义的斗争，是摆在中日两国人民面前的一个共同的重大任务。日本民族是一个伟大的民族，决定日本命运的是伟大的日本人民。深信只要日本进步力量团结起来，同广大的日本人民一起，共同对敌，就一定能够排除万难，取得更大的胜利。(16日《人民日报》)

**16日** 晚，与黄永胜、李作鹏、李先念等会见朝鲜乒乓球队团长康永官、副团长金东洽。出席体委在首都体育馆举行的欢迎仪式，观看中朝乒乓球运动员的表演赛。(17日《人民日报》)

**18日** 往机场欢送西园寺公一离京回国。在机场送行的还有亚非新闻工作者协会总书记查禾多、在京的日本和其他国际友人。(19日《人民日报》)

**28日** 在广州，与王首道会见由团长田中公子，副团长万代峻、金子明、信井茂率领的日本第六次学生友好参观团。(29日《人民日报》)

**下旬至9月6日** 出席在庐山召开的中共九届二中全会，其间曾往返于广州、北京两地。

**31日** 在庐山会议住所，为王震书录1927年旧作："夜雨落临川，

军书汗马还。一声传令笛,铁甲满关山。"(手迹见《转变中的近代中国·郭沫若》,文物出版社 1992 年 11 月版)

## 9 月

**2 日** 与周恩来、李先念、叶剑英、李德生应邀出席越南驻华大使举行的招待会,庆祝越南民主共和国成立 25 周年。(3 日《人民日报》)

◎ 出席并主持首都群众庆祝越南民主共和国成立 25 周年集会。(4 日《人民日报》)

**月初** 在庐山,就陈伯达等在庐山会议期间提出设立国家主席事件,作《西江月》。词云:"地球依然运转,庐山不见炸平。'杞国无事忧天倾',李白有诗认定。感戴太阳威力,照将宇宙光明,扫除白骨老妖精,推动寰球革命!"

收入民文学出版社 1977 年 9 月版《沫若诗词选》。

**7 日** 偕夫人于立群,与贝时璋、史良、庄希泉、胡子昂等出席李先念招待郑廷草及越南民族、民主及和平力量联盟代表团的宴会。(8 日《人民日报》)

**8 日** 出席中朝友协、对外友协举行的酒会,庆祝朝鲜国庆 22 周年。次日,应邀出席朝鲜驻华大使玄峻极举行的国庆招待会。(9 日、10 日《人民日报》)

◎ 下午,会见由北村元团长和浜野胜副团长率领的日中友协(正统)青年学习访华团第二团的全体成员。(9 日《人民日报》)

◎ 晚,偕夫人于立群,与姬鹏飞、贝时璋、史良、庄希泉、胡子昂、谢扶民应邀出席越南南方共和临时政府驻华大使阮文广、越南民主共和国驻华参赞裴进龄,为郑廷草率代表团访华举行的宴会,并讲话。(9 日《人民日报》)

**10 日** 往机场,欢送郑廷草率团去我国南方访问。(11 日《人民日报》)

**11 日** 会见以吉野通芳为团长,以本乡真一为秘书长的日本东京青年工人友好访华参观团。(12 日《人民日报》)

**12 日** 复信耿庆国:"九月七日信接到了。承你详细叙述了近年来你的工作经历,读来很感觉亲切。尤其你奔走在西南,你到过的地方差不多我都到过。大三线的建设,目前必是大有可观了,很想能够再去跑一趋。""你要我题字，我不好照办。主席曾经指示过：'我们不要题辞'。我遵照主席的教导，好几年都没有题字了。我建议：最好用铅印，整齐严肃，比较美观。""你的诗——《科大毕业五周年感怀》——写得不错。我现在用你的原韵和你一首：光满寰球喜满怀，二中全会近曾开。万事必须循教诲，题辞最好用铅排。"（据复信手迹复印件）

**22日** 与李先念、王树声、姬鹏飞等出席马里驻华大使阿桑·甘多举行的招待会，庆祝马里国庆十周年。（23日《人民日报》）

**29日** 出任中华人民共和国特使，与随员何英离京赴开罗，吊唁阿拉伯联合共和国总统纳赛尔逝世。（30日《人民日报》）

**30日** 晚，由中国驻阿联大使柴泽民陪同，往开罗库巴共和国宫吊唁纳赛尔。代表毛泽东、林彪、宋庆龄、董必武、朱德、周恩来等党和国家领导人及本人在灵堂献花圈，默哀。会见阿联临时总统安瓦尔·萨达特，阿拉伯社会主义联盟最高执行委员会成员侯赛因·沙菲、阿里·萨布里，阿联国民议会议长穆罕默德·拉比卜·舒凯尔，代表毛泽东、林彪、周恩来及中国政府和人民，对纳赛尔逝世表示深切哀悼。（10月3日《人民日报》）

## 10月

**1日** 出席纳赛尔葬礼。（3日《人民日报》）

◎ 在中国驻阿联大使馆分别会见阿尔巴尼亚部长会议副主席斯皮罗·科列加，朝鲜最高人民会议副委员长康良煜。（4日《人民日报》）

**2日** 在中国驻阿联大使馆会见越南国家计划委员会副主任邓试，越南南方共和临时革命政府外交部副部长黎光政。赴柬埔寨、朝鲜驻阿联大使馆，会见宾努、康良煜。

◎ 下午，在阿卜杜勒·纳赛尔清真寺向纳赛尔遗像默哀告别，向阿联政府代表递交致阿联临时总统萨达特的唁函。（4日《人民日报》）

**3日** 上午，会见阿联国民议会议长穆罕默德·拉比卜·舒凯尔。舒凯尔感谢中华人民共和国全国人大常务委员会、中国政府和中国人民深切哀悼阿联总统纳赛尔逝世。何英、柴泽民会见时在座。（4日《人民日报》）

**5日** 会见阿联临时总统安瓦尔·萨达特的代表、阿联外交部长马哈茂德·里亚德。

◎ 晚，与宾努亲王和夫人，柬埔寨民族团结政府外交大臣沙林察，朝鲜代表团团长康良煜，同机离开开罗，次日到达上海。（7日《人民日报》）

**6日至8日** 陪同宾努、康良煜一行访问上海，出席上海市领导举行的宴会，陪同观看舞剧《白毛女》。（7日、9日《人民日报》）

**8日** 晚，与宾努首相、康良煜团长同机飞抵北京。西哈努克、周恩来等到机场迎接。（10日《人民日报》）

**10日** 与宾努首相等到机场，为康良煜率朝鲜代表团回国送行。（11日《人民日报》）

**11日** 出席中老友协和对外友协举行的酒会，庆祝老挝独立节25周年，并致祝酒词。（12日《人民日报》）

**12日** 与周恩来出席对外友协和中日友协联合举办的纪念浅沼稻次郎遇害十周年大会。与黑田寿男、宫崎世民、中岛健藏在会上讲话。

指出十年前的今天，日本卓越的政治家、日本社会党前委员长浅沼稻次郎先生被美日反动派唆使法西斯暴徒杀害了。浅沼先生直到他生命的最后一刻，还不顾个人安危，为反对美帝国主义和增进日中友好而英勇战斗，他不愧是一位伟大的反美战士，中国人民的忠实战友。浅沼先生虽然离开我们已经整整十年了，但是他的精神却永远活在人们心里。

美日反动派杀害了浅沼先生，但是无法磨灭他的崇高精神。一个浅沼倒了下去，千百万日本人民站了起来。在全世界人民反美斗争进入新高潮的大好形势下，我们纪念浅沼先生最好的行动，就是加强团结，把反对美帝国主义及其伙伴、走狗、帮凶的斗争进行到底。（13日《人民日报》）

**13日** 会见并宴请以中岛健藏为团长，白石凡为副团长，白土吾夫为秘书长的日中文化交流协会代表团。团员清水正夫、和田敬久、栗木安延出席。石少华等在座。（14日《人民日报》）

**15日** 出席中国科学院革命委员会扩大会议。

◎ 阅中国科学院外事组送来坂田昌一来电和译文，批示"译文有大错，我已改正"。"我的慰问电是经过外交部办的"。（中国科学院档案）

中国科学院外事组因人员少，无日文翻译，日文来件须由科学院图书馆或情报所协助译出。由于译者不熟悉情况，几次出现错译。根据郭沫若指示，此后一段时间日方给郭沫若的信件均直接送阅，以免延误时间。

**19日** 晚，宴请黑田寿男及其率领的日本社会党参加浅沼稻次郎遇害纪念活动访华团。丁西林等出席作陪。（20日《人民日报》）

**20日** 晚，宴请宫崎世民及其率领的日中友协（正统）访华代表团。丁西林等出席作陪。（10日《人民日报》）

**21日** 函复铃木丑之助。云："十月十日信，接读。蒙赠拙作《别须和田》诗原稿照片三种，谢谢。该诗原稿，得藏贵处，加以珍视，可谓适得其所。对于裱具师的厚意，深为感动。画上题字，中国习惯仅题一半或三分之二，日本似是全题。题好寄去，恐不合尊意。请足下在贵国求适当的人题字，较为妥贴。"（《郭沫若研究》第12辑，文化艺术出版社1998年6月版）

**23日** 与黄永胜、吴法宪、李先念、李作鹏、纪登奎等到机场欢送团长曾思玉、副团长陈先瑞率中国人民友好代表团赴平壤，参加朝鲜人民纪念中国人民志愿军赴朝作战20周年活动。欢送朝鲜政府代表团回国。（24日《人民日报》）

**24日** 与党和国家领导人出席首都集会，纪念中国人民志愿军赴朝参战20周年。

◎ 晚，应邀出席赞比亚驻华临时代办举行的招待会，庆祝赞比亚共和国独立六周年。

◎ 晚，设宴欢迎由成田知巳率领的日本社会党访华团。黑田寿男及日本社会党参加浅沼稻次郎遇害纪念活动访华团，宫崎世民及日中友协（正统）访华代表团的全体成员应邀出席。讲话赞扬英勇的日本人民不断进行深入持久的反对美日反动派的运动，有力地支援了各国人民反对美国侵略者及其一切走狗的斗争。日本社会党朋友在日本人民反美爱国正义斗争中作出了自己的贡献。（25日《人民日报》）

**25日** 接读中国科学院外事组转来有山兼孝16日来信和坂田昌一《病情经过书》，复信云："十月十六日手书奉悉。坂田教授逝世，已有电报向坂田信子夫人吊唁，希望节哀。坂田先生是有发明创见的学者，身虽永逝，精神长在。他的中国友人将长远怀念。足下对坂田先生的友情，十分真挚，令人感动。我也相信，中日两国的进步科学家必将继续诚意协作。""《经过书》奉还，建议转交信子夫人保存。"

将有山兼孝来信译出，批示中国科学院外事组："①我把原信译出了，请将原信和《经过书》送给西尧同志看一看。②我回了有山兼孝一封信，要附还他所送来的《经过书》，请由院附入，封好同邮。"附注："慰问电（按：指郭沫若在坂田昌一病重期间发去的慰问电）是由外交部发出的，经过了中央的批准。实际是中央对坂田教授的关怀。处方是西尧同志费心弄到的，这感谢应该由西尧同志接受。"就有山兼孝信中提到坂田教授病重期间所发电文，加按语："即是被译错了的那通电文。"

有山兼孝来信告知，坂田昌一于当天 12 时 38 分在名古屋大学附属医院病逝。他病重期间给郭沫若的电文，"是坂田教授最后自作的文章"。坂田教授对中药的信任而产生的强韧的精神力量，和长期服用所产生的罕见的持久体力，对减轻病痛发挥了很大效果。再次感激郭沫若长期以来的关怀，发来慰问电并提供珍贵的中医处方。相信"日中两国科学工作者诚心诚意的协作必将永远继续下去"。（中国科学院档案）

◎ 应邀出席朝鲜驻华大使为纪念中国人民志愿军赴朝参战 20 周年举行的宴会。（26 日《人民日报》）

**26 日** 晚，与周恩来总理会见日本社会党访华团团长成田知巳，副团长石桥政嗣，及代表团曾我祐次、高泽寅男、伊藤茂、馆林千里一行。（27 日《人民日报》）

**27 日** 到机场，迎接中国人民友好代表团访朝归来。（28 日《人民日报》）

**28 日** 会见日本关西工人访华参观团团长宫崎良胜、秘书长华川万吉和全体成员。（29 日《人民日报》）

**29 日** 赴机场，为倪志福率中国工人代表团赴智利参加阿连德总统就职庆祝活动送行。（30 日《人民日报》）

**30 日** 应邀出席朝鲜驻华临时代办为中国人民友好代表团访朝归来举行的宴会。（31 日《人民日报》）

# 11 月

**1 日** 任中国日本友好协会代表团团长，和副团长王国权一起，与成田知巳、石桥政嗣率领的日本社会党第五次访华代表团签署共同声明。周恩来出席签字仪式并设便宴招待日本朋友。

◎ 晚，出席成田知巳的答谢宴会。讲话祝愿日本社会党的朋友们在反对美帝国主义、反对日本军国主义的斗争中取得更大的成就，希望代表团的朋友们把中国人民对日本人民的战斗友谊带回日本。(2 日《人民日报》)

2 日　往机场，欢送日本社会党第五次访华代表团回国。(4 日《人民日报》)

4 日　会见岛田政雄率领的日中友好协会(正统)活动家访华团。(5 日《人民日报》)

9 日　下午，与党和国家领导人出席由中柬友协、对外友协、北京市革命委员会联合举办的集会，庆祝柬埔寨王国国庆 17 周年。

10 日　下午，巴基斯坦伊斯兰共和国总统阿迦·穆罕默德·叶海亚·汗将军应邀来访。与周恩来、黄永胜、李先念、吴法宪等到机场欢迎。(11 日《人民日报》)

11 日　下午，与董必武、周恩来、黄永胜、李先念往法国驻华使馆，吊唁法国前总统夏尔·戴高乐将军逝世。(12 日《人民日报》)

◎ 晚，出席董必武、周恩来为欢迎叶海亚·汗及全体随行人员举行的宴会。(12 日《人民日报》)

◎ 晚，应邀出席比扬贝格大使举行的宴会，庆祝瑞典国王古斯塔夫六世阿道夫诞辰和不管大臣洛夫贝里访问中国。(12 日《人民日报》)

12 日　与董必武、周恩来、黄永胜、李先念等，应邀出席巴基斯坦驻华大使为叶海亚·汗访华举行招待会。(13 日《人民日报》)

13 日　与周恩来、黄永胜、李先念等应邀出席叶海亚·汗的告别宴会。(14 日《人民日报》)

15 日　下午，往机场，欢送叶海亚·汗一行回国。

◎ 应邀出席阿尔巴尼亚驻华大使罗博招待访阿归来的中国科学院代表团团长岳志坚及成员的宴请。(16 日《人民日报》)

16 日　往机场，为西哈努克亲王一行赴西安、延安等地访问送行。(17 日《人民日报》)

17 日　应邀参观朝鲜驻华使馆举行的图片展和电影招待会，庆祝朝鲜劳动党第五次代表大会。

◎ 往机场，迎接倪志福率中国工人代表团出访智利归来。(18日《人民日报》)

**26日** 到机场，欢迎西哈努克亲王结束对我国西北地区的访问，回到北京。

◎ 出席中非友协举行的招待会，庆祝毛里塔尼亚国庆十周年。(27日《人民日报》)

**27日** 与周恩来等出席群众集会，庆祝阿尔巴尼亚解放26周年。

◎ 应邀出席南斯拉夫驻华大使博格丹·奥列什查宁举行的国庆招待会。(28日《人民日报》)

**28日** 出席毛里塔尼亚驻华大使西迪·阿里举行的国庆招待会。(29日《人民日报》)

**29日** 出席阿尔巴尼亚驻华大使罗博举行的庆祝解放日招待会。(30日《人民日报》)

◎ 录叶挺《囚歌》，赠叶剑眉。题识云："这是一九四二年十一月，叶希夷同志从重庆渣滓洞集中营中写给我的一首诗。剑眉要我为她写出。"(手迹见《郭沫若遗墨》，河北人民出版社1980年5月版)

## 12 月

**5日** 应邀出席芬兰驻华大使海莱尼乌斯举行的独立日招待会。(6日《人民日报》)

**6日** 偕夫人于立群，与周恩来会见日本社会党前委员长浅沼稻次郎夫人浅沼享子，以及浅沼衣江、中野纪邦、大曲直、石野民子等，并设便宴招待。(7日《人民日报》)

**8日** 与周恩来、姚文元、纪登奎等会见菅沼正久、常山升、宫本繁、佐佐木博一等日本朋友。(9日《人民日报》)

**11日** 题徐悲鸿画册页，并为册页封面题签《一骑能冲万仞关》。题记云：

"廖静文同志一九七〇年十二月十日来访立群同志，去时留此画册，嘱余题字。展视，只悲鸿所画奔马一匹，余均素纸，因即顿时联想到二十五年往事。

一九四五年二月时在重庆，民主运动在高潮期中。文化界有《时局进言》征求签名。五日晨，余往盘溪访悲鸿。时悲鸿在养病中，慨然允诺，与夫人同时签名，并设酒款待。静文陪饮。饮酒甚多，余大有醉意。忆曾题诗一首：

豪情不让千钟酒，一骑能冲万仞关。

仿佛有人为击筑，盘溪易水古今寒。

彼一骑也，此亦一骑也，能得无联系耶？

一马当先，万马奔腾，此亦意中事。爰又想到悲鸿画此马时，安知不已有万马奔腾之势在胸中？

奔腾急，万马战犹酣。

毛主席《十六字令》第二首中词句正可移此作赞。

诗画均贵有余韵，只画一马而具有万马奔腾之势，自是上乘上上乘。

天地广阔，耐人驰骋幻想，于无声处听声，于无画处看画。安德生童话集中有所谓《无画画帖》，正是此意。

一骑独追风，翘首东方红。

翻江还倒海，万马竞腾空。

一九七〇年十二月十一日晨信笔题此，悲鸿殆有意留此余地耶？"

徐悲鸿《奔马》图在册页居中部位；以右为郭沫若题记，以左为于立群录写的毛泽东《十六字令》三首。(手迹见《郭沫若遗墨》，河北人民出版社1980年5月；又见《郭沫若题画诗存》，山西教育出版社1998年1月版)

**12日** 下午，在八宝山革命公墓与李先念、华罗庚、茅以升、罗叔章、季方、胡子昂、胡厥文、胡愈之、谢扶民等，向陈其尤遗体告别。(13日《人民日报》)

陈其尤，人大常委会委员、政协全国委员会常委、中国致公党主席，10日在北京逝世。

**15日** 偕夫人于立群，出席倪志福为招待智利瓦尔帕莱索市智中文化协会主席、社会党中央委员、众议员安东尼奥·塔沃拉里及其率领的智中文化协会代表团举行的晚宴。(16日《人民日报》)

**17日** 出席中国科学院高级干部学习小组活学活用毛主席哲学著作讲用会，并发言。(郭沫若纪念馆馆藏资料)

◎ 与周恩来、西哈努克亲王和夫人等，出席外交部、中柬友协举行的招待会，庆祝中柬友好和互不侵犯条约签订10周年、中柬友好协会成

立十周年。(17 日《人民日报》)

**18 日** 往机场欢迎邓尘施团长率领的越南南方民族解放阵线中央委员会代表团。(19 日《人民日报》)

**19 日** 与周恩来、黄永胜、姚文元、吴法宪等会见邓尘施一行。出席周恩来举行的欢迎晚宴。(20 日《人民日报》)

**20 日** 与周恩来、黄永胜、姚文元、吴法宪等出席庆祝越南南方民族解放阵线成立十周年集会。(21 日《人民日报》)

◎ 收到国务院科教组送来《中国历史疆域图集》第七册清代疆域图清样。送竺可桢，请提意见。(《竺可桢日记 [V]》，科学出版社 1990 年版)

**22 日** 晚，陪同邓尘施一行观看舞剧《红色娘子军》。(23 日《人民日报》)

**25 日** 往机场欢送邓尘施一行赴我国南方参观访问。(26 日《人民日报》)

**27 日** 偕于立群、郭汉英走访竺可桢，在其寓所与竺可桢、吴有训聚谈。(《竺可桢日记 [V]》，科学出版社 1990 年版)

**30 日** 晚，和夫人于立群会见并宴请由松冈洋子、长谷川竹率领的日本反对军事基地斗争妇女代表团。赞扬日本妇女和人民高举反对美帝国主义、反对日本军国主义的大旗，不畏强暴，为反对美帝国主义在日本建立军事基地进行了英勇的斗争。(31 日《人民日报》)

**31 日** 会见日中渔业协议会代表团团长奥田繁市，团员古川三男、津田醇一、鹿岛一郎一行。会见后，出席中国渔业协会代表团与日中渔业协议会代表团会谈公报、"关于灯光围网渔轮捕鱼的规定"等文件的签字仪式。(1971 年 1 月 1 日《人民日报》)

**下旬** 先后召集中国科学院地理所、民族所、近代史所，中央民族学院，地图出版社，复旦大学等单位的有关人员对《中国历史疆域图集》第七册清样进行讨论。

**月底** 七妹郭葆真在乐山病逝，终年 71 岁。

## 本　年

◎ 应坂田信子请求，为坂田昌一墓碑题词："科学与和平，创造日日新。微观小宇宙，力转大车轮。坂田昌一先生千古"。

◎ 辞谢日本市川市在1967年建成的《别须和田》诗碑右侧竖立自己的浮雕像，不要因安装浮雕像而遮挡住《别须和田》诗碑侧面两位手迹摹刻者——田中明次郎、田中新太郎的署名。（田家农《天津市代表访郭老旧居》，1979年6月6日《天津日报》）

# 1971年（辛亥）79岁

7月1日　故宫博物馆重新开放，《文化大革命期间出土文物展览》在故宫展出。

7月7日至9日　周恩来和基辛格在北京会谈。16日发布公告宣布尼克松应邀于1972年5月以前的适当时间访问中国。

7月　国务院文化组成立。吴德任组长，刘贤权任副组长。后任命于会泳为副组长。

8月中旬至9月12日　毛泽东在南方巡视期间同各地党政军负责人谈话，指出"有人急于想当国家主席，要分裂党，急于夺权"。

9月13日　林彪、叶群等叛国外逃，在温都尔汗坠机身亡。其后周恩来在毛泽东支持下主持中央日常工作，开始批判极左思潮。

10月3日　中共中央决定撤销军委办事组，成立由叶剑英主持的军委办公会议。成立中央专案组，审查林彪、陈伯达反党集团问题。

10月25日　第26届联合国大会通过决议，恢复中华人民共和国在联合国的合法权利，驱逐蒋介石集团在联合国及所属一切机构中的代表。

11月14日　毛泽东在接见成都地区座谈会与会人员时为"二月逆流"平反。

12月11日　中共中央下发《粉碎林陈反党集团反革命政变的斗争》材料之一。全国开展批林整风。

## 1月

**1日**　偕夫人于立群，与周恩来会见并设宴招待由松冈洋子、长谷川

竹率领的日本反对军事基地斗争妇女代表团。(2日《人民日报》)

**2日** 晚，应邀出席古巴驻华临时代办加西亚和夫人举行的招待会，庆祝古巴全国解放日12周年。(3日《人民日报》)

**4日** 晚，出席缅甸驻华大使吴登貌举行的招待会，庆祝缅甸独立23周年。(5日《人民日报》)

**5日** 在中国科学院第四个五年计划座谈会上讲话，传达毛泽东近期接见外宾时的谈话内容。(《竺可桢日记第5册》，科学出版社1990年版)

**6日** 会见以太田茂男为团长、春日嘉一为秘书长的日中友协（正统）工人学习访华团全体成员。(7日《人民日报》)

**8日** 会见应中国人民对外友协、中国旅游局邀请来访的荷兰魏德汉教授和夫人、德·哈斯教授和夫人。(9日《人民日报》)

**上旬** 综合整理竺可桢和中国科学院民族所、地理所，以及相关研究所对《中国历史疆域图集》第七册清代疆域图清样的意见报告，送科教组。

**26日** 往机场，欢迎阿拉伯联合共和国国民议会议长穆罕默德·拉比卜·舒凯尔博士及其率领的代表阿联总统、阿拉伯社会主义联盟和阿联政府的友好团。(27日《人民日报》)

**27日** 与周恩来、邱会作、姬鹏飞、方毅等同阿联友好团会谈。会谈后，出席周恩来在人民大会堂举行的欢迎晚宴，和舒凯尔分别在宴会上讲话。

讲话指出，阿联人民具有反帝反殖的光荣传统。相信曾经为人类文明作出过伟大贡献的阿联人民和阿拉伯人民，必将在当代全世界人民反对美帝国主义及其走狗的共同斗争中作出积极贡献。中阿两国人民之间的友谊具有悠久的历史。在反对帝国主义和殖民主义的共同斗争中，我们两国人民之间的传统友谊有了进一步发展。感谢阿联政府一贯支持恢复我国在联合国的合法权利。(28日《人民日报》)

◎ 与阿联友好代表团会谈后，即席赋诗云："前门未去虎，后门已进狼。虎狼相对峙，狐鼠更猖狂。"(郭沫若纪念馆馆藏资料)

**28日** 与周恩来、邱会作等继续同阿联友好团会谈，应邀出席舒凯尔的答谢宴会。晚，与李先念、姬鹏飞等陪同舒凯尔一行观看舞剧《红色娘子军》。(29日《人民日报》)

**29日** 到机场欢送阿联友好团结束对我国的友好访问，前往朝鲜。

◎ 晚，与周恩来会见日本乒乓球协会会长后藤钾二及随行人员。(30日《人民日报》)

## 2月

**1日** 出席中国乒乓球协会、对外友好协会同日本乒乓球协会、日中文化交流协会会谈纪要签字仪式。(2日《人民日报》)

**2日** 与李先念、叶剑英等陪同在京国际友人和各国使节观看排球和乒乓球表演赛。(3日《人民日报》)

**3日** 晚，出席中国锡兰友好协会举行的招待会，庆祝锡兰独立23周年。(4日《人民日报》)

**4日** 致函胡厚宣。云："卜辞𠂤字屡见。《甲骨文编》中举了几例列入附录。因手中无书，无从查考原辞。你们能帮助调查否？如把原辞汇集起来，或许可以找出它的意义。我疑兄之异文，但也不能自信。金文吴字多或作𠂤，与此有别。特此请你们帮忙，能早一点见示，最好。"(《郭沫若书信集》下，中国社科学出版社1992年版)

◎ 应邀出席锡兰驻华大使举行的国庆招待会。(5日《人民日报》)

**9日** 与周恩来、黄永胜、李先念等在机场，欢迎西哈努克和夫人结束对越南的友好访问，由河内到达北京。(10日《人民日报》)

◎ 为纪念日中文化交流协会成立15周年赋绝句："文化交流十五年，冰轮一月一回圆。猖狂天狗图吞月，鸣鼓而攻期并肩。"(郭沫若纪念馆馆藏资料)

**14日** 偕夫人于立群，出席周恩来会见并宴请西哈努克和夫人、宾努和夫人、柬王国民族团结政府成员及其他客人。

◎ 会见老挝爱国战线党主席苏发努冯。(15日《人民日报》)

**16日** 与周总理、黄永胜、李先念等在车站，为西哈努克亲王赴我国南方访问送行。(17日《人民日报》)

◎ 录《水调歌头·登采石矶太白楼》。跋中写道："立群同志嘱为书出。""久不雪，今晨却积雪盈寸，惜尚少。希望继此再下一两次，农业又可蒙丰收矣。"(郭沫若纪念馆馆藏资料)

**20日**　应邀出席坦桑尼亚驻华大使万布拉举行的酒会，庆祝中坦友好条约签订六周年。(21日《人民日报》)

**21日**　晚，与周恩来会见日中友协（正统）三重县工人学习访华团团长静永俊雄、副团长冈本文男一行。(22日《人民日报》)

◎ 晚，设宴欢迎藤山爱一郎、冈崎嘉平太、古井喜实等日中备忘录贸易谈判代表团成员。祝贺藤山爱一郎不久前当选日本促进恢复日中邦交议员联盟会长。讲话说，一年来世界形势和亚洲形势都发生了很大的变化，形势的发展越来越不利于美帝国主义。谴责佐藤政府仍顽固执行勾结美帝、敌视中国的政策。相信有志于促进日中关系正常化的各位先生，一定能够冲破佐藤政府设置的种种障碍，在坚持中日关系政治三原则和政治经济不可分的原则基础上，为发展中日友好和贸易往来作出新的贡献。(22日《人民日报》，《中日友好协会大事记》)

**23日**　下午，和周恩来会见藤山爱一郎和随行人员。(24日《人民日报》)

**24日**　晚，和周恩来会见日本国际贸易促进协会关西本部专务木村一三、日本国际贸促会常务理事田中修二郎、森田尧丸等日本贸易界朋友。(25日《人民日报》)

◎ 录毛泽东词句"鹰击长空，鱼翔浅底，万类霜天竞自由"，赠木村一三。(手迹见《日中国交正常化20周年纪念　郭沫若生诞100周年纪念　郭沫若展》图录)

**25日**　复函坂田信子。云："二月二十一日手书，后乐园丹顶鹤与诗刻等写真，均拜领，感谢之至。坂田教授辞世，同深悼念。但所留光辉业绩，照耀人寰，长垂不朽。贵国新闻，传我将随桌球队赴名，殊非事实。但我相信：将来必有拜晤之日。有山兼孝先生如见面，请为致意。谨祝中日两国人民友谊与时俱进。"(载《郭沫若研究》第9辑，文化艺术出版社1991年12月版)

**28日**　复信郭开运："近日健康情况有所好转否？闻头上生一大疮，常流黄水，历久不愈。今遇一医师以一疗法告我，吾弟不妨试试，谅无害处。其法用鲜桑叶捣成浆，以涂敷疮口，听其自干；每日一次，闻涂三几日即可痊愈。桑叶量看疮面大小定夺。此法闻有奇效，特不知吾弟之疮，其性质何如耳。如有效，可多涂几次，期其断根。"署"八哥沫若"。又

及："一月曾汇二十元，二月四十元均寄沙湾公社卫生所，已收到否？"（据复信手迹）

**本月** 作绝句《日中文化交流协会成立十五周年纪念》："漫天飞雪迓春回，岭上梅花映日开。一自高丘传号角，千红万紫进军来。"见 3 月 24 日《人民日报》报道《热烈庆祝协会成立十五周年，欢迎我国乒乓球代表团访日》。

收人民文学出版社 1977 年 9 月版《沫若诗词选》，现收《郭沫若全集·文学编》第 5 卷。

日中文化交流协会 3 月 22 日在东京举行招待会，庆祝协会成立 15 周年并欢迎中国乒乓球代表团访日。会上，中国代表团副团长王晓云以郭沫若手迹相赠。

# 3 月

**1 日** 出席中国中日备忘录贸易办事处代表、日本日中备忘录贸易办事处代表会谈公报签字仪式。与周恩来会见冈崎嘉平太、古井喜实等备忘录贸易谈判代表团成员。会见后，同客人共进晚餐。(2 日《人民日报》)

**2 日** 下午，到机场欢迎智中文化协会副主席万徒勒里和夫人到达北京。

◎ 收到松村谦三来电，感谢对藤山爱一郎访华团和备忘录贸易代表团的款待，祝贺签署 1971 年备忘录贸易政治会谈公报及备忘录贸易协定。(3 日《人民日报》)

**3 日** 出席摩洛哥王国驻华临时代办阿卜杜勒·拉蒂夫·拉克米里的招待会，庆祝摩洛哥国庆十周年。

◎ 往车站，欢迎西哈努克结束对我国南方的访问到达北京。

◎ 晚，出席藤山爱一郎、日本日中备忘录贸易谈判代表团冈崎嘉平太的告别宴会。(4 日《人民日报》)

**4 日** 晚，和周恩来会见日中友好农业农民交流访华团团长八百板正一行。(5 日《人民日报》)

**8 日** 晚，在机场迎接周恩来率领中国党政代表团访问越南后归来。(9 日《人民日报》)

**12日** 下午，与周恩来会见智利国立职业培训学院院长阿古斯丁·阿尔贝蒂。(13日《人民日报》)

**13日** 和周恩来会见由团长明贝昭二、事务局长林直树率领的日本关西学生友好访华参观团。(14日《人民日报》)

**16日** 晚，偕夫人于立群应邀出席越南驻华大使吴船举行的宴会，庆贺周恩来率中国党政代表团访越成功。(17日《人民日报》)

**17日** 往机场为我国乒乓球代表团赴日本参加第31届世界乒乓球锦标赛送行。(18日《人民日报》)

◎ 阅中国科学院关于接待松村一人夫妇、小林义雄、井上清、藤田敬一等人的请示。同意与对外友协会商，充实接待力量。强调"《简报》工作要做好，请考虑组织助手"。"外交部、中联部等经验丰富，凡事多向他们请教。"提出"翻译重要，除商借外，可将王仁全同志调回，以免临时措手不及。客人大率懂英文，王既懂英文，更合适"。(中国科学院档案)

◎ 阅中国科学院关于接待东京大学农艺化学教授田村三郎等人的请示。就接见和宴请的陪同人员名单批注"请秦力生同志也参加"。对京外参观计划批注"与客人商量决定，如去延安，可去西安。南京也可征求客人的意见"。对北京地区参观项目，在工厂、公社、大学、五七干校等项目基础上，增加参观故宫。(中国科学院档案)

**19日** 偕夫人于立群，出席周恩来为欢迎西哈努克和夫人、宾努和夫人来华一周年，庆祝柬埔寨民族统一阵线成立一周年举行的宴会。

◎ 与李先念、叶剑英等出席首都群众集会，纪念"越南全国反美日"21周年。(20日《人民日报》)

**20日** 上午，偕夫人于立群往机场欢迎尼泊尔全国评议会议长拉姆·哈里·夏尔马和夫人，以及尼泊尔全国评议会友好代表团。下午，偕夫人会见夏尔马一行，并共进晚餐。宴会后陪同观看舞剧《红色娘子军》。(21日《人民日报》)

**21日** 下午，偕夫人于立群会见尼泊尔乒乓球队领队、尼乒协主席纳拉·沙姆谢尔·拉纳将军，出席国家体委在首都体育馆举行的欢迎仪式，观看友谊表演。夏尔马一行应邀出席。

◎ 晚，和周恩来会见夏尔马和夫人，及尼泊尔全国评议会友好代表团全体成员。尼乒协主席拉纳和夫人，尼乒乓球代表队成员参加会见。会见后，和周恩来举行欢迎宴会，并讲话。(22日《人民日报》)

**22日** 晚，出席中华全国体育总会、中国人民对外友协、中国乒协为欢迎国际乒乓球联合会主席罗伊·伊万斯举行的宴会。(23日《人民日报》)

**23日** 和周恩来、李先念等出席宾努举行的记者招待会，庆祝柬埔寨民族统一阵线成立一周年。

◎ 偕夫人于立群，和周恩来、李先念等出席夏尔马的告别宴会，并致祝酒辞，对尼泊尔王国政府决心进一步加强中尼关系的这一友好表示，十分欣赏。(24日《人民日报》)

◎ 往机场，迎接凯山·丰威汉率老挝爱国战线党代表团到京。(25日《人民日报》)

◎ 题诗《艾文斯赴日本主持第三十一届乒乓球锦标赛书赠》，云："流星渡天河，银球似穿梭。技巧相传习，友谊足高歌。"(郭沫若纪念馆馆藏资料)

**24日** 偕夫人于立群，往机场欢送尼泊尔全国评议会友好代表团赴我国南方访问。代表团在京期间，与贝时璋、季方、谢扶民分别陪同参观访问名胜古迹、北京市第三十一中学和西城区半导体设备一厂。(郭沫若纪念馆馆藏资料)

**26日** 晚，偕夫人于立群出席中共中央、国务院举行的宴会，庆祝印度支那三国人民抗美救国战争的胜利。(27日《人民日报》)

**27日** 上午，往机场为凯山·丰威汉、阮文孝一行离京去莫斯科送行。(28日《人民日报》)

**29日** 下午，与周恩来、耿飚、倪志福等会见并设便宴招待智中文化协会副主席万徒勒里和夫人及女儿。(30日《人民日报》)

**30日** 下午，会见瑞典"支援越南南方民族解放阵线委员会"代表团团长莫顿森一行。(31日《人民日报》)

**31日** 赴机场，欢送万徒勒里和夫人一行前往广州。(4月1日《人民日报》)

# 4 月

**2日** 出席匈牙利驻华大使戈多尔举行的酒会，庆祝匈牙利解放26

周年。(3 日《人民日报》)

**6 日** 批复中国科学院外事组,同意与外交部联名报送国务院,邀请加拿大地球物理学家威尔逊10月或其后时间再次访华。(中国科学院档案)

**12 日** 出席中华全国体育总会欢迎加拿大乒乓球代表团的仪式,观看中加两国运动员的友谊赛。会见代表团团长马格利特·沃尔登一行。(13 日《人民日报》)

**13 日** 与周恩来、黄永胜、李先念等应邀出席西哈努克举行的柬历新年晚宴。(14 日《人民日报》)

**14 日** 偕夫人于立群,与李先念等到机场,欢迎伊朗王国巴列维国王的妹妹阿什拉芙·巴列维公主一行来访。

◎ 晚,偕夫人,与周恩来、李先念等会见巴列维公主一行,出席周恩来举行的欢迎宴会。(15 日《人民日报》)

**15 日** 会见由板野龟八郎团长率领的日本国际贸易促进协会友好海运访华代表团。(16 日《人民日报》)

**16 日** 到机场欢送阿什拉芙公主离京赴杭州访问。(17 日《人民日报》)

◎ 致函周恩来,报告:"罗素和平基金会的理事肯·科茨来信,希望我在他们拟就的《柬埔寨问题五月一日呼吁书》上签名,我觉得似乎可以同意。如认为可,可否交由外交部通知伦敦我使馆转达?请裁夺。"(郭沫若纪念馆馆藏资料)

◎ 晚,出席中华全国体育总会举行的欢迎尼日利亚乒乓球代表团的仪式,观看中尼两国运动员的友谊赛。会见尼乒协主席、代表团团长阿德博耶加·阿德博瓦莱·埃丰科亚。(17 日《人民日报》)

**17 日** 出席中古友协举行的电影招待会,庆祝古巴吉隆滩战役胜利十周年。观看古巴纪录片《吉隆滩的胜利》和中国故事片《打击侵略者》。(18 日《人民日报》)

**20 日** 复函坂田信子。谓:

"春花烂漫的时节,得奉华章,得展阅《自然》三〇〇号增刊,甚为欣幸。两者均蒙亲自送到中国桌球团宿舍,托人带回,厚谊高情,尤深感荷。

坂田教授大作,前曾阅读。今得再接光彩,倍感亲切。念及'Ars longa, vita brevis'之语,只能道得真际之一半。杰出的创造者与创造之杰作永存，殊属毫无疑义。

中国桌球团赴日，所到之处，受到热烈欢迎，使中日两国人民的传统友谊，在新的基础之上，得到加强和发展，同表庆贺，并申谢意。"（据原信手迹复印件；Ars longa, vita brevis, 拉丁文，意为"艺术长，人生短"）

**23日** 应邀参加亚非新闻工作者协会书记处举行的集会，庆祝"亚非新闻工作者日"。（24日《人民日报》）

**24日** 应邀出席朝鲜驻华大使玄峻极举行的酒会和电影招待会，纪念朝鲜抗日游击队成立39周年。（25日《人民日报》）

**25日** 偕夫人于立群，与周恩来等应邀出席西哈努克举行的宴会，庆祝印度支那人民最高级会议召开一周年，庆祝印度支那三国人民抗美救国战争的胜利。（26日《人民日报》）

**26日** 与周恩来、李先念等到机场欢送凯山·丰威汉率老挝爱国战线党代表团离京去我国南方参观访问。

◎ 晚，与周恩来、李先念应邀出席坦桑尼亚驻华大使举行的国庆招待会。（27日《人民日报》）

**29日** 与刘西尧、石煌等赶往医院看望李四光。（《竺可桢日记[Ⅴ]》，科学出版社1990年版）

中共中央委员、全国政协副主席、中国科学院副院长、国务院科教组组长李四光，因癌症转移，29日在北京医院不治身故。

**30日** 赴机场迎接由奥沙甘率领的老挝爱国战线党英雄模范代表团到京。晚，出席中国人民对外友好协会、中国老挝友好协会在人民大会堂举行的欢迎宴会。（5月1日《人民日报》）

# 5 月

**1日** 晚，在天安门城楼参加"五一"庆祝晚会。（2日《人民日报》）

**2日** 下午，在八宝山革命公墓礼堂主持向李四光遗体告别仪式，周恩来、李先念、纪登奎、李德生等参加。

◎ 晚，与周恩来、倪志福、章文晋等会见以爱德华德·布尔为团长的澳大利亚澳中协会五月访华团，以德龙夫人为团长的法国"青年娱乐与行动俱乐部"工人访华代表团的全体成员。（3日《人民日报》）

**3日** 凌晨，与周恩来、倪志福、王国权等会见以栗林胜义为团长的日中友协（正统）工人学习访华团，以佐藤德雄为团长的日本福岛县工人友好访华团，以藤田喜正为团长的日本第二次关西工人学习访华团。(3日《人民日报》)

会见结束时天已黎明，郭沫若随周恩来送客人到人民大会堂北门外。门外风很急，送客返回室内，周恩来严肃批评杨德中：警卫工作没做好，郭老这么大年纪了还让他吹风，随后请郭沫若尽快回去休息。郭沫若因耳背，未听明周恩来为何发脾气，归途中得知事由后感慨说：他自己不是也在吹风吗？（王廷芳《周总理和郭老的一些交往和友谊》，《怀念周恩来》人民出版社1986年版）

◎ 出席"坚决支持巴勒斯坦和阿拉伯人民反对美帝国主义和以色列犹太复国主义正义斗争大会"，发表讲话。

讲话指出，阿拉伯民族是一个伟大的民族，巴勒斯坦人民和阿拉伯各国人民是英雄的人民。中国和巴勒斯坦以及阿拉伯各国虽然地隔千山万水，但是共同的反帝斗争，把我们联系在一起，使我们结成了深厚的战斗友谊。中国人民对战斗的巴勒斯坦和阿拉伯各国人民所面临的处境，感同身受；对你们斗争中所取得的每一个胜利，无不感到欢欣鼓舞。你们的斗争，对全世界人民反帝革命斗争作出了积极的贡献，对正在从事社会主义革命和社会主义建设的我国人民，是一个很大的支持和鼓舞。我们将一如既往地坚决支持你们的正义斗争。(4日《人民日报》)

**4日** 晚，出席北京市革委会、对外友协为欢迎巴勒斯坦解放组织代表团举行的宴会。(5日《人民日报》)

**5日** 出席北京市革委会、对外友协举行的"巴勒斯坦国际周"电影招待会。

◎ 和周恩来、黄永胜、李先念、叶剑英等到北京车站欢送西哈努克亲王去我国南方进行私人访问。(6日《人民日报》)

**6日** 与周恩来会见以栗原俊夫为团长、堀江真一郎为秘书长的日中农业农民第二次交流访华团。

◎ 晚，应邀出席阮文广大使和吴船大使举行的宴会，欢迎老挝爱国战线党英雄模范代表团。(7日《人民日报》)

**9日** 与周恩来、王新亭、姬鹏飞、吴德等会见巴勒斯坦解放组织代表团团长阿布·阿马尔·萨阿德一行，和前来访问并采访北京"巴勒斯坦国际周"活动的巴勒斯坦和阿拉伯各国新闻工作者。(10日《人民日报》)

**11日** 到机场欢送奥沙甘及老挝爱国战线党英雄模范代表团去我国南方参观访问。(12日《人民日报》)

**12日** 中午，出席中古友协举行的招待会，欢送由古巴贸易部副部长埃米尼奥·加西亚·拉索为团长、外贸部局长伊斯迈尔·贝略·里奥斯为副团长的古巴政府贸易代表团。(13日《人民日报》)

**13日** 会见日本茨城县社会党活动家访华团团长久保三郎，秘书长竹内猛，以及团员饭岛忠则、大内清义、金成千代松、仓持庄次郎、长濑恭弘、藤井皓之亮、横田新六郎、三俣和忠司。

◎ 下午，偕夫人于立群会见法国植物生理学家苏阿尔教授和夫人。(14日《人民日报》)

**15日** 往机场，迎接我国乒乓球代表团赴日参加第31届世界乒乓球锦标赛，对日本进行友好访问后归来。(16日《人民日报》)

◎ 复殷涤非信，云："五月九日信接到，以前的诗词稿和小照也都接到。谢谢你。你得肾炎致面部浮肿，血压上升，希望你安心静养，早日恢复健康。"(据复信手迹影印件)

**18日** 偕夫人于立群，会见并宴请哲学家松村一人和夫人、历史学家井上清、经济学家小林义雄、历史学家藤田敬一等日本客人。(19日《人民日报》)

松村一人一行的接待方案根据郭沫若意见进行了调整：因行期临近，提出往返国际旅费由中国科学院以外汇形式支付；安排井上清等观看纪录片《满城汉墓》，获周恩来批准；向哲学社会科学部军代表交涉，请刘大年参加接待工作，解除了因所谓"陈伯达问题"对他的"审查"。(中国科学院档案；王廷芳《郭沫若与满城汉墓的发掘》，《郭沫若学刊》1990年第3期)

**19日** 和周恩来会见美国植物生理学家阿瑟·高尔斯顿教授、微生物学家伊桑·西格纳教授。

◎ 下午，与周恩来、李先念会见尼泊尔王国沙拉达·拉吉雅·拉克希米·黛维·沙阿公主和卡德加·比克拉姆·沙阿驸马，以及由沙阿驸马率领的尼全国体育协会代表团。会见后出席欢迎宴会。(20日《人民日报》)

**21日** 出席国家体委举行的欢迎仪式，欢迎古巴国家足球队来访，

并观看比赛。欢迎仪式前，与李先念会见了古巴足球队领队奥托·路易斯·列拉·布里托。(22日《人民日报》)

**22日** 晚，与王新亭、韩念龙、于立群等陪同尼泊尔沙拉达公主、沙阿驸马一行出席国家体委举行的专场体育表演，欢迎尼泊尔全国体协代表团。观看体操、羽毛球、乒乓球表演。(23日《人民日报》)

**23日** 书面请示周恩来，满城县汉墓的发掘曾摄制彩色影片，"但一直未曾公开"。目前，日本井上清、松村一人等访华，"屡次问到考古历史方面的研究近况，想趁此机会，放映给他们看看。可否？请示"。(郭沫若纪念馆馆藏资料)

◎ 晚，和夫人于立群一起陪同沙拉达公主和沙阿驸马一行观看芭蕾舞剧《红色娘子军》。(24日《人民日报》)

**24日** 偕夫人于立群，与周恩来、李先念等应邀出席尼泊尔驻华大使和夫人为沙拉达公主和沙阿驸马访华举行的招待会。(25日《人民日报》)

**25日** 会见日本工会总评议会大阪地方评议会议长帖佐义行，以及加藤芳英、藤尾昭、兵头义清等日本朋友。(10日《人民日报》)

**27日** 应邀出席阿富汗驻中国大使西迪基举行的招待会，庆祝阿富汗独立53周年。和西迪基先后在招待会上讲话。

讲话赞扬阿富汗人民有着反抗帝国主义侵略的光荣传统。在历史上曾经同帝国主义、殖民主义进行过长期的英勇斗争，终于打败了侵略者，保卫了自己国家的独立和尊严。阿富汗王国政府一贯奉行独立自主的和平中立政策。感谢阿富汗王国政府一贯主张恢复我国在联合国的合法权利，承认台湾是中国不可分割领土的一部分，反对帝国主义制造"两个中国"的阴谋。中国人民将继续遵循毛主席关于"国无论大小，都各有长处和短处"的教导，虚心地学习各国人民的长处，为进一步增进同各国人民的友谊而努力。(28日《人民日报》)

**28日** 致函国务院文化组组长吴德："中华书局的标点本《资治通鉴》是有用的历史参考书，但该书的校勘、标点不很严肃。标点有错误得很可笑的；不加订正，自必贻误读者。兹有宋谋瑒君（原山西大学教授，现下放湖南双峰龙田公社石坝子接受再教育）近连续寄来信件各种。中有《通鉴标点辩误（选录）》一篇，我仔细对校过，确是指出了标点本的错误。又有《通鉴校补》稿本八册，是属于校勘的范围，字太小，目力有限，未能过细看。宋君，我本不认识，看他对于《通鉴》的研究，确是下过苦工的。我现在将他寄来的信件统统转送给您，请您考虑：是否可以发交有关单位审核一下。如认为有可取处，似可直接和宋君通信，商量进一步的处理。如认为用处不大，或毫无用处，请将原件掷还我处，由我再向宋君交代。"（郭沫若纪念馆馆藏资料）

**31日** 偕夫人于立群，与周恩来会见松村一人和夫人，以及井上清、小林义雄、藤田敬一等日本学者。（6月1日《人民日报》）

## 6月

**1日** 下午，偕夫人于立群，和周恩来等党和国家领导人，到机场欢迎齐奥塞斯库率罗马尼亚党政代表团来访。

◎ 晚，和董必武、周恩来等会见齐奥塞斯库一行。会见后出席中共中央、国务院举行的欢迎宴会。（2日《人民日报》）

**2日** 应邀出席意大利驻华大使举行的国庆招待会。（3日《人民日报》）

**3日** 中共中央对外联络部、外交部举行文艺晚会，欢迎罗马尼亚党政代表团。偕夫人于立群，与周恩来、江青、黄永胜等陪同齐奥塞斯库一行观看舞剧《红色娘子军》。（4日《人民日报》）

**4日** 出席中越友协、对外友协举行的招待会，庆祝越南南方共和临时革命政府成立二周年。（5日《人民日报》）

讲话祝贺越南人民在抗美救国战争中取得的一个又一个的辉煌胜利，特别是九号公路大捷。指出，在九号公路和溪山战场上，越南南方军民和老挝爱国军民协同作战，把敌人打得溃不成军，彻底粉碎了美帝国主义和西贡伪军的大规模军事冒险，取得了具有重大战略意义的胜利。相信越南人民和印度支那各国人民坚持团结，并肩战斗，在全世界人民的支援下，一定能把美国侵略者从整个印度支那半岛全部赶出去，最后胜利一定属于英雄的印度支那三国人民。（6日《人民日报》）

**5日** 应邀出席阮文广大使举行的招待会，庆祝越南南方共和临时革命政府成立两周年。（6日《人民日报》）

**6日** 会见应新华社邀请来访的赞比亚《每日邮报》总编辑文森特·

米乔尼。(7日《人民日报》)

**7日** 偕夫人于立群到车站，欢迎西哈努克和夫人一行访问天津后到京。(8日《人民日报》)

**8日** 下午，与周恩来、黄永胜、姚文元、李先念、叶剑英等出席在人民大会堂举行的集会，欢迎齐奥塞斯库和由他率领的罗马尼亚党政代表团。

◎ 晚，偕夫人于立群，应邀出席齐奥塞斯库和夫人的答谢宴会。(9日《人民日报》)

**9日** 上午，偕夫人于立群，与周恩来、黄永胜、张春桥、姚文元、李先念、叶剑英等在机场欢送齐奥塞斯库率罗马尼亚党政代表团赴朝访问。(10日《人民日报》)

**11日** 会见挪威中国友好协会代表团团长、挪中友协理事马·胡斯比和代表团成员。

◎ 与周恩来等应邀出席尼泊尔大使苏巴举行的招待会，并讲话，庆祝马亨德拉王五十二岁诞辰。(12日《人民日报》)

**14日** 晚，设宴欢迎由团长白石凡、副团长宫川寅雄率领的日本文化界代表团，和白石凡先后祝酒。热情赞扬以中岛健藏为首的日中文化交流协会团结日本文化界的许多进步朋友，为反对美日反动派复活日本军国主义，为促进中日两国的文化交流和增进两国人民的友谊，作出了重要的贡献。感谢日本朋友在我国乒乓球代表团访问日本时，给予很多可贵的帮助。(15日《人民日报》)

**19日** 会见智利与亚非各国人民团结委员会总书记费尔南多·穆里略·比亚纳和夫人。

◎ 下午，与李先念等出席谢觉哉的遗体告别仪式，并致悼词。(20日《人民日报》)

谢觉哉，政协全国委员会副主席，15日在北京病逝。告别仪式由叶剑英主持。

**22日** 上午，会见阿尔巴尼亚国家档案局修复部中心主任雷沙特·阿利雅和国家档案局技术人员萨米·玛拉等。雷沙特·阿利雅等二人送来两部著名的"培拉特古抄本新约书"，交由考古所协助修复。岳志坚、郝梦笔、李连庆、于立群、夏鼐、王仲殊等在座。(23日《人民日报》)

**24日** 往机场欢迎阮文孝率越南南方民族解放阵线代表团回国途中抵京。(25日《人民日报》)

◎ 下午,与李先念、华罗庚、吴有训、竺可桢等出席陈垣的告别仪式,并致悼词。((25日《人民日报》);《竺可桢日记第5册》,科学出版社1990年版)

陈垣,全国人民代表大会常务委员会委员、北京师范大学校长,21日在北京病逝。

**25日** 出席首都各界人民集会,纪念朝鲜祖国解放战争21周年,声讨美国侵略朝鲜和霸占我国领土台湾的罪行。和玄峻极大使先后讲话。

◎ 下午,与周恩来、耿飚、韩念龙等会见并宴请阮文孝及越南南方民族解放阵线代表团。在宴会上和阮文孝先后祝酒。(26日《人民日报》)

**26日** 上午,到机场为越南南方民族解放阵线代表团回国送行。(27日《人民日报》)

**27日** 根据周恩来委托,在故宫博物院漱芳斋,与王冶秋等13位历史、考古学家讨论修改为故宫重新开放编写的《故宫简介》,为简介封面题字。下午,汇总讨论意见作增补后,送周恩来定稿。(吴仲超《德业难忘》,1978年6月20日《光明日报》;史树青《"今日回思志倍艰"》,《中国历史博物馆馆刊》1979年第1期;《夏鼐日记》卷7,华东师范大学出版社2011年版,第278页)

◎ 作七律《五十党庆》。诗云:"珠峰戴雪红旗展,戈壁连云碧浪翻。劳力工农创世界,钻研马列满车间。"

收人民文学出版社1977年9月版《沫若诗词选》,现收《郭沫若全集·文学编》第5卷。

**28日** 与周恩来会见日本公明党委员长竹入义胜、副委员长浅井美幸和由他们率领的公明党访华代表团成员正木良明、大久保直彦、渡部一郎、市川雄一、土师进、三谷光勇、冲山雅彦话。(29日《人民日报》)

**29日** 与周恩来、姚文元等会见由团长白石凡和副团长宫川寅雄率领的日本文化界访华代表团。(30日《人民日报》)

**30日** 向李约瑟发出邀请函:"非常高兴接到您今年三月一日的来信。中国科学院欢迎您和您的夫人以及您的合作者鲁桂珍博士于一九七二年夏季对您们合适的时间来中国进行友好访问,为时三周至四周。届时,如果您所推荐的森林学家伯克先生、数学家奥特副教授以及汉学家罗埃博士能够与您们一道来访，我们将很高兴。当然，三位先生若届时不便，愿另选其它对他们合适的时间前来，我们也同样欢迎，请向三位先生转达。您们在中国停留期间的膳宿与交通费用由中国科学院负担。借此机会，请向那里的朋友们转达我的问候，并向您和您的夫人致以热烈的问候。"（中国科学院档案）

◎ 与周恩来再次会见竹入义胜、浅井美幸及公明党访华团一行。会见前，与代表团成员共进晚餐。（7月1日《人民日报》）

**31日** 复信美国生物学家高尔斯顿教授："非常高兴接到你今年五月卅一日给我的来信。首先我代表中国科学院和你这里的朋友们向你转达问候！""自你访华回美后，你为中美两国人民和两国科学工作者之间的友谊做了不少工作。我们相信，在我们双方的共同努力下，我们两国人民和两国科学工作者之间的友谊将会得到进一步发展。关于你信中所提中美科学工作者之间增进科学资料交流问题，因我院过去出版的学术刊物目前正在整顿，尚未复刊，所以暂不能进行这方面的交流工作，谨请谅解。关于美国科学家访华问题，我们希望，在你就具体人员进行推荐后，我们将尽我们的可能给予考虑，或转往其它有关单位研究。""借此机会，请转达我们对美国朋友们的问候！"（中国科学院档案）

**本月** 为将在故宫博物院展出陕西蓝田出土西周青铜器永盂书写释文。指出该铭文"首行年字下未提月份，殆即正月"。发表于《文物》1972年第1期；收《郭沫若全集·考古编》第6卷。

# 7月

**1日** 《文化大革命期间出土文物展览》在故宫博物院开幕。陪同白石凡、宫川寅雄率领的日本文化界访华代表团参观展览。晚，与周恩来、姚文元设便宴招待该代表团。（2、3日《人民日报》）

**2日** 参加中日友协代表团、日本公明党访华代表团联合声明在京签字仪式。王国权和徐明，竹入义胜和浅井美幸分别代表双方签字。签字仪式后，应邀出席竹入义胜、浅井美幸举行的宴会。（3日《人民日报》）

**5日** 下午，会见《朝日新闻》记者本多胜一、古川万太郎和《朝

日新闻》常驻北京记者秋冈家荣。(6日《人民日报》)

◎ 为故宫博物院题写的匾额，在恢复开放的故宫神武门揭幕。(《中华人民共和国文物博物馆事业纪事》，文物出版社2002年版)

**6日** 下午，会见澳大利亚作家、学者罗斯·特里尔。(7日《人民日报》)

**7日** 会见罗素和平基金会理事肯·科茨、克里斯·法利。

◎ 下午，与李先念、肖劲光、姬鹏飞、方毅等，应邀出席坦桑尼亚驻中国大使举行的招待会，庆祝坦噶尼喀非洲民族联盟成立17周年。

◎ 晚，与周恩来、黄永胜、姚文元等出席国家体委在北京工人体育场举行的欢迎仪式，欢迎阿尔巴尼亚"拉比诺特"足球队。观看中阿两国足球运动员的表演赛。(8日《人民日报》)

**9日** 出席中朝友协、对外友协举办的"中朝友好周"开幕式，庆祝中朝友好合作互助条约签订十周年。(10日《人民日报》)

**10日** 上午，与黄永胜、姚文元、吴法宪、李作鹏、纪登奎等在机场欢送李先念、李德生率党政代表团赴朝，参加中朝友好合作互助条约签订十周年庆祝活动；欢迎金仲麟、金万金率朝鲜党政代表团到北京。

◎ 下午，与周恩来、黄永胜、张春桥、姚文元等会见朝鲜党政代表团一行。出席中共中央和国务院举行的欢迎宴会。(11日《人民日报》)

**11日** 与周恩来、黄永胜、张春桥等出席庆祝中朝友好合作互助条约十周年大会。

◎ 下午，和夫人于立群一起会见日本乒乓球协会会长后藤钾二和夫人后藤铃子，日中文化交流协会事务局副局长村冈久平，日本乒协常任理事安藤朗市、大津史郎，后藤钾二的女儿后藤温子，以及森山晃一、山田香苗、渡边武达。

◎ 晚，与周恩来、李作鹏、王新亭等会见参加亚非乒乓球友好邀请赛发起国筹备会议的朝鲜、日本、毛里求斯、尼泊尔王国、阿拉伯联合共和国的代表。

◎ 偕夫人于立群出席对外友协、体育总会为庆祝亚非乒乓球友好邀请赛筹备会议闭幕举行的招待会。(12日《人民日报》)

**12日** 晚，与周恩来、纪登奎会见日本工人访华团团长岩井章，副团长兼田富太郎，秘书长安恒良一，团员酒井一三、高山勘司、津留智、

土岐千之、西野六郎、保坂真志、宫崎安治、力德修，以及随团记者高桥实。(13日《人民日报》)

**14日** 下午，与谢扶民、贝时璋、庄希泉、季方会见由法国国民议会文化、家庭和社会事务委员会主席阿兰·佩雷菲特率领的法国议会代表团和随团记者。

◎ 下午，会见以瑞典火炬社中央执行委员汉斯·乔森为团长、火炬社机关报编辑部成员安尼利·乔达尔为副团长的瑞典火炬社访华团全体成员。

◎ 与周恩来、姬鹏飞等应邀出席法国驻华大使马纳克举行的国庆招待会。(15日《人民日报》)

**15日** 晚，设宴欢迎佩雷菲特一行。讲话指出，在毛泽东主席和戴高乐将军的亲自关怀和推动下，中法两国在1964年建立了正式的外交关系。七年多以来，在双方的共同努力下，我们两国之间的关系日益巩固和发展。1971年1月，弗朗索瓦·贝纳尔先生率领法国议员代表团来我国访问，成为中法建交后的良好开端。近年来，我们两国之间的贸易不断增长，人员往来不断增加，科学文化方面的交流不断发展。深信这次阿兰·佩雷菲特先生率领法国议会代表团前来我国进行友好访问，定将对进一步促进中法两国的良好关系作出贡献。

中国人民一贯主张在平等互利、互相尊重主权和领土完整、互不干涉内政的基础上建立和发展同一切国家的友好关系。中国人民历来主张世界大小国家一律平等，反对一两个超级大国主宰世界，称王称霸，划分势力范围，任意对别国进行侵略、控制、干涉和占领。我们主张各国的事务应由各国人民自己来解决，亚洲事务由亚洲各国人民自己解决，印支问题由印支各国人民自己解决，欧洲事务由欧洲各国人民自己解决，地中海问题由地中海沿岸各国商量解决。一两个超级大国及其追随者应该把它们派驻国外的一切军队撤回本国去，让各国人民有权在不受任何外力威胁和干涉的情况下解决自己的问题。(16日《人民日报》)

**16日** 上午，会见秘鲁全国教育改革委员会委员卡洛斯·卡斯蒂略·里奥斯。

◎ 与周恩来、黄永胜、张春桥等应邀出席朝鲜驻中国大使为庆祝朝中友好合作互助条约签订十周年和朝鲜党政代表团访华举行的午宴。

◎ 下午，在机场欢送朝鲜党政代表团离京回国；迎接中国党政代表团回到北京。

◎ 晚，与李先念、姬鹏飞等应邀出席阿雷姆大使举行的招待会，庆祝伊拉克国庆。(17日《人民日报》)

**17日** 应邀出席法国驻华大使马纳克为法议会代表团访华举行的招待会。与马纳克、佩雷菲特先后祝酒。(18日《人民日报》)

**18日** 与周恩来会见佩雷菲特一行。(19日《人民日报》)

**22日** 就出土文物出国展，复刊三种学术刊物等议题，书面报告周恩来：

"关于出土文物出国事，昨天下午，同王冶秋、夏鼐、王仲殊几位同志商量了一下，获得几点意见如下：

一、通知全国各省市区，选择建国以来出土文物之精粹而有复品者，送京挑选，并备详细说明；

二、预定于十月份内初步选出，在故宫先行预展，供领导上审核，初选件数拟定为二千左右；

三、编印中外文说明书，外文至少应备英、法二种；

四、照像、绘图、推榻、做模型、复制、修理以及研究、编辑等工作繁多，现考古所只有二十余人留京，图博口人手更少，拟由五·七干校调回若干同志备用；

五、出国展览，估计须至明年春末始能筹备就绪，所需经费，请准予专案报销；

六、拟成立一个筹备小组，由王冶秋、夏鼐、王仲殊等同志组成，王冶秋任副组长，吴庆彤同志为组长。

此外，尚有两项请求：

一、《考古学报》、《文物》、《考古》（此乃简报性质）三种杂志拟复刊，以应国内外之需要；

二、新闻电影制片厂正准备拍一部出土文物展彩色记录片，该厂彩色胶卷已过期八年，拟请文化组拨给够六本用的新彩色胶片。

以上，请批示。"

报告落款年份署"一九六七年"，为"一九七一年"的笔误。

**24日**，周恩来就请示报告中拟复刊三种杂志的意见，批复"同意"；

就拍摄彩色纪录片一事，批"请告文化组办"。这段文字的局部载《文物》1978年第7期。请示报告及批复全文手迹见《转变中的近代中国·郭沫若》，文物出版社1992年版。

◎ 偕夫人于立群，与周恩来、黄永胜、李先念、叶剑英等到车站欢送西哈努克和夫人赴朝鲜访问。

◎ 应邀出席波兰驻华大使举行的招待会，庆祝波兰国家复兴节。（23日《人民日报》）

**23日** 复函殷涤非："七月十一日信接到，你下放到农村去接受再教育，我恭贺你。希望你能成为一个模范。""农村是广阔的天地，大有可为。即是属于考古范围的事，我相信也会遇着的。'雄关漫道真如铁，而今迈步从头越。'你信中写有主席的两句词，请即以此为座右铭，把自我革命进行到底。"（据复信手迹复印件）

**26日** 与张奚若等会见加拿大进步保守党领袖罗伯特·斯坦菲尔德和他的夫人，及高级助理斯罗恩、执行助理斯科特等。（27日《人民日报》）

**27日** 与王国权等会见奥地利友人诺贝特·维特曼夫妇。（28日《人民日报》）

**29日** 致函吴庆彤："宋谋瑒的《资鉴校补》及其他，闻吴德同志已转交你处。此人对于校点古书，我觉得颇认真。解释鲁迅的诗，也有独到之处。顷又来一信，提到标点古书事，颇有意贡献力量。来信送上一阅。唯此人历史，我不清楚，以前并不认识，如可调用，请先查明一下。"（郭沫若纪念馆馆藏资料）

**31日** 与方毅出席中越1971年科技合作计划议定书，中国科学院和越南国家科学技术委员会科学合作1971—1972年执行计划的签字仪式。

◎ 晚，与党、政、军领导人出席国防部举行的招待会，庆祝中国人民解放军建军44周年。（8月1日《人民日报》）

**本月** 审读新华社报道各地考古发掘的稿件时增补道："元大都和义门瓮城城门的重见天日，要归功于北京市拆卸城墙的工人"，对工人拆城墙时没有把和义门自行毁掉，而是主动将其报告给了政府主管部门予以肯定。（周长年《二十六年前的一次考古发掘报告》，《新闻业务》1997年第20期）

## 8 月

**1 日** 晚，与周恩来会见约旦大学财政经济学教授、约旦经济学家协会主席阿迪尔·哈亚里。（2 日《人民日报》）

**4 日** 下午，会见以瑞典中国友好联合会副主席约翰·曼纳汉姆为团长，联合会全国委员会委员、斯德哥尔摩分会主席安特斯·伦纳特森为副团长的瑞典中国友好联合会访华团。（5 日《人民日报》）

◎ 下午，陪同周恩来会见并宴请杨振宁。傅作义、吴有训、竺可桢、刘西尧、丁江、钱学森、朱光亚、周培源、华罗庚、王竹溪、张文裕、王承书、邓稼先、黄昆、黄宛、钱伟长，以及杜聿明夫妇和杨振宁的弟妹等参加会见。（19 日《人民日报》）

**5 日** 偕夫人于立群，与罗叔章、林巧稚、王国权等出席对外友协和中非友协举行的宴会，欢迎由刚果劳动党中央委员、刚果妇女革命联盟主席布昂加·若泽菲娜率领的刚果妇女革命联盟代表团全体成员。（6 日《人民日报》）

**6 日** 下午，偕夫人于立群，与周恩来、黄永胜、李先念等在机场欢迎缅甸联邦革命委员会主席和政府总理奈温和夫人来华进行友好和非正式访问。出席会见和周恩来举行的欢迎晚宴。（7 日《人民日报》）

◎ 下午，会见英国—中国了解协会主席班以安和由他率领的英中了解协会代表团成员、协会理事班以安夫人、霍华德。（8 日《人民日报》）

**8 日** 上午，和林佳楣、于立群、王冶秋等，陪同奈温和夫人及随行人员参观出土文物展览。晚，偕夫人与周恩来、黄永胜、方毅等应邀出席奈温和夫人的答谢宴。（9 日《人民日报》）

**9 日** 上午，偕夫人于立群与黄永胜、李先念、姬鹏飞、方毅等在机场，欢送奈温和夫人由周恩来陪同访问广州。

◎ 和夫人于立群会见加拿大乒乓球协会执行主席爱德华·罗伊·甘农及夫人。

◎ 晚，与张春桥、姚文元、张香山等会见由团长铃木正实率领的日中友协（正统）友好学生访华团，和由团长森胁保率领的日本民族民主教育学习访华团。（10 日《人民日报》）

**10日** 与王冶秋赴新闻电影制片厂看该厂摄制的介绍出土文物展、元大都瓮城发掘情况的纪录片。

**12日** 赴电视台看介绍长城、故宫、出土文物展的电视片，建议增补元大都义和门瓮城的发掘。

◎ 回复施存蛰来信："'金缕玉衣'或称'金缕玉柙'、'金缕玉匣'。有金缕、银缕、铜缕三等。故又简称'玉衣'、'玉柙'或'玉匣'。见《后汉书·礼仪志下》、《后汉书·刘盆子传》、《后汉书·东夷夫余传》、《后汉书·梁珠传》、《后汉书·耿秉传》、《后汉书·梁光传》等，请查。""《后汉书·礼仪志下》注引《汉旧仪》言其制甚详，不备引。""《吕氏春秋·节丧篇》高诱注'鳞施'云云，恐是副词加宾词，而高诱以玉衣解之。'含珠鳞施'者恐怕是形容玲与珠之多也。据满城汉墓所见，女体七窍皆有玲，不限于口。眼上有玉片覆盖。男根有玉罩，珠类不少。""文博口归王冶秋同志管，征购拓片事，请与他商量。"（郭沫若纪念馆馆藏资料）

**16日** 草《商榷的再商榷》，送尹达及史稿组征求意见，附言："请看看这篇稿子是否可用？请提意见。阅改后退我。"（郭沫若纪念馆馆藏资料）

◎ 晚，偕夫人于立群，与王猛、于步血等会见由后藤淳率领的日本少年乒乓球代表团和由山本弥一郎率领的日本乒协参观团。会见后，出席中国乒乓球协会举行的欢迎宴会。（17日《人民日报》）

**18日** 与邱会作、耿飚等到机场欢迎由团长、越南劳动党中央政治局委员、国会常务委员会副主席黄文欢，副团长、劳动党中央委员、国会常务委员会副主席朱文晋上将率领的越国会代表团在赴欧洲访问途中到达北京。

◎ 晚，偕夫人于立群，与王猛、于步血等出席中国乒协在首都体育馆为日本少年乒乓球代表团和日本乒协参观团举行的欢迎仪式，观看中日少年乒乓球选手的友谊比赛。（19日《人民日报》）

**19日** 与周恩来、李先念、耿飚等到车站迎接宾努亲王一行由北戴河到京。高棉抵抗运动成员英·萨利同车到达。

◎ 下午，会见由吕尔沙·弗朗索瓦和阿贝德—埃尔—卡德尔·梅尔瓦纳率领的法中友协访华团。

◎ 晚，与邱会作设宴欢迎黄文欢及越南国会代表团一行。(20 日《人民日报》)

**中旬** 阅改日文版《人民中国》《光明日报》介绍出土文物展览和满城汉墓发掘情况的稿件。

**20 日** 上午，会见由团长永野英身，副团长内田弘、城内郁子率领的日本第七次教师访华参观团，和由团长永田信男、副团长梶本章、秘书长大岛八重子率领的日本第二次关西学生友好访华团的全体成员。(21 日《人民日报》)

**22 日** 与廖承志联名致电松村谦三遗属："惊闻松村先生病逝，无任哀悼。谨向松村先生家属致以亲切慰问。松村先生多年来为日中友好和日中关系正常化进行了不懈的努力。他的不幸逝世是中日两国人民友好事业的重大损失，但他的献身精神将为人们所怀念。我们相信，日本朋友一定会继承松村先生的遗志而努力奋斗。"(23 日《人民日报》)

松村谦三，日本自民党顾问，曾任日本农林大臣和文化教育大臣，为中日友好事业和中日关系正常化作出重大贡献。21 日晚在东京病逝，终年 88 岁。患病期间，周恩来、郭沫若曾致电慰问。26 日王国权在东京参加葬礼，代表周恩来、郭沫若表示深切悼念。(23 日、31 日《人民日报》)

◎ 在机场，欢送越南国会代表团离京赴欧洲访问。

◎ 晚，与李先念、丁西林等出席对外好协和中罗友协举行招待会，庆祝罗马尼亚解放 27 周年。(23 日《人民日报》)

**23 日** 下午，与周恩来、黄永胜、叶剑英等到车站，迎接西哈努克亲王和夫人结束对朝鲜的国事访问，并在我国北戴河度假后到达北京。

◎ 晚，与周恩来、李先念、邱会作应邀出席罗马尼亚驻华大使杜马举行的国庆招待会。(24 日《人民日报》)

**24 日** 会见比利时知名人士访华团团长吕西安·德科宁教授，以及团员欧内斯特·格林纳、弗朗斯·德波夫、罗贝尔·勒格罗。(25 日《人民日报》)

**25 日** 上午，分别会见以蒂姆·梅加里为团长、沙利·雷诺兹为副团长的英中了解协会学生、青年访华团；以保罗·格罗科特为团长、戴维·凯吉尔为副团长的新西兰大学生联合会学生访华代表团。

◎ 偕夫人于立群，与周恩来、黄永胜、张春桥、姚文元、李先念、叶剑英等应邀出席宾努亲王和夫人的宴会，由西哈努克主持，欢迎高棉抵抗运动成员英·萨利特使到京。

◎ 会见并宴请日本东京大学农艺化学教授田村三郎。竺可桢、吴有训、郝梦笔、秦力生等在座。（26日《人民日报》）

**26日** 会见由团长冈本嘉六、副团长柏崎千枝子、代表团事务局长西宫公三率领的日本第七次学生友好访华参观团全体成员。会见时张香山、徐明、王晓云等在座。

◎ 偕夫人于立群，与周恩来、黄永胜、张春桥、叶剑英等出席西哈努克为招待我国领导人主持的文艺晚会。（27日《人民日报》）

**27日** 晚，偕夫人于立群出席周恩来在人民大会堂举行的宴会，欢迎柬埔寨民族团结政府和柬埔寨民族统一阵线国内特使英·萨利。（28日《人民日报》）

**29日** 晚，与周恩来会见智利中国文化协会领导人胡安·马·坎普斯及随同来访的恩伯尔·阿维拉、何塞·巴·奥莱亚纳、卡洛斯·梅亚、何塞·巴·阿乌玛达。（30日《人民日报》）

**30日** 晚，与周恩来会见法中友协主席贝特兰教授和夫人。（31日《人民日报》）

**31日** 与李先念、邱会作出席中越友协和对外友协举行的招待会，庆祝越南独立26周年，并在招待会上祝酒。（9月1日《人民日报》）

**本月** 回复史树青："八月七日信接到。《李白与杜甫》尚未定稿，如果将来出版，你自然可以看到。是否在'排印'，我还不知道。"（郭沫若纪念馆馆藏资料）

# 9 月

**1日** 上午，与李先念、肖劲光、吴德等在民族文化宫，出席北京市革委会、中越友协联合举办的《越南生产、战斗图片展览》开幕式，并观看展览。

◎ 下午，与周恩来会见日本朋友垦信行、池田诚。大原照久、手岛龙一、三俣和忠司会见时在座。会见后，设宴招待垦信行等五位日本朋友。韩念龙、李震、于立群、谷凤鸣、张香山、王海容、王晓云等作陪。

◎ 晚，偕夫人于立群，与周恩来会见日中学生友好会第二次访华团，并欢迎王国权一行回到北京。垦信行、池田诚参加会见。王国权及随行人员王效贤、江培柱在座。（2日《人民日报》）

**2日** 与周恩来、黄永胜、张春桥、李先念、叶剑英等应邀出席越南驻华大使举行的国庆招待会。（3日《人民日报》）

**3日** 复函耿庆国："八月卅一日信接到。附诗也读了。写出了你自己的实感，读来有味。"同时指出所附《延庆纪行》诗句中似有错字。又写道，张瑚同志曾来我处，大抵告诉了你想"汇报"的情况。我的意见或许她会转告你。"我的意思是：遵照毛主席的指示，向雷锋同志学习。当然，我欢迎你来，或者你和张瑚同志一道来。"（据复信手迹复印件）

**5日** 就《李白与杜甫》一书的校改、封面设计、题签等问题，回复人民文学出版社。写道："1. 谢谢您们的校改，大体上都照改了，只有极少数例外。无暇再核对原本，请您们酌定。2. 封面设计6种都觉太鲜新，请朴素老道一点；建议用绛色或芝麻酱色之类，外用透明薄膜套皮，如何？3. 不题字，不签名，请用铅印。《李白与杜甫》横排，'与'字可用小号字。用金字或其他颜色，请酌。4. 遵嘱另外送上两册'未定稿'本，备用。敬礼。"（手迹见《光荣与梦想——人民文学出版社60年》，人民文学出版社2011年3月版）

**8日** 会见美国友好人士鲁司·高琪—哥尔白夫人。高琪—哥尔白夫人在中国的美国朋友耿丽淑参加会见。

◎ 晚，与李先念、纪登奎出席中朝友协和对外友协举行的招待会，庆祝朝鲜民主主义人民共和国成立23周年。和玄峻极大使先后致祝酒词。（9日《人民日报》）

**9日** 晚，与周恩来、黄永胜、姚文元、李先念等应邀出席玄峻极大使和夫人举行的国庆招待会。（10日《人民日报》）

**10日** 晚，会见并宴请美国科学家罗伯特·柯、朱迪·柯，英国医生大卫·爱德勒，以及杰弗里·柯林斯。在北京的美国朋友柯弗兰、柯如思、爱德勒、帕特参加会见和宴会。唐明照、李肖白等在座。（11日《人民日报》）

**上旬** 作四言诗，哀悼松村谦三："渤瀣汪洋，一苇可航。敦睦邦交，劝耕农桑。后继有人，壮志必偿。先生之风，山高水长。"跋："松

村谦三先生千古 一九七一年秋"。悼诗墨迹赠富山市福光町松村谦三纪念馆，由川崎秀二转交。(松村正直等编《花好月圆——松村谦三遗文抄》，昭和五十二年八月；《日中国交正常化20周年纪念 郭沫若生诞100周年纪念 郭沫若展》图录)

**12日** 和夫人于立群，陪同宾努亲王及夫人率柬埔寨王国民族团结政府、民族统一阵线代表团离京赴我国西北地区访问。中国驻柬大使康矛召和夫人杨玲一同前往。周恩来、李先念等到机场送行。中午到达乌鲁木齐。

◎晚，偕夫人于立群出席新疆维吾尔自治区革委会举行的欢迎宴会。(13日《人民日报》)

**13日** 上午，陪同访问天山北麓沙尔达坂草原上的东风牧业人民公社。在海拔两千多米的"菊花台"牧场，受到哈萨克、维吾尔、柯尔克孜等各族社员的欢迎。社员们举行了富有民族特色的赛马表演。陪同宾努亲王一行到哈萨克毡房里作客。晚，陪同观看新疆维吾尔自治区革委会举行的歌舞晚会。(14日《人民日报》)

◎ 作《浣溪沙》。发表于19日《人民日报》，为《诗词三首》之一。词云："战友高棉远道来，天山山麓盛筵开。东风牧社巧安排。骏马奔腾撼大地，晴空澄澈绝纤埃。欢呼阵阵走惊雷。"篇末署"作于东风公社"。

收人民文学出版社1977年9月版《沫若诗词选》，《诗词三首》改为《陪高棉战友访问西北（诗词三首）》；现收《郭沫若全集·文学编》第5卷。

**14日** 和夫人于立群，新疆维吾尔自治区革委会主任龙书金等陪同宾努亲王一行访问新疆军区生产建设兵团石河子垦区，参观"八一"毛纺厂、织染厂，观看军垦战士文艺演出。(16日《人民日报》)

**15日** 陪同宾努亲王一行参观石河子垦区某团农田、畜牧场、果园。(16日《人民日报》)

◎ 作《满江红》。发表于19日《人民日报》，为《诗词三首》之一。颂军垦战士："使戈壁化为耕地，汪洋如海。民族弟兄同手足，天山南北齐灌溉。"篇末署"作于石河子"。

收人民文学出版社1977年9月版《沫若诗词选》，《诗词三首》改为《陪高棉战友访问西北（诗词三首）》；现收《郭沫若全集·文学编》第

5卷。

◎ 口占《中柬友谊之花》："我也是一个瓜——一个大傻瓜，\让我代表瓜儿们来说几句话。\我们这些南瓜和西瓜，\要感谢农场的兄弟姊妹们，\把我们培养得这么大"，"我们的每一个瓜子儿\都要成为子弹、子弹、子弹，\把美帝国主义打垮，\把社会帝国主义打垮，\把日本军国主义打垮！\我们的每一个瓜子儿\都要迸发成中柬的友谊之花，\都要结成为更大、更大的南瓜和西瓜"。（郭沫若纪念馆馆藏资料）

16日上午，陪同宾努亲王一行游览博格达峰下的天池。下午，返回乌鲁木齐，参观新疆"七一"纺织厂。晚，与龙书金等应邀出席宾努、英·萨利在乌鲁木齐举行的宴会。（17日《人民日报》）

◎ 作七律一首。发表于19日《人民日报》。为《诗词三首》之一。诗云："里加游览忆当年，此地风光胜似前。歌舞水边迎贵客，云笺天上待诗篇。一池浓墨盛砚底，万木长毫挺笔端。更喜今晨双狍子，盛筵助兴酒如泉。"篇末署"作于天池"。

收人民文学出版社1977年9月版《沫若诗词选》，《诗词三首》改为《陪高棉战友访问西北（诗词三首）》；现收《郭沫若全集·文学编》第5卷。

**17日**　上午，陪同宾努亲王一行离开乌鲁木齐，飞往兰州参观访问。晚，出席甘肃省革命委员会的欢迎宴会。（18日《人民日报》）

◎ 草《水调歌头》，云："客到兰州市，车渡黄河桥。三十万人夹道，声浪卷波涛。五彩缤纷夺目，阵阵欢呼蹈舞，擂鼓震重霄。绵亘十公里，百万红旗飘。'宾首相！''英特使！'呼声高。中柬人民友谊，自古如同胞。连接亚非拉美，打倒帝修双霸，战斗到明朝。人类同解放，融成心一条！"（郭沫若纪念馆馆藏资料）

**18日**　陪同宾努亲王一行参观刘家峡水电站，舟游水库。作《满江红·游览刘家峡水电站》，发表于1977年7月17日《光明日报》。词云："成绩辉煌，叹人力真真伟大。回忆处，新安鸭绿，都成次亚。自力更生遵教导，施工设计凭华夏，使黄河驯服成电流，兆千瓦。　绿水库，高大坝，龙门吊，千钧闸。看奔腾泄水，何殊万马。一艇风驰过洮口，千岩壁立疑巫峡。想将来，高峡出平湖，更惊讶！"

**19日**　上午，和冼恒汉等陪同宾努亲王一行参观兰州石油化工机器厂、兰州雁滩人民公社。晚，与冼恒汉、胡继宗、徐国珍等甘肃省革命委员会、中国人民解放军兰州部队和甘肃省军区负责人应邀出席宾努、英·萨利在兰州宾馆举行的宴会。（20日《人民日报》）

◎ 下午，利用外宾休息时间视察甘肃省博物馆。看到馆内用玻璃管保存的大量汉简，表示此前看过关于这些汉简的报道，但这么大量的实物还是第一次见。对陈列柜中武威雷台出土的东汉晚年铜车马群和三足腾空的铜奔马倍加赞叹，认为马和骑士的雕像国外不少，历史最多几百年，我们的祖先却在近两千年前制造出这样生动的铜像，无论艺术构思的巧妙，工艺技术的高超，还是从结构力学角度来说，都达到前所未有的水平，是我们民族的骄傲。对馆内工作人员说，你们这里的国宝太多了，你们的责任就更重了，你们的责任就是把这些珍宝保护好；保护不好，就对不起全国人民和党，也对不起我们的子孙后代。（《郭沫若与铜奔马》，2000年11月19日《中国文物报》）

◎ 晚，回宾馆，应甘肃省博物馆索求为该馆题写馆名，次晨送交博物馆。

**20日** 上午，和夫人于立群陪同宾努和柬埔寨代表团离开兰州，赴延安参观访问。晚，陪同出席陕西省革委会在延安宾馆举行的欢迎宴会。（21日《人民日报》）

**21日** 与王国权联名致电慰问日本公明党中央执行委员长竹入义胜："惊悉先生为暴徒刺伤，谨电慰问。我们对一小撮反动势力的卑劣行径表示极大的愤慨。衷心祝愿先生早日康复。"（22日《人民日报》）

**21—22日** 偕夫人于立群，和李瑞山、谷凤鸣等陪同宾努亲王一行参观中国革命活动纪念馆，毛泽东在凤凰山麓、杨家岭、枣园、王家坪等地旧居，中国人民抗日军政大学旧址。（23日《人民日报》）

**22日** 在枣园草《沁园春·再访延安》。云："延安之灯，井冈之火，终至燎原。仰革命宏图，艰难创业，英雄壮志，奋勇当先。结合工农，精通马列，头上推翻三座山。窑洞里，产光辉两论，日月新天。""犹须警惕倍添，防三次战争于未然。""咸景望：我中国人民——圣地延安。"（郭沫若纪念馆馆藏资料）

◎ 出席宾努、英·萨利举行的宴会。（23日《人民日报》）

**23日** 上午，偕夫人于立群陪同宾努亲王一行结束对西北地区的访

问，回到北京。周恩来、李先念等到机场迎接。(24 日《人民日报》)

**24 日** 向王冶秋介绍甘肃武威出土文物，拟定将铜车马群等文物调来，参加在故宫举行的出土文物展览。(王廷芳《郭沫若与铜奔马》，2000 年 11 月 19 日《中国文物报》)

◎ 晚，会见并设宴招待以佐伯勇为团长、中司清为副团长的日本关西经济界访华代表团全体成员：日向方齐、室贺国威、永田敬生、山本弘、佐治敬三、川胜传，顾问木村一三，秘书长峰永了作；随行人员吉泽宏始、须原喜八郎、兵头义清、酒井宗和等。在北京的日本朋友井泽信久在座。刘希文、王明俊、徐明等作陪。(25 日《人民日报》)

**25 日** 下午，与谢华会见美国医学界朋友保罗·怀特、赛缪尔·罗森、格雷·戴蒙德、维克托·赛德尔和他们的夫人。会见时，米勒医生和夫人中村在座。

◎ 下午，与张春桥、耿飚等到机场欢迎黄文欢、朱文晋率越南国会代表团在访问欧洲回国途中到京。

◎ 晚，偕夫人于立群，与吴德、石少华、王国权等会见由团长清水正夫，副团长松山树子率领的日本松山芭蕾舞团。会见后出席对外友协举行的欢迎宴会。(26 日《人民日报》)

**26 日** 晚，与张春桥、耿飚会见并宴请黄文欢及越南国会代表团。(27 日《人民日报》)

**27 日** 晚，会见并设宴欢迎约旦友好人士、前首相苏莱曼·纳布西，阿拉伯律师联合会秘书长沙菲克·阿希达特，姆尔旺·哈穆德。正在我国访问的巴勒斯坦民族解放运动（法塔赫）代表团团长阿布·杰哈德，巴解组织驻北京办事处主任马哈茂德应邀出席。(28 日《人民日报》)

**28 日** 上午，在北京民族文化宫，出席中罗友协举办的《罗马尼亚社会主义建设》图片展览开幕式。

◎ 上午，与张春桥、耿飚等到机场欢送越南国会代表团回国。

◎ 晚，与吴德、刘贤权、石少华等出席国务院文化组、对外友协举行的宴会，欢迎以申仁河为团长的朝鲜平壤民族歌剧团。(29 日《人民日报》)

**29 日** 会见瑞士日内瓦国际高等学院院长弗雷蒙夫妇一行。

◎ 和夫人于立群，会见并设午宴欢迎日本朋友西园寺公一和夫人西园寺雪江，长子西园寺一晃，以及东京西园寺公一事务所负责人南村志郎。王国权、张香山、赵正洪出席作陪。

◎ 晚，与周恩来、王国权会见以藤山爱一郎为团长的日本促进恢复日中邦交议员联盟访华代表团。日本社会党国会议员、《社会新报》特派记者田英夫参加会见。参加会见的议员联盟访华代表团成员有：自由民主党国会议员宇都宫德马、涩谷直藏、浦野幸男、盐谷一夫、山口敏夫；社会党国会议员松平忠久、小林进、楢崎弥之助、井野正挥、成濑幡治、阿具根登；公明党国会议员伏木和雄、铃切康雄、桑名义治、涩谷邦彦；民社党国会议员今澄勇、河村胜、向井长年，以及随员上村幸生、山本保、村上安。(30日《人民日报》)

**30日** 上午，会见法国纪龙德省议员雅克·瓦拉德和夫人、法国文化部博物馆主任让·夏特兰和夫人、波尔多市博物馆馆长吉尔贝特·玛丹·梅里、波尔多市文化顾问乔治·德洛尔。(10月1日《人民日报》)

**本月** 手书《毛主席诗词三十七首》线装本由人民美术出版社再版。

## 10月

**1日** 同首都人民共度国庆。上午，偕夫人于立群，与周恩来、李先念、叶剑英陪同西哈努克和夫人、宾努和夫人等游览颐和园，观看文艺演出，出席在颐和园举行的庆祝宴会。

◎ 晚，与周恩来、江青、张春桥等出席吴德和王国权主持的招待会，招待各国友好组织、文化、艺术、体育等各界朋友和知名人士。(2日《人民日报》)

**2日** 与王国权、丁西林、刘希文等出席中国中日友协代表团和日本促进恢复日中邦交议员联盟访华代表团的联合声明签字仪式。

◎ 与李先念等应邀出席几内亚驻华临时代办举行的招待会，庆祝几内亚成立13周年。

◎ 与李先念、刘贤权、石少华等出席朝鲜平壤民族歌剧团访华演出开幕式，观看歌剧《血海》。(3日《人民日报》)

**3日** 上午，会见美国友好人士亨利·威尔科克斯和夫人。

◎ 下午，会见应中国国际书店邀请来访的日本东方书店经理安井正幸、副经理福岛泰子，亚东书店负责人漆户暾，内山书店经理内山嘉吉和夫人内山松藻等日本朋友。

◎ 晚，与吴德、王国权等在天桥剧场，出席日本松山芭蕾舞团访华演出开幕式。演出休息时，与清水正夫、松山树子、白土吾夫和主要演员会见。正在北京的日本朋友中岛健藏和夫人、宫川寅雄和日中文化交流协会代表团团员；黑田寿男、宫崎世民和日中友好协会（正统）代表团团员；西园寺公一和夫人，以及其他日本朋友出席开幕式。（4日《人民日报》）

**5日** 和夫人于立群设宴招待法国友好人士露阿夫人。贺敬之、李希凡、林晨等出席作陪。（6日《人民日报》）

◎ 晚，与周恩来、耿飚、丁西林会见正在北京访问和工作的美国朋友七十多人。参加会见的有：美国"革命联盟"代表团全体成员，美国和波多黎各"青年工人党"领导人巴布罗·古兹曼，美国黑豹党领导人休伊·牛顿、伊莱恩·布朗、罗伯特·贝，由卡麦丽达·欣顿夫人率领的美国青年一行17人，迈克斯·格兰尼奇夫妇、比尔·埃普顿、杰克·贝尔登、苏珊·沃伦夫人、迪克·弗兰克、霍齐亚·威廉斯夫妇、谢伟思夫妇、韩丁、雷洲安、杰克·舒尔曼夫妇、亨利·威尔科克斯夫妇、赛缪尔·罗森夫妇、维克托·赛德尔夫妇、杰弗里·柯林斯；在北京工作的美国和其他国家的朋友：柯弗兰、柯如思、爱德勒、帕特、阳早、寒春、史克、艾琳、舒子章、舒裕禄、沙博里、克艾文、陈必娣、艾丽丝、司徒露西、卡玛、阳和平、马海德夫妇、路易·艾黎、米勒。会见时申健、唐明照、章文晋等在座。（6日《人民日报》）

**6日** 上午，偕夫人于立群，与周恩来、李先念、叶剑英等在机场，欢迎埃塞俄比亚皇帝海尔·塞拉西一世及随行人员来访。

◎ 晚，偕夫人于立群参加董必武、周恩来会见并欢迎塞拉西一世皇帝及其随行人员的宴会。（7日《人民日报》）

**7日** 晚，与吴德、刘贤权、石少华会见由团长迪努·斯泰利安少将率领的罗马尼亚军队"多依那"艺术团。出席国务院文化组、中国人民解放军总政治部、对外友协举行的欢迎宴会。（8日《人民日报》）

**8日** 与姬鹏飞、于立群、何英、韩叙等陪同塞拉西皇帝一行参观故宫，游览长城。

◎ 晚，会见由利比亚《先驱报》总编辑阿卜杜勒·加迪尔·阿里·阿布哈鲁斯和夫人、《自由报》总编辑穆罕默德·奥马尔·图沙尼和夫人组成的利比亚新闻代表团。会见时，邓岗、李锦华等在座。（9日《人民日报》）

**9日** 晚，偕夫人于立群，与周恩来、叶剑英、吴德等出席埃塞俄比亚驻华大使马康南为塞拉西一世皇帝访问我国举行的宴会。（10日《人民日报》）

**10日** 上午，与叶剑英等到机场欢送塞拉西一世由周恩来陪同，赴上海参观访问。（11日《人民日报》）

**11日** 上午，作为中华人民共和国特使，与何功楷等随行人员应伊朗王国政府邀请，参加阿契美尼德王朝居鲁士一世建立波斯帝国2500周年庆祝活动，乘专机离开北京。叶剑英、李德生、吴德、方毅，以及于立群等在机场欢送。

董必武、周恩来于10日致信伊朗国王穆罕默德·礼萨·沙阿·巴列维，祝贺伊朗庆祝波斯帝国成立2500周年，宣布"我国决定派全国人民代表大会常务委员会副委员长、科学院院长、历史学家郭沫若作为国家特使前往贵国参加庆祝盛典，转达中国人民对伊朗人民的友好情意"。（18日《人民日报》）

◎ 抵乌鲁木齐后，上呼吸道感染加重，体温升高。经周恩来批准，留在当地休息。

**14日** 改由驻巴基斯坦大使张彤担任中国特使，赴伊朗参加庆祝活动。（16日《人民日报》；《竺可桢日记第5册》，科学出版社1990年版）

**15日** 从乌鲁木齐返回北京。

◎ 为专机机组题诗，诗云："波斯建国二千五百年，我自首都来和田。病发未能去纪念，养病和田整四天。机组同志身手好，飞机操纵安如山。四天之前运我来，四天之后又运还。完成任务上上乘，我独无为空自惭。矢以机组同志为样板，永尚实践去空言。"（手迹见《中国民航（1949—1984）》图册）

**26日** 晚，与周恩来、姬鹏飞等应邀出席伊朗驻华临时代办和夫人举行的招待会，庆祝伊朗国王穆罕默德·礼萨·巴列维诞辰。为在25日联合国大会上以压倒多数通过恢复我国在联合国的一切合法权利，立即把蒋介石集团的代表从联合国及其一切机构中驱逐出去的提案，举杯向伊朗和坚持原则、主持正义的各建交国家，以及其他友好国家的政府表示感谢。(27日《人民日报》)

**29日** 下午，与吴德、刘贤权、石少华、王国权等出席罗马尼亚驻华大使杜马为罗马尼亚军队"多依那"艺术团访问我国举行的酒会。(30日《人民日报》)

**31日** 和夫人于立群会见并设宴招待吉村孙三郎及女儿吉村启子、斋藤保次和夫人斋藤由利、国分胜范和夫人国分菊子、宿谷荣一和夫人渡边照子，以及日本国际贸易促进协会代表团其他成员。(11月1日《人民日报》)

**本月** 《李白与杜甫》大字精装本由人民文学出版社出版；11月出版平装本。书分三部分：一、关于李白。二、关于杜甫。三、李白杜甫年表。

《关于李白》，集中在一些长期存有争议的问题上，如李白的出生、家室、两次入长安等进行论述。《李白出生于中亚碎叶》从基本材料——范传正《唐左拾遗翰林学士李公新墓碑文》入手，兼及李阳冰《草堂集序》。从李白的文化修养、对胡族的态度、其人相貌等方面反驳陈寅恪《李太白氏族之疑问》（包括詹锳《李白家世考异》）关于李白"为西域胡人"的说法，认为这一说法毫无根据。对于碎叶地望的考证，受王国维《西辽都城虎思斡耳朵考》一文启发，引用《大唐西域记》《大清一统志》《大慈恩寺三藏法师传》三部书，提出与多数人看法不同的一家之言。《李白的家室索隐》对于李白第一次入长安在开元十八年的考证，为问题的解决找到一些新的内证。"待诏翰林和赐金还山""安禄山叛变与永王璘东巡"两个副标题，点出李白政治活动中的两次"大失败"，使读者联想到"开元盛世"的歌舞升平和天宝后期的战乱流离。《李白在长流夜郎前后》叙述其"本来是出于一片报国忧民的诚意，谁想到竟落得成为一个叛逆的大罪人"的心境。《李白的道教迷信及其觉醒》一开始便站在时代的高度发论："李白思想，受着他的阶级的限制和唐代思潮的影响，基本上是儒、释、道三家的混合物。"《李白与杜甫在诗歌上的交往》明确指出"抑李而扬杜，差不多成为封建时代士大夫阶层的定论。……解放以来的某些研究者却依然为元稹的见解所束缚，抑李而扬杜，作出不公平的判断",表明翻"抑李而扬杜"旧案、恢复"李杜并称"的写作意图。为说明李白比杜甫更具"人民性",举李白《秋浦歌十六首》之十四首,说"这好象是近代的一幅油画,而且是以工人为题材",又说李白"歌颂工农生活的诗,虽然不是'挚鲸碧海中',但也不是'翡翠兰苕上',而是一片真情流露的平民性的结晶"。

《关于杜甫》,主要对新、旧研究家回避的各主要问题进行系统清理。《杜甫的阶级意识》针对"不久前的研究家,竟有人说'杜甫已经超越了自己的阶级,和农民差不多成了一家人'"的"皮相的见解",分析《喜雨》《夔府书怀》两首诗的内容,指出:"旧时封建时代的士大夫们要赞扬那样的意识和立场,也是不足为怪的。可怪的是解放前后的一些研究家们,沿袭着旧有的立场,对于杜甫不是采取批判的态度,而是依然全面颂扬,换上了一套新的辞令。"《杜甫的门阀观念》从杜甫的诗歌和行为论证"杜甫重视门阀的观念非常深固"。《杜甫的功名欲望》分析杜甫走"有权者推荐这一门径",举鲜于仲通例。鲜于仲通与杨国忠勾结,由杨国忠提拔为剑南节度使,逼反南诏,被南诏打败,杨国忠反叙其战功,调任为京兆尹。李白讽刺鲜于仲通被南诏打败,"渡泸及五月,将赴云南征","千去不一回,投躯岂全生",杜甫却以《奉赠鲜于京兆二十韵》求其向杨国忠推荐,由此发问:"请看杜甫为了求取功名,是多么不择对象!这岂不是有忝'诗圣'或者'人民诗人'的称号吗?"《杜甫的地主生活》指出"杜甫爱诉述自己的贫困,但往往过分夸大,和实际情况核对起来有很大的悬隔",认为"在成都有草堂,在夔州有果园,这些杜甫自己并不想隐讳。他也说过'穷冬客江、剑,随事有园田',研究家们却偏偏要替他隐讳,有意无意地是'诗圣'或'人民诗人'的观念在作怪"。《杜甫的宗教信仰》对于"新旧研究家们抹杀"杜甫的佛教思想进行反驳,依照时间顺序举其14首诗,证明"杜甫是一位禅宗信徒"。《杜甫嗜酒终身》一节以杜甫的"大量诗篇"作证,证明"杜甫的嗜酒并不亚于李白",主要是"新旧研究家们的眼睛里面有了白内障——'诗圣'或'人民诗人',因而视若无睹,一千多年来都使杜甫呈现出一个道貌岸然的样子"。考察杜甫与严武、岑参、苏涣的交往,分析杜甫讨厌四川的"更重要的原因是心理作用,他是以地主贵族的眼光在看当时的四川。他向往长江下游的吴越,尤其向往三秦"。三秦是"朝廷"所在之地,吴越则是地主生活的典范。

《李白杜甫年表》，起于武则天长安元年（701），止于代宗大历五年（770），分作四栏：年代、李白、杜甫、史事札记。

该书现收《郭沫若全集·历史编》第 4 卷。

## 11 月

**2 日** 下午，和夫人于立群会见加拿大地球物理学家威尔逊教授和夫人。

◎ 晚，亚非乒乓球友好邀请赛在北京首都体育馆开幕，与叶剑英、李先念、姬鹏飞、吴德等出席开幕式。(3 日《人民日报》)

**4 日** 下午偕夫人于立群，和王国权、张香山等会见由团长藤田寿、秘书长布士玉枝率领的日本妇女民主俱乐部友好访华团全体成员。(5 日《人民日报》)

**5 日** 晚，出席吴德、王国权为欢迎日本东京都知事美浓部亮吉一行举行的宴会。(6 日《人民日报》)

**6 日** 晚，与王国权、丁国钰等出席中日友协举行的宴会，欢迎飞鸟田一雄率领的日本恢复日中邦交国民会议访华代表团。(7 日《人民日报》)

**8 日** 下午，与周恩来等党政领导人出席首都群众集会，庆祝阿尔巴尼亚劳动党成立 30 周年。

◎ 晚，偕夫人于立群，会见并举行宴会欢迎意大利前副总理、前外交部长、终身参议员彼特罗·南尼及其随行人员。祝酒说，南尼先生多年来一直为中意两国人民的友谊和两国关系的发展，作了有益的工作。我们对南尼先生在担任意大利外长期间，为促进中意两国外交关系的建立所作的努力，表示感谢和赞赏。中意建交一年以来，两国关系得到良好的发展，经济、贸易、文化各方面的交流较前增多了。深信，通过两国人员的交往，中意两国人民的友谊将不断增进，两国关系将会得到进一步的发展。(9 日《人民日报》)

**9 日** 下午，与周恩来、叶剑英、张春桥、姚文元、李先念等党政领导到机场，欢送乔冠华率我国出席联合国第 26 届大会的代表团前往纽约。

◎ 晚，偕夫人于立群，与周恩来、叶剑英、李先念、吴德、姬鹏飞

等，应邀出席宾努和夫人在西哈努克主持下举行的招待会，庆祝柬埔寨国庆 18 周年。(10 日《人民日报》)

**10 日** 晚，偕夫人于立群，与周恩来、王国权会见并设宴招待尼泊尔友好人士、前首相阿查里雅和夫人。

◎ 晚，与周恩来、吴德、王国权先后会见日本东京都知事美浓部亮吉及其随行人员小森武、石坂新吾、石川都夫、富永次雄；以飞鸟田一雄为团长的日本恢复日中邦交国民会议访华代表团一行。成员包括：副团长铃木力、伊达秋雄、大森真一郎，团员田上武治、大谷竹雄、野口政子、土谷勉、新川辉隆、佐佐木信男、田中安三、小山良治、阪本寿治、高濑胜、藤原充子、枝村要作、山内正博，秘书长若林熙，秘书米仓文吉、鸣海正泰。(11 日《人民日报》)

**12 日** 晚，偕夫人于立群，与张奚若、李耀文等应邀出席意大利驻华临时代办为南尼及随行人员访问中国举行的宴会。(13 日《人民日报》)

**13 日** 书"友谊第一"四字，赠后藤钾二。(手迹见《日中国交正常化 20 周年记念 郭沫若生诞 100 周年记念 郭沫若展》图录)

**15 日** 晨，致信人民文学出版社。说："《李白与杜甫》的出版，深深感谢你们的协助。""希望订正、查核书中个别引文与'字误'。"(手迹见《光荣与梦想——人民文学出版社 60 年》，人民文学出版社 2011 年 3 月版)

◎ 晚，与周恩来、江青、叶剑英等，会见参加亚非乒乓球友好邀请赛的各个国家和地区的乒乓球代表团及随团记者，国际乒联负责人和应邀参观邀请赛的拉丁美洲国家乒协代表团，共六百多人。出席北京市革委会、亚非乒乓球友好邀请赛组织委员会、对外友协举行的招待会，庆祝亚非乒乓球友好邀请赛胜利闭幕。(16 日《人民日报》)

**17 日** 致信人民文学出版社。"十五日的复信收到。三处'主守'，我也注意到，请均改为'主管'，以期划一。小字本望能给我 20～30 册，大字精装本已经够了，将来如有需要时，再请补给。关于肖涤非《杜甫研究》中引李白诗的那一节，我觉得再版时，照我原稿的旧样，改用 1957 年版要顺些。不然，上面引了全诗，下面又引全诗，在文章是成问题的。请酌。"(手迹见《光荣与梦想——人民文学出版社 60 年》，人民文学出版社 2011 年 3 月版)

◎ 晚，与王国权会见并宴请以东海林武雄为团长的日本东京经济界人士访华团。参加会见的有顾问：木川田一隆、永野重雄，团员：中岛正树、岩佐凯实、今里广记、凑守笃、山下静一、河合良一，随行人员关一夫、乘松忠男、依田直、西堀宏、横山隆吉、妻木弘信。刘希文、徐明等在座。(18日《人民日报》)

**18日** 晚，和夫人于立群，会见并宴请澳大利亚友好人士威廉·莫罗和女儿伯顿夫人、斯坦利·穆尔和夫人。(19日《人民日报》)

**19日** 上午，与白相国等会见缅甸联邦政府贸易部长貌伦上校。(20日《人民日报》)

◎ 就编辑《文物论稿》事致信高履芳：

"①书名拟订为《文物论稿》。

"②内容分两部分：a. 一般叙述研究部分（目录中打△）；b. 金文考释部分（无△号）；c. 增加了两篇（见目录有△号）。附上《文物》1965.10一册，摄影后，请退还我。

"③有关《兰亭序》的论争，似可命名为《有关〈兰亭序〉的辩论集》，请酌。章士钊先生的《柳文指要》里面也有辩论的文章似乎可以采用。我的关于《三国志》写本一文中有回答。"（见《文物》)

**20日** 下午，与周恩来、叶剑英、张春桥、姚文元、李先念、纪登奎、李德生、汪东兴在机场，欢迎范文同总理率领越南党政代表团到达北京。当晚，出席我国党政领导同越南党政领导的会见及中共中央、国务院举行的欢迎宴会。(21日《人民日报》)

**21日** 与周恩来、江青、叶剑英、李先念等陪同范文同一行观看京剧《平原作战》。(22日《人民日报》)

**23日** 听取刘西尧关于"9·13"林彪事件经过的报告。(王廷芳回信和谈话记录，龚济民、方仁念《郭沫若年谱》)

◎ 下午，出席中共北京市委、市革委会为欢迎越南党政代表团举办的群众集会。次日晚，偕夫人于立群，应邀出席越南党政代表团举行的宴会。(24日、25日《人民日报》)

**25日** 上午，往机场，为周恩来陪同越南党政代表团赴上海访问送行。

◎ 晚，与王国权、张香山等会见由团长牛洼宗吉、秘书长坊野正弘率领的日中友协（正统）活动家访华团。(26日《人民日报》)

**26 日**　晚，应邀出席南斯拉夫驻华大使举行的国庆招待会。(27 日《人民日报》)

**27 日**　下午，和叶剑英、姚文元、李先念、李德生等出席北京市革委会、中阿友协、对外友协主办的群众集会，庆祝阿尔巴尼亚解放日。(28 日《人民日报》)

**29 日**　下午，偕夫人于立群，与王国权会见由团长高田琴、秘书长日下部沙汰率领的日本福岛县妇女工人友好访华团。

◎晚，与周恩来、叶剑英、姚文元、李先念等应邀出席阿尔巴尼亚驻华大使罗博和夫人举行的招待会，庆祝阿尔巴尼亚解放 27 周年。(30 日《人民日报》)

◎写便笺，邀罗时慧来访。(郭沫若纪念馆馆藏资料)

## 12 月

**4 日**　应邀出席毛里塔尼亚驻华大使阿里举行的招待会，庆祝毛里塔尼亚伊斯兰共和国独立 11 周年。(28 日《人民日报》)

**7 日**　出席中非友协、对外友协举行的招待会，庆祝坦噶尼喀独立十周年。(28 日《人民日报》)

**9 日**　晚，与周恩来、叶剑英、姬鹏飞等应邀出席万布拉大使和夫人举行的招待会，庆祝坦桑尼亚联合共和国大陆（坦噶尼喀）独立十周年。(28 日《人民日报》)

**11 日**　作《卜天寿〈论语〉抄本后的诗词杂录》。发表于《考古》1972 年第 1 期，《光明日报》1972 年 2 月 15 日。文章分三部分，简述卜天寿《论语》抄本出土情况；着重介绍残卷末尾卜天寿所写诗词和杂录的三种类型：《十二月三台词》、五绝六首、卷尾杂录四行；最后指出："卜天寿是西域人，年仅十二岁。十二岁的孩子便能以比较正规的书法抄写《论语》，又能基本上平仄合辙地赋诗述怀"，"可充分证明：当时西域的文化程度是十分深入而普及的，和内地没有什么两样"。

现收《郭沫若全集·历史编》第 3 卷。

◎作七绝《〈屈原〉在日本第三次演出》。载 1972 年 1 月 17 日日本《大阪朝日新闻》，2 月 9 日新华社《参考资料》下午版（第 12093 期）。云："滋兰九畹成萧艾，橘树亭亭发浩歌。长剑陆离天可倚，劈开玉宇创银河。"书赠河原崎长十郎,跋:"河原崎长十郎先生将于一九七二年春在日本演出历史剧《屈原》,书此以赠,预祝成功。"

收入民文学出版社 1977 年 9 月版《沫若诗词选》,现收《郭沫若全集·文学编》第 5 卷。

◎ 致函河原崎长十郎:"《屈原》是将近三十年前写的作品,如果认为有演出的价值,就请上演吧。由于前进座剧团转到修正主义道路上去了,长十郎先生的孤军奋战一定很艰苦,但祝愿取得更大的成功。当然,未必一定要选我的作品。既然选定了,我希望能放手对原作进行修改,改编成能符合日本现实情况的戏剧,这将关系到演出的成功。明年三月份演出时,仍希望成行,再度作为学生向日本人民学习。"(河原崎长十郎《日中友好〈屈原〉访华公演团访问报告》,1978 年 8 月 9 日日本《人民新报》;《新文学史料》1979 年第 2 期)

**15 日** 与吴德、白相国等出席南斯拉夫工业展览会开幕式,为展览剪彩并在留言簿上留言,祝中南两国和两国人民的友谊发展。(28 日《人民日报》)

**16 日** 和夫人于立群会见并宴请冈崎嘉平太、古井喜实和夫人古井福,田川诚一,已故松村谦三之女小堀治子、之子松村进,以及日本日中备忘录贸易谈判代表其他成员。会见时,日中备忘录贸易办事处驻北京联络处首席代表安田佳三和夫人在座。刘希文、徐明、吴曙东等作陪。(28 日《人民日报》)

**17 日** 晚,与周恩来、叶剑英、李先念、李德生会见阿巴斯副总统率领的苏丹政府高级代表团并出席周恩来举行的欢迎宴会。(28 日《人民日报》)

**18 日** 晚,出席柬中友好全国委员会举行的酒会,庆祝柬中友好和互不侵犯条约签订 11 周年。(28 日《人民日报》)

**19 日** 作《〈坎曼尔诗签〉试探》。发表于《文物》1972 年第 2 期,3 月 21 日《光明日报》。文章分四部分:第一,简要介绍新疆博物馆发现《坎曼尔诗签》两抄件的情况;第二,考释甲件所书三首诗;第三,考释乙件所写白居易《卖炭翁》;第四,指出卜天寿可能是汉人,"但坎曼尔是回纥人却毫无可疑的余地","新疆的文化在唐代和内地没有两样"。

现收《郭沫若全集·历史编》第 3 卷。

**20日** 晚，与周恩来、李先念、王国权会见日本朋友西园寺公一、东京西园寺公一事务所负责人南村志郎。(28日《人民日报》)

◎ 晚，与周恩来、李先念、王国权会见日本日中备忘录贸易谈判代表团成员、日本日中备忘录贸易办事处代表冈崎嘉平太、古井喜实、田川诚一，日中备忘录贸易办事处参事、已故松村谦三的子女小堀治子、松村进，以及代表团其他成员。(28日《人民日报》)

**22日** 下午，偕夫人于立群，和周恩来等党政领导在机场欢迎我国代表团出席联合国第26届大会后回国。(23日《人民日报》)

◎ 下午，会见美国朋友约翰·霍金斯。王传斌、徐大镛、资中筠等在座。(28日《人民日报》)

**26日** 晚，与叶剑英、姬鹏飞、彭绍辉等出席李先念举行的宴会，欢迎伊拉克共和国革命指挥委员会委员、阿拉伯复兴社会党民族和地区领导机构成员阿卜杜勒·哈利克·萨马赖，和由他率领的伊拉克政府代表团。(27日《人民日报》)

**27日** 与谢华会见美国精神病科医生阿尔文·沃塞曼和夫人。

◎ 晚，与刘贤权、王国权、张香山等会见日本齿轮座剧团团长藤川夏子、副团长日笠世志久、随员岩田直二、事务局长藤井义昭和主要演员，出席对外友协举行的欢迎宴。(28日《人民日报》)

**29日** 晚，应邀出席萨马赖举行的告别宴会。(30日《人民日报》)

**下旬** 为松村谦三故乡富山市福光町修建的"松村纪念公园"题写园名。(手迹见《日中国交正常化20周年纪念 郭沫若生诞100周年纪念 郭沫若展》图录)

## 本　年

弟郭开运(翊昌)在乐山沙湾病逝，终年76岁。(《郭沫若全集·文学编》第11卷注释)

# 1972年（壬子）80岁

**1月13日** 中共中央下发《粉碎林陈反党集团反革命政变的斗争》

材料之二,批判林彪一伙制订的《"571工程"纪要》。

2月21日至28日　尼克松访问中国,中美双方就两国关系正常化发表联合公报。

4月24日　《人民日报》社论《惩前毖后,治病救人》指出,经过长期革命斗争锻炼的老干部"是党的宝贵财富"。

7月2日　中共中央下发《粉碎林陈反党集团反革命政变的斗争》材料之三。

7月14日　周恩来根据杨振宁建议,要求纠正科研教育工作中的"左"倾错误,重视提高基础理论研究水平。

7月　湖南省长沙市郊马王堆西汉早期墓葬出土。

9月25日至29日　田中角荣访问中国,中日两国政府宣布外交关系正常化。

10月1日　《人民日报》《红旗》《解放军报》社论,要求加快社会主义建设步伐,继续落实干部政策、知识分子政策、经济政策。

11月30日　周恩来同意召开外事工作会议,批判林彪集团的极"左"思潮。

12月17日　毛泽东谈话说,林彪"是极右修正主义,分裂,阴谋诡计,叛党叛国"。

本年　我国和马耳他、墨西哥、阿根廷、加纳、毛里求斯、希腊、圭亚那、多哥、德意志联邦共和国、马尔加什、卢森堡、扎伊尔、牙买加、乍得、澳大利亚、新西兰、达荷美先后实现外交关系正常化;与英国、荷兰外交关系升为大使级别。

# 1月

1日　陪同宾努一行赴西北参观访问的彩色纪录片《宾努首相、英·萨利特使访问我国西北地区》开始在全国上映。

全国范围内同时上映的纪录片有《大庆红旗》《中国乒乓球代表团访问日本》等五部。(1971年12月31日《人民日报》)

2日　回复出土文物展河南组关于王姒方彝考证的来信。

◎ 作《跋王姒方彝》,认为洛阳新出土的"王姒方彝,当是周武王或成王时器；铭中的王姒，由器形、纹样、文字等看来，同意是文王之妃太姒"。收《郭沫若全集·考古编》第 6 卷。

**4 日** 下午，与李先念、吴德等在中国美术馆会见越南美术家代表团团长黄文顺和成员武降香、黄沉，出席由对外友协和中越友协主办的《越南抗美救国画展》开幕式。(5 日《人民日报》)

**5 日** 据刘西尧意见，对章碣《焚书坑》、孙权劝曹操做皇帝等作考释。

◎ 晚，会见加拿大全国业余体育联合会主席胡尼乌斯和加拿大业余水上运动协会主席戈尔。会见时中华全国体育总会负责人李青川等在座。(6 日《人民日报》)

**10 日** 会见日本毛泽东思想学院院长大塚有章。(11 日《人民日报》)

◎ 致信中岛健藏："卜天寿《论语抄本》资料两份谨奉上，请查收。文物出版社一件，系王冶秋同志所交来。专此，顺颂春祺。"(郭沫若纪念馆馆藏资料，佐藤纯子捐赠)

◎ 与夫人于立群同往八宝山革命公墓，参加陈毅追悼会并献花圈。此前曾往医院向陈毅遗体告别。(11 日《人民日报》)

陈毅，中共中央委员、中央军委副主席、国务院副总理兼外交部长、全国政协副主席、国防委员会副主席，患肠癌治疗无效，6 日在北京逝世。毛泽东临时决定参加追悼会，周恩来致悼词。

◎ 偕夫人于立群会见以马里高尔德·海勒为团长的澳大利亚澳中协会教师访华团。

◎ 晚，与叶剑英、李先念、吴德、肖劲光等，应邀出席古巴驻华大使巴雷依罗举行的招待会，庆祝古巴全国解放日 13 周年。(11 日《人民日报》)

**12 日** 下午，与李先念等往八宝山革命公墓，出席并主持梁思成追悼会。(13 日《人民日报》)

梁思成，全国人大常委会委员、中国科学院技术科学部委员、清华大学建筑工程系教授，因病于 9 日逝世。

◎ 晚，与姬鹏飞等应邀出席坦桑尼亚驻华大使万布拉举行的酒会，庆祝桑给巴尔革命日八周年。(13 日《人民日报》)

**13 日** 作《安阳新出土的牛胛骨及其刻辞》，发表于《考古》1972

年第 2 期。对 1971 年 12 月安阳小屯西地殷墟出土的牛胛骨刻辞进行考释，认为 1933 年初《卜辞通纂》中的揣测"似乎已由出土实物而得到证明"，即"卜骨或卜龟甲是以三枚为一组，一次卜用三龟或三骨，卜毕后储存"，用帛绳裹缠，用箧收藏，年代既久，帛绳箧化为灰土，便仅剩下甲与骨。如果再有三两次同样情况出土，这一拟议"便毫无疑问可以成为定论了"。推定"留下这些刻辞的殷王至少有父乙、父庚、父甲三位诸父"，"和武丁的情况颇相符"。因此"这一批牛胛骨应该是武丁时代的遗物"。又于 2 月 9 日补作《追记》一则。

收入民出版社 1972 年 8 月版《出土文物二三事》，现收《郭沫若全集·考古编》第 1 卷。

**15 日**　出席日本齿轮座剧团访华首演式，观看该团创作的表现日本工人反对复活日本军国主义斗争的话剧《波涛》。演出休息时，会见藤川夏子团长、日笠世志久副团长及主要演员。(16 日《人民日报》)

**20 日**　晚，偕夫人于立群会见并举行宴会欢迎法国国民议会外交委员会主席让·德布罗伊率领的官方代表团。讲话说，我们两国社会制度不同，虽然地处两洲，距离遥远，但两国人民的友谊却如近在比邻。中法两国 1964 年根据和平共处五项原则建立了正式的外交关系，八年来在双方的共同努力下，良好关系日益发展，经济、贸易、科学、文化等方面的关系不断扩大，人员往来不断增多，议会间的关系也得到了发展。这次德布罗伊率领法国国民议会外交委员会官方代表团进行的友好访问，必将对增进两国议会和人民之间的相互了解和友谊作出新的贡献。(21《人民日报》)

**21 日**　下午，与周恩来、耿飚、倪志福等会见日本三个代表团：日本工会总评议会议长市川诚、日本中立工会联络会议长阿部万龟四郎率领的工会总评议会、中立工会联络会议访华代表团；井野正挥、松泽俊昭率领的日本社会党国会议员"七〇年会"友好访华团；仲吉良新、福地旷昭率领的日本冲绳县第一次友好访华团。(22《人民日报》)

**22 日**　会见由詹姆斯·培根率领的澳中协会学生访华团。

◎ 晚，与张奚若、乔冠华等应邀出席法国驻华大使和夫人为法国国民议会外交委员会官方代表团访华举行的宴会。(23《人民日报》)

**24 日**　下午，会见美国哈佛大学教授乔治·沃尔德。会见时，周培源、王冶秋、潘纯、张晓楼等在座。(25《人民日报》)

**27日**　阅厦门大学转来韩国磐对《李白与杜甫》所提两处校改意见，复信致谢。

**29日**　与倪志福等出席王国权举行的宴会，招待智利统一人民行动运动党总书记何塞·罗德里戈·安布罗西奥，领导委员会国际委员会委员卡洛斯·阿尔贝托·包尔塔莱斯。(30《人民日报》)

**31日**　下午，赴机场，与周恩来、叶剑英、李先念、李德生等欢迎巴基斯坦伊斯兰共和国总统佐勒菲卡尔·阿里·布托和夫人及随行人员。晚，参加会见并出席周恩来举行的欢迎宴会。(2月1日《人民日报》)

**本月**　为中国乒乓球队书横幅"友谊第一　比赛第二"。(成灏国际2013年迎春拍卖·中国书画〔二〕483号)

◎ 向周恩来建议恢复《中国史稿》的编写和修改，得到周恩来同意。哲学社会科学部军工宣队遂把尹达和《中国史稿》编写组成员从河南信阳干校调回北京。尹达、林甘泉、田昌五等成员在郭沫若住所听取了对重新启动《中国史稿》编写工作的意见。郭沫若决定《中国史稿》只写到五四运动。根据刘大年建议，将近代史部分独立成书，名为《中国近代史稿》。

## 2月

**2日**　上午，参加中巴联合公报签字仪式。中午，与周恩来、叶剑英、李先念、李德生等应邀出席布托和夫人的告别宴会。宴会后，赴机场欢送布托一行回国。

◎ 下午，与周恩来、叶剑英、李先念、周建人等往尼泊尔驻华使馆，吊唁尼泊尔前国王马亨德拉·比尔·比克拉姆·沙阿·德瓦逝世。(3日《人民日报》)

**4日**　阅张政烺、胡厚宣对《安阳新出土的牛胛骨及其刻辞》一文的修改意见。

**8日**　上午，会见由上杉佐一郎率领的日本部落解放同盟友好访华代表团全体成员。(9日《人民日报》)

**9日**　作《安阳新出土的牛胛骨及其刻辞》一文《追记》，发表于《考古》1972年第2期。增补胡厚宣来信提供的"卜用三骨"的佐证资料；阐述对甲骨文及金文中"兄"字的看法。

收人民出版社 1972 年 8 月版《出土文物二三事》，现收《郭沫若全集·考古编》第 1 卷。

◎ 会见并宴请日本友好贸易各团体访华团萩原定司、野村康弘等一行。刘希文等在座。（10 日《人民日报》）

**10 日** 致函新华社《参考资料》编辑部："九日下午版（第 12093 期）第 90 页倒数第 16 行'滋兰九畹成萧艾'，'洋'是'滋'字之误，如蒙更正，不胜感荷。"（北京歌德拍卖有限公司 2010 年春拍古籍善本 0416 号《郭沫若致新华社书札》，博宝艺术拍卖网 aoction. artxun. com）

《参考资料》刊有《〈屈原〉在日本第三次演出》的消息，文中所引郭沫若诗句有误植。

**12 日** 偕夫人于立群，与周恩来、李先念、郭沫若、耿飚、彭绍辉等，赴机场欢送西哈努克亲王和夫人等柬埔寨客人赴越南民主共和国进行非正式访问。（13 日《人民日报》）

**15 日** 作《日本银币〈和同开宝〉的定年》。发表于《文物》第 3 期，总题《出土文物二三事》。指出西安何家村出土唐代文物中的日本银钱，钱文"和同开珎"之"珎"是"宝"字的简化，过去误认为是"珍"，应当改正。"和同"是"日本奈良朝和铜年号的省略"。这种日本银币"铸于元明天皇和铜元年，公元七〇八年"；入唐的年代"当以玄宗开元四年（公元 716 年）为宜"，即日本第七次遣唐使入唐时期。

收人民出版社 1972 年 8 月版《出土文物二三事》，现收《郭沫若全集·考古编》第 10 卷。

**19 日** 主持由中国人民对外友好协会为美国作家埃德加·斯诺举行的追悼会。周恩来、江青、李富春、蔡畅、邓颖超等参加追悼。（20 日《人民日报》）

**20 日** 作《新出侯马盟书释文》。发表于《文物》1972 年第 3 期。认为山西新发现的侯马盟书，"内容和前几年发表的是同时的事件，即赵敬侯章和赵武公之子赵朔争位，赵朔败逃，其党羽大被驱逐的故事"。被逐者赵北（即赵朔）"是主要人物"，但多添了十来个家族，同被断绝关系，驱逐出境，不准再回晋国。"立盟者如不守信，便当深受其罪，连及子孙后代"。并根据新清理出的石简、玉片，对 1966 年作《侯马盟书试探》中的释文作更正。

收人民出版社 1972 年 8 月版《出土文物二三事》，现收《郭沫若全集·考古编》第 10 卷。

**21 日** 上午，与周恩来、叶剑英、李先念、姬鹏飞、吴德等到机场，迎接美国总统理查德·尼克松和夫人及随行人员。夫人于立群陪同邓颖超在宾馆迎接。晚，出席周恩来在人民大会堂宴会厅举行的欢迎宴会。(22 日《人民日报》)

**22 日** 与周恩来、江青、李先念、邓颖超等陪同尼克松和夫人观看舞剧《红色娘子军》，基辛格等美国客人应邀出席。(23 日《人民日报》)

**25 日** 与周恩来、叶剑英、李先念、阿沛·阿旺晋美、傅作义等，应邀出席尼克松和夫人的答谢宴会。(26 日《人民日报》)

**26 日** 周恩来、姬鹏飞、乔冠华等陪同尼克松一行赴杭州等地访问。与叶剑英、李先念、吴德等往机场送行。(27 日《人民日报》)

**29 日** 作《扶桑木与广寒宫》，考证 1969 年冬在河南济源县一座西汉晚期砖室墓出土的陶树，应为"古代传说中的扶桑木"。树顶仅有一只乌鸦，象征着剩下的一个太阳，下面九个树枝只附着蝉鸟猿猴，树下的人和物都悠然自得或奔逸欲狂，表现的是羿射九日这个神话故事的后一段。对《淮南子》把这个故事定在唐尧时代提出质疑。认为原始民族数目字的观念很有限，传说中数目字由"以三为众"发展到十，表明"有相当高的文化"，"实际上这个传说可能产生于殷代"。殷代以十日为一旬，甲乙丙丁戊己庚辛壬癸，是十日的名号。《山海经·大荒西经》谓常羲"生月十有二"，很明显是有了岁月旬日的历法之后才有这些神话式的传说产生。生月的常羲，后来演变成奔月的嫦娥。文章言及约略同时在北京后英房元代遗址出土的螺钿漆盘残片上有常娥奔月的广寒宫，"扶桑木浑厚庄重，广寒宫精巧玲珑，同样是劳动人民智慧的结晶"。

收人民出版社 1972 年 8 月版《出土文物二三事》，现收《郭沫若全集·考古编》第 10 卷。

◎ 与江青、叶剑英、姚文元、李先念、纪登奎等在机场欢迎周恩来等陪同尼克松访问我国南方后归来。(30 日《人民日报》)

**本月** 《甲申三百年祭》由人民出版社重印，与《列宁回忆录》《一八七一年公社史》等书由新华书店向全国发行。(13 日《人民日报》)

## 3月

**6日** 与谢扶民、王国权、申健等到机场,欢迎智利社会党总书记阿尔塔米拉诺一行到京。(7日《人民日报》)

**7日** 与李先念会见智利社会党总书记阿尔塔米拉诺、政治局委员卡姆。晚,出席对外友协、中拉友协举行的欢迎宴会。(8日《人民日报》)

**10日** 下午,与吴有训会见瑞典皇家工程科学院院务主任哈姆布罗斯教授。于立群、施汝为、潘纯等会见时在座。(11日《人民日报》)

**11日** 下午,与周恩来、叶剑英、张春桥、姚文元、李先念等往机场,迎候中央委员、中央军委委员、中共四川省委第一书记张国华骨灰自成都移送北京。

◎ 晚,陪同阿尔塔米拉诺一行观看舞剧《红色娘子军》。(12日《人民日报》)

**13日** 致信刘西尧:"十一日在西郊机场,总理问到历史研究所的情况。我告以有部分人员已被调回,在参加《中国史稿》修改的工作。此事您同吴庆彤同志已知道。第1、2、3三册由历史所负责修改;第4册由近代史所负责修改。""我说:'是否需要开一个名单送呈总理?'总理说:'可以给您。'""我现在要两所的同志分别开出了名单来,送请您审阅。是否转呈总理,请您决定。"附历史所、近代史参加《中国史稿》修改组现有人员、拟调人员名单。(郭沫若纪念馆馆藏资料)

**14日** 阅考古所转来龙晦等关于卜天寿《论语》抄本后的诗词杂录文章。

◎ 回复方介堪:"蒙惠赠青田石章三枚,又嘱书数件。因主席有指示:'我们不要题字',因此只好心领,璧还原件,乞谅。献礼一件,尊篆极佳,拜领谢。"赠"拙作《李白与杜甫》,乞哂纳"。(据复信手迹)

**15日** 与周恩来、叶剑英、李先念、姬鹏飞等在车站,欢迎西哈努克一行从上海回到北京。

◎ 晚,与王猛会见由崔基郁率领的朝鲜乒乓球协会访华团,由城户尚夫、山本弥一郎率领的日本乒乓球协会访华团。会见后,出席国家体委举行的欢迎宴会。(16日《人民日报》)

**16日**　上午，往机场欢送阿尔塔米拉诺一行离京赴越南访问。

◎ 偕夫人于立群，与吴有训、秦力生、周培源等会见并宴请瑞典皇家工程科学院等离子体物理研究所所长、等离子体物理学家阿尔文教授和夫人。(17日《人民日报》)

**19日**　偕夫人于立群，出席为欢迎西哈努克和夫人、宾努和夫人来中国二周年，庆祝柬埔寨民族统一阵线、民族解放人民武装力量成立二周年举行的宴会。(20日《人民日报》)

**22日**　为香港新华银行副经理田嘉谷希望将女儿从内蒙古调回北京，进工厂或参加公社畜牧业一事，致信吴德。(郭沫若纪念馆馆藏资料)

**23日**　以《怎样看待群众中新流行的简化字？》为题，函复《红旗》杂志编辑部。发表于同年《红旗》第4期。认为："在汉字拼音化之前要经历一段长远的过渡时期。在这过渡时期中，为了减少汉字在使用上的困难，故进行了汉字简化和减少字数的工作。""民间对汉字纷纷简化，这正表明汉字必须简化，也正表明文字必须改革。这是时代潮流，不应禁止，也不能禁止。""从事文改工作的人，应该经常注意民间的简化汉字，吸取其可取者随时加以推广。""报纸刊物上的用字，小学生的学字，仍应以正式公布的简化字为标准。"指出东北地区使用的某些简化汉字，"有部分是从日本传过来的"，"并不广泛，当然也值不得推广。""有一些日本朋友很想把两国的简化字统一起来，据我看来，可能是很难办到的。"

《红旗》杂志编者按："辽宁本溪市的工人崔振声同志给本刊编辑部来信，提出如何看待群众中新流行的简化字问题，我们请郭沫若同志作复。"

◎ 偕夫人于立群，出席哈努克和夫人、宾努和夫人举行的宴会，庆祝柬埔寨民族统一阵线、民族解放人民武装力量成立二周年。(24日《人民日报》)

**27日**　下午，与王国权会见日本社会党前议员冈田春夫及随员大冢功。(28日《人民日报》)

**28日**　致函河原崎长十郎。云："藤山爱一郎先生来访，携来大札及有关《屈原》演出的说明书、海报、写真、剪报等多种，已奉悉，感谢之至。"《屈原》的演出，"由于您和全体朋友的努力奋斗，由于以藤山先生为首的各界朋友的大力协助，获得辉煌的成就，不胜庆贺。我自己也感受到光荣，并放心，应该向您们参加演出的全体朋友，表示衷心的感谢。我要为中日友谊的加强、为中日邦交恢复的被促进，而爽朗地欢呼！"
"目前世界形势一片大好，二十世纪七十年代应该说是人民的年代。真正是'人民，只有人民。才是创造世界历史的动力。'您们，全体参加《屈原》演出的朋友，正在用全力来创造历史。祝在胜利的基础上获得更大的胜利！""转瞬就是樱花开放的时节了，祝您们斗志昂扬、精神愉快、身体健康、工作顺利！"（日本《舞曲扇林》1978年第39、40期合刊；《郭沫若研究》第4辑，文化艺术出版社1988年版）

◎ 下午，与王国权会见日本自由民主党众议员、前外相藤山爱一郎。（29日《人民日报》）

**29日** 与周恩来、宋庆龄、朱德、江青、叶剑英等出席谢富治追悼会。（30日《人民日报》）

**30日** 会见日本友好人士垦信行及家人。（31日《人民日报》）

**31日** 晚，会见美国西北大学历史教授斯塔夫里奥诺斯。（4月1日《人民日报》）

## 4月

**4日** 应安徽大学邀约，为殷光兰民歌选《放声歌唱东方红》题书名，并复信安徽大学暨殷光兰。（《〈放声歌唱东方红 殷光兰民歌选〉前言》，安徽人民出版社1972年版）

**5日** 致函王登明："令尊遗存的金文拓本，请寄来一阅，或许可交考古所图书室保存。"

王登明，王国维之子。日前曾写信询问郭沫若，其父生前收藏的古文字拓片对于学术研究是否还有用。（王令之《郭沫若晚年对王国维的评论》，《文汇报》1987年7月7日）

**6日** 阅考古所送来郭宝钧遗稿《商周铜器群综合研究》。

**8日** 下午，与吴有训会见阿尔巴尼亚国立地拉那大学自然科学系副教授、化学家维伦·柯拉和地质系副教授、矿物学家斯达夫里·布里。（9日《人民日报》）

**12日** 下午，偕夫人于立群，与周恩来、李先念、姬鹏飞、吴德等在机场欢迎毛里求斯总理西沃萨古尔·拉姆古兰和夫人一行前来进行正式访问。晚，偕夫人出席周恩来举行的欢迎宴会作陪。

◎ 晚，与周恩来会见以日本民社党中央执行委员长春日一幸为团长、总务局长小平忠为副团长的民社党访华代表团。参加会见的成员有：秘书长大内启伍，团员麻生良方、内海清、西田八郎、藤井恒男、栗林卓司，随员竹林乔、安井延。王国权、王晓云、肖向前等会见时在座。次日，中国中日友好协会代表团与日本民社党访华代表团签署联合声明。（13日《人民日报》）

**13日** 下午，和夫人于立群一起会见英国保守党议员温斯顿·斯·邱吉尔和夫人。（14日《人民日报》）

**14日** 中午，偕夫人于立群，与周恩来、李先念、姬鹏飞、吴德等出席拉姆古兰和夫人的告别宴会。下午，赴机场欢送拉姆古兰一行由李先念、林佳楣陪同赴广州访问。（15日《人民日报》）

**15日** 上午，和夫人于立群一起会见加拿大参议员唐纳德·卡梅伦及夫人、威·贝尼迪克森及夫人、穆里尔·弗格森夫人，前众议员尼科尔森及夫人。加拿大驻中国大使柯林参加会见。岳岱衡、程齐虹等在座。

◎ 下午，与吴德、石少华、韩念龙、申健、王国权等出席由中朝友协和中国人民对外友协联合举办的《金日成同志著作、革命活动图片展览》开幕式，为展览剪彩。（16日《人民日报》）

**16日** 下午，和夫人于立群一起，与白相国、沙风、乔冠华、肖劲光、陈慕华等在机场欢迎秘鲁总统夫人孔苏埃洛·冈萨雷斯·德贝拉斯科和由渔业部长、工商部长率领的智利政府代表团，在李先念、林佳楣等陪同下从广州抵京。

◎ 晚，参加周恩来等在人民大会堂与秘鲁客人的会见，并出席欢迎宴会。（17日《人民日报》）

**17日** 下午，与王冶秋商讨乾陵是否适宜挖掘事。

◎ 晚，与周恩来、廖承志、王国权会见并宴请日本自民党顾问、众议员、前外相三木武夫及随行人员大来佐武朗、平泽和重、竹内洁、高桥亘。（18日《人民日报》）

**18日** 校改《中国史稿》清样。

**19日** 应西园寺公一之邀，为"和平公园"题名。

◎ 晚，偕夫人于立群出席中国人民外交学会举行的宴会，招待美国参议院民主党领袖曼斯菲尔德和夫人、共和党领袖斯科特和夫人，及随行人员。周培源、乔冠华，谢扶民、林巧稚、杜聿明和程思远等出席宴会。（20日《人民日报》）

**20日** 偕夫人于立群在颐和园会见并设午宴招待阿富汗外交大臣穆罕默德·穆萨·沙菲克及随行人员。阿富汗驻中国大使西迪基和夫人会见时在座。

◎ 下午，偕夫人于立群赴八宝山革命公墓参加曾山追悼会。（21日《人民日报》）

曾山，中共中央委员、第三届全国人大代表、政协全国委员会委员，因病16日在北京逝世。

**21日** 下午，与周恩来、廖承志、王国权会见日本自民党顾问、众议员、前外相三木武夫及随行人员高桥亘。

◎ 晚，偕夫人于立群，与周恩来、李先念、白相国、沙风等应邀出席秘鲁渔业部长坦塔莱安将军和夫人、工商部长希门尼斯将军和夫人的答谢宴会。贝拉斯科总统夫人出席宴会。

◎ 偕夫人于立群，与周恩来、江青、张春桥、姚文元、李先念、姬鹏飞、吴德等出席中国人民对外友协举行的文艺晚会，陪同正在我国访问的二十多个国家的来宾观看舞剧《白毛女》。（22日《人民日报》）

**21日** 致函阿尔巴尼亚地拉那大学校长阿吉姆·梅罗："代表中国科学院邀请贵校派代表团来我国进行友好访问并商签1972—1973年科学合作执行计划。"（中国科学院档案）

**22日** 下午，偕夫人于立群到机场，为贝拉斯科总统夫人和秘鲁政府代表团送行。（23日《人民日报》）

**23日** 下午，偕夫人于立群，与刘西尧、周培源等会见美国康涅狄格大学人类学教授诺曼·钱斯夫妇。（24日《人民日报》）

**25日** 下午，与周恩来等在北京医院向李德全遗体告别，向其子女表示慰问。次日下午，出席在八宝山革命公墓礼堂举行的追悼会。（27日《人民日报》）

李德全，全国政协副主席、全国妇联副主任，23日在北京逝世。

◎ 与周恩来、叶剑英等应邀出席玄峻极大使和夫人举行的宴会，庆

祝朝鲜人民革命军创建40周年。(26日《人民日报》)

**26日** 与周恩来、叶剑英、张春桥、李德生等应邀出席宾努举行的招待会，庆祝印度支那人民最高级会议二周年。(27日《人民日报》)

**27日** 复信王登明："四月二十三日信及金文拓本均已收到，你对于令尊的认识，大抵正确。据我看来，令尊是为罗振玉所误，然在学术上的贡献颇大，人是诚实的，不同于一般的所谓'遗老'。拓本承你远寄，并允'存于我处'，谢谢。奉赠拙著《李白与杜甫》一册，望收阅。"（据手迹复印件；王令之《郭沫若晚年对王国维的评论》，《文汇报》1987年7月7日）

**29日** 与李先念、吴德等出席国务院文化组、中阿友协、对外友协举行的宴会，欢迎阿尔巴尼亚歌剧院芭蕾舞剧团来华访问演出。(30日《人民日报》)

**30日** 作《卜天寿〈论语〉抄本后的诗词杂录》一文《追记》。发表于《考古》1972年第1期。写道："'李玄附灵'乃李玄石的故事，见干宝《搜神记》卷二。玄石是鬼，往定州边孝先处求学。途中与王子珍相遇，在同一树下休息，成为知己，同学三年始别。故原词第四句应为'树下乃逢子珍'。承龙晦同志指正，谨致谢意。龙晦同志有专文，将于一九七二年《考古》第三期发表。"

现收《郭沫若全集·历史编》第3卷。

◎ 作《〈坎曼尔诗签〉试探》一文《追记》。发表于《文物》1972年第2期。曰：一、坎曼尔所书《教子》一诗"字句略有不同，可能是坎曼尔的诗传入内地变了样，也可能是坎曼尔根据旧诗有所更改"。二、"《诉豺狼》一诗中的'食吾馕'，我以为是粮字的简化"。

现收《郭沫若全集·历史编》第3卷。

◎ 为日本松山芭蕾舞团再作七绝句一首。诗云："霜鬓霞幂苦回甘，万朵红云战意酣。赖有干戈驱虎豹，秧歌西北又东南。"有小序："松山芭蕾舞剧团演《白毛女》，不断改进；今为纪念《在延安文艺座谈会上的讲话》发表30周年，将在日本东京重演，再题一绝奉赠。"

收人民文学出版社1977年9月版《沫若诗词选》，与1970年5月10日所作七绝合以《赠日本松山芭蕾舞团（二首）》为题。现收《郭沫若全集·文学编》第5卷。

◎ 为日本齿轮座剧团作七绝句一首。诗云："大力回天轮齿轮，造新

宇宙驻阳春。波涛万顷争如镜，塑创英雄仰庶民。"（《郭沫若1970年代中日友好诗抄》，《郭沫若学刊》2011年第1期）

时值齿轮座剧团成立20周年。诗中"海涛"句，指该剧团创作并上演的反映日本造船业工人生活与斗争的话剧《波涛》等。

**本月** 应宋庆龄推荐，香港中国旅行社副经理蔡福就邀请，为"中国旅行社"题写社名。

中国旅行社社名原由郑孝胥写于20世纪20年代。郭沫若题写的社名于1973年6月香港皇后大道77号中旅大厦新楼落成时启用。（香港中旅集团《香港中旅八十年》，中国社会科学出版社2008年版）

## 5月

**1日** 同首都群众、各国朋友一起，参加"五一"游园活动。（2日《人民日报》）

**2日** 与家人及吴有训夫妇、竺可桢夫妇同往周口店，视察北京猿人遗址展览。提意见说：要让工农兵观众提意见，观众中一定有好意见；展览的外文说明要有英文、法文、西班牙文；大家都关心猿人洞，要方便到达。（《竺可桢日记第5册》，科学出版社1990年版）

**6日** 和夫人于立群一起会见并设午宴招待后藤钾二的夫人后藤铃子。随同来访的日本乒乓球协会副会长后藤淳，以及川村治子、森山晃一、大根义男、渡边浩行参加会见和宴会。

◎ 晚，与姚文元、吴德、申健等出席阿尔巴尼亚人民共和国歌剧院芭蕾舞剧团访华演出开幕式。（7日《人民日报》）

**7日** 下午，偕夫人于立群，与周恩来、李先念、李德生、王猛等会见参加亚洲乒乓球联盟成立会议的各国（地区）代表团和代表。（8日《人民日报》）

**8日** 应王冶秋提议致信毛泽东，报告拟影印毛泽东题写鲁迅诗句手迹事。

**12日** 和夫人于立群一起会见并宴请荷兰电影导演尤·伊文思和法国电影工作者玛斯琳·罗丽丹。（13日《人民日报》）

**13日** 下午，会见并设宴招待伊萨利亚·基曼博教授和由他率领的坦桑尼亚达累斯萨拉姆大学教育代表团成员。周培源、丁雪松、周一良等

参加会见和宴请。(14 日《人民日报》)

**14 日** 晚，与周恩来、叶剑英、李先念等会见索马里领导人：西亚德主席、穆·谢·奥斯曼部长、伊萨克少校、加利卜部长、马哈茂德部长、达尔曼大使、阿·赛·奥斯曼首席顾问、优素福中校并出席周恩来举行的欢迎宴会。(15 日《人民日报》)

**15 日** 下午，和夫人于立群会见瑞士激进民主党主席、瑞士日内瓦州政府主席亨利·施米特及夫人。(16 日《人民日报》)

**16 日** 晚，和夫人于立群会见并宴请苏丹友好人士艾哈迈德·穆罕默德·凯尔。张香山、王植范等在座。(17 日《人民日报》)

**17 日** 晚，与周恩来、叶剑英、李先念等应邀出席索马里民主共和国最高革命委员会主席穆罕默德·西亚德·巴雷举行的告别宴会。(18 日《人民日报》)

**19 日** 晚，和夫人于立群会见并宴请新西兰坎伯雷大学经济系副教授沃尔夫冈·罗森堡。路易·艾黎和周培源、王传斌、王植范、杨瑞等在座。(20 日《人民日报》)

**23 日** 上午，与谢华等会见以尼泊尔医学协会主席桑·巴·辛格为团长、第一副主席阿·哈伊·汗为副团长的尼泊尔医学会代表团。

◎ 与董必武等往蒙古人民共和国驻中国大使馆，吊唁蒙古大人民呼拉尔主席团主席扎木斯朗·桑布逝世。(24 日《人民日报》)

**24 日** 上午，会见以沃利斯·科利特为团长的美国"公谊服务委员会"代表团。(25 日《人民日报》)

**25 日** 晚，与李先念、李德生、姬鹏飞、吴德等出席为庆祝非洲解放日九周年举行的招待会。非洲国家驻华外交使节和大使馆外交官员、在京的非洲国家专家应邀出席。(26 日《人民日报》)

**26 日** 晚，与竺可桢会见并设宴招待由艾伦·霍奇金爵士率领的英国皇家学会代表团。秦力生、贝时璋等作陪。(27 日《人民日报》)

**27 日** 与廖承志、王国权等会见日本社会党活动家访华代表团团长石野久男，副团长加濑包男及全体成员。(28 日《人民日报》)

**29 日** 和夫人于立群，及竺可桢，会见并设午宴招待意大利遗传学会主席、农业育种学家奇里洛·马利亚尼和夫人及意大利朋友比肖道。

◎ 下午，偕夫人于立群，与周恩来、叶剑英、李先念等到车站，迎

接西哈努克和夫人一行访问朝鲜和我国东北地区归来。(30日《人民日报》)

## 6月

**1日** 中午,偕夫人于立群,和竺可桢、吴有训等,会见并设宴招待美国科学家协会代表团团长、美国科学家协会主席马文·戈德伯格博士和夫人一行。(2日《人民日报》)

**2日** 上午,与王国权、张香山会见日中友协(正统)活动家学习访华团团长向井米一、副团长鸟谷部孝志、秘书长春日淑子以及全体团员。

◎ 晚,应邀出席意驻华大使举行的招待会,庆祝意大利共和国成立日。(3日《人民日报》)

**3日** 下午,应邀出席英国驻中国大使艾惕思为庆祝英国女王伊丽莎白二世诞辰举行的招待会。(4日《人民日报》)

**5日** 出席中越友协、对外友协举行的招待会,庆祝越南南方共和临时革命政府成立三周年。(6日《人民日报》)

**6日** 上午,会见日中友协(正统)中央本部常任理事近藤良男为团长的日本医师、针灸师访华友好代表团全体成员。

◎ 晚,与周恩来、叶剑英、李先念等,应邀出席越南南方共和临时革命政府驻华大使阮文广举行的招待会,庆祝越南南方共和临时革命政府成立三周年。(7日《人民日报》)

**17日** 晚,周恩来举行宴会,欢送西哈努克率领柬埔寨王国代表团访问罗马尼亚、阿尔巴尼亚、阿尔及利亚、毛里塔尼亚和南斯拉夫五国。偕夫人于立群,与叶剑英、李先念、李德生、徐向前等出席作陪。(18日《人民日报》)

**19日** 凌晨,偕夫人于立群,与周恩来、叶剑英、李先念、李德生、徐向前等往机场,欢送西哈努克率团赴罗马尼亚等五国访问。(20日《人民日报》)

**21日** 与竺可桢等会见美国高分子学家马克教授及其助手阿特拉斯教授夫妇。(22日《人民日报》)

**23日** 致电地拉那大学梅罗校长,祝贺阿尔巴尼亚决定成立科学院。(25日《人民日报》)

**24日** 应邀出席玄峻极大使为"反美共同斗争月"举行的酒会和电影招待会。(25日《人民日报》)

**25日** 下午,与周恩来、叶剑英、李先念等到机场,欢迎斯里兰卡总理西丽玛沃·班达拉奈克到京进行国事访问。

◎ 晚,偕夫人于立群,与董必武、周恩来、叶剑英、李先念等,会见班达拉奈克一行。会见后出席周恩来举行的宴会。(26日《人民日报》)

**26日** 偕夫人于立群,与张奚若、乔冠华、周培源等会见美国众议院民主党领袖黑尔·博格斯和夫人、共和党领袖杰拉尔德·福特和夫人,及随行人员,出席外交学会举行的宴会。(27日《人民日报》)

**29日** 晚,偕夫人于立群,与周恩来、叶剑英、李先念等出席班达拉奈克的告别宴会。(30日《人民日报》)

**30日** 上午,偕夫人于立群往机场,和周恩来、叶剑英、李先念、姬鹏飞等欢送班达拉奈克夫人一行去沈阳参观访问。(7月1日《人民日报》)

◎ 和夫人于立群一起,会见法国勒纳大学前校长、布列塔尼地区经济发展委员会副主席勒·莫阿尔和夫人,勒纳大学教务主任斯特凡和夫人。(7月1日《人民日报》)

## 夏

◎ 校订《古代文字之辩证的发展》。

## 7月

**1日** 《中国古代史的分期问题》发表于《红旗》第7期,又载《考古》第5期,7月23日《光明日报》。文章总结近半个世纪研究中国奴隶制时代的所得,提出需"抓住在封建社会中的农民阶级与地主阶级这个主要矛盾,而且特别是地主阶级这个矛盾方面。如果在某一个历史时期中,严密意义的地主阶级还不存在,那么那个时候的社会便根本不能是封建社会"。"如果我们把视线的焦点,转移到封建制的主要矛盾中矛盾的另一个方面,即是地主阶级的有无这一方面,那么,彼此之间的分歧,是比较容易被消除的。""春秋和战国是划然不同的两个时代。春秋和战国之交恰好是古代社会的发展由量变达到质变的时期,当时的整个中国都沸腾了"，"旧时代的'学者'总是囫囵吞枣地把春秋、战国看成为一个单元，而且以为每况愈下，战国还不如春秋。那是大错而特错的唯心史观的看法"。

收人民出版社1973年5月版《奴隶制时代》，加副题"代序"；现收《郭沫若全集·历史编》第3卷。

◎ 上午，出席中国科学院庆祝中国共产党成立51周年大会。(《竺可桢日记第5册》，科学出版社1990年版)

◎ 晚，与周恩来、刘西尧、乔冠华等会见并设宴招待美籍中国物理学家杨振宁博士。竺可桢、吴有训、周培源、章文晋、张文裕、王承书、邓稼先，以及杨振宁博士的亲属杜聿明和夫人等在座。(2日《人民日报》)

**7日** 回复美国耶鲁大学保卫钓鱼岛行动委员会来信。云："台湾自石器时代以来就和大陆是不可分的。台湾出土的有肩石斧（凸）和三脚陶器，和福建一带出土的是一个系统。你们生在台湾和香港，我们同是中华儿女，祖国永远不会忘记你们，永远不会忘记，时时欢迎你们投入祖国的怀抱，紧紧地拥抱你们。

你们在进行保钓活动，表示了你们的爱国热诚。我们和你们的心没有两样，目前虽然隔着太平洋，我们的感情像空气一样是交流着的。钓鱼台列屿不容别人觊觎，台湾始终是中国的一个省，任何狂妄的企图都不能使祖国的山河发生分裂。这是七亿五千万同胞的共同意志。

日本现在是在十字路口上，到底是复活军国主义，还是走和平中立的道路，统治阶级和日本人民表现着分歧。钓鱼岛，无论从历史上来说或地理上来说，都是中国的领土。日本反动的统治阶级，利令智昏，觊觎大陆架上的石油矿，妄图占领我岛屿。我国政府早已声明抗议。二十世纪七十年代已经不是二十年代、三十年代了。日本反动派，如不迷途知返，必然会搬起石头砸自己的脚。

你们说：'我们还是有自身的彷徨（或者说包袱）'，如果真是有，我希望你们把它丢掉吧。新生的祖国才二十二岁，不一定就建设得全部令人满意，但我们的路线是正确的。坚毅地走下去，再有二、三十年，必然会建设得更好。暂时和祖国分离着的岛屿，那时必然也早回归祖国了。让我们共同努力吧！"(《访陈光宇》，清华大学图书馆"保钓、统运"资料特藏)

**9日** 和夫人于立群一起会见美国生物学家高尔斯顿教授和夫人及其

女儿，将7日所写致耶鲁大学保钓委员会的回信交高尔斯顿带回美国转交。（10日《人民日报》；《访陈光宇》，清华大学图书馆"保钓、统运"资料特藏）

**11日** 应邀出席朝鲜驻中国大使玄峻极举行的宴会，纪念朝中友好合作互助条约签订11周年。（12日《人民日报》）

**12日** 偕夫人于立群，与乔冠华、竺可桢、吴有训、周培源会见并设宴招待正在中国参观、探亲的美籍中国学者参观团和美籍中国学者访问团。参加会见和宴会的有：美国约翰霍布金斯应用物理学研究中心副主任、微波物理学教授任之恭，麻省理工学院流体力学、天文物理学教授林家翘等学者以及家属。钱学森、秦力生、张灿明、岳岱衡、华罗庚、张文裕、钱伟长、王冶秋、夏鼐、刘大年等作陪。（13日《人民日报》）

**13日** 下午，在八宝山革命公墓礼堂参加并主持王季范追悼会。（14日《人民日报》）

王季范，第三届全国人民代表大会代表，11日在北京病逝。

**14日** 上午，和夫人于立群，及谢扶民、贝时璋、胡愈之、庄希泉等，在机场欢迎科威特国民议会副议长优素福·穆赫利德和夫人，以及科威特国民议会代表团。

◎ 晚，在人民大会堂会见并宴请穆赫利德一行。讲话赞扬科威特政府和人民为捍卫民族独立和国家主权，保护民族资源，进行了不懈努力。中国和科威特都是具有古老文化的东方国家。中国人民和科威特人民有着悠久的友好联系。一年多以前，两国政府通过友好会谈，建立了外交关系，从而使两国人民的传统友谊进入了一个新阶段。我们两国友好合作关系建立在和平共处五项原则的基础上，是有广阔发展前途的。（15日《人民日报》）

**15日** 下午与周恩来一起，会见穆赫利德和夫人以及科威特国民议会代表团成员。（15日《人民日报》）

◎ 偕夫人于立群，和乔冠华、周培源等会见德意志联邦共和国联邦议院外交委员会主席格哈德·施罗德和夫人，出席外交学会举行的欢迎宴会。随同来访的联邦议院外交委员会秘书赫尔曼·容及新闻记者应邀出席。（16日《人民日报》）

**16日** 下午，应邀出席伊拉克驻华临时代办举行的国庆招待会。

◎ 与周恩来等应邀出席科威特驻中国大使馆临时代办卡西姆·亚古

特为科国民议会代表团访华举行的宴会。(17日《人民日报》)

**17日** 和夫人于立群,以及谢扶民、林巧稚、胡愈之等到机场欢送优素福·穆赫利德一行去上海访问。(18日《人民日报》)

**18日** 与廖承志、王猛等出席中国排球协会为欢迎日本男女排球代表团举行的欢迎仪式,观看中、日两国男女排球队友谊比赛。日本男女排球代表团团长前田丰,正在我国访问的日本社会党前委员长、众议员佐佐木更三应邀出席。(19日《人民日报》)

**19日** 下午,与廖承志会见以樱井奎夫为团长的恢复日中邦交国民会议东北四县联合友好访华团。(20日《人民日报》)

**21日** 下午,会见法国国民议会副议长欧仁·克洛迪斯-珀蒂和由他率领的议员旅行团。(22日《人民日报》)

**22日** 应邀出席波兰驻华大使举行的招待会,庆祝波国家复兴节28周年。(23日《人民日报》)

**23日** 应邀出席埃塞俄比亚驻中国大使马康南和夫人举行的宴会,庆祝塞拉西一世皇帝八十寿辰(24日《人民日报》)

**25日** 下午,会见并设宴招待美国计算机科学家塞弗罗·奥恩斯坦、托马斯·奇塔姆、韦斯利·克拉克、阿纳托尔·霍尔特、艾伦·珀利斯、赫伯特·西蒙和他们的夫人。秦力生、孙俊人、杨公素、钱伟长等在座。(26日《人民日报》)

**28日** 下午,偕夫人于立群,与谢扶民、胡愈之等会见瓦尔特·伦施勒和由他率领的瑞士议员小组成员。

◎ 应邀出席秘鲁驻华大使巴尔德斯举行的国庆招待会。

◎ 晚,与周恩来、廖承志会见并宴请日本公明党中央执行委员长竹入义胜、政策审议会长正木良明、副书记长大久保直彦一行。(29日《人民日报》)

**29日** 与周恩来、叶剑英、李先念、李德生、徐向前等,往机场欢迎西哈努克率柬王国代表团结束对罗马尼亚、阿尔巴尼亚、阿尔及利亚、毛里塔尼亚、南斯拉夫的友好访问,到达北京。(31日《人民日报》)

**30日** 周恩来举行宴会和文艺晚会,庆贺西哈努克访问五国成功。偕夫人于立群,与江青、叶剑英、张春桥、姚文元、李先念等出席作陪。(31日《人民日报》)

**31日** 晚，与董必武、朱德、周恩来等出席国防部举行的招待会，庆祝建军45周年。(8月1日《人民日报》)

**本月** 作《班簋的再发现》，发表于《文物》1972年第9期。对1972年6月北京市物资回收公司有色金属供应站在废铜中检获的器身已折毁过半的西周铜器班簋进行考释，庆幸北京市文物管理处的细心检选，使这项重要文物"免于全被毁灭的厄运"。指出该器铭文有一百九十余字，"具有重要的史料价值"，但行文颇缴绕，少数文字也有问题，故对其年代与铭文意义"释者颇有异说"。37年前自己在《两周金文辞大系》中所作考释，因"当时未能见到原器"，"未尽妥贴"，现在"很有必要再把全文考释一遍，借以改正自己的错误"。通过比对实物，证实《西清古鉴》所收图像中的"寿"字纹样，是绘图者"极不忠实的弄虚作假"。详细分析器铭中的人物、史事，不赞成其他学者"以为班即毛伯或毛公"，定该器为"周穆王时器"的意见。判定铭文中"毛伯、毛公、毛父，与[作器者]班分明是两个人，行辈也不同，不能合二为一"。因铭文中有"殷代传下来"而"在周器中即绝迹"的古字，又据器之形制，确定班簋为成王时器。

收《郭沫若全集·考古编》第6卷。

◎ 往故宫漱芳斋看法国巴黎博物馆送还傅抱石家属的33件傅抱石作品。(吴仲超《德业难忘》，1978年6月20日《光明日报》)

此前，郭沫若通过傅抱石夫人罗时慧、前驻法国使馆外交人员郭有常，得知傅抱石新中国成立前拟在法国举办画展的33件作品的下落，请外交部、我驻法国使馆与巴黎博物馆交涉。经与该馆馆长契利夫洽谈，商定这批作品在巴黎博物馆短期展出后，全部归还傅抱石遗属。郭沫若同时征得王冶秋、吴仲超同意，建议罗时慧将法国归还的作品捐赠故宫博物院收藏，每件作品奖励100元。此事使傅抱石的艺术成就重新得到应有的肯定，缓解了罗时慧及子女当时面临的经济困难和社会压力。(王廷芳《记郭沫若与傅抱石的真挚友谊》，《傅抱石先生逝世20周年纪念文集》)

# 8月

**8日** 上午，偕夫人于立群会见日本社会党参议员、电影演员望月优子和丈夫铃木重雄及秘书土居义明。丁雪松、林林、谢芳等会见时在座。

◎ 晚，偕夫人于立群会见并宴请英国剑桥大学吉斯学院院长、生物化学家李约瑟博士和夫人，助手鲁桂珍博士。郝梦笔、马家骏、夏鼐等参加会见和宴会。（9日《人民日报》）

**9日** 晚，偕夫人于立群，与竺可桢、周培源等会见并设宴招待英国牛津大学生物化学教授多萝西·霍奇金及其丈夫托马斯·霍奇金教授。（10日《人民日报》）

**10日** 凌晨，与周恩来、叶剑英、李先念等到车站，为西哈努克亲王和夫人一行由徐向前陪同访问济南送行。（10日《人民日报》）

◎ 下午，与章文晋等会见墨西哥墨中友协副主席维克托·雷耶斯及夫人，墨中友协执行委员司库伊尔达·巴罗西奥及女儿。墨西哥驻中国大使罗奇会见时在座。（11日《人民日报》）

**11日** 晚，偕夫人于立群，与朱德、姬鹏飞等观看南斯拉夫贝尔格莱德市"伊沃·罗拉·里巴尔"歌舞团的演出。演出休息时，与南国际科技文教合作局副总局长奥托·戴奈什，歌舞团团长尼古拉·拉达什等会见。（12日《人民日报》）

**12日** 致函北京石油化工总厂党委书记林源，望协助解决沈叔羊子女回北京工作问题："听说您厂今年有陕西和山西两省招工的计划，招收在该两省插队的知识青年。"沈叔羊女儿"到陕西省安塞县砖窑湾公社插队，接受贫下中农的再教育，已经有三年半了。据说表现不错"。"沈叔羊是沈钧儒同志的儿子，现在中央美术学院工作，他和他的夫人年纪都在六十岁以上，年老多病。""为能就近照顾他们，请考虑可否给予安排参加您厂工作。"（郭沫若纪念馆馆藏资料）

**15日** 考古所夏鼐、王仲殊，以及参加长沙马王堆汉墓发掘的白荣金，来寓所汇报马王堆汉墓发掘情况。（《夏鼐日记》卷7，华东师范大学出版社2011年8月版，第295页）

**17日** 作《新疆新出土的晋人写本〈三国志〉残卷》。发表于《文物》1982年第8期。文章将1924年新疆鄯善出土、流入日本的《三国志》残卷，与1965年新疆吐鲁番新出土的晋人写本《三国志》残卷，进行对比研究。认为："两种残卷比较，字迹十分类似，捺笔极重，隶书气味很浓厚。""就字迹看来，乙种写本当比甲种较早，可能乙种是西晋抄本，甲种是东晋抄本，但相距的年代，毕竟不会太长。"又说："新疆出土的晋写本是隶书体，则天下的晋代书都必然是隶书体。……在天下的书法都是隶书体的晋代，而《兰亭序帖》却是后来的楷书体，那吗，必然是伪迹"。进而对章士钊在《柳文指要》中提出的异议进行讨论。

现收《郭沫若全集·历史编》第3卷。

**20日** 下午，偕夫人于立群，与周恩来、叶剑英、李先念、邓颖超等到车站欢迎西哈努克亲王和夫人结束对山东省的访问，返回北京。

◎ 下午，与周恩来、廖承志会见日本少年乒乓球代表团团长、日本乒协副会长后藤淳和夫人。

◎ 晚，与周恩来、廖承志会见并宴请日中文化交流协会理事长中岛健藏、常任理事白石凡、宫川寅雄、清水正夫，事务局长白土吾夫。杨骥、王冶秋、王晓云、孙平化、于立群、经普椿等作陪。（21日《人民日报》）

**22日** 与吴德、彭绍辉、余湛、丁西林等出席中罗友协、对外友协举行的酒会，庆祝罗马尼亚解放28周年。（23日《人民日报》）

**23日** 与李先念、纪登奎、姬鹏飞等，应邀出席罗马尼亚临时代办基伏和夫人为罗解放日举行的酒会。（24日《人民日报》）

**24日** 下午，与廖承志会见日本关西学院法学教授、日中友协（正统）总部顾问一圆一亿和夫人，以及同行来访的阪上重夫、山田照美。（25日《人民日报》）

**27日** 致函坂田信子。函云："久不通音讯，时切怀念。接读三月十五日手书，得知今春曾行胆石手术，有缺问候，抱歉之至。深望倍加珍摄，彻底恢复健康，是所至祝。惠赠坂田教授遗著十部，尚未寄到。不日到手时，将照所吩咐，分别赠送，谨先代表受领者及我自己表示感谢。日前《周刊朝日》曾就坂田教授与我的交情，有所报导，我仅见广告题目，未知内容如何。但教授的风格，我个人以及他的中国友人都印象甚深，耿耿难忘的。时势一片大好，中日友好，与日俱增，邦交恢复潮流，迎风高涨。缅怀故人，必当含笑于九泉也。未竟之业，愿共勉之。"（《郭沫若研究》第9辑，文化艺术出版社1991年12月版）

**28日** 晚，与周恩来、邓颖超、廖承志会见加拿大麦基尔大学东亚研究中心主任林达光教授和夫人及儿子。（29日《人民日报》）

**30日** 函复唐弢。云："信早收到。嘱题，潦草塞责，损污了华笺。抱歉之至。"落款年份笔误为"一九二二年"。随函附赠1971年2月作《日中文化交流协会成立十五周年纪念》手迹。边款："唐弢同志嘱　一九七二年秋　沫若"。(唐弢《回忆·书简·散记》，上海文艺出版社1979年版)

◎ 下午，偕夫人于立群，和张春桥会见英国友好人士乔治·汤姆森教授和夫人及女儿。(31日《人民日报》)

**31日** 与李先念、李德生、吴德等，以及阮进、阮文广等越南客人出席中越友协、对外友协为庆祝越南国庆27周年举行的酒会并讲话。赞扬越南人民27年来在越南劳动党和政府的领导下，发扬英勇顽强、艰苦奋斗的革命精神，在抗击帝国主义侵略和建设社会主义北方的伟大事业中取得的辉煌成就。(9月1日《人民日报》)

**本月** 《出土文物二三事》由人民出版社出版。收论文《安阳新出土的牛胛骨及其刻辞》《新出土侯马盟书释文》《扶桑木与广寒宫》《日本银币〈和同开宝〉的定年》4篇。

◎《关于眉县大鼎铭辞考释》发表于1972年《文物》第7期。肯定陕西省博物馆史言《眉县杨家村大鼎》一文关于眉县大鼎"确是周成王时器"的看法，"无论从形制、花纹、铭辞、字迹来看，都当属于周初"。对铭辞考释"有点不同的小意见"，写出供参考。

收《郭沫若全集·考古编》第6卷。

## 9月

**1日** 签署致罗马尼亚科学院院长米龙·尼柯列斯库函，同意两院之间签订1972年至1973年的科学合作计划。告知可在古人类学和第四纪动物群、中国水底及陆上动物区的形成、鲤鱼科、大型海藻的人工养殖、中枢神经系统使用微电极技术等方面，设立两院新的合作计划项目，接待来华考察，进行交流。(中国科学院档案)

◎ 晚，与周恩来、叶剑英、李先念等应邀出席越南驻中国大使吴船举行的招待会，庆祝越南国庆27周年。

◎ 应邀出席亚乒联理事会、第一届亚洲乒乓球锦标赛组委会、中国乒协在人民大会堂举行的招待会，欢迎亚洲各国和各地区前来参加锦标赛

和亚乒联第一次代表大会的朋友。(2日《人民日报》)

**2日** 晚，与董必武、朱德、李德生、姬鹏飞、吴德、王猛等出席第一届亚洲乒乓球锦标赛开幕式。(3日《人民日报》)

**3日** 与周恩来、李先念等到车站，为柬埔寨民族统一阵线中央政治局主席、民族团结政府首相宾努和夫人一行赴旅大市休息送行。(3日《人民日报》)

**4日** 晚，会见并设宴欢迎由法国参议院文化事务委员会副主席亨利·卡亚韦率领的参议院文化事务委员会代表团。谢扶民、胡愈之等出席作陪。(5日《人民日报》)

**5日** 作诗《颂首届亚乒赛》。发表于《新体育》1972年第10月号。写道：

"在北京正是秋高气爽的时候，/首届亚洲乒球锦标赛开幕了！/三十一个国家和地区的代表们，/正正堂堂，齐齐整整，纠纠翘翘。//体育馆中，万掌齐鸣，万灯高照，/仿佛宇宙新生，火花飞舞重霄。超音速的飞机，毕竟难于比拟，/以光的速度、电的传导，铁腕相交。//以去年的名古屋，难忘的历史光耀，/小小银球，竟把整个天地动摇！/滚滚热潮，盖过了冷战的寒流，/世界局势，有希望能重新改造。//'友谊第一，比赛第二'，声浪比天高；/不仅乒球如此，万事都循此道。/以亚洲团结为基点而共同努力，/全世界人民大团结是最后目标。"

◎ 晚，与周恩来会见巴基斯坦总统科学顾问萨拉姆博士。刘西尧、吴有训、叶成章、张文裕等会见时在座。(6日《人民日报》)

**6日** 与董必武、宋庆龄、朱德、周恩来、叶剑英等参加追悼何香凝大会。会后，与叶剑英、李先念、徐向前等往车站送别何香凝灵柩启运至南京，与廖仲恺合墓安葬。(7日《人民日报》)

何香凝，全国人大常务委员会副委员长、民革中央委员会主席、中华全国妇女联合会名誉主席，1日在北京因病逝世。

**7日** 下午，与竺可桢会见由越南社会科学委员会考古研究院副院长文仲率领的越南考古代表团。团员有越南黄铜、铁器时期研究所主任黎春艳，石器时代研究所主任黄春征。郝梦笔、王冶秋、夏鼐、陈冰、梁枫、王仲殊、卢兆荫等会见时在座。(8日《人民日报》)

**8日** 与李先念、纪登奎、王树声等，出席中朝友协、对外友协为庆祝朝鲜民主主义人民共和国成立24周年举行的酒会，并致祝酒词。代表中国人民，中国朝鲜友好协会和中国人民对外友好协会，向兄弟的朝鲜人民表示最热烈的祝贺和崇高敬意。(9日《人民日报》)

**9日** 晚，与周恩来、叶剑英、张春桥、姚文元、李先念等应邀出席朝鲜驻华大使玄峻极和夫人举行的国庆宴会。(10日《人民日报》)

**10日** 作《驳〈实庵字说〉》一文《追记》："这篇文章是三十五年前的旧作了。托派是否定中国古代曾经经历过奴隶社会的"，"为了保存一个证据，我把这篇旧作收在这儿，但把冗赘的文字删削了一些。区区用意，'立此存案'而已。"

所"删削"的文字主要在"关于古代东亚的社会组织还有待于探讨"一段。删去中国氏族社会后继之以奴隶社会"似乎是以我为最初的一个人"，近年来"我的见解也渐渐要成为定论了，那是当然的呀"等字句。改为反对者的"这种见解，渊源于苏联托派，他们对于古代中国的史料所知有限，全凭主观臆断，以为中国的封建社会是在原始公社的废墟上建立起来的。《实庵字说》的撰述也就是想从古文字中找出些证据，以求坐实这个臆断而已"。

收入民出版社1973年5月版《奴隶制时代》，现收《郭沫若全集·历史编》第3卷。

《驳〈实庵字说〉》原名《读〈实庵字说〉》，收《蒲剑集》《羽书集》。

**12日** 下午，会见尼泊尔全国体育委员会主席巴森达兰·比尔·比克拉姆·沙阿亲王及其率领的尼全国体育委员会代表团。(13日《人民日报》)

**13日** 上午，会见以斯里兰卡中国友好协会主席斯·维·瓦尔皮塔为团长的斯中友协代表团。

◎ 晚，与周恩来、叶剑英等出席在首都体育馆举行的第一届亚洲乒乓球锦闭幕式。(14日《人民日报》)

**14日** 下午，与董必武、朱德、周恩来、叶剑英等会见参加第一届亚洲乒乓球锦标赛、亚乒联第一次代表大会和亚非拉乒乓球邀请赛筹委会会议的来自30个国家和地区的乒乓球界人士、朋友和运动员，祝贺比赛和会议圆满成功。

◎ 晚，会见并宴请由日本众议员、日本自民党日中邦交正常化协议会会长小坂善太郎率领的自民党访华团。副团长江崎真澄，塚田十一郎等一行应邀出席。廖承志、韩念龙、胡愈之、周培源、张香山等在座。（15日《人民日报》）

**15日** 晚，会见并宴请美国经济学协会会长、哈佛大学经济学教授约翰·肯尼思·加尔布雷斯和由他率领的美经济学协会会长代表团成员詹姆斯·托宾教授、沃西里·利昂蒂夫教授。（16日《人民日报》）

**16日** 晚，偕夫人于立群，与竺可桢、吴有训会见并设宴招待美籍中国数学家、加利福尼亚大学教授陈省身和夫人及女儿。（17日《人民日报》）

**18日** 下午，偕夫人于立群，和周恩来、李先念、姬鹏飞等到机场欢迎伊朗法拉赫·巴列维王后进行国事访问。陪同来访的有王后母亲法里德·迪巴夫人、首相阿米尔·阿巴斯·胡韦达等。

◎ 下午，与周恩来、姬鹏飞、廖承志等会见并宴请由小坂善太郎率领的日本自民党访华团。

◎ 晚，应邀出席智利驻中国大使乌里维和夫人举行的国庆招待会。（19日《人民日报》）

**19日** 晚，与廖承志、韩念龙、胡愈之等应邀出席小坂善太郎的告别宴会，与小坂团长先后祝酒。指出，田中首相多次表示，充分理解我国提出的恢复中日邦交三原则。田中首相和大平外相还多次说，中日邦交正常化后，就不能再维持同中国台湾的"外交关系"。对此，我们十分欣赏和欢迎。当前，中日关系进入了一个新的时候，两国人民长期为之奋斗的两国邦交正常化即将实现。让我们共同努力，为两国人民世世代代友好下去，为和缓亚洲紧张局势和维护世界和平，作出应有的贡献。

◎ 与董必武、周恩来、江青、李先念等会见巴列维王后一行。偕夫人于立群出席周恩来举行的欢迎宴会。

◎ 偕夫人于立群，与周恩来、李先念等到车站，迎接宾努和夫人结束在旅大市的休息和对沈阳的访问，回到北京。（20日《人民日报》）

**20日** 与沙风、王海容等陪同巴列维王后一行参观北京郊区红星人民公社和工艺美术展览。（21日《人民日报》）

**21日** 上午，偕夫人于立群，和周培源及夫人王蒂澂，会见英国议员团道格拉斯·多兹-帕克团长和夫人，及议员团全体团员。

◎ 晚，偕夫人于立群，与周恩来、李先念和林佳楣、姬鹏飞和许寒冰等，应邀出席伊朗驻华大使阿巴斯·阿拉姆为巴列维王后访华举行的宴会。宴会后陪同客人观看体育表演。（22日《人民日报》）

**22日** 晚，偕夫人于立群，和周恩来、李先念和林佳楣、姬鹏飞和许寒冰、吴德等，应邀出席巴列维王后在人民大会堂举行的宴会。（23日《人民日报》）

**23日** 上午，巴列维王后由李先念、林佳楣陪同离京到西安参观访问。偕夫人于立群，和周恩来、姬鹏飞和许寒冰、吴德等到机场送行。

◎ 晚，与周恩来、刘希文会见并宴请日本日中备忘录贸易办事处负责人冈崎嘉平太，以及松本俊一、大久保任晴等。

◎ 晚，与吴有训等在机场迎接阿尔巴尼亚劳动党中央委员、国立地拉那大学校长阿基姆·梅罗率领的地拉那大学代表团。（24日《人民日报》）

◎ 作《题何香凝画梅》。诗云："突破寒流与岁新，梅花万朵见精神。香如洋海枝如铁，亘古长留一片真。"边款："题何香凝副委员长画梅，用董必武代主席韵。"

董必武题何香凝画梅诗云："花寒不落墨常新，劲挺疏枝最有神。端的霜清楼上作，化身如愿暗香真。"

画作由荣宝斋木刻水印出版；又见《郭沫若题画诗存》，山西教育出版社1998年1月版。

**24日** 晚，设宴欢迎梅罗及其率领的代表团。吴有训、武衡、岳志坚、郝梦笔等作陪。（24日《人民日报》）

**25日** 上午，与周恩来、叶剑英、周建人、姬鹏飞等往机场，迎接日本国内阁总理大臣田中角荣访问中国，谈判解决中日邦交正常化问题。陪同来访的有外务大臣大平正芳、内阁官房长官二阶堂进等。

◎ 晚，出席周恩来在人民大会堂举行的欢迎宴会。（26日《人民日报》）

**28日** 上午，陪同田中角荣、大平正芳、二阶堂进，及其他随行人员参观故宫和出土文物展。陪同参观的还有于桑、王冶秋、吴仲超等。晚，与周恩来、叶剑英、阿沛·阿旺晋美、周建人、傅作义等出席田中角荣的答谢宴会。（29日《人民日报》）

**29日** 上午，与周恩来、叶剑英、李先念、姬鹏飞等出席中华人民共和国政府和日本国政府联合声明签字仪式。下午，与叶剑英、李先念、纪登奎等欢送周恩来陪同田中角荣一行离京赴上海访问。(30日《人民日报》)

**30日** 上午，会见加拿大纽芬兰省前省长约瑟夫·斯莫尔伍德。(10月2日《人民日报》)

◎ 中午，赴机场欢迎周恩来等陪同田中首相访问上海后归来。

◎ 下午，偕夫人于立群，与张春桥等会见英国友好人士乔治·汤姆森教授和夫人及女儿。会见时马家骏、谢启美、曹俊杰、资中筠等在座。(31日《人民日报》)

## 秋

◎ 与于立群联名复信田万清臣、明子夫妇。信云：

"大札及赠品均奉到，谢甚谢甚。中日复交，诚大庆事，两千年传统友谊，愿更逐步加强，更逐步扩大，而普及于五洲万国。永世和平，望能实现。

一衣带水一苇航，一片欢声动四方。永世太平期实现，彩虹飞架五大洋。"（郭沫若纪念馆馆藏资料）

◎ 作《西江月》，书赠小坂善太郎："天上秋高气爽，人间雾散烟开，木犀树下香如海，有朋自远方来。 仅隔一衣带水，无劳万里纡回，举头邀月共含林，携手放开眼界。"（郭沫若纪念馆馆藏资料）

◎ 作五言诗，书赠日本大西良庆大法师："光明生大白，正大孕长寿。益一即期颐，重阳正九九。阳刚协阴柔，天地并长久。尚德愿无疆，常发狮子吼。"跋云："大西良庆大法师明年九十九岁，日本称为'白寿'，赋此敬贺。"

手迹发表于《白寿——大西良庆白寿记念墨迹》，日本音羽山清水寺1973年；又见松本大圆《郭沫若与鉴真和尚》；《郭沫若选集》卷6《读者指导书》，日本雄浑社出版。

大西良庆，日本京都清水寺贯主、日中友好佛教协会名誉会长。

## 10 月

**1 日** 在颐和园，参加庆祝中华人民共和国成立 23 周年的游园活动。

◎ 晚，偕夫人于立群，与朱德、纪登奎、李德生、聂荣臻、华国锋等出席对外友协举行的国庆招待会。(2 日《人民日报》)

**2 日** 致函坂田信子。曰："惠赠坂田教授遗著，已入手，感谢之至。已遵嘱分赠，均表谢意。科学院当早有谢函，特补及。《周刊朝日》(6—9) 及书简亦已先后收到。坂田教授与小生友谊一文，阅读了。未提及有山兼孝教授，确是缺欠。依小生所见，有山教授与坂田教授殆有骨肉手足，真情感人，为今世所罕见。中日邦交恢复，确是一件喜事。坂田教授定当含笑于九泉也。"(《郭沫若研究》第 9 辑，文化艺术出版社 1991 年 12 月版)

◎ 下午，偕夫人于立群，与吴有训会见并宴请澳大利亚悉尼大学教授克里斯琴森和夫人。周培源、程茂兰等作陪。(3 日《人民日报》)

**4 日** 与周恩来、刘西尧、夏之栩会见地拉那大学代表团、阿尔巴尼亚纺织考察组。吴有训、岳志坚等参加会见。(5 日《人民日报》)

**5 日** 下午，代表中方在中国科学院和阿尔巴尼亚国立地拉那大学科学合作 1972 年至 1973 年执行计划上签字。(6 日《人民日报》)

◎ 晚，陪同周恩来接见以贝时璋为首的中国科学院赴英国、瑞典、加拿大、美国四国代表团；以吴蔚然为首的医学科学院赴法国、美国、加拿大三国代表团；以黄镇、张维为正副团长的赴巴黎参加联合国教科文大会代表团。(《竺可桢日记第 5 册》，科学出版社 1990 年版)

**6 日** 与刘西尧、章文晋、吴有训、周培源等到机场，为贝时璋率中国科学家代表团出访英国、瑞典、加拿大送行。(7 日《人民日报》)

**8 日** 上午，在机场，欢送地拉那大学代表团赴我国南方访问。(9 日《人民日报》)

**11 日** 偕夫人于立群，与李先念、张才千、韩念龙等出席中国老挝友好协会、中国人民对外友好协会举行的酒会，庆祝老挝独立节 27 周年。(12 日《人民日报》)

**14 日** 晚，参加中国科学院和朝鲜科学院 1973 年至 1974 年科学合

作计划签字仪式。签字仪式后，出席吴有训举行的招待会。(15日《人民日报》)

**20日** 上午，偕夫人于立群会见日本自民党众议员、促进恢复日中邦交议员联盟会长、前外相藤山爱一郎和随员山本保、新堀丰彦。(21日《人民日报》)

◎ 作《菩萨蛮》，书赠藤山爱一郎。云："沧波浩渺鹏程万，长虹飞架云天半。中日复邦交，形成一座桥。松柏天难老，时代期和好。拱卫太平洋，睦邻及万方。"边款："祝中日复交，调寄菩萨蛮，书赠藤山爱一郎先生。一九七二年秋。"

◎ 为藤山爱一郎书录毛泽东《采桑子·重阳》于扇面。由夫人于立群在另一扇面上画秋菊，赠藤山爱一郎夫人，配置成双。(手迹见《中国嘉德2010春季拍卖会·中国近现代书画（二）》)

◎ 作七绝"银河创就星云灿，始信人间别有天。橘颂歌声弥宇宙，会教萧艾化芝兰"。跋曰："中日复交伊始，河原崎长十郎先生及列列友人将进行《屈原》第四次演出偶成，预祝胜利。适蒙藤山爱一郎先生来访，拜托转致。"(郭沫若纪念馆馆藏资料)

**22日** 晚，会见日本脑神经生理学家柘植秀臣教授。(23日《人民日报》)

**23日** 与周恩来、李先念、廖承志等会见藤山爱一郎、宫崎世民、宫川寅雄、冈崎嘉平太、木村一三、柘植秀臣，及日本各访华代表团的负责人。随后举行招待会，正在我国访问的日本各代表团，日中备忘录贸易办事处驻北京联络处人员，日本友好商社人员，在京日本友好人士、专家、记者420多人应邀出席，畅叙友情，共庆中日邦交正常化。(24日《人民日报》)

**27日** 以日文致信上代皓三。

上代皓三，郭沫若在九州帝国大学医学部留学时同学。

**29日** 晚，偕夫人于立群，与周恩来、江青、叶剑英、李先念等应邀出席宾努和夫人为庆祝西哈努克五十寿辰在人民大会堂举行的宴会。(30日《人民日报》)

**下旬** 接读恽逸群来信。

来信评价"《李白与杜甫》一扫从来因袭皮相之论"。(《恽逸群遗作

选》，上海《社会科学》1981年第2期）

**本月** 作《沁园春·祝中日恢复邦交》。发表于《人民中国》（日文版）1973年1月号。词云："喜云开雾霁，渠成水到，秋高气爽，菊茂花香；公报飞传，邦交恢复，一片欢声起四方。从今后，望言行信果，和睦万邦。"

收人民文学出版社1977年9月版《沫若诗词选》，现收《郭沫若全集·文学编》第5卷。

◎ 录《沁园春·祝中日恢复邦交》，赠成仿吾。（手迹见《郭沫若书法集》，四川辞书出版社1999年11月版）

## 11月

**1日** 偕夫人于立群，与吴德、姬鹏飞、余湛、粟裕等应邀出席英国外交和联邦事务大臣亚历克·道格拉斯-霍姆和夫人的答谢晚宴。（2日《人民日报》）

**6日** 晚，偕夫人于立群会见并宴请由切卡·狄克逊、鲁比·哈蒙德率领的澳大利亚土著族人民代表团。（7日《人民日报》）

**7日** 作七律《贺1973年元旦》，向日本友人祝贺新年（标题为整理者代拟）。诗云："屈原辞赋溢辉光，飞架长虹跨海洋。愿化干戈为玉帛，希如唇齿忆隋唐。言行信果期双必，联合声明守九章。更望睦邻通万国，年年橘树颂声扬。"

◎ 晚，会见并宴请以日本长崎县知事久保勘一为团长、长崎县议会议长林田作之进为副团长的长崎县友好访华代表团。孙平化等在座。（8日《人民日报》）

**14日** 下午，与周恩来、江青、纪登奎、王洪文、刘西尧会见美籍中国物理学家李政道博士和夫人秦惠䇹，并共进晚餐。李政道的妹妹李雅芸在座。吴有训、周培源、钱学森、朱光亚等参加会见。

◎ 晚，会见朝鲜科学院副院长崔兴洙及朝鲜科学院代表团全体成员。吴有训、武衡、郝梦笔在座。（15日《人民日报》）

**15日** 上午，与廖承志、张香山会见以日中友协（正统）中央本部常任理事足立梅市为团长、三浦赖子为秘书长的日中友协（正统）各界友好访华团。（16日《人民日报》）

◎ 为日本日中友好协会作《西江月·庆祝中日恢复邦交》："岁月两千玉帛，春秋八十干戈。一朝齐唱睦邻歌，篱畔菊花万朵。　世代和平共处，横空划出天河！要教四海不扬波，子子孙孙毋惰。"书赠日中友协（正统）各界友好访华团。（郭沫若纪念馆馆藏资料；《郭沫若1970年代中日友好诗抄》，《郭沫若学刊》2011年第1期）

新华社报道，1973年5月中日友协访日代表团访日期间，松井庆太郎主持的秋田县各界人士欢迎酒会会场上悬挂着郭沫若题写的这首《西江月》。岩手县知事千田正办公室里也摆放着该词手迹，拟制铜牌嵌于盛冈市"恢复日中邦交纪念碑"。（1973年5月7日、10日《人民日报》）

**16日**　与周恩来、阿沛·阿旺晋美、周建人、姬鹏飞等应邀出席尼泊尔驻华大使为比斯塔访华举行的宴会。（17日《人民日报》）

**17日**　同姬鹏飞、吴德、陈慕华等陪同比斯塔和夫人一行观看京剧《红灯记》。（18日《人民日报》）

**18日**　与周恩来、阿沛·阿旺晋美、周建人等出席中尼经济技术合作协定签字仪式。周恩来和比斯塔分别代表本国政府在协定上签字。晚，出席比斯塔和夫人举行的答谢宴会。（19日《人民日报》）

**21日**　下午，与谢华会见墨西哥卫生保健部副部长卡洛斯·坎皮略·萨因斯和由他率领的医务社会代表团。（22日《人民日报》）

◎ 历史剧《屈原》继在东京、大阪、京都、神户等城市演出后，在新潟县新潟市开始第二轮巡回演出，以庆祝日中邦交正常化。

《屈原》由须田祯一翻译改编，河原崎长十郎导演并主演。演出由新潟上演实行委员会、《新潟日报》联合举办。（26日《人民日报》）

**25日**　下午，与周培源和王蒂澂等会见奥地利"中国研究会"主席、前副总理布鲁诺·皮特曼和女儿伊丽莎白·皮特曼。奥地利驻中国大使馆临时代办苏可朴和夫人参加会见。（26日《人民日报》）

◎ 致函黄盛璋。就为《两周金文辞大系图录考释》做补录事表示："已没有功夫和兴趣继续搞了，您如愿意搞，请您费心吧。"（黄盛璋《郭院长关于新出土铜器三器的考释及其意义》，《社会科学战线》1980年第3期）

**28日**　与吴有训、武衡等会见法国科学技术研究总代表处总代表艾格兰教授、法国科研中心总主任居里安教授。施汝为、汪德昭等参加会见。

◎ 晚，偕夫人于立群，和李先念与林佳楣，吴德，耿飚等出席北京市革委会、中阿友协、中国人民对外友协举行的招待会，庆祝阿尔巴尼亚独立60周年和解放28周年。在招待会上祝酒。(29日《人民日报》)

**29日** 与周恩来、叶剑英、李先念等应邀出席罗博大使举行的庆祝招待会。(30日《人民日报》)

## 12月

**3日** 晚，会见并宴请以大阪外国语大学名誉教授金子二郎为团长、九州大学名誉教授具岛兼三郎为副团长的日中邦交正常化国民协议会访华团。访华团成员有蜡山道雄、新川士郎、寺泽一、梶谷善久、胜沼六郎、高木健太郎、河地重藏、高屋定国、新川传助、榊原一裕。(4日《人民日报》)

**4日** 晚，与耿飚等会见玻利维亚左翼民族主义革命党领导人、玻总工会和矿工联合会执行书记胡安·莱钦·奥肯多。(5日《人民日报》)

**6日** 应邀出席芬兰驻华大使举行的招待会，庆祝芬兰独立日。(7日《人民日报》)

**7日** 下午，参观法国科学技术展览会。(8日《人民日报》)

**8日** 下午，会见法国马赛市市长加斯东·德费尔和由他率领的访华代表团，法国驻中国大使马纳克参加会见。(9日《人民日报》)

**14日** 与周恩来、江青、叶剑英、张春桥、姚文元、李先念等参加邓子恢追悼会。(15日《人民日报》)

邓子恢，中共中央委员、全国政协副主席，于10日在北京逝世。

**19日** 下午，偕夫人于立群，与李先念、姬鹏飞、韩念龙等出席中柬友好协会、中国人民对外友协举行的电影招待会，庆祝中柬友好和互不侵犯条约签订以及中柬友协成立12周年。观看彩色纪录片《西哈努克亲王访问济南、青岛》《庆祝中华人民共和国成立二十三周年》等。

◎ 晚，与刘西尧、章文晋、竺可桢、吴有训等到机场，迎接贝时璋率中国科学家代表团结束对英国、瑞典、加拿大和美国的友好访问，回到北京。(20日《人民日报》)

**22日** 复函云南大学历史系教授方国瑜："七月四日信，早就接到。

因压在好些文件里面，今天才查出。快要半年了，真对不住。尊体近来好些吗？大著《纳西象形文字简谱》已经改好了吗？甘古之说极有意思。我赞成早日改好，影印出版。听说你已回昆明，特简复数语，乞谅。"（见《云南画报》1980年1月号）

**26日** 作《〈人民中国〉日文版创刊二十周年》，发表于《人民中国》（日文版）6月号。诗云："春雨秋风二十年，迎来沧海变桑田。""黄河之水通江户，珠穆峰连富士山。"

收人民文学出版社1977年9月版《沫若诗词选》，现收《郭沫若全集·文学编》第5卷。

发表时，由于立群以隶书录写，落款时间为"一九七三年春"。收入《沫若诗词选》时，写作时间亦为"1973年春"。

**29日** 复函黄盛璋，接受来信建议，同意对青铜器屖敖簋盖作考证。询问此器铭文中的"戎"指何地之"戎"；请代查属于"戎"的地区内，何处盛产铜。（黄盛璋《郭院长关于新出土铜器三器的考释及其意义》，《社会科学战线》1980年第3期）

**30日** 作《屖敖簋铭考释》，发表于《考古》1973年第2期。文章述，屖敖簋铭文文字草率、很难通读，《三代吉金文存》已有著录。故宫博物院重新部署青铜器馆时，该簋被引起注意。针对铭文"戎献金于子牙父百车"句，认为所献"金"当是铜。献铜百车，不是一个细微的数目，"游牧民族不会有那么高的冶铜业"，如果出自掠夺，则要有长时间的积累，故"作器的年代不能太早"。该器花纹器制简陋，不应是周室最隆盛的周穆王时代，"子牙父"则不会是周穆王时代的君牙，而应该是春秋时代"齐桓公时的鲍叔牙"。春秋后，戎人南下，诸侯联盟的军事对抗使之受到一定威慑，故"献金百车"以求缓和。"子牙父"得到献金后分别赏赐于同盟国的人；作器者"屖敖"受到赏赐，回鲁国之后便报告上级，作器纪念。"屖敖"的地位，"顶多只是鲁国的一位不很高级的下大夫或上大夫"，能够代表一个国家参预所谓"盟会"，可见当时"已经接近了'陪臣执国命'的程度了"。收《郭沫若全集·考古编》第6卷。

◎ 复函叶籁士："承赠绿川英子著《嵐の中のささやき》，谢谢。回头当仔细阅读。祝您新年愉快。"（据手迹复印件）

绿川英子，原名長谷川テル。《嵐の中のささやき》，绿川英子世界

语著作 En Cinio batlanta Flustr'el uraggano 一书的日译本，高山一郎译。

**31 日** 和夫人于立群在家中同许翰如、严良堃、苏扬、张承祖、罗立韵相聚，叙谈抗战期间孩子剧团往事。（许翰如《在郭老家闲话往事》）

**本月** 《古代文字之辩证的发展》发表于《考古学报》1972 年第 1 期（1972 年 12 月出版）。根据大量考古资料，论述中国古代文字的辩证发展。分为四部分：

一、新石器时代陶器上的刻划。认为汉字的起源"可以以西安半坡村遗址距今的年代为指标"，距今有六千年左右。半坡彩陶上的一些类似文字的简单刻划，和花纹判然不同。"刻划的意义至今虽尚未阐明，但无疑是具有文字性质的符号"，"是中国文字的起源，或者中国原始文字的孑遗"。

二、殷代的甲骨文和金文。认为甲骨文字主要是公元前 1300 年到前 1100 年间殷代王室在龟甲兽骨上的占卜记录。甲骨文是"具有严密规律的文字系统"。"六条构成文字的原则"，即指事、象形、象意、形声、假借、转注，"在甲骨文中都可以找出不少的例证。文法也和后代的相同"。故中国文字到甲骨文时代，已经过了"至少两三千年的发展"。殷代除甲骨文之外还有简书和帛书。金文的字数不多，铭文不长。所谓"图形文字"值得注意。

认为"中国文字的起源应当归纳为指事与象形两个系统，指事系统应当发生于象形系统之前"，也就是"随意刻划先于图画"。从书法观点来说，"就是草书先于正书"。

三、周代的金文及其他文字。认为到了周代，古代文化蓬勃发展起来，用于占卜的甲骨文字走下舞台，而青铜器有长篇大作的铭文出现。西周的文字结构和铜器的花纹、形式，因袭殷代，比较凝重。宣王时代"有比较自由开放的味道"。东周时的铭文、花纹和形式"有进一步的解放"。中国文字"在殷代便具有艺术的风味"，到春秋时代末期，"文字向书法的发展，达到了有意识的阶段"。同时，社会生活日趋繁剧，"民间文字的一般倾向"是"追求简易速成"。战国时代的帛书、简书、印玺文、陶文、货币文、兵器上的刻款等都比较草率急就。

殷代有极少数石刻文字，西周无所发现，东周以来逐渐增多，最著名的是东周初年的所谓石鼓文。认为石鼓文上的诗，和大雅、小雅是一个体系。文字和周代金文是一个体系，比一般金文更加规整。春秋时期石刻文字的增益，与刻字工具有关，是"铁器时代的一个必然的成果"。

四、秦始皇帝统一文字。认为"中国大一统的局面，是经过了几千年的浸润"，到秦始皇帝二十六年才"水到渠成"。秦始皇统一中国之后，中原文化更快地普及于珠江流域，把殷周以来的古文"大篆"整理为"小篆"，是"有意识地对于几千年以来文字自然发展的一个总结"。"秦始皇帝改革文字的更大功绩，是在采用了隶书"。认为隶书作于程邈，"其实是一种传说"。隶书是草篆的演变，一种字体"决不会是一个人一个时候所能创造出来的"。隶书与篆书的区别在于"变圆形为方形，变弧线为直线"……写字的速度便自然加快了。"为了提高工作效率，而有意识地采用了隶法，这是秦始皇帝的杰出处。但也应该看到：这是社会发展的力量比帝王强，民间所流行的书法逼得上层统治者不能不屈尊就教。是草篆的冲击力把正规的篆书冲下了舞台，而形成为隶书的时代。"

现收《郭沫若全集·考古编》第10卷。

## 本　年

◎ 作《永盂铭考释》。收《郭沫若全集·考古编》第6卷。

◎ 日文译本《李白与杜甫》《郭沫若史剧全集》4卷本（须田祯一译），由日本东京讲谈社出版。

# 1973年（癸丑）81岁

1月1日　《人民日报》《红旗》《解放军报》发表《新年献词》，称批林整风是头等大事，重点批判其极右实质。

3月10日　根据毛泽东提议，中共中央作出《关于恢复邓小平同志的党的组织生活和国务院副总理的职务的决定》。

3月25日　毛泽东在政治局会议上批判"文化大革命失败论"。

4月29日　周恩来主持中共中央政治局、国务院召开会议，研究知青问题。

**5月20日至31日** 中共中央工作会议为召开十大做准备。毛泽东提出要在批林同时批孔。宣布解放一批老干部；王洪文、华国锋、吴德参加政治局工作。

**8月5日** 国务院召开全国环境保护会议，制定第一部环境保护综合性法规。

**8月20日** 中共中央批准《关于林彪反党集团反革命罪行的审查报告》，永远开除林彪、陈伯达、叶群、黄永胜、吴法宪、李作鹏、邱会作等人党籍，撤销党内外一切职务。

**8月24日至28日** 中国共产党第十次全国代表大会举行，会议延续了"无产阶级专政下继续革命"的错误理论。30日，十届一中全会选举毛泽东为中央委员会主席，周恩来、王洪文、康生、叶剑英、李德生为副主席。

**12月12日** 毛泽东在政治局会议上批评"政治局不议政，军委不议军"。22日中央军委发布八大军区司令员对调命令。中共中央决定邓小平为政治局委员、中央军委委员。

# 1 月

**1日** 接读坂田信子1972年12月来信，阅中国科学院外事组拟同意坂田信子来访的请示。批示"欢迎她4月份来访三个星期左右"；建议同时邀请有山兼孝夫妇来访，可请有山作学术报告，请坂田信子介绍坂田昌一教授业绩，来往旅费可由科学院负担。针对请示函提出拟由对外友协出面接待的意见，批示"可由科学院直接办"，请争取时间，通过东京办事处电告。（中国科学院档案；王廷芳《郭沫若夫妇与两位日本科学家》，《百年潮》2002年第10期）

上述意见随即得到刘西尧、武衡、王建中同意。刘西尧批复外事组："完全同意郭老意见，应由科学院出面邀请直接办"，"请速办，并请将我们意见报郭老"。

**4日** 下午，会见日本京都大学教授井上清、《毛泽东思想》月刊社代表国光昭二、日本花园大学副教授小野信尔。会见时，张香山、张雨、孙平化等在座。（5日《人民日报》）

**5日** 作《屛敖簋铭考释》"补记",发表于《考古》1973年第2期。感谢中国科学院考古所到故宫对原器进行照相、测量、绘图。

收《郭沫若全集·考古编》第6卷。

**8日** 上午,往八宝山革命公墓,出席戴芳澜追悼会。(9日《人民日报》)

戴芳澜,中国科学院生物学部委员、中国植物病理学会理事长、中国科学院微生物研究所所长,因病3日在北京逝世。

**11日** 晚,会见并宴请日本东京大学教授田村三郎。岳志坚、潘纯等在座。(12日《人民日报》)

**18日** 约贝时璋、白介夫、潘纯等汇报出访英国、瑞典、加拿大、美国情况。

**19日** 为答谢中曾根康弘惠赠日本能乐面具,赋七绝一首并书赠。诗云:"老骥枥间千里志,能翁笑里万年青。后天下乐期同勉,愿见重洋永太平。"(郭沫若纪念馆馆藏资料)

**24日** 下午,偕夫人于立群与廖承志、经普椿会见并设宴招待日本松山芭蕾舞团团长清水正夫一行。(25日《人民日报》)

## 1、2月间

作《桃都、女娲、加陵》,发表于《文物》1973年第1期。

考释《玄中记》中的"桃都树"即"扶桑树"。认为:"神话传说的母胎是不合科学规律的主观臆想,它的变异性很大,往往是自相矛盾,是不足为怪的。"桃都树和天鸡的传说,"可能都是汉代所产生,为汉代以前所未见"。

考释马王堆汉墓帛画中的女娲形象,认为女娲曾为至上神的天帝,"这是母系社会的反映",后来成为伏羲与女娲,汉墓壁画多作男女双人像。"天帝化为夫妻,这是民间传说同儒家思想杂糅起来了的结果。"从社会发展史的角度看来,马王堆汉墓帛画"具有特殊的意味"。

考释《侯马盟书》中的"嘉之明",嘉是地名,即"加陵,其地必在山西境内"。并言及"夏后氏陵",认为如果有可能,希望能够有计划、有组织、有选择地试掘。对于夏代的史实以及夏代和仰韶文化、龙山文化等的关系，可望得到究极的阐述，在中国古代的研究上会有贡献。

收入《郭沫若全集·考古编》第 10 卷时，分为《加陵》《女娲》《桃都》三篇。

## 2 月

**1 日** 偕夫人于立群，出席周恩来举行的宴会，欢迎越南劳动党中央政治局委员、出席越南问题巴黎会议的越南政府代表团特别顾问黎德寿，越南劳动党中央政治局委员、副总理兼外长阮维桢和越南代表团，祝贺越南停战和平协定的签订。(2 日《人民日报》)

**2 日** 下午，出席首都各界群众集会，庆祝签订"关于在越南结束战争、恢复和平的协定"，庆祝越南人民抗美救国战争的胜利。

◎ 与阿沛·阿旺晋美、贝时璋、罗叔章等出席全国人大常委会举行的晚宴，欢迎由尼泊尔国务会议常务委员会主席兰加·纳特·夏尔马率领的尼泊尔国务会议代表团。在祝酒时说，尼泊尔是中国的友好邻邦，两国人民一向和睦相处，互相尊重，平等相待。我们深信，建立在和平共处五项原则基础上的两国友好合作关系将与日俱增，两国人民之间的友谊将万古长青。(3 日《人民日报》)

**15 日** 签署致古巴科学院长索伊洛·马里内约博士函，祝贺其被任命为古巴科学院院长，并祝贺萨恩斯等人被任命为古巴科学院的负责人。(中国科学院档案)

**16 日** 书赠乔冠华条幅，录乔冠华为"9·13"事件所作五言诗，并记述其原委。曰："唐人卢纶有'塞下曲'四首，其第三首云：'月黑雁飞高，单于夜循逃。欲将轻骑逐，大雪满弓刀。'知乔冠华同志仿之，另成新曲一首：'月黑雁飞高，林彪夜遁逃。无需轻骑逐，大火自焚烧。'巧合无间，妙不可言。嘱题小幅一轴，欣然应命，以示奇文共欣赏，好事相庆祝也。　冠华同志座右，望常拍案惊奇。"（章含之《十年风雨情——我与乔冠华》，上海文艺出版社 1994 年版）

**17 日** 上午，与谢华会见马吉德·拉赫奈玛博士和由他率领的伊朗王国社会服务组织代表团全体成员。伊朗驻华大使阿拉姆参加会见。(18 日《人民日报》)

**20日**　偕夫人于立群和廖承志、经普椿会见并宴请由萩原定司、木村一三等组成的日本友好贸易团体代表团，日本友好贸易界知名人士吉村孙三郎的女儿吉村启子等日本朋友。(21日《人民日报》)

**22日**　晚，会见由团长巴勒斯率领的英国伦敦中国展览委员会代表团，由团长布尔果率领的法国筹备中国出土文物展览代表团，宣布中方同意甘肃武威出土的铜奔马真品参加在法、英两国举办的中国历史文物展。英国驻中国大使艾惕思、法国驻中国大使马纳克参加会见。王冶秋、夏鼐等在座。(23日《人民日报》；王廷芳《郭沫若与铜奔马》，2000年11月9日《中国文物报》)

**24日**　晚，偕夫人于立群出席何英举行的宴会，欢迎乘坐埃塞俄比亚航空公司首航班机前来访问的埃塞俄比亚贵宾和其他国家朋友，庆祝中埃两国航线通航。宴会前，会见了埃塞俄比亚客人。(25日《人民日报》)

**25日**　晚，偕夫人于立群，与周恩来、廖承志、符浩等会见以梅泽好一为团长，南云茂夫、大音忠行、住田广行、春藤聪一郎为副团长的日本全国町村议会昭生议长会代表访华团。(26日《人民日报》)

**26日**　为吉村孙三郎作绝句一首，由于立群录赠。诗云："期颐米寿成连理，预兆人生二百年。骀宕东风澄玉宇，百花齐放建桃源。"(郭沫若纪念馆馆藏资料；《郭沫若1970年代中日友好诗抄》，《郭沫若学刊》2011年第1期)

**本月**　应清水正夫之邀，为松山芭蕾舞团建团25周年之际在日本上演《红色娘子军》题诗。诗云："英雄树上花如火，女子能擎半壁天。争取人群同解放，前驱慷慨着先鞭。"(郭沫若纪念馆馆藏资料；18日《人民日报》新华社《友谊花开又一枝》)

◎　为北京象牙雕刻厂题名。

◎　为河南林县"红旗渠""青年洞"题名。

## 3月

**1日**　偕夫人于立群，与廖承志、经普椿会见并宴请日本朋友西园寺公一和夫人西园寺雪江、长子西园寺一晃及东京西园寺事务所负责人南村志郎。(2日《人民日报》)

**5日**　晚，往宾馆拜会日本文化界访华代表团团长土岐善麿，赠送人民美术出版社影印的手书《毛主席诗词三十七首》。与廖承志、胡愈之设宴招待代表团一行。祝酒说,土岐善麿团长已八十八岁高龄,仍不辞劳苦,前来中国访问,促进中日两国人民的友好和两国的文化交流,我们从心里表示敬意。祝愿中日两国人民的友谊在新的基础上永远发展下去。希望中日两国文化界人士今后进一步促进彼此的文化交流,相互学习,相互鼓励,共同进步,为人类文化发展作出更新更多的贡献。副团长户板康二、秘书长白土吾夫出席宴会;杨骥、孙平化、叶籁士等作陪。(6日《人民日报》;土岐善麿《草木有今昔,人情无变迁》,吉林师范大学日本文学研究室《日本朋友悼念郭沫若》)

**9日** 上午,会见由吴巴觉率领的缅甸新闻工作者代表团全体成员。(10日《人民日报》)

**13日** 复函山冈望。云:"三月一日手教奉悉。玉照及神崎、佐藤、古川诸学兄影片,蒙惠赠,感谢之至。有如觌面,倍增亲切。深古克海、古川元宣两学兄事,已交科学院外事局考虑。"(见《郭沫若研究》第9辑,文化艺术出版社1991年12月版)

◎ 复黄盛璋5日来信。云:"三月五日信阅悉。屌敖簋释文俟出版后,再请琢磨。"对鄂伯受簋、上都府簠、天门鼎三件湖北新出土的铜器铭文作释文。推测天门鼎铭文"鼎之□□"的第三字疑是戈字,第四字疑是鸡,认为"'戈鸡'如是人名,可谓奇铭"。(黄盛璋《郭院长关于新出土铜器三器的考释及其意义》,《社会科学战线》1980年第3期)

**17日** 上午,会见日本读卖新闻社副社长原四郎、编辑局长长谷川实雄等人,赠送为读卖新闻社朋友来访题写的一首诗,赞扬中日两国人民之间的文化交流和友好往来,中日两国要共同遵循中日联合声明,子子孙孙、世世代代友好下去,为世界和平作出贡献。彭华、马毓真等在座。(18日《人民日报》)

**20日** 批阅中国科学院外事局关于坂田信子、有山兼孝夫妇一行接待计划,提出增加彭桓武或严济慈等人陪同参观,请裴丽生参加迎送和宴会,多配备一名翻译。(中国科学院档案)

**25日** 与廖承志设晚宴招待日本文化界友好访华团团长安藤彦太郎、副团长武野武治、秘书长枣田金治和团员一行。(26日《人民日报》)

**26日** 与刘希文会见日本大阪商工会议所会长佐伯勇及其随行人员。

(27日《人民日报》)

# 春

为故宫博物院"文化大革命期间全国出土文物展览"陈列文物屃敖簋的铭文作释文,定为齐桓公时器。(吴仲超《德业难忘》,1978年6月20日《光明日报》)。

## 4月

**3日** 上午,会见日本东洋制罐公司总经理高碕芳郎和由他率领的代表团全体成员。赞扬其父亲高碕达之助为中日友好事业作出了很大的贡献。他走的这条道路是正确的。凡是沿着正确的路线走,就会愈走愈宽广,愈走愈长远,愈走愈平坦,愈走愈光明。在京日本友人木村一三、安田佳参加会见。(4日《人民日报》)

**4日** 与廖承志会见并设午宴招待以河野健二教授为团长、岛田虔次教授为副团长、井上清教授为秘书长的日本京都大学人文科学研究所访华团。王连龙、黄辛白、周培源、李福德、周一良、陈岱孙、冯友兰等在座。(5日《人民日报》)

**5日** 晚,与廖承志、王猛、马文波等出席中华全国体育总会、中日友好协会在北京工人体育馆为日本相扑访华团举行的欢迎仪式。欢迎仪式前,会见访华团团长武藏川喜伟,副团长兼秘书长宫川寅雄等,将题词"黄河之水通江户,珠穆峰连富士山"赠日本相扑访华团。(6日、11日《人民日报》)

**10日** 晚,偕夫人于立群,与吴有训、周培源及夫人会见并宴请日本已故物理学家坂田昌一的夫人坂田信子,名古屋女子短期大学校长、物理学家有山兼孝教授和夫人,东京工业大学名誉教授河上益夫,名古屋大学工学部教授桐原朝夫,东海大学工学部教授石田制一,以及漆户瞰等。谈话说,日本在亚洲是工业和科学技术都很发达的国家。日本的正面和反面经验都值得我们很好借鉴。希望你们除了进行学术活动以外,请广泛参观一下。如果有不顺眼的地方,或者是做得不够的,或者是有错误的地方,请各位朋友批评指正。中日两国邦交已经恢复,科技交流也将日益加强，这是值得庆贺的事。两国科学工作者要互相学习，互相鼓舞，互相批评，共同进步。坂田先生所开辟的道路是正确的，我们沿着这条路走下去，将愈走愈广，愈走愈光明。我们中日科学家都应沿着这条路子子孙孙地走下去。严济慈、施汝为、潘纯、彭桓武等参加会见和宴会。（11日《人民日报》，中国科学院档案）

**上旬** 得知日中文化交流协会常任理事河原崎长十郎来访抵达广州后，因支气管扩张住院。请广州接待人员转达问候，不到医院同意出院时，不要急于来北京，要安心静养。（河原崎长十郎《同"屈原"的荣幸相会》，吉林师范大学日本文学研究室编《日本朋友悼念郭沫若》1978年12月）

**11日** 偕夫人于立群往机场，和周恩来、叶剑英、李先念、李德生、徐向前、邓颖超等欢西哈努克亲王和夫人视察柬埔寨解放区和结束对越南的正式访问后到达北京。宾努亲王和夫人同机抵达。（12日《人民日报》）

◎ 作诗《题越王勾践剑》。手迹发表于《文物》1973年第6期。云："越王勾践破吴剑，专赖民工字错金。银缕玉衣今又是，千秋不朽匠人心。"诗后有跋："中国出土文物展览，计出品二百三十六件，其中有越王勾践自作用剑及东汉银缕玉衣。剑铭'自作'，实赖民工；衣被王躯，裁成匠手。创造历史者，并非英雄帝王，乃是人民工匠。"

收《郭沫若全集·考古编》第6卷。

◎ 作诗《题息庵禅师碑道行之碑》。手迹发表于《文物》1973年第6期。诗云："息庵碑是邵元文，求法来唐不让仁。愿作典型千万代，相师相学倍相亲。"诗后跋："河南画像石、碑刻拓片展览，出品共一百五十二件。就中元至正元年息庵禅师碑，乃日本僧人邵元禅师所撰，真可谓'当仁不让'矣。如此佳话，愿广为流传，以为中日两国相互学习之样板。"

收《郭沫若全集·考古编》第10卷。

**12日** 同意武衡意见，由中国科学院书面请示国务院，批准钱三强参加接待坂田信子，进行公开报道。

该请示即日由周恩来、李先念批阅。从此钱三强恢复公开活动，重新担负科研领导工作。（中国科学院档案；王廷芳《郭沫若夫妇与两位日本科学家》，《百年潮》2002年第10期）

◎ 会见日中文化交流协会常任理事白石凡。

◎ 晚，周恩来在人民大会堂举行宴会，欢迎西哈努克一行到达北京。偕夫人于立群出席作陪。（13日《人民日报》）

**13日** 为南阳历史博物馆所寄许阿瞿墓石刻作释文。

**14日** 偕夫人于立群，与李先念、徐向前、邓颖超等往机场，为西哈努克亲王和夫人去朝鲜进行友好访问送行。（15日《人民日报》）

**15日** 与李先念、邓小平、傅作义、吴德等往机场，欢送廖承志、楚图南率中日友好协会代表团赴日本进行友好访问。（16日《人民日报》）

◎ 在家中会见并宴请坂田信子和有山兼孝夫妇。（王廷芳《郭沫若夫妇与两位日本科学家》，《百年潮》2002年第10期）

**17日** 作诗《题显教圆通大禅师照公和尚塔铭并叙》。手迹发表于《文物》1973年第6期。诗云："邵元撰写照公塔，仿佛唐僧留印年。花落花开沤起灭，何缘哀痛着陈言？"跋云："昨见息庵禅师碑，乃邵元所撰，法然所书。今见少林寺照公和尚塔铭，乃邵元撰并书。首座日僧，仿佛三藏法师游学五印度时也。'沤起沤灭，花开花落'，颇有禅味，特惜陈言未能去尽，哀痛犹芥于怀耳。"

收《郭沫若全集·考古编》第10卷，与11日所作《题息庵禅师碑道行之碑》合并为《题日本僧人邵元禅师撰河南登封少林寺碑刻二种》。

◎ 作七绝，书赠坂田信子。诗云："一生充实有光辉，满门桃李正繁枝。孟光不愧梁鸿志，天下英才教育之。"跋曰："坂田信子女史乃故友坂田昌一教授之夫人，决献身于幼儿教育事业，嘱题，赋赠。"

又为"孟光不愧梁鸿志"句加注："梁鸿，纪元一世纪时隐士。所作《五噫歌》，富有阶级意识。东汉章帝想逮捕他，他隐藏起来了。其妻孟光，与鸿志同道合，以耕织为业。"并录《五噫歌》："陟彼北芒兮，噫！顾览帝京兮，噫！宫室崔嵬兮，噫！人人劬劳兮，噫！辽辽未央兮，噫！"（手迹见《转变中的近代中国·郭沫若》）

◎ 作七绝，书赠有山兼孝。诗云："樱花时节海棠开，好友随春一道来。园内牡丹犹有待，含情留客无忙回。"（手迹见《书法》1979年第3期）

**19日** 下午，与周恩来，李先念、邓小平、姬鹏飞等在机场迎接墨西哥总统路易斯·埃切维里亚·阿尔瓦雷斯和夫人一行到京。当晚，偕夫人于立群出席周恩来举行的欢迎宴会。（20日《人民日报》）

**21日** 下午，墨西哥历代文化艺术展览在民族文化宫开幕。偕夫人于立群，与周恩来、姬鹏飞等出席开幕式。在埃切维里亚总统和夫人陪同下，观看展览。

◎ 下午，和最高人民法院副院长何兰阶会见墨西哥最高法院院长阿方索·古斯曼·内伊拉和国会联席会议常务委员会主席恩里克·奥利瓦雷斯·桑塔纳。（22日《人民日报》）

**22日** 与周恩来、李先念、邓小平等应邀出席埃切维里亚总统和夫人的答谢宴会。（23日《人民日报》）

**24日** 偕夫人于立群会见并设晚宴，欢迎河原崎长十郎和夫人河原崎静江。杨骥、王晓云、赵朴初、林林、袁世海、杜近芳作陪。交谈中表示，"《屈原》的演出，有不合适的可改，可删。我们是一家人，不说两家话"。（25日《人民日报》，林林《这是党喇叭的精神》）

**25日** 会见加拿大医学会会长金格拉为团长、加拿大卫生和社会福利部副部长赖克莱尔为副团长的加拿大医学代表团全体成员。谢华、黄家驷、林巧稚、傅一诚、赵炳南、吴蔚然等在座。

◎ 晚，偕夫人于立群，与周恩来、叶剑英等参加宾努首相举行的招待会，庆祝印度支那人民最高级会议三周年，西哈努克亲王和夫人出席。（26日《人民日报》）

**26日** 下午，与刘希文等会见以砂野仁为团长、市川恒雄为副团长、渡贵雄为顾问的日本神户经济界访华代表团全体成员。（27日《人民日报》）

**27日** 致电石桥湛山家属，对石桥的逝世表示哀悼。电文写道："惊闻石桥湛山先生不幸逝世，谨表哀悼，并致以亲切慰问。石桥先生是中国人民敬佩的老朋友，他的逝世是中日友好事业的损失。我们相信石桥先生生前为之奋斗的中日友好事业必将日益巩固和发展。"（29日《人民日报》）

**28日** 下午，墨西哥已故前总统卡德纳斯将军的夫人阿玛莉亚·卡德纳斯及其随行人员应郭沫若、于立群邀请来访。和于立群、林巧稚、胡愈之等往机场迎接。

◎ 晚，与姬鹏飞、吴德、沙风、韩念龙、李强、李达等应邀出席日本驻中国大使小川平四郎和夫人举行的招待会，庆祝日本国天皇的生日。（29日《人民日报》）

**29日** 晚，会见并宴请阿玛莉亚·卡德纳斯一行。接受卡德纳斯夫人赠送的礼物——墨西哥画家创作的卡德纳斯和农民在一起的油画。赞扬卡德纳斯将军是一位反对帝国主义、殖民主义，反对侵略和霸权主义的战士，他的英名不仅鼓舞着墨西哥人民在斗争中前进，也鼓舞着中国人民在斗争中前进。希望中墨两国人民团结起来，全世界人民团结起来，共同反对帝国主义、殖民主义，反对侵略，反对霸权主义。祝愿中墨两国人民世世代代友好下去。(30日《人民日报》)

## 5月

**1日** 上午，偕夫人于立群在中山公园参加欢庆"五一"国际劳动节游园活动。会见卡德纳斯夫人及其随行人员，瑞典女作家艾迪塔·莫里斯等来宾。(2日《人民日报》)

**2日** 上午，会见由穆卢格塔·沃达约率领的埃塞俄比亚海尔·塞拉西一世大学友好代表团全体成员。

◎ 下午，与谢华等会见美国心脏学家代表团团长戴蒙德和夫人，副团长斯旺及代表团全体成员。郭兴国、吴阶平、吴英恺、吴蔚然等在座。(3日《人民日报》)

**3日** 晚，与吴德、韩念龙、丁西林等出席巴基斯坦国家舞蹈团访华演出开幕式。演出休息时，会见齐亚·毛希丁团长、舞蹈设计雷菲·安沃和主要演员。

◎ 晚，往车站为卡德纳斯将军夫人一行送行。客人在于立群、丁雪松陪同下赴沈阳、南京、杭州等地访问。(4日《人民日报》)

**5日** 下午，与王猛会见日本体育界人士竹田恒德和夫人，及随行人员嵯峨公元。李梦华、唐家璇等在座。(6日《人民日报》)

**6日** 晚，与吴有训等会见并宴请以岸本定吉为团长、田村三郎为顾问的日本应用生物学者访华团。(7日《人民日报》)

**7日** 晚，出席王猛为伊朗首相助理卡沙尼将军和夫人举行的宴会。(8日《人民日报》)

**8日** 与周恩来、叶剑英、李先念、邓小平、李德生等往机场，欢送西哈努克亲王率柬埔寨王国代表团赴非欧9国访问。(9日《人民日报》)

**9日** 晚，出席周培源和夫人王蒂澂举行的宴会，欢迎阿根廷前总统胡安·庇隆的夫人、阿根廷正义党副主席伊萨贝尔·马丁内斯·德庇隆，

及其随行人员阿根廷全国正义运动总书记何塞·洛佩斯·雷加一行。（10日《人民日报》）

**11日** 下午，会见民主也门新闻代表团团长、亚丁通讯社社长哈立德·奥马尔·巴杰尼德一行。

◎ 下午，会见以小出荣一为团长、冈野正实为副团长、户毛国弘为秘书长的西日本经济界访华代表团全体成员。（12日《人民日报》）

**13日** 晚，与周恩来、刘西尧会见美籍中国学者赵元任和夫人杨步伟及其亲属。赵元任在中国的女儿赵新那、女婿黄培云参加会见。马文波、竺可桢、吴有训、贝时璋、周培源、罗青长、丁西林、邹秉文、黎锦熙、吕叔湘、赵朴初等在座。（14日《人民日报》）

**14日** 下午，会见日本陶艺家加藤唐九郎，以及同行加藤重高、神成澪。（15日《人民日报》）

**15日** 上午，与李先念、姬鹏飞、韩念龙、方毅等往机场，为徐向前作为中华人民共和国特使出访斯里兰卡，参加"纪念班达拉奈克国际会议大厦"揭幕典礼送行。

◎ 下午，会见美籍中国学者王颂明博士。岳岱衡、李光泽等在座。（16日《人民日报》）

**16日** 下午，会见以西川景文为团长、大河内隆弘为副团长、菅原惠庆为秘书长的日中友好宗教者恳话会访华团。

◎ 晚，出席国务院文化组、中国人民对外友好协会举行的宴会，欢迎朝鲜平壤万寿台艺术团来我国进行友好访问演出。（17日《人民日报》）

**17日** 约见乐山县政府工作人员黄高彬，为即将设立的乐山文管所题字。

谈话中，关心家乡建设和文物管理工作，庆幸乐山大佛在"文化大革命"初期受到群众保护未被炸毁。对四川各地都在演唱"样板戏"的现象表示说，川戏不要都成了京戏，乐山"自己要搞点戏出来"。（黄高彬《怀念郭老》）

**18日** 晚，与李先念、邓小平、周建人、许德珩、吴德等到机场欢迎廖承志率中日友好协会访日代表团回到北京。（19日《人民日报》）

**19日** 与竺可桢、吴有训、武衡、周培源等会见并宴请美国科学家代表团团长埃米尔·史密斯博士和夫人及代表团全体成员。在京的美籍中

国学者牛满江和夫人参加会见和宴会。贝时璋、童第周、郁文、钱三强等作陪。(20日《人民日报》)

**21日** 下午,与邓小平、姬鹏飞、方毅等在机场迎接徐向前及其随行人员访问归来。

◎下午,会见美籍中国教授柳无忌和夫人高藹鸿。(22日《人民日报》)

**24日** 电唁大谷莹润家属:"惊闻大谷莹润先生不幸逝世,谨表衷心的哀悼,并致以亲切慰问。大谷先生生前为增进中日两国人民的友好事业和宗教界的友好交流作出了积极的努力和贡献。我们深切怀念大谷先生。"(25日《人民日报》)

**27日** 下午,与周恩来、刘西尧会见美国与中国学术交流委员会主席埃米尔·史密斯博士和夫人,及其美国科学家代表团团员:美国学术协会理事会主席弗里德里克·伯克哈特博士和夫人,美国社会科学研究理事会主席埃莉诺·谢尔登博士,美国全国科学院外事秘书哈里森·布朗博士和夫人,密执安大学中国问题研究中心主任艾伯特·福伊尔沃克博士和夫人,哈佛大学东亚问题研究中心主任埃兹拉·沃格尔博士,哈佛大学福格艺术博物馆东方艺术教授马克斯·洛尔博士,麻省理工学院物理系主任维克托·韦斯科夫博士,洛克菲勒基金会荣誉主席乔治·哈拉尔博士,美国科学促进协会会长格伦·西博格博士和夫人,美国全国工程科学院外事秘书布鲁斯·奥尔德博士和夫人,阿贡全国研究所所长罗伯特·萨克斯博士,与中华人民共和国学术交流委员会执行秘书安妮·基特利夫人。参加会见的还有美国加利福尼亚州斯坦福大学化学家卡尔·杰拉西教授和夫人,美籍中国学者牛满江和夫人。竺可桢、吴有训、周培源、武衡、章文晋、郁文、贝时璋、钱三强等会见时在座。(28日《人民日报》)

**28日** 在胡厚宣来信上加批语:"送国务院科教组,建议将编纂《甲骨文合集》列为重点任务。"(胡厚宣《郭老对于甲骨学的重大贡献》,1978年6月26日《光明日报》)

◎复函胡厚宣。信云:

"五月二十五日信接到。《甲骨文合集》的编纂工作大有进展,颇为欣慰。《序言》我不能写,因为我未参予工作,请您们集体写,就用集体的署名,较妥。学部的归属尚未确定,但将来总会落实的。工作既在进行，就积极推进，把稿子编好，是目前第一要紧事。目力差，现在看甲骨文很吃力了。深感在年富力强时，必须抓紧工作。"（胡厚宣《郭老对于甲骨学的重大贡献》；《郭沫若书信集》（下），中国社会科学出版社1992年版）

**30日**　下午，在民族文化宫出席《巴勒斯坦革命图片、艺术作品展览》开幕式。（31日《人民日报》）

**下旬**　应柳无忌嘱，为何香凝、廖承志、潘素、周元亮、吴镜汀合作《为亚子先生寿》题诗。诗云："高山长水无疆寿，词伯诗豪万古垂。浩浩南风传四海，森森古木一盘棋。"边款："一九七三年初夏，应无忌兄之命补白。"（手迹见《郭沫若题画诗存》，山西教育出版社1998年1月版）

《为亚子先生寿》，设色水墨画，何香凝跋："一九五四年为亚子先生寿　双清楼主　合作于北京。"

**本月**　《奴隶制时代》第2版由人民出版社出版。书前有"出版说明"："本书是著者研究中国古代历史的主要论集之一，作于一九五〇年至一九五二年。一九五二年曾由上海新文艺出版社印行，一九五四年本社改排出版。这次重新改编，删去原书中的文艺论文八篇，增加了八篇有关中国古代社会性质和分期问题的论文，并经著者校阅，在文字上作了若干订正。一九七二年九月。"卷首有图版7页。

增加的篇目为：《〈侈靡篇〉的研究》《希望有更多的古代铁器出土——关于古代分期问题的一个关键》《汉代政权严重打击奴隶主——古代史分期争论中的又一关键性问题》《略论汉代政权的本质——答复日知先生》《关于中国古代史研究中的两个问题》《古代文字之辩证的发展》《驳〈实庵字说〉》《改版书后》。现收《郭沫若全集·历史编》第3卷。

# 夏

◎　录旧作《茶溪》，赠日本明石市市长衣笠哲。（《郭沫若书法集》，四川辞书出版社1999年11月版）

衣笠哲，曾长期从事教育工作。

◎　录毛泽东词《忆秦娥·娄山关》，赠谭启龙，答谢夫人于立群在杭州养病期间给予关照。（《墨宝钩沉情谊》，2010年5月28日《齐鲁晚报》）

# 6 月

**2 日** 晚，作《西江月·题长沙战国楚墓帛画》。手迹发表于《文物》1973年第7期。词云："仿佛三闾再世，企翘孤鹤相从。陆离长剑握拳中，切云之冠高耸。　上罩天球华盖，下乘湖面苍龙。鲤鱼前导意从容，瞬上九重飞动。"跋曰："一九四二年九月，长沙城南子弹库楚墓被盗掘，出土'缯书一幅'，后为帝国主义者掠去。一九七三年五月，湖南省博物馆对此墓进行再发掘与清理，发现一椁二棺，尸骸完整，初步定为男性。残留重要文物中，有帛画一幅，最足珍贵。帛画中画一男子，侧身向左而立，危冠长袍，手拥长剑，立于龙舟上。龙尾企立一鹤，龙首直下，水中有鲤鱼一匹。画之上端有华盖。龙鱼均向右，鹤独向左。龙舟向左前进，故画中垂穗均因风飘向右方。冶秋同志以照片及摹本见示，因成《西江月》一首以纪所见。"

现收《郭沫若全集·考古编》第10卷，"缯书一幅"，录作"帛书一幅"。

**4 日** 上午，与廖承志、张香山会见以岩手县知事千田正为团长、和歌山县知事大桥正雄为顾问、日中友协（正统）常任理事岛田政雄为秘书长的日本地方自治首长访华代表团。

◎ 与周恩来、叶剑英、李先念等到机场迎接黎笋和范文同率越南党政代表团到京。晚，参加董必武、朱德、周恩来、叶剑英等与越南劳动党和越南民主共和国政府代表团的会见，并出席中共中央和国务院举行的欢迎宴会。(5日《人民日报》)

**5 日** 下午，会见由团长石馆守三、副团长大岛良雄、秘书长近藤良男的日本医学者访华友好代表团全体成员。(6日《人民日报》)

**7 日** 下午，出席首都群众隆重集会，欢迎越南劳动党和越南民主共和国政府代表团。晚，与周恩来、叶剑英等应邀出席越南党政代表团在人民大会堂宴会厅举行的答谢宴会。(8日《人民日报》)

**8 日** 上午，到机场欢送越南党政代表团由周恩来等陪同，离开北京到达西安访问。(9日《人民日报》)

**9 日** 下午，会见应邀前来我国讲学的奥地利专家费迪南·布兰德

纳。(10 日《人民日报》)

**10 日**　浮雕胸像在日本市川市须和田公园落成。

雕像与田中明二郎、田中新二郎镌刻郭沫若手书《别须和田》诗碑相连。作者大须贺力。(戈宝权《谈日本建立的四个郭沫若的诗碑》)

**12 日**　会见美籍中国心脏内科专家郑宗锷和夫人以及子女。

◎ 晚，会见并宴请加拿大多伦多市加中协会主席苏维廉和夫人。(13 日《人民日报》)

**16 日**　会见并宴请以杜文荣为团长的美籍中国学者观光团一行。参加会见并应邀出席宴会的观光团成员有：罗无念、范炎、邹福康、张兆明、应和鸣、李孔猷、李光容、周鹤，以及一些成员的夫人、孩子和亲属。(17 日《人民日报》)

**18 日**　晚，设宴欢迎由众议员、邮政部长莱昂内尔·鲍恩率领的澳大利亚议会代表团。祝酒说，去年年底中澳两国顺利地建立了外交关系，揭开了中澳关系史上新的一页，这是值得我们两国人民共同庆贺的大事。我们以满意的心情看到，在我们双方的共同努力下，两国的友好关系正在迅速发展。深信澳大利亚议会代表团对我国的访问，必将为进一步增进我们两国人民的友谊和相互了解，为进一步发展两国的关系，作出新的贡献。贝时璋、吴有训、武新宇等作陪。(19 日《人民日报》)

**21 日**　晚，应邀出席澳大利亚议会代表团的答谢宴会。和鲍恩团长先后在宴会上祝酒。(22 日《人民日报》)

**22 日**　上午，会见瑞士前政治部长维利·施皮勒和夫人。(23 日《人民日报》)

◎ 与周恩来、廖承志、李强、王耀庭会见日本国际贸易促进协会会长、日本国际贸易促进协会访华代表团团长藤山爱一郎，代表团顾问田实涉、福田久雄，副团长川濑一贯、萩原定司和代表团全体成员。同时会见的还有日本自动化电子仪器设备和医疗器械展览会展览团团长松井宪纪，副团长上西亮二、森田尧丸、中村敬太郎和日本国际贸促协会关西本部驻京联络员福富纪子。(23 日《人民日报》)

**23 日**　下午，会见应天津南开大学邀请前来我国访问的《中日大词典》编纂者日本爱知大学铃木择郎、池上贞一、今泉润太郎、中岛敏夫四位学者。(24 日《人民日报》)

**25日**　晚，与吴有训、武衡会见并宴请以冯元桢为团长、田长霖为副团长的美国加利福尼亚州中国科学工作者回国访问团。访问团成员有葛守仁、徐皆苏、赵继昌、王佑曾，以及他们的夫人、孩子和亲属。贝时璋、钱学森、赵忠尧等会见和宴请时在座。

◎ 观看平壤万寿台艺术团在京最后一场演出。(26日《人民日报》)

**26日**　与廖承志、谢华等会见以日本厚生省政务次官山口敏夫为政府代表，日中友协（正统）中央本部常任理事赤津益造为民间代表的送还遗骨日本访华代表团。(27日《人民日报》)

**28日**　与廖承志、杨骥等会见日中人民友好团结访华团团长坂本德松，秘书长林毅，团员高岛喜久男、堀江壮一、山本都代、濑川洋子、当间奈奈子、平尾吟二，以及正在北京访问的日本朋友依田道子。

◎ 下午，会见由团长斯图莱·埃利克逊率领的瑞典议员团全体成员。(29日《人民日报》)

**本月**　大字线装本《十批判书》一函八册，由人民出版社出版。

该线装版是根据毛泽东的意见印制的。

1972年12月17日晚，毛泽东在中南海住处召集周恩来、张春桥、姚文元等开会，谈当前形势等问题。在谈到中国历史问题时说：郭沫若的《奴隶制时代》《青铜时代》值得看。《十批判书》，看了几遍，结论是尊儒反法，人本主义。学术界一批人不赞成，赵纪彬、杨荣国都是批郭的，认为孔是复周朝的奴隶制。历史要多读一些。历史中有哲学史，其中分派。儒法两派都是剥削本位主义，法家也是剥削的，进了一步。杨荣国没有讲清，新的势力兴起，还是剥削。(《毛泽东年谱1949—1976》第6卷，中央文献出版社2013年12月版)

1973年5月，毛泽东在中央工作会议闭幕式上讲话时谈道："拥护孔夫子的，我们在座的有郭老"。"我这个人有点偏向，就不那么高兴孔夫子"，"不赞成孔夫子是代表那个时候新兴地主阶级。看了说孔夫子是代表奴隶主、旧贵族，我偏向这一方面，而不赞成孔夫子是代表那个时候新兴地主阶级。因此，我跟郭老在这一点上不那么对。你那个《十批判书》崇儒反法，在这一点上我也不那么赞成"。(陈晋《毛泽东读书笔记解析》，广东人民出版社1996年版)

此后一段时间，毛泽东多次在谈话中提及对《十批判书》及对郭沫若历史分期观点的看法。7月4日晚,毛泽东同王洪文、张春桥谈话。言及《十批判书》,说郭老不仅尊孔,而且还反法,尊孔反法。国民党也是一样啊!林彪也是啊!我赞成郭老的历史分期,奴隶制以春秋战国之间为界。但是不能大骂秦始皇。早几十年中国的国文教科书,就说秦始皇不错了,车同轨,书同文,统一度量衡。就是李白讲秦始皇,开头一大段就说他了不起,"秦王扫六合,虎视何雄哉。挥剑决浮云,诸侯尽西来"一大篇,只是最后有了两句"但见三泉下,金棺葬寒灰",就是说他还是死了。你李白呢?尽想做官!结果充军贵州。半个月后,毛泽东17日下午在中南海住处接见杨振宁,周恩来、周培源在座。谈到中国历史时说,我们郭老,在历史分期这个问题上,我是赞成他的。但是他在《十批判书》里边,立场、观点是尊儒反法的。法家的道理就是厚今薄古,主张社会要向前发展,反对倒退的路线,要前进。在回答杨振宁询问,秦始皇对中国是不是有贡献时说,他是统一中国的第一人。(《中国共产党执政四十年》,中共党史资料出版社1989年版;《毛泽东年谱1949—1976》第6卷,中央文献出版社2013年版)

1973年8月5日,毛泽东同江青谈话。谈到中国历史上的儒法斗争时,说历代有作为、有成就的政治家都是法家,他们都主张法治,厚今薄古;而儒家则满口仁义道德,主张厚古薄今,开历史倒车。接着念了新写的《七律·读〈封建论〉呈郭老》:"劝君少骂秦始皇,焚坑事业要商量。祖龙魂死秦犹在,孔学名高实秕糠。百代都行秦政法,十批不是好文章。熟读唐人封建论,莫从子厚返文王。"次日,江青在中央政治局会议上传达毛泽东有关儒法斗争的谈话及所写七律诗,并要求将此内容写入十大政治报告。周恩来表示:对此需理解、消化一段时间,不必马上公布。(《毛泽东年谱1949—1976》第6卷,中央文献出版社2013年版)

《红旗》杂志第11期发表罗思鼎的《秦王朝建立过程中的反复辟的斗争——兼论儒法论争的社会基础》。

基辛格在回忆录中说,毛泽东在1973年11月接见他时突然问他,"是否见过'懂德语'的郭沫若,虽然在此之前'懂德语'并不是同我见面的前提。当我说还从未见过这位先生时,毛泽东说:'他是尊孔派,但现在是我们的中央委员。'"(《动乱年代(基辛格回忆录)二》,世界知识出版社1983年版)

# 7月

**1日** 晚,与朱德、阿沛·阿旺晋美,会见伊朗参议院议长加法尔·谢里夫-埃马米和由他率领的伊朗议会代表团全体成员。会见后,与阿沛·阿旺晋美、武新宇、马纯古、罗叔章等出席宴会。在宴会上讲话说:中国和伊朗都是具有古老文化的国家。自古以来,我们两国人民亲邻相待,两国通过举世闻名的"丝绸之路",进行经济和文化的交流。近百余年来,我们两国都经受了帝国主义的侵略和压迫。今天,我们又都在为争取世界和平和人类进步、捍卫民族独立和国家主权而奋斗。(2日《人民日报》)

**2日** 与廖承志宴请黑田寿男和夫人黑田爱以及随行人员。张香山、孙平化、王晓云等作陪。(3日《人民日报》)

**4日** 晚,应邀出席伊朗驻中国大使为伊朗参议院议长和伊朗议会代表团访华举行的宴会。祝酒时表示,深信在我们共同努力下,中伊两国的友好合作关系,必将进一步巩固和发展。(5日《人民日报》)

**5日** 上午,参观现代日本传统工艺美术展览,由现代日本传统工艺美术展览代表团团长麻生良方,副团长松田权六、白土吾夫,日本驻中国大使小川平四郎陪同参观。参观后,会见代表团成员。

◎ 与周恩来、叶剑英、李先念、邓小平等往机场,欢迎西哈努克亲王和夫人结束对非洲、欧洲11国的友好访问到达北京。次日,出席周恩来为西哈努克亲王访问成功举行的庆贺宴会。(6日、7日《人民日报》)

**8日** 与吴有训、周培源会见并宴请美国普林斯顿大学物理系主任马文·戈德伯格教授和以他为首的美国高能物理学者代表团。代表团成员有:加利福尼亚大学路易斯·阿尔瓦雷兹教授、欧文·钱伯林教授,麻省理工学院弗兰西斯·洛教授,美全国加速器研究所副所长爱德文·戈德瓦瑟教授,伊利诺伊州大学戴维·派因斯教授,美全国加速器研究所亨利·阿巴巴纳尔博士,加利福尼亚大学地震学教授、地震台主任布鲁斯·艾伦·博尔特博士。岳志坚、钱三强、王立芬、王蒂澂、施汝为、张文裕、潘纯、朱永行、彭桓武、顾功叙、赵忠尧、朱洪元、何泽慧等会见和宴会时在座。(9日《人民日报》)

**12日** 上午，会见日本日中备忘录贸易办事处负责人冈崎嘉平太，以及大久保任晴。

◎ 下午，与朱德、周恩来、叶剑英、李先念、邓小平等在八宝山革命公墓礼堂出席章士钊追悼会并致悼词。悼词说，章士钊新中国成立前夕为国共和谈奔走，先后为上海和平代表团和南京政府和平谈判代表团代表。新中国成立后历任政协第一届全国委员会委员和第二、第三届全国委员会常务委员，第一届、第二届全国人大代表，政务院法制委员会委员。二十多年来，章士钊"热爱中国人民的伟大领袖毛主席，拥护中国共产党，关心社会主义建设和国内外形势，晚年又以高龄孜孜不倦地从事祖国文化遗产的整理和著述，在学术问题上能接受不同的意见，这种精神是值得钦佩的"。"为国家的统一大业，不辞劳苦，鞠躬尽瘁；始终怀念在台湾省的故旧，时刻关心台湾省的解放，盼望早日实现祖国统一。"（13日《人民日报》）

**12日至13日** 批改并签署致阿尔巴尼亚科学院院长阿列克斯·布达和主席团的函，代表中国科学院邀请阿科学院代表团于今年8、9月来访和交流经验。说阿科学院的建立是阿尔巴尼亚人民和阿尔巴尼亚科学工作者生活中的一件大事，标志着阿的"科学发展进入了一个新的阶段"。修改外事局起草信稿中对恩维尔·霍查的过高评价，删除中国科学技术"已经取得了伟大的成就和巨大的进步"的段落。（中国科学院档案）

**15日** 约考古所王仲殊、王世民携带陕西周原新出土的西周甲骨来寓所汇报情况。

这是郭沫若生前最后一次亲手摩挲出土文物。（《夏鼐日记》卷七，华东师范大学出版社2011年8月版）

**18日** 赋绝句，书赠河原崎长十郎："三闾橘颂又成功，遥贺扶桑诸弟兄。萧艾铲除香草茂，倚天长剑划长虹。"跋云："《屈原》史剧在日本第五次演出成功，书此致贺。"（郭沫若纪念馆馆藏资料）

河原崎长十郎主演的历史剧《屈原》16日在茨城县水户市文化中心举行第五次公演开幕式。《屈原》公演茨城县实行委员会委员长、县知事岩上二郎等各界人士1700人观看演出。中国驻日使馆参赞肖向前等应邀出席。（20日《人民日报》）

◎ 应王廷芳索求，题李可染《归牧图》。录《潮汐集·题李可染画二首》之一《题水牛图》，边款写："我爱水牛，三十二年前曾以此诗题李可染所画，今移录于此。廷芳同志嘱题。"（手迹见《郭沫若题画诗存》，山西教育出版社1998年1月版）

**23日** 下午，在八宝山革命公墓礼堂参加张奚若追悼会。（24日《人民日报》）

张奚若，第三届全国人民代表大会代表、中国人民政治协商会议第四届常委、中国人民外交学会会长，18日在北京病逝。

**27日** 上午，会见阿根廷作家比利亚。（28日《人民日报》）

**31日** 出席国防部为庆祝建军46周年举行的招待会。（8月1日《人民日报》）

◎《浣溪沙·〈北京周报〉日文版创刊十周年》发表于《北京周报》日文版第11卷第30号，附手迹。词云："八一佳期庆十年，译通消息记遥天，一周一度喜蝉联。东海信如衣带水，黄河直通江户川，飞虹早日架天边。"落款："一九七三年八月一日"。

# 8月

**2日** 下午，与周恩来、王猛会见以日本体育协会副会长、日本参议院议长河野谦三为团长的日本体育协会代表团。（3日《人民日报》）

**3日** 下午，与周恩来会见日本甲南大学教授垦信行夫妇以及垦信行的母亲、女儿和女婿一家。会见后，设宴招待垦信行和家人。（4日《人民日报》）

**7日** 下午，与李先念等往德意志民主共和国大使馆，吊唁德意志民主共和国国务委员会主席瓦尔特·乌布利希。（8日《人民日报》）

**17日** 上午，会见由副议长赛义德·阿里·赛义德率领的埃及人民议会代表团全体成员。（18日《人民日报》）

**19日** 晚，会见并设宴欢迎以荷兰议会二院议长冯德林为团长、一院外交委员会主席斯希埃德为副团长的荷兰议会代表团和随团记者。出席宴会的有阿沛·阿旺晋美、武新宇、贝时璋、胡愈之、谢扶民等。

祝酒说，中荷两国虽然相距万里，但是两国人民很早就开始了友好往来。中国人民对荷兰人民一向怀有友好的感情。我们相信，通过你们的这次友好访问，中荷两国人民之间的友谊和两国之间的良好关系必将得到进

一步的发展。(20日《人民日报》)

**21日** 晚,出席荷兰议会代表团举行的宴会并讲话。(22日《人民日报》)

**22日** 上午,会见以藤崎辰夫为团长、伊藤钾太郎为副团长的日本工业标准化和质量管理代表团全体成员。岳志坚、王力方等会见时在座。(23日《人民日报》)

**24日至28日** 出席中国共产党第十届全国代表大会,为大会主席团成员。于28日当选第十届中共中央委员会委员。(30日《人民日报》)

大会对林彪反革命集团进行了批判,通过对党章的修改,但仍继续"九大"的"左"倾路线。(《中国共产党中央委员会关于建国以来党的若干历史问题的决议》)

**25日** 晚,出席亚非拉乒乓球友好邀请赛开幕式。(26日《人民日报》)

**30日** 出席中国共产党第十届中央委员会第一次全体会议。

会议选举毛泽东为主席,周恩来、王洪文、康生、叶剑英、李德生等五人为副主席。(31日《人民日报》)

## 9月

**5日** 上午,会见日本经济界访华代表团团长植村甲午郎,副团长芦原义重、土光敏夫,中山素平,顾问川濑一贯等四十多位日本朋友。(6日《人民日报》)

**6日** 晚,与董必武、朱德、周恩来等出席亚非拉乒乓球友好邀请赛闭幕式。次日下午,在人民大会堂参加会见前来参加和参观邀请赛的各国、各地区乒乓球代表团和其他来宾,并出席招待会。(7、8日《人民日报》)

**8日** 签署致新西兰皇家学会主席威力特博士函,代表中国科学院邀请对方派遣科学代表团于明年三、四月间来华访问。同时告知,中国科学、教育工作者代表团拟于明年下半年访问澳大利亚后赴新西兰访问。(中国科学院档案)

**11日** 晚,出席周恩来举行的宴会,欢迎法兰西共和国总统乔治·蓬皮杜。(12日《人民日报》)

**14日** 与周恩来、李先念、吴德、苏振华、邓小平等出席蓬皮杜的

答谢宴会。(15 日《人民日报》)

**20 日** 晚,会见并设宴招待伊朗《消息报》社长阿巴斯·马斯乌迪,及随同来访的摄影记者哈·穆罕马迪·马赫穆德。(21 日《人民日报》)

**24 日** 晚,会见并设宴招待由威尔逊团长率领的新西兰毛利族访华团。(25 日《人民日报》)

**27 日** 晚,与竺可桢、吴有训、周培源会见并宴请以加拿大科学技术部部长让娜·索韦夫人为团长,副部长奥雷尔·博尔内斯为副团长的加拿大科学家代表团。(28 日《人民日报》)

**28 日** 晚,与邓小平、周建人、廖承志等出席中日友协举行的招待会,庆祝中日建交一周年。

日本驻中国大使小川平四郎和夫人以及使馆外交官员,宫崎世民为团长、吉田法晴为副团长的日中友协(正统)代表团,宫川寅雄为团长、白土吾夫为副团长兼秘书长的日中文化交流协会代表团,古井喜实一行,日本自民党众议院议员田川诚一,福田胜为团长、安藤义一为副团长、户崎义弘为秘书长的日本总评和中立劳联青年活动家访华代表团,团野信夫为团长、寺山义雄为副团长的日本农业记者访华团,以及日中备忘录贸易办事处驻北京联络处代表,日本国际贸易促进协会关西本部驻北京联络员等应邀出席。(29 日《人民日报》)

**30 日** 出席外交部举行的国庆 24 周年招待会,招待各国贵宾、专家和驻华使节。(10 月 1 日《人民日报》)

### 秋

为南村志郎题折扇,录毛泽东词句"战地黄花分外香"。(《日中国交正常化 20 周年纪念 郭沫若生诞 100 周年纪念 郭沫若展》图录)

## 10 月

**1 日** 同党和国家领导人出席国庆 24 周年游园联欢活动。同参加游园的旅美台湾省同胞和留学生篮球队成员及其家属合影。(2 日《人民日报》)

**2 日** 晚,偕夫人于立群,与廖承志和夫人经普椿,杨骥等会见并宴请以日中友协（正统）理事长宫崎世民为团长、吉田法晴为副团长的日中友协（正统）代表团，以日中文化交流协会常任理事宫川寅雄为团长、白土吾夫为副团长兼秘书长的日中文化交流协会代表团。（3日《人民日报》）

**3日** 晚，与吴有训、周培源、王建中、贝时璋、秦力生、黄家驷、钱三强、张文裕、张维、白介夫、陈健、李林书、钱伟长等应邀出席加拿大科学家代表团团长让娜·索韦夫人的告别宴会。讲话说，加拿大科学家代表团来我国访问，同我国科学工作者交流了科学研究经验和教学经验，讨论了共同关心的问题，为进一步促进中加两国人民的传统友谊，加强两国科学工作者的友好合作关系，作出了有益的贡献。（4日《人民日报》）

**5日** 晚，与吴有训、周培源会见并设宴招待以蒂西埃尔教授为团长的瑞士科学家代表团。（6日《人民日报》）

**12日** 下午，会见日本广播协会终身名誉顾问前田义德、一宫义定。（13日《人民日报》）

**15日** 晚，与周恩来会见并宴请美籍中国物理学家吴健雄、袁家骝。刘西尧、吴有训、王立芬、武衡、钱学森、罗青长、周培源、王蒂澂、钱三强、何泽惠、赵忠尧、张文裕、王承书、施汝为等会见和宴会时在座。（16日《人民日报》）

**18日** 下午，会见日本儿科医学博士古川元宣。（19日《人民日报》）

古川元宣毕业于冈山第六高等学校。据所写《回忆郭沫若先生》一文，会见时古川以冈山六高学生制服帽和一付助听器相赠，郭沫若立地戴上帽子留影，并说自己因耳背而放弃了当医生的念头，如果从医，想当儿科医生。大人生病，病因全在自己；小孩生病，责任全在大人。古川和在座的北京儿童医院院长替自己实现了这个愿望。在听到古川对中国医学、乳制品及婴儿营养法的意见后说，中国的儿童健康和新中国成立前比已大有好转，但还赶不上先进国家，"中国，不仅医学，工业也很落后，现在正在赶上去，拼命地努力，一步一个脚印地努力"。关于乳制品问题，推荐与儿童医院院长交谈，请多予帮忙。次日古川启程回国之前，收到郭沫若书赠的斗方"实事求是"和毛泽东诗句条幅，上款"古川元宣同学属"。（《日本医师会杂志》第87卷，中译文载《郭沫若研究》1991年第9期）

**19日** 与周恩来、李富春、邓颖超、廖承志、康克清等在北京大学未名湖畔参加美国作家埃德加·斯诺的骨灰安葬仪式。

◎ 晚，和夫人于立群一起会见并设宴招待日本社会党国会议员冈田春夫和夫人，以及以冈田春夫为顾问、大沼辉光为团长的日本北海道南空知地区工人活动家访华团。(20日《人民日报》)

**24日** 作《西江月·为唐九翁陶展作》。云："土是有生之母，陶为人所化装。陶人与土配成双，天地阴阳酝酿。水火土金协调，宫商角徵交响。汇成陶海叹汪洋，真是森罗万象。"书赠加藤唐九郎。(《郭沫若研究》第9辑，文化艺术出版社1991年12月版；手迹见《转变中的近代中国·郭沫若》，文物出版社1992年11月版)

◎ 晚，与吴有训、周荣鑫、周培源会见并设宴招待正在北京探亲访问的美国麻省理工学院流体力学、天文物理学家林家翘教授，欢迎他再次访问中国。林教授的亲戚华罗庚，以及钱学森、张文裕、王立芬、王蒂澂、梁守槃、钱伟长等参加会见和宴会。(25日《人民日报》)

**28日** 就陈禅心以《诗经》句所集诗作《十月集》，回复谓："集句颇巧"。(福建莆田文史资料编印《十月集》，1994年版)

**31日** 会见并宴请日本高分子学会会长神原周教授为团长的日本高分子学者代表团。代表团团员有古川淳二、濑户正二、高柳素夫、中岛章夫、坪井弘司、南治夫。(11月1日《人民日报》)

**本月** 手书《毛主席诗词三十七首》平装本由人民美术出版社出版。

# 11月

**1日** 下午，与吴有训、王建中、秦力生、郁文等往机场，欢迎由院长阿列克谢·塔契·布达教授、副院长科列·西蒙·波帕教授率领的阿尔巴尼亚人民科学院代表团，应中国科学院邀请来访。次日晚，会见并宴请代表团成员。(2日、3日《人民日报》)

**3日** 下午，会见铃木贞一、吉野正一率领的日本千叶县市长会代表团。(4日《人民日报》)

**5日** 下午，会见英中关系议会小组主席琼·维克斯爵士、副主席韦兰·肯尼特勋爵率领的英国议员团。参加会见的有：肯尼特夫人和议员团成员罗·艾德勒、艾·威金、休·戴克斯、弗·贾德、安·福尔斯、奈·

斯皮林、伯·康兰。周培源和王蒂澂等会见时在座。(6日《人民日报》)

**14日** 晚，和于立群一起会见并宴请以中村梅吉为团长、香川峰云为副团长、白土吾夫为秘书长的日本书法代表团。谈话中说，书法这个特别的艺术，是我们中日两国人民的共同语言，共同艺术，它一定会在今后的岁月中，发出更加灿烂的光彩。代表团成员村上北海、饭岛春敬、青山杉雨、村上三岛、梅舒适、田中冻云、中村靖、木村美智子；日本公使林祐一等参加了会见和宴会。杨骥、赵朴初、孙平化等在座。

访问期间中日双方举行书法交流会，有郭沫若、于立群的作品参展。(15日、19日《人民日报》)

**21日** 会见阿列克谢·塔契·布达一行。在中阿两国科学院科学合作协定和1974年执行计划上签字。签字仪式后，设宴招待阿尔巴尼亚客人。(22日《人民日报》)

**24日** 下午，会见日本地方自治体访华友好代表团。参加会见的代表团成员有：茨城县知事岩上二郎、石川县知事中西阳一、福冈县知事龟井光、鹿儿岛县知事金丸三郎，代表团顾问吉井一良、横田初次郎、佐多宗二等二十余人。应客人要求，分别为岩上二郎、中西阳一、龟井光、金丸三郎四位知事题词。(25日《人民日报》)

**27日** 下午，和夫人于立群一起会见以冈崎嘉平太为团长、松本俊一为副团长的日本日中备忘录贸易访华代表团。参加会见的代表团成员有：大久保任晴、河合良一、松村谦三的女儿小堀治子、高碕达之助的女儿平原夫佐子、宫本治男、羽石修三。日中备忘录贸易办事处驻北京联络处首席代表安田佳三、代表大久保勋等参加了会见。(28日《人民日报》)

# 12月

**6日** 晨，作《菩萨蛮》，纪念上海与横滨结成友好城市。词云："深深情谊二千载，茫茫溟渤一衣带。姊妹两相亲，上海与横滨。 互教还相诫，努力不容懈。携手反霸权，万年万万年。"(《郭沫若1970年代中日友好诗抄》，《郭沫若学刊》2011年第1期)

◎ 下午，会见以日本横滨市市长飞鸟田一雄为团长、横滨市议会议长川口正英为副团长的横滨市友好代表团，书赠为纪念上海与横滨结成友

好城市所作诗词。(7日《人民日报》)

**8日** 上午,和夫人于立群一起在家中会见清水正夫和夫人松山树子一行。(9日《人民日报》)

◎ 晚,与周恩来、李先念、吴德、邓小平、徐向前等会见尼泊尔国王比兰德拉和王后艾什瓦尔雅等尼泊尔贵宾。会见后,出席周恩来举行的宴会作陪。(9日《人民日报》)

**10日** 出席苏巴大使和夫人奉比兰德拉国王和王后之命举行的宴会。(11日《人民日报》)

◎ 遵照周恩来批示,在湖南省革命委员会报国务院《关于马王堆汉墓出土尸体解剖方案的请示报告》上签注意见:"请注意探求致死的病因,并注意免受尸毒的感染。"次晨,致信刘西尧,补充:"关于马王堆的尸体解剖,我想起来一件事,即吸取骨髓进行血型的鉴定(O型、A型、B型等)。"

刘西尧办公室将上述两项指示立即电话转告时在长沙的国务院图博口负责人王冶秋。(湖南省博物馆档案)

**17日** 去北京医院病房看望竺可桢。(《竺可桢日记第5册》,科学出版社1990年版)

**25日** 复函池见酉次郎。手迹发表于九州大学医学部同窗会《学士鍋》昭和49年(1974年)3月20日第9号·70周年纪念号。信云:"大札奉悉。嘱题'学士鍋',谨题就奉上。手不听话,写得不好,请斟酌。如不中意,请付诸丙丁。《学士鍋》三本六册接到,谢甚谢甚。祝健胜。并贺新禧!"(见《郭沫若研究》第7辑,文化艺术出版社1989年6月版)

池见酉次郎,九州大学医学部教授。《学士鍋》是日本九州大学医学部同窗会刊物。为纪念九大医学部成立70周年,郭沫若应编辑委员会邀请,为刊物题写刊名。

◎ 复函进藤一马。云:"转瞬已到岁末,谨祝健胜。前次蒙转紫藤贞氏惠赠孙文书'博爱'二字及白莲女史短歌一章写真各一枚,近始开封细阅,疏忽之至。现将紫藤氏致足下书奉达,并烦代向紫藤贞氏致谢。"(见《郭沫若研究》第12辑,文化艺术出版社1998年6月版)

进藤一马,福冈市市长。孙中山流亡日本期间,其父进藤喜平太等曾给予帮助。

**29日** 下午，和夫人于立群一起会见并宴请 8 月来华进行短期科学研究，即将离京返美的美籍中国空间及气象学家张捷迁教授和夫人张素坤，对张捷迁夫妇表示感谢。钱学森和夫人蒋英，郁文等参加会见和宴会。(30 日《人民日报》)

**本月** 书录《水调歌头·登采石矶》，赠张志明。(《郭沫若书法集》，四川辞书出版社 1999 年 11 月版)

## 本　年

◎ 复信何幼琦。云："十月十二日来信接到。同时也接到您的批评拙文《释干支》的大著，是刘建勋同志转致的。大函和大作，字都太小，只好用放大镜看，还没有仔细看完。很感谢您周到的批驳，受益不浅。"(郭沫若纪念馆馆藏资料)

◎ 赋诗《和〈驳〉》："蜀犬常吠日，杞人惯忧天。总合二而一，持两不着边。形倒影同倒，人言我亦言。不分敌与我，不辨蚩与妍。不判真与伪，不问否与然。见患常在后，争名却占先。口头夸马列，心底怕氢原。阶级而忘却，信念何能坚？人民不再眼，斗争岂敢前？须知'孤立者'，众星所拱焉！"(郭沫若纪念馆馆藏资料)

◎ 为《辽宁大学学报》题写刊名。

# 1974 年（甲寅）82 岁

**1月1日**　《人民日报》《红旗》杂志元旦社论要求继续开展批判尊孔反法思想，称批孔是批林的一个组成部分。

**1月24、25日**　在京部队单位和中直、国家机关召开"批林批孔"动员大会，江青等不指名地攻击周恩来、叶剑英等同志。批林批孔批"周公"的恶浪在全国掀起。随后，《人民日报》评论员文章批判安东尼奥尼拍摄的纪录片《中国》；北京、上海相继举办"黑画展"，矛头指向周恩来。

**2月22日**　毛泽东在会见赞比亚总统卡翁达时提出关于"三个世界"

划分的观点。

4月6日至19日　邓小平率中国代表团出席联合国大会第六届特别会议，阐述"三个世界"的理论，强调中国是发展中国家，属于第三世界。

7月17日　毛泽东在政治局会议上提出"四人帮"问题，批评王洪文、张春桥、江青、姚文元搞帮派活动。

10月11日　中共中央通知，四届人大将于近期召开；传达毛泽东意见，"文化大革命"已经八年，现在以安定为好，全党全军要团结。

10月17日　"四人帮"在政治局会议上向邓小平发难。次日王洪文赴长沙，向毛泽东告周恩来等中央领导同志的状，妄图由"四人帮"组阁，受到毛泽东批评。

本年　陕西临潼秦代兵马俑坑发掘工作开始进行。

# 1月

**21日**　应中共四川清平磷矿厂委员会来函请求，为矿厂图书室作七律二首。

其一，"人民群众是英雄，改地换天旦夕中。绵汉河边双路绕，卸军门下万车通。磷煤矿业增生产，马列著书好用功。要把精神变物质，一元领导大旗红。"

其二，"莽莽群峰涌怒涛，卸军门上红旗飘。空中铁缆输煤急，水上浮桴逐浪高。磷矿清平增产量，英雄人物看今朝。新天日月因何变？马列弄通第一条。"（郭沫若纪念馆馆藏资料）

**23日**　再作《咏清平磷矿》一首："涧阔半千米，库储七亿方。南山公路绕，北岸火轮翔。炭篓空中渡，木排水上骧。卸军门隧道，天险变天堂。"并致信清平磷矿厂，询问卸军门隧道的走向是南北，还是东西？来信介绍"一边跑火车，一边跑汽车"的"一边"二字，请用东西南北表示。最好能画一简图。（郭沫若纪念馆馆藏资料）

**24日**　晚，周恩来来访。请郭沫若出席第二天在首都体育馆召开的中央国家机关开展"批林批孔"运动动员大会。

**25日**　下午，出席中央、国家机关"批林批孔"运动动员大会。

数月前，北大、清华两校大批判组即在江青授意下，对郭沫若的学术著作进行摘编翻印，准备组织批判，中途被制止。25日大会上，江青又指使迟群、谢静宜做长篇讲话，批判军队系统和中央国家机关系统对批林批孔无动于衷，矛头指向周恩来、叶剑英等党政军领导干部；辱没郭沫若，说冯友兰有两篇文章批评郭沫若和《十批判书》。江青插话，称主席是保郭老的，郭老功大于过，郭老对奴隶制的划分，为曹操、殷纣王翻案，有很大功劳。(《竺可桢日记第5册》，科学出版社1990年版；《周恩来年谱1949—1976》，中央文献出版社1997年5月版)

毛泽东得知大会内容后，表示不满意，指示讲话整理稿和录音不要下发。(《毛泽东年谱1949—1976》第6卷，中央文献出版社2013年12月版)

**26日** 上午，听李梦夫、高富有传达周恩来"四条紧急指示"。听罢，与于立群一道表示：感谢总理，他想得太周到了。让他为我们操心了，请你们转达我们对总理的衷心感谢。

国务院机关事务管理局李梦夫、高富有根据周恩来要求，于凌晨来访。因郭沫若已经服药休息，未惊动。当日上午再次来访，传达周恩来的"四点指示"：（一）郭老已是八十岁高龄了，要保护好郭老，保证他的安全；（二）为保证郭老安全，24小时要安排专人在郭老身边值班；（三）郭老家的房间和走廊要铺上地毯，以防滑倒；（四）请郭老从卧室搬到办公室里住，现在的卧室小，氧气少，对老年人身体不好。这些工作由王廷芳同志负责组织实施。(王廷芳《周总理和郭老的一些交往和友谊》；《周恩来年谱1949—1976》，中央文献出版社1997年5月版)

**31日** 晚，周恩来、张春桥来访，谈有关《十批判书》问题。

周恩来、张春桥送来毛泽东所写七律《读〈封建论〉呈郭老》、柳宗元的《封建论》及注释。谈话中，周恩来说，你的那些书要清理清理，但到底有什么问题，我还说不清楚。你们大家都读书，我回去也读你的书，读完后再说，不要急于检查。张春桥指摘郭沫若抗战时期的历史剧和《十批判书》等书是"王明路线的产物"，要郭写文章"骂秦始皇的那个宰相"。郭沫若答道："我当时是针对蒋介石的。"周恩来、张春桥走后，郭沫若对于立群说："历史自有公论。"(《周恩来年谱1949—1976》，中央文献出版社1997年5月版；于立群《化悲痛为力量》；王廷芳《光辉的一生　深切的怀念》)

"1·25"大会后不久，哲学社会科学部军工宣队宣布《中国史稿》编写组停止工作。

受"批林批孔"运动影响，原由郭沫若题写《河南文艺》刊名被改换，1973年底出版的一期刊物全部作废。

**本月** 为《人民画报》日文版创刊20周年作七律一首："联合声明第七章，不容争霸太平洋。绘声绘影传真相，画虎画龙守主张。友谊继承千万代，邦交敦睦永无疆。廿年风雨今非昔，东海可教一苇航。"（郭沫若纪念馆馆藏资料）

该诗由于立群书录，未见《人民画报》日文版刊用。

## 2 月

**1日** 作《菩萨蛮》，纪念西安与奈良结成友好城市。词云："深深情谊二千载，茫茫溟渤一衣带。友好毋相忘，西安与奈良。　互教还相诚，努力不容懈。携手反霸权，万年万万年。"

除第三、四句外，其余词句与1973年12月6日为纪念上海与横滨结成友好城市作《菩萨蛮》相同。（郭沫若纪念馆馆藏资料）

**7日** 上午，会见以日本奈良市市长键田忠三郎为团长，奈良市议会议长中尾时一、奈良经济同友会代表干事杉山嘉一为副团长的奈良市友好代表团。书赠1日所作《菩萨蛮》。（8日《人民日报》）

**9日** 下午，与阿沛·阿旺晋美，以及国务院科教组、中国科学院、中央气象局的负责人前往医院向竺可桢遗体告别。向13日举行的竺可桢追悼会送花圈致哀。（14日《人民日报》）

竺可桢，人大常委会委员、中国科学院副院长、中华全国科学技术协会副主席，中国科学院生物学地质学部主任，中国科学院综合考察委员会主任，于7日在北京逝世。

**上旬** 作七律《春雷》，呈毛泽东。诗云："春雷地动布昭苏，沧海群龙竞吐珠。肯定秦皇超百代，宣判孔二有余辜。十批大错明如火，柳论高瞻灿若朱。愿与工农齐步伐，涤除污浊绘新图。"

**10日** 下午，江青来访，谈话近3个小时。

谈话中批评外交工作中的所谓"蜗牛事件"，批评意大利导演安东·

尼奥尼拍摄的纪录片《中国》。要郭沫若写文章"批周公"。

◎ 晚，高烧入院抢救治疗，被诊断为患大叶肺炎。

## 4 月

**23 日** 向在八宝山革命公墓礼堂举行的傅作义追悼会送花圈。（24 日《人民日报》）

傅作义，全国政协副主席、国防委员会副主席、全国人民代表大会代表，19 日在北京逝世。

## 5 月

**17 日** 下午，与邓小平、叶剑英等在医院向卢汉遗体告别。次日，为卢汉追悼会送花圈。（19 日《人民日报》）

卢汉，全国人大常委会委员、全国政协常务委员、国防委员会委员、中国国民党革命委员会中央常务委员，于 13 日在北京逝世。

**24 日** 晚，与周恩来会见来华探亲并访问的美籍中国物理学家李政道博士和夫人秦惠䇹。会见时周荣鑫、吴有训、周培源、钱学森等在座。（25 日《人民日报》）

**26 日** 上午，偕夫人于立群会见日本朋友西园寺公一和夫人西园寺雪江，长子西园寺一晃和夫人西园寺知子，次子西园寺彬弘和夫人西园寺香月，以及秘书高桥真实一行。（27 日《人民日报》）

**30 日** 病愈出院。

## 6 月

**22 日** 泰国进步作家古腊·柿巴立的追悼会在八宝山革命公墓举行，与周恩来等送花圈致哀。（23 日《人民日报》）

**26 日** 以日文复信中岛碧。云："五月十四日来信和《飓风》六册妥收。感谢。奉赠《李白与杜甫》修订本一册，请笑纳。很高兴并同意（快诺）由您翻译的拙著公开出版。祝健康！"（据复信翻拍照）

**28 日** 下午，与王洪文、叶剑英、张春桥、邓小平会见来华探亲并访问的美籍中国物理学家杨振宁教授。周荣鑫、钱学森等参加会见。（29

日《人民日报》)

## 7月

**4日** 因呼吸道感染，住院。(周而复《缅怀郭老》)

**24日** 中午，接受静脉注射时突发寒战，体温升至39℃。

王廷芳《周总理和郭老的一些交往和友谊》、周而复《缅怀郭老》回忆，周恩来看到郭沫若的病情报告，立即通过保健医生张佐良询问病情，指示北京医院：对老年人用新的药，或者用没有用过的药，要特别慎重；对一定要用的药，需要做皮肤试验的，都应该做。

**本月** 得周恩来托赵茂峰带来亲笔信。(王廷芳《周总理和郭老的一些交往和友谊》)

## 8月

**4日** 下午，与苏振华、阿沛·阿旺晋美等，往医院向谢扶民遗体告别。次日，与董必武、朱德、周恩来等向谢扶民追悼会送了花圈。(6日《人民日报》)

谢扶民，第三届全国人民代表大会常务委员会委员、第三届全国人民代表大会民族委员会主任委员，于7月31在北京逝世。

**20日** 与邓小平、韦国清、张云逸等向张震球追悼会送花圈。(21日《人民日报》)

张震球，全国政协委员、中国科学技术协会书记处书记，7日在北京逝世。

**22日** 上午，会见日本日中友好议员联盟会长、自民党众议员藤山爱一郎，藤山爱一郎的秘书山本保参加会见。(23日《人民日报》)

## 9月

**3日** 下午，侯德榜追悼会在八宝山革命公墓礼堂举行。与党和国家领导人朱德、周恩来等送花圈致哀。(4日《人民日报》)

侯德榜，全国人大代表、全国政协常务委员、原化学工业部副部长，8月26日在北京逝世。

**30日** 出席周恩来在人民大会堂举行的国庆招待会。（10月1日《人民日报》）

## 10月

**1日** 上午，出席首都庆祝国庆25周年的游园联欢活动。（2日《人民日报》）

**3日** 晚，会见以日中友协（正统）中央本部会长黑田寿男为团长、理事长宫崎世民为副团长的日中友协（正统）代表团，以日中文化交流协会理事长中岛健藏为团长、副理事长宫川寅雄为副团长、常任理事事务局长白土吾夫为秘书长的日中文化交流协会代表团。（4日《人民日报》）

**8日** 下午，会见墨西哥全国人类学和历史学会会长吉列尔莫·邦菲尔博士和夫人以及由邦菲尔博士率领的墨西哥考古代表团全体成员。（9日《人民日报》）

**23日** 作《西江月·日本"师子座"公演〈虎符〉》，由于立群书录。词云："不战不和被动，畏难畏敌偷安。古今反霸反强权，毕竟几人具眼？　却喜信陵公子，窃符救赵名传。如姬一臂助擎天，显示人民肝胆。"（郭沫若纪念馆馆藏资料）

据林林回忆，由于对秦始皇的历史评价存在争论，有同志认为须谨慎，这首词故未寄出。（《这是党喇叭的精神——忆郭沫若同志》，1979年《新文学史料》第2期。按：林林文中将"师子座"剧团误作"狮子座"；年份记为"1974年"）

师子座剧团于1970年在大阪成立。1973年4月孙平化访日期间，向剧团负责人、主演志摩彦晴转达郭沫若对上演自己剧作的意见：如果日本朋友认为有必要，就请上演。同年11月9、10日，师子座剧团在大阪举行第8回公演时将《虎符》搬上舞台，纪念中日关系正常化一周年。剧本翻译：须田祯一；导演：岩田直二。（师子座剧团：《虎符》演出说明书，1973年11月）

**24日** 上午，偕夫人于立群会见日本朋友大谷莹润的夫人大谷乔子，大谷莹润之子大谷武和夫人等。（25日《人民日报》）

## 11月

**23日** 上午，会见日本国际贸易促进协会访华代表团团长藤山爱一郎、顾问锅岛直绍、副团长川濑一贯、萩原定司，以及正在天津展出的日本印刷、包装机械展览会展览团团长森井庄内和夫人，日本国际贸易促进协会关西本部理事长木村一三和山本保等。(24日《人民日报》)

**25日** 下午，张云逸追悼会在八宝山革命公墓礼堂举行。与董必武、朱德、周恩来等党和国家领导人分别送花圈致哀。(26日《人民日报》)

张云逸，中共中央委员、全国人大会常委会委员、国防委员会委员，19日在北京逝世。

## 12月

**7日** 出席滕代远追悼会。追悼会由叶剑英主持，邓小平致悼词。(8日《人民日报》)

滕代远，中国共产党第十届中央委员会委员、中国人民政治协商会议第四届全国委员会副主席、国防委员会委员，1日在北京逝世。

**13日** 应龙腾来信邀请，为柳州市柳侯祠内柳宗元衣冠墓碑题名"唐代柳宗元衣冠墓"。

柳宗元衣冠墓兴建于唐元和十五年柳宗元灵柩北归之后，"文化大革命"初期被夷平，1974年12月重新修复。(柳州市地方志编纂委员会办公室《柳宗元图传》，广西美术出版社2004年9月版)

## 冬

应日中友好协会副会长吉田法晴托付，录1955年12月所作《归途在东海道中作》一诗。结尾两句"此来收获将何有？永不愿操同室戈"，改为"此来收获将何似？永不重操室内戈"。跋曰："一九五五年冬访问日本，在归途中作于福冈，转瞬已十八年矣。"(据手迹)

1975年，日本九州地区友好人士在福冈志贺半岛金印公园修建诗碑，将郭沫若《归途在东海道中作》墨迹镌刻其上，并附日文译诗。9月29日落成。(刘德有《中日友好的诗碑》；戈宝权《谈日本建立的四个郭沫若的诗碑》)

# 1975年（乙卯）83岁

1月8日至10日　中共十届二中全会召开，讨论第四届全国人民代表大会准备工作，选举邓小平为中共中央副主席、政治局常委。周恩来传达毛泽东指示"还是安定团结为好"。

1月13日至17日　第四届全国人民代表大会第一次会议召开，选举朱德为常务委员会委员长，任命周恩来为国务院总理、邓小平等12人为副总理。

2月　《人民日报》发表张春桥组织编选的《马克思、恩格斯、列宁论无产阶级专政》，要求领导干部搞好"批林批孔"运动，把"无产阶级专政下的继续革命"进行到底。

3月1日　《红旗》刊登姚文元文章《论林彪反党集团的社会基础》，称"现在主要的危险是经验主义"，要"限制资产阶级法权"。

3月5日　邓小平发表《全党讲大局，把国民经济搞上去》讲话，提出以实现四个现代化为大局。中共中央随后发出《关于加强铁路工作的决定》。各条战线开始整顿工作。

5月3日　毛泽东最后一次主持中共中央政治局会议，强调要搞马列主义，不要搞修正主义；要团结，不要分裂；要光明正大，不要搞阴谋诡计。不要搞"四人帮"。

7月14日　毛泽东批示："党的文艺政策应当调整一下"，"逐步扩大文艺节目"，对作家"要惩前毖后，治病救人"。

8月　江青、张春桥诋毁总政文工团排演的话剧《万水千山》；歪曲毛泽东关于《水浒》的谈话，挑起"批宋江抓投降派"运动，矛头指向周恩来、邓小平。

11月26日　我国成功发射返回式遥感人造地球卫星，成为全球第三个掌握卫星回收技术的国家。

12月　《红旗》发表清华、北大写作班子文章《教育革命的方向不容篡改》，"反击右倾翻案风"运动在全国展开。

## 1月

**5日至11日** 出席第四届全国人民代表大会第一次会议预备会议。

1974年12月下旬,毛泽东在长沙听取周恩来、王洪文关于四届人大筹备工作的汇报,嘱周恩来问候郭沫若,说"批林批孔"是第二次"文化大革命"的提法是不对的。1975年1月9日,毛泽东在长沙接见外宾后,让王海容、唐闻生转告周恩来,不要在次日中共十届二中全会结束时,就"批林批孔没有搞好"等问题作自我批评;指示周恩来向会议转达:"还是安定团结为好"。(《毛泽东年谱1949—1976》第6卷,中央文献出版社2013年12月版)

**13日** 出席第四届全国人民代表大会第一次会议开幕式。当选由218人组成的主席团成员。

本次会议听取讨论了中共第十届中央委员会第二次全体会议提请大会讨论的《中华人民共和国宪法修改草案》和《关于修改宪法的报告》,讨论通过周恩来总理代表国务院所作《政府工作报告》。(19日《人民日报》)

**15日** 在人民大会堂举行的李富春追悼会上送花圈致哀。此前曾往医院向李富春遗体告别。(16日《人民日报》)

李富春,中国共产党第十届中央委员会委员、国务院副总理,9日在北京逝世。

**17日** 与董必武、宋庆龄等22人当选本届全国人大常委会副委员长。朱德任委员长。(19日《人民日报》)

**27日** 晚,与吴有训等会见根据中罗两国科学院科学合作计划前来我国进行科学考察的罗马尼亚物理学家德勒格内斯库博士。(28日《人民日报》)

**本月** 得知华罗庚带领科技人员在全国各地传授统筹法、优选法的成功做法,说,你们到群众中去了,这个方向对头。如果有可能,我也希望下去。(华罗庚《挥泪悼郭老》,《悼念郭老》,生活·读书·新知三联书店1979年版)

## 3月

**1日** 回复胡乔木2月28日来信:"我的气管支炎不是哮喘型。是否单纯型,不得而知。我同时又有肺气肿。据石大夫的'简介',有肺气肿并发者,须用高频电疗。用低频电疗,疗效不显著。""等天气暖和了,我打算亲自到石家庄去看看。"

胡乔木来信介绍中联部工作人员廖盖隆送来穴位低频电疗治疗支气管炎的材料,"他很热心地建议您可以试一试这种疗法"。如果需要,可否考虑派人到石家庄去直接询问。(《胡乔木书信集》,人民出版社2002年版)

**4日** 复函刘德有。云:"您给王廷芳同志信,已看到。诗译得很好。为增田氏写的'色纸',浑如隔世。"

色纸,即"斗方",书法用的方形卡纸。"为增田氏写的'色纸'",指1936年11月在东京书赠增田涉的一首七绝:"银河倒泻自天来,入木秋声叶半摧。独对寒山转苍翠,渊深默默走惊雷。"(刘德有《随郭沫若战后访日》,辽宁人民出版社1988年版)

**26日** 作七律一首,录赠日本京都大学名誉教授、汉学家吉川幸次郎。诗云:"门前桃李竞芬芳,学海探骊下大洋。富士扇悬连泰岳,黄河天洗咏新唐。增编全集廿三卷,披涉群书千万章。喜得良时一携手,论文相与沐春阳。"款识:"一九七五年三月廿六日 叠韵奉酬吉川幸次郎先生 再乞哂正"。(手迹见《吉川幸次郎全集》第22卷,筑摩书房1999年版)

**27日** 晚,会见并设宴招待以日本京都大学名誉教授、汉学家吉川幸次郎为团长的日本学术文化代表团团员茅诚司、石川淳等二十余人。赠送吉川幸次郎日前所书七律条幅。又赠《西江月》一首:"送暖东风驰荡,接天杨柳鹅黄。遣唐使节又来唐,瞬见百花齐放。 相隔一衣带水,真成一苇可航。交流文化日方长,子子孙孙无量。"(28日《人民日报》;吉川幸次郎《文明の三极》,株式会社筑摩書房昭和53年4月15日初版)

## 4月

**7日** 下午,参加在人民大会堂举行的董必武的追悼大会。董必武治丧委员会于3日公布,为委员之一。(4日、8日《人民日报》)

董必武,中国共产党创建人之一、第四届全国人大常务委员会副委员长、中共第十届中央政治局常委,2日因病在北京逝世。

**8日** 致函胡乔木:"送还盖隆同志的信及石志华大夫的资料,请查

收。谢谢您的关注。"（据手迹复印件）

**29日** 晚，会见由芬兰科学院自然科学委员会主席安迪·古尔玛拉博士为团长的芬兰科学院代表团。会见后，委托吴有训代为主持欢迎宴会。(30日《人民日报》）

**30日** 晚，会见由意大利外交部文化科技合作司司长维多利奥·蒙特泽莫罗，及其率领的意大利科学家代表团团员：意全国科学研究委员会主席亚历山得罗·法埃多，意全国原子能委员会主席埃齐奥·克莱门泰尔等6人。会见后，委托吴有训代为主持欢迎宴会。(5月1日《人民日报》）

## 5月

**1日** 在中山公园参加"五一"劳动节联欢活动。(2日《人民日报》)

**7日** 应天津杨柳青画店之请，题写联语"幸福渠水流千载，东方红日照全球"。（据手迹，天津杨柳青画店1976年6月出版）

**10日** 会见日本朋友冈崎嘉平太，在京日本友人椿博行、大背户茂树参加会见。刘希文等在座。(11日《人民日报》)

**12日** 与廖承志、张香山等出席中日友好协会代表团、日本社会党第六次访华代表团联合声明签字仪式。(13日《人民日报》)

**18日** 应内山嘉吉来信之请，为内山书店题写横匾，庆祝开店40周年。

## 6月

**14日** 作七绝，纪念冈山第六高等学校建校75周年。发表于冈山第六高等学校纪念册《六棱回想》。诗云："陟彼操山松径斜，思乡曾自望天涯。如今四海为家日，转忆操山胜似家。"（见《郭沫若书法集》，四川辞书出版社1999年11月版）

手迹由冈山六高同学会镌刻立碑于学校旧址，另面碑记由冈山县知事长野士郎撰写。

◎ 复信藤井骏、长野士郎。云："纪念六高建校七十五周年，成七绝一首，遵嘱书就，乞哂阅。丹顶鹤照片数枚，收到，谢谢。操山，余在六高三年，却仅登一次。正夕阳西下时，红霞满天，不免有怀乡之感，曾为五绝一首，常在记忆之中。其诗云：'暮鼓东皋寺，鸣筝何处家？天涯看落日，乡思寄横霞。'颇思再次登临，奈力不从心耳。冈崎嘉平太、神崎三益、上代皓三诸兄烦代致意。"（见《郭沫若研究》第9辑，文化艺术出版社1991年12月版）

**29日**　上午，在家中会见日本自民党前众议员、世界青少年交流协会会长川崎秀二及随行人员志贺博、山田昭男一行。（30日《人民日报》）

## 夏

在北京医院与郭安娜、郭淑瑀会面，看不久前去日本市川市旧居拍摄的照片。（王廷芳《抗战胜利后郭沫若和安娜的四次见面》，《百年潮》2000年第7期）

## 7月

**17日**　与胡乔木、胡绳商谈中国科学院哲学社会科学部领导人选。与华国锋、胡耀邦商谈中国科学院领导人选。

此前，邓小平于6月8日指出，国务院政治研究室是国务院的直属机构，要代管学部。又于7月11日批示，科学院急待整顿，拟调胡耀邦、李昌两人到科学院负责。（《毛泽东年谱1949—1976》第6卷，中央文献出版社2013年12月版）

**21日**　与周恩来、叶剑英、许德珩等出席吴研因追悼会。（22日《人民日报》）

吴研因，全国政协常委、中国民主促进会中央常委，13日在北京病逝。

**26日**　上午，在家中会见日本自由民主党众议员宇都宫德马，赠送手书《毛泽东诗词三十七首》影印线装本。（27日《人民日报》；郭沫若纪念馆2008年专题展《跨着东海》）

**本月**　获悉毛泽东肯定《创业》"此片无大错，建议通过发行"的批示，颇兴奋。（沈基宇《郭老与电影》，《大众电影》1979年第6期）

## 8月

**13日**　作七律，再和吉川幸太郎。云："月有清辉柏有芳，天安门外浩洋洋。人民八亿新尧舜，风雅联翩启汉唐。五七言诗传海域，二千年史续鸿章。茅台美酒看君酌，病体难陪恋夕阳。"（《郭沫若1970年代中日友好诗抄》，《郭沫若学刊》2011年第1期）

**19日** 为《光明日报》副刊"文学"题名。

**25日** 上午，会见日本日中友好协会（正统）中央本部会长黑田寿男。会见时，谈及福冈建立诗碑诗文的日文翻译，冈山将送丹顶鹤到北海道进行交配等情况。（26日《人民日报》）

## 9月

**4日** 上午，和夫人于立群会见西园寺公一及其儿子、秘书一行四人。（5日《人民日报》）

**5日** 下午，会见日本共同通讯社编辑局长猪又久夫、外信部长胜冈宣，共同通讯社驻北京记者福原亨一和伊藤正参加会见。（6日《人民日报》）

**7日** 和夫人于立群联名回复宾努首相及夫人，为他们即将离开中国返回柬埔寨道别。

**10日** 作七绝，祝贺日中友好协会（正统）中央总部成立25周年。诗云："月过中秋分外圆，长空万里舞婵娟。太平洋上波涛壮，共济同舟廿五年。"

手迹由中日友好协会代表团团长楚图南带往东京，21日在日中友协（正统）中央总部成立25周年庆祝会上赠送对方。（23日《人民日报》；吉林师范大学日本文学研究室《日本朋友悼念郭沫若》，1978年12月）

**30日** 晚，出席邓小平以周恩来名义举行的国庆26周年招待会。（10月1日《人民日报》）

## 10月

**18日** 上午，和夫人于立群会见河原崎长十郎和夫人。（19日《人民日报》）

## 11月

**4日** 委托王光伟会见并宴请墨西哥国家科学技术委员会主任赫拉尔

代表团应郭沫若邀请于3日来华进行友好访问，参加中墨科技合作会议，签订中墨1975年至1976年科技合作计划。（4日、5日、6日《人民日报》）

**10日** 委托胡耀邦会见并宴请以法国原子能委员会高级专员让·泰亚克为团长、法国原子能委员会国际关系主任贝特朗·戈尔施米特为副团长的法国原子能和平利用代表团。（11日《人民日报》）

## 12 月

**7日** 委托吴有训设宴欢迎由克里斯托弗尔·西米奥内斯库副院长率领的罗马尼亚科学院代表团。（8日《人民日报》）

该代表团应郭沫若邀请来我国访问。

**16日** 康生治丧委员会成立，为成员之一。18日往医院向遗体告别。在21日举行的追悼会上送花圈志哀。（8日、22日《人民日报》）

◎ 治丧活动期间作挽诗："第五卫星同上天，光昭九有和大千。多才多艺多能事，反帝反修反霸权。生为人民谋福利，永扬赤帜壮山川。神州八亿遵遗范，革命忠贞万代传。"（北京瀚海十五周年庆典拍卖图录，2009年11月）

## 本 年

应《甲骨文合集》编辑组邀请，为该书题写书名。（王宇信《郭沫若与〈甲骨文合集〉》，《学习与研究》1982年第6期）

# 1976 年（丙辰）84 岁

**1月8日** 周恩来病逝，终年78岁。"四人帮"极力压制破坏悼念活动。

**3月** 《红旗》杂志发表《坚持文艺革命 反击右倾翻案风》一文，攻击污蔑邓小平。

**4月5日** 怀念周恩来、反对"四人帮"篡党夺权的群众运动在天安门广场爆发。北京市革委会《紧急通知》诬陷运动是"解放以来前所未有的最大的反革命事件"。

**4月7日** 中共中央政治局通过"华国锋任中国共产党中央委员会第一副主席、中华人民共和国国务院总理""撤销邓小平党内外一切职务"两项决议，要求各级干部表态拥护决议和对"天安门事件"的处理。

**5月16日** 《人民日报》《红旗》《解放军报》发文，纪念中共中央1966年《5·16通知》发表十周年，宣称所谓"文化大革命"理论的正确性。

**7月6日** 朱德病逝，终年90岁。

**8月28日** 河北省唐山、丰南地区发生7.8级强烈地震，波及京津等地。

**9月9日** 毛泽东病逝，终年83岁。

**10月6日** 华国锋、叶剑英、李先念、汪东兴等周密部署，对"四人帮"实行"隔离审查"。随后举国欢腾，庆祝党中央成功粉碎"四人帮"反党集团。

## 1月

**3日** 作七律《日中文化交流协会成立二十周年纪念》："交流文化着先鞭，廿载绸缪功不朽。群策同呼反伯权，相携共进万斯年。"（《郭沫若1970年代中日友好诗抄》，《郭沫若学刊》2011年第1期）

**8日** 得知周恩来逝世，悲痛已极，木然良久。（于立群《化悲痛为力量》；王廷芳《光辉的一生，深切的怀念》）

◎ 与毛泽东、叶剑英、邓小平、朱德等党和国家领导人组成周恩来治丧委员会，任委员。(9日《人民日报》)

周恩来，伟大的马克思主义者，杰出的共产主义战士，无产阶级革命家、政治家、军事家和外交家。中国共产党、中华人民共和国主要领导人之一，中国人民解放军创建人之一，中华人民共和国总理。8日在北京病逝。

**10日** 由夫人于立群执笔，代自己并率子女致邓颖超唁函："惊悉敬爱的周总理逝世，泪落如雨。总理一生伟绩，永悬日月，我们愿化悲痛为力量，以总理为榜样，努力工作奋斗到底。敬请节哀，为党的事业而保重。"（郭汉英《忆郭老二三事》，《中关村回忆》上海交通大学出版社 2011 年 7 月版）

◎ 尽管因病无法站立和行走，仍坚持由别人搀扶着，与朱德、叶剑英、邓小平等党和国家领导人在北京医院向周恩来遗体告别。（12 日《人民日报》；于立群《化悲痛为力量》）

**13 日** 作七律《怀念周总理》。发表于 1977 年 1 月 9 日《人民日报》。云："革命前驱辅弼才，巨星阴翳五洲哀"，"忠诚与日同辉耀，天不能死地难埋"。

收人民文学出版社 1977 年 9 月版《沫若诗词选》，改题为《悼念周总理》；现收《郭沫若全集·文学编》第 5 卷。

**15 日** 下午，坐轮椅参加在人民大会堂举行的周恩来追悼大会，敬送花圈。依靠工作人员的帮助，从轮椅上站起来，向周恩来遗体鞠躬默哀。（16 日《人民日报》；中央新闻电影制片厂纪录片《悼念周总理》）

**19 日** 书写《史记·刺客列传·荆轲篇》中《易水歌》诗句："风萧萧兮易水寒，壮士一去兮不复还。"笔迹颤抖异常。

**本月** 在家中会见《甲骨文合集》编辑组负责人胡厚宣等，听取工作进展汇报，重申关于甲骨（第五期）里没有"妣戊"，1971 年安阳小屯西地出土的甲骨时代较早等看法。谈到《甲骨文合集》的分期方案时，以平等的态度表示"我从众"。

郭沫若谈话时很关心《合集》编辑组是否有人研究新近发现的妇好墓，说"甲骨文里有'妇好'。'妇好'很了不起，她曾带领一万三千人的队伍打仗！"希望大家边整理边研究，把资料整理与研究紧密结合起来。告别时对胡厚宣说："我想念着同志们，春暖花开的时候一定要他们到我家里来作客。"（王宇信《郭沫若与〈甲骨文合集〉》，《学习与研究》1982 年第 6 期）

# 3 月

**2 日** 晚，委托王光伟宴请德意志联邦共和国研究技术部长汉斯·马

特赫费尔，及随行人员和记者。（3日《人民日报》）

## 5月

**1日** 与党和国家领导人到中山公园，参加"五一"劳动节联欢活动。（2日《人民日报》）

**3日** 邓颖超来家中看望。在园中合影，看了于立群保存下来的抗战时期周恩来、邓颖超在武汉、重庆写给郭沫若、于立群的书信。（《转变中的近代中国·郭沫若》，文物出版社1992年版；王廷芳《友谊绵长 老而弥深》，《忆邓大姐》，中央文献出版社1994年版）

**8日** 作五绝二首，答谢北京医院主治医生。其一，赠张惠芬大夫："多年战病魔，指战赖君多。挥戈返落日，报国当如何？"其二，赠蒋景文大夫："寄园二月兰，采撷助加餐。惠我多巴片，谈笑凯歌还。"（郭沫若纪念馆馆藏资料）

**上旬** 在北京医院向李大章遗体告别。（8日《人民日报》）

李大章，中共第十届中央委员会委员、统战部部长，3日在北京逝世。

**10日** 作《水调歌头·庆祝无产阶级文化大革命十周年》，以作为在中国科学院"批邓、反击右倾翻案风纪念《5·16通知》十周年"大会上的发言。词云："《通知》传四海，文革革灵魂，革到灵魂深处，横扫几家村。阶级斗争为本，不准赫鲁晓夫，榻畔尚横陈。长剑倚天外，高举劈昆仑。 抓批判，学马列，读雄文。大鸣、大放、大字报加大辩论；大破之中大立，破尽封资陈腐，修毒铲其根。十载一弹指，红日照乾坤！"（郭沫若纪念馆馆藏资料）

**12日** 按照各级领导干部须明确表态拥护中共中央政治局关于"华国锋任中国共产党中央委员会第一副主席、中华人民共和国国务院总理""撤销邓小平党内外一切职务"两个决议和对"天安门事件"的处理的要求，改写10日所作《水调歌头》，发表于《诗刊》第6期。云："四海《通知》遍，文革卷风云。阶级斗争纲举，打倒刘和邓。十载春风化雨，喜见山花烂漫，莺梭织锦勤。苗苗新苗壮，天下凯歌声。 奋螳臂，走资派，邓小平，妄图倒退，奈'翻案不得人心'。'三项为纲'批透，复

辟罪行怒讨，动地走雷霆。主席挥巨手，团结大进军。"（郭沫若纪念馆馆藏资料）

**30 日** 晚，委托吴有训举行宴会，欢迎以越南国家科学技术委员会副主任黎克为团长、越南考古学院院长范辉通为副团长的越南国家科学技术委员会和社会科学委员会代表团。(31 日《人民日报》)

## 5、6 月间

在北京医院，与住院就医的唐凯交谈，感谢 1958 年 8 月大力支持中国科学技术大学的筹建工作，将刚组建起来的中央军委特种工程设计院院址——北京市海淀区玉泉路 19 号院，腾让给科技大学作校舍，确保学校如期开学。交谈中，对中国科技大学迁离北京，玉泉路校舍被闲置深感遗憾。(万伯翱《三十春秋》，河南人民出版社 1992 年版)

为向唐凯表示谢意，郭沫若、于立群挑选赠送了 5 株家中培育的枣树苗。唐凯夫妇对之爱护有加。其中 2 株存活至今，生长良好，2007 年 9 月被北京市海淀区绿化办公室定为"名木"，标号 050001、050002。(北京市园林绿化局保护处 2007 年 9 月 14 日对第 1909 号建议的回复；郭米克《唐凯和郭沫若的枣树情缘》，《人民日报》海外版 2007 年 10 月 19 日)

## 6 月

**29 日** 向刘文辉追悼会献花圈致哀。(30 日《人民日报》)

刘文辉，四川省政协副主席、林业部部长，24 日在京病逝。

## 7 月

**2 日** 与田间、方殷、王亚平在家中会面，感慨说："今天还能和你们见面，很不容易呀！"(方殷《记一次难忘的亲切会见》，《悼念郭老》，生活·读书·新知三联书店 1979 年版)

**6 日** 前往医院看望病危的朱德。

◎ 与毛泽东、华国锋、叶剑英、宋庆龄等党和国家领导人组成朱德治丧委员会，任委员。(7 日《人民日报》)

朱德，中国共产党和中华人民共和国的主要领导人之一，中国人民解放军创建人之一、中央政治局常务委员、全国人大常委会委员长，于本日在北京逝世。

**8日** 在北京医院向朱德遗体告别，并向11日举行的朱德追悼会敬献花圈致哀。(9日、12日《人民日报》)

**9日** 上午，和夫人于立群一起会见日本学者松村一人和夫人、井上清和夫人、安藤彦太郎、安藤阳子、吉田富夫一行。(10日《人民日报》)

**本月** 担任主编的《中国史稿》第一册修订本由人民出版社出版。

该书在1962年6月初版时《前言》署名"郭沫若"，修订本署名改为"《中国史稿》编写组"，时间署"一九七六年五月"。

## 9月

**1日** 出席唐山、丰南地震抗震救灾先进单位和模范人物代表会议。(2日《人民日报》)

**9日** 与华国锋、叶剑英、宋庆龄等党和国家领导人任毛泽东治丧委员会委员。(10日《人民日报》)

毛泽东，伟大的马克思列宁主义者，中国共产党中央委员会主席、中国共产党中央军事委员会主席、中国人民政治协商会议全国委员会名誉主席，于本日在北京逝世。

**11日** 向毛泽东遗体吊唁，抱病参加守灵。(12日《人民日报》)

**17日** 再次参加吊唁，为毛泽东守灵。(18日《人民日报》)

**18日** 下午，参加首都人民在天安门广场举行的毛泽东追悼大会，并献花圈。(19日《人民日报》)

◎ 作七律《悼念毛主席》《毛主席永在》。分别发表于《人民文学》第7期，《诗刊》9月号增刊。第一首有句："伟哉领袖万民亲，改地换天绝等伦。""旰食宵衣躬尽瘁，英雄儿女泪盈巾。"第二首写道："革命风云蒸海岳，光芒四射永生时。工农热泪如潮涌，中外唁章逐电飞。"

收人民文学出版社1977年9月版《沫若诗词选》，以《毛主席永在（二首）》为题；现收《郭沫若全集·文学编》第5卷。

## 10月

**1日** 回复魏蓉芳9月28日信，告"地震时全家无恙。住宅受影响，在修缮中，我与群婶仍住旅馆"。劝不要动身来北京，"主席逝世，普天哀悼。望大家以实际行动来表示哀思。努力工作"。（据手迹复印件）

**6日** 获悉中共中央粉碎王洪文、张春桥、江青、姚文元"四人帮"反党集团，无限欢欣。（据王廷芳《光辉的一生，深切的怀念》，《四川大学学报丛刊》第2辑）

**12日** 听华国锋关于粉碎"四人帮"讲话的传达，心情振奋，口述书面感想：

"我衷心拥护中共中央关于华国锋任党中央主席、中央军委主席的决议；衷心拥护以华主席为首的党中央对王洪文、张春桥、江青、姚文元篡党夺权'四人帮'采取的英明果断措施。

'四人帮'民愤很大。他们反对毛主席，反对党中央。毛主席说：'要搞马克思主义，不要搞修正主义；要团结，不要分裂；要光明正大，不要搞阴谋诡计。''四人帮'却完全背道而驰，搞修正主义，搞分裂，搞阴谋诡计。毛主席对他们的野心，早有觉察、揭露，三令五申要他们改，他们就是不肯改悔。毛主席病重期间和逝世之后，他们变本加厉，无以复加。以华主席为首的党中央在紧要关头，采取了英明果断的措施，为党锄奸，为国除害，为民平愤，真是大好事，大喜事，大快人心。为党为民立下了不朽的功劳。有力地证明了毛主席选定华国锋同志作为接班人，选得对，选得好！

毛主席虽然逝世了，但他永远活在我们心中。我们要最紧密地团结在以华主席为首的党中央周围，同心协力，锄奸除害，巩固无产阶级专政，使党不变修，国不变色，把毛主席开创的无产阶级革命事业进行到底，不辜负毛主席对我们的长期教导和殷切希望。"

见《东风第一枝》，四川人民出版社1978年9月版。编者拟题作《为党锄奸，为国除害，为民平愤》。

**14日** 中午，委托中国科学院负责人王光伟宴请扎伊尔科学代表团。（15日《人民日报》）

**21日** 作《水调歌头·粉碎"四人帮"》。发表于27日《人民日报》，11月1日《解放军报》、9日《光明日报》转载。唱道："大快人心事，揪出'四人帮'。政治流氓，文痞，狗头军师张，还有精生白骨，自比则天武后，铁帚扫而光。篡党夺权者，一枕梦黄粱。　　野心大，阴谋毒，诡计狂。真是罪该万死，迫害红太阳！接班人是俊杰，遗志继承果断，功绩何辉煌！拥护华主席，拥护党中央。"

收人民文学出版社 1977 年 9 月版《沫若诗词选》。

**24 日** 下午，出席在天安门广场举行的盛大集会，庆祝粉碎"四人帮"反党集团的伟大胜利。在风中站立整整两个小时，直至大会结束，精力与前判若两人。（25 日《人民日报》；于立群《化悲痛为力量》，《悼念郭老》，三联书店 1979 年 5 月版）

**27 日** 出席中国科学院为庆祝粉碎"四人帮"在首都体育馆召开的大会，由他人代读书面发言《为党锄奸，为国除害，为民平愤》和《水调歌头·粉碎"四人帮"》。

**30 日** 在北京医院会见冈崎嘉平太。

**本月** 致信郭培谦遗孀魏蓉芳。（郭沫若纪念馆馆藏资料）

## 11 月

**8 日** 为张正宇追悼会送花圈致哀。

**24 日** 参加在天安门广场举行的毛泽东纪念堂奠基仪式。（25 日《人民日报》）

**30 日** 下午，出席第四届全国人大常委会第三次会议。（12 月 1 日《人民日报》）

## 12 月

**2 日** 下午，出席第四届全国人大常委会第三次会议。（3 日《人民日报》）

**6 日** 复函胡厚宣。云："朱孔扬同志惠赠有关方腊起义事的城砖拓本一枚，妥收。请转向朱同志致谢。关于《甲骨文合集》诸事项，已详另函，不另。"（《郭沫若书信集》下，中国社科学出版社 1992 年版）

**16 日** 作《念奴娇·怀念周总理》。发表于 1977 年 1 月 9 日《人民日报》。词云："统一九州，抗衡两霸，中外人爱敬。一朝先谢，五洲热泪飞迸。""何期王张江姚，四人成帮，诽谤恣蹂躏。黑云压城城欲摧，一击顿成齑粉。""域中今日，忠魂与民同庆。"

收人民文学出版社 1977 年 9 月版《沫若诗词选》，现收《郭沫若全集·文学编》第 5 卷。

**18 日** 送花圈，悼念全国人大常委会委员吴德峰。(19 日《人民日报》)

吴德峰，第一届至第三届全国人民代表大会代表，中国人民政治协商会议第三届全国委员会常务委员。

**24 日** 晨，作《满江红·怀念毛主席》，纪念毛泽东诞辰 84 周年。发表于 26 日《人民日报》，27 日《光明日报》《解放军报》转载。词云："天柱初移，天恐坠，殷忧难已。""雨过天青云散净，驱除四害朝晖启。""颂导师，与马列同辉，垂万古！"

收人民文学出版社 1977 年 9 月版《沫若诗词选》，现收《郭沫若全集·文学编》第 5 卷。

**25 日** 晚，出席在人民大会堂召开的第二次全国农业学大寨会议。(26 日《人民日报》)

**27 日** 晚，与华国锋等党和国家领导人一起接见出席第二次全国农业学大寨会议的全体代表，及上山下乡知识青年代表。(28 日《人民日报》)

**28 日** 下午，和夫人于立群一起在家中会见日本友好人士西园寺公一及其长子西园寺一晃。(29 日《人民日报》)

**29 日** 作词《东风第一枝·迎接一九七七年》。发表于 31 日《解放军报》，1977 年 1 月 1 日《光明日报》转载。词云："凯歌高唱，东风欣新有主。""严经考验，新历史重整机杼。""高举起马列红旗，大治之期可数！"词前有小序："词牌中有'东风第一枝'，我爱此名，用之以迎接一九七七年胜利年。"

收人民文学出版社 1977 年 9 月版《沫若诗词选》，现收《郭沫若全集·文学编》第 5 卷。

**本月** 致函《考古》编辑部，批评新出版的一期《考古》，一些文章照着"四人帮"的调子唱的风气尚未改掉，希望引起注意。(夏鼐《郭沫若同志对于中国考古学的卓越贡献》，《悼念郭老》，三联书店 1979 年 5 月版)

## 本　年

日文版《郭沫若选集》(共 17 卷) 第 1 卷由日本京都雄浑社出版。

1972年日本京都雄浑社拟出版《郭沫若选集》17卷。卷次为：第1卷《少年时代》，第2卷《创造十年》，第3卷《革命春秋》，第4卷《洪波曲》，第5卷《郭沫若诗集》，第6、7卷《郭沫若史剧》，第8卷《屈原研究》，第9、10卷《李白与杜甫》，第11、12卷《中国古代社会研究》，第13卷《青铜时代》，第14卷《奴隶制时代》，第15卷《历史人物》，第16卷《历史研究论文集》，第17卷《郭沫若评论集》。1977年陆续出版，每卷附《读者指导书》。其后，编辑委员会成员先后过世，出版社将原订17卷方案压缩为8卷，至1982年收尾。

## 1977年（丁巳）85岁

1月　音乐舞蹈史诗《东方红》、故事片《洪湖赤卫队》《平原游击队》等影片，话剧《万水千山》、组歌《红军不怕远征难》、弹词《蝶恋胡·答李淑一》等重新放映、上演。

4月15日　《毛泽东选集》第5卷出版发行。

7月16日至21日　中共十届三中全会在京召开。通过《关于追认华国锋同志任中国共产党中央委员会主席，中国共产党中央军事委员会主席的决议》《关于恢复邓小平同志职务的决议》及《关于王洪文、张春桥、江青、姚文元反党集团的决议》。

8月12日至18日　中共第十一次全国代表大会在北京举行。19日，十一届中央委员会第一次会议选举华国锋为中央委员会主席，叶剑英、邓小平、李先念、汪东兴为副主席。

11月18日　《人民日报》刊登文章，批判"四人帮"炮制的"两个估计"，以事实说明教育战线十七年是以红线为主导；知识分子是革命力量，非革命对象。

11月20日　人民日报社举行文艺界人士座谈会，批判"文艺黑线专政论"。

12月28日　《人民文学》编辑部邀请在京作家、诗人、文学评论家、翻译家等座谈，批判"文艺黑线专政论"，讨论繁荣社会主义文艺创作问题。

# 1月

**4日** 修改《甲骨文合集·前言》。

◎ 观看中央人民广播电台、北京电视台播放的"迎新春庆胜利"演唱会，有常香玉用豫剧曲调演唱的《水调歌头·粉碎"四人帮"》。过后，请工作人员向常香玉转达自己的喜悦和鼓励。（常香玉《培育百花　奖掖后进——怀念郭沫若同志》，《战地增刊》1978年第2期）

《水调歌头·粉碎"四人帮"》豫剧清唱曲谱载《延安歌声》1977年第3期。

**5日** 与章文晋、张颖在家中会面，听张颖读为纪念周恩来撰写的文章，提出修改意见。

在读到记述周恩来、郭沫若往来的段落时，郭沫若动感情地说："恩来同志是我的领导，我参加革命的最早领导人，大革命的时候是他引导我参加了共产主义者的行列。""就是在我的历史研究、文艺创作上，恩来同志也不只是良师益友，而是领导。没有他的鼓舞和帮助，我不能作出什么成绩的。""特别是在重庆那段日子，恩来同志那样紧张繁忙，他对我的关怀帮助仍是无微不至。""知音难求啊！"（张颖《领导·战友·知音》，1980年1月27日《光明日报》）

**6日** 观看夏鼐、王仲殊等送来安阳殷代武丁配偶妇好墓出土的文物精品。

据夏鼐回忆，其时郭沫若"精神特别好，摩挲古物，谈笑风生，庆幸我国考古发掘工作前程似锦"。认为这次新发现，"证明殷代文化在武丁时便已很发达，与他原来所见，实相符合"。（夏鼐《太岱巍然天下仰，文星没矣宇中悲》，1978年6月30日《人民日报》；考古研究所《郭老对中国考古学的卓越贡献》）

**7日** 应沈其震、王务安索请，书录《满江红·怀念毛主席》上半阕以赠。应潘振武索请，书录《水调歌头·粉碎"四人帮"》以赠。书后附笔："病后手无力，写得不好，乞谅。"（《郭沫若遗墨》，河北人民出版社1980年5月版）

**8日** 录毛泽东《十六字令三首》之二，赠赵茂峰、赵炜。（据手迹）

**9日** 上午，在首都体育馆出席中国科学院纪念周恩来总理逝世一周年大会。

**11日** 在家中与刘大年谈《中国史稿》和《中国近代史》的撰写，同意分别成书。

**13日** 应东方歌舞团之请，录写歌舞团"团诗"，纪念周恩来领导创建的东方歌舞团建团15周年："东方歌舞一枝花，决心学好亚非拉。一心一意听党话，誓把一生献给她。"诗后跋："右诗原为东方歌舞团的诗，曾经周总理修改，同志们嘱为书出。"（10月27日《人民日报》；《舞蹈》1978年第4期）

**22日** 复函姚雪垠。谓："好几年不见面，也没有通消息，昨天突然接到您一月十九日的来信和《李自成》第一卷修订本的《前言》，真是喜出望外。《前言》，我一口气读完了。我完全赞成您的观点。祝贺您的成功，感谢您改正了我的错误。我渴望着能拜读您的大作，并希望能看到您的《天京悲剧》——这恐怕是过分的奢望了，您要'七十五岁以后再写出'，到那时我已经一百岁，毫无疑问已经化为肥田粉了。《前言》退还您，在文字上似乎还有三两处错误，我看了用红笔顺便改了。希望校对注意。"（姚雪垠《关于长篇历史小说〈李自成〉》，《李自成》第一卷，上海文艺出版社1979年版）

**24日** 应来函邀请，为周恩来母校"天津第四中学"题写校名。

◎ 为秭归县拟修建的"屈原纪念馆"题写馆名。托于立群代为屈原诞生地秭归县乐平里题写"读书洞""楚大夫屈原故里"。（谭家斌《郭沫若与屈原的不解之缘》，三峡秭归旅游网 www.zgtuor.gov.cn）

**25日** 致信上海工人罗安文。

据罗安文《大作家与工人之间》，信中感谢罗安文寄来其兄罗安琴1958年为祝贺郭沫若入党写的诗，同意来信说诗中"评价过高"。说"我能有机会看到群众对我的评价，是有好处的"。澄清"世间有用我的名义流传的所谓'打油诗'都不是我做的，认真说我还做不出来"。（1982年6月16日上海《新民晚报》）

**28日** 回复安徽黟县中学语文教员胡曾伟来信。写道：

"您的信和《石壕吏》译释，都拜读了。我基本上同意您的见解。""杜甫应该肯定，我不反对，我所反对的是把杜甫当为'圣人'，当为

'它布'（图腾），神圣不可侵犯。千家注杜，太求甚解。""李白，我肯定了他，但也不是全面肯定。一家注李，太不求甚解。""草草奉复，不能多写，乞谅。"（《郭沫若同志就〈李白与杜甫〉一书给胡曾伟同志的复信》，《东岳论丛》1981年第6期）

《东岳论丛》编者在文中摘录了胡曾伟1976年12月24日致郭沫若信中谈及《李白与杜甫》一书的文字："关于《李白与杜甫》一书，我想说一下读过之后总的看法。此书扬李抑杜，是极明显的。扬李，无可议！抑杜，颇足奇，乃一反潮流。但从历史唯物主义来看，我总认为您对杜甫的论述是苛刻了。杜诗的艺术性是公认的，就其思想内容而言，他的大量诗作都是很能反映当时的社会现实的，这一点恰是李诗不及的地方。李诗以抒发个人情怀居多。中国古代象杜甫这样的诗人还是应该肯定的。诚然，论身世，论阶级地位，杜甫是不能与平民百姓相提并论，但李白又何尝可与平民百姓等量齐观。中国古代名作家有几个出身微贱的，韩非、屈原、司马迁等人不都是当时社会中的上流人物。""尊敬的郭老，您是年逾八旬的老人家，是我国现代文史艺术的魁星。我仅仅是您的一个殷勤的读者和倾心的仰慕者。因爱慕之心至诚，故欲诉之情难抑。以上所写有些竟与您意思相左，实属狂妄。惟望给予批评和教导。"

## 2月

**3日** 上午，与来探望的光未然、臧克家交谈。

◎ 复信内山嘉吉，告知不了解来函询问的问题。

内山嘉吉来函谈，夏禹鼎早年在东京与一日本护士结婚，生有一女，过继给冈田氏作养女。冈田氏现已过世。养女通过小原荣次郎夫人请内山嘉吉来函询问把她过继给他人的缘由。

**4日** 应北京电视台邀请，为春节晚会书写迎春对联，在家中由电视台现场录像。其一："粉碎四人帮，春回宇内；促进现代化，劲满神州。"横批"凯歌高唱"。落款"一九七七年春"。其二："大治之年学二大；中华早日冠寰中。"横批"欢庆胜利"。

见《东风第一枝》，四川人民出版社1978年9月版。编者拟题为《贺春节对联二幅》。

**6日** 作《望海潮·农业学大寨》，发表于4月13日《光明日报》。词云："四凶粉碎，春回大地。凯歌声入云端。天样红旗，迎风招展，虎头山上蹁跹。谈笑拓田园，使昆仑俯首，渤海生烟。大寨之花，神州各地，遍地燃。 农业衣食攸关，轻工业原料多赖支援。积累资金，繁荣经济，重工基础牢坚。基础愈牢坚，主导愈开展，无限螺旋。正幸东风力饱，快马再加鞭。"

收人民文学出版社1977年9月版《沫若诗词选》。

**10日** 上午，会见日本松山芭蕾舞剧团团长清水正夫。孙平化、单达圻、王庭芳、唐家璇会见时在座。(11日《人民日报》)

**12日** 作《歌剧〈白毛女〉重上舞台》二首，调寄"忆秦娥"。发表于17日《光明日报》，《人民戏剧》1977年第2期。其一，忆过往，"白毛女，舞台一去，人人思汝"。其二，感今日，"白毛女，舞台重上，泪飞如雨"，"春来宇宙东风煦，风卷柳丝千万缕"。

收人民文学出版社1977年9月版《沫若诗词选》，现收《郭沫若全集·文学编》第5卷。

**13日** 为中国革命博物馆"周恩来同志纪念展览"书横幅《七律·怀念周总理》。(《郭沫若遗墨》，河北人民出版社1980年5月版)

**中旬** 按广东省宝安县革命委员会9日来函，据来函请求，为1977年12月26日开幕的"深圳展览馆"题写馆名。(深圳美术馆馆藏资料)

"深圳展览馆"现更名"深圳美术馆"。

**18日** 复函王宇信、张永山、杨升南："大作《试论妇好》草草读了一遍。字太小，看起来很吃力，但吸引着我，一口气读完了。关于妇好的卜辞收集的不少，很好。在解说上，可能有人有些不同的意见，但通过百家争鸣，大有益处。妇好墓中多母辛之器，妇好与母辛的关系似宜追究。我倾向于妇好即母辛的说法。武丁之配有妣辛，在祖庚、祖甲则为母。妇好殆死在武丁后。姑且提出这一问题，请你们继续研究。"(据复信手迹；王宇信《郭沫若与〈甲骨文合集〉》，《学习与研究》1982年第6期)

**25日** 复函常香玉。云："您十四日给我的信，今天(25日)收到。(录音片尚未到)凡由科学院转来的信，都要多费些时日，今后来信请寄北京前海西街18号于立群。""您前次来京，我在电视中，看到和听到您的《水调歌头》演唱。非常有力，誉满首都，使拙作生辉，非常感谢您。

您还为科学院的同志们演唱过一场，我因行动不大方便，未能出场当面道谢，失礼之至。前些日子打电话问北京饭店，说您已回河南，真是十分遗憾。"附笔："在电视中看到您很健康，高兴之至。"（手迹见《培育百花，奖掖后进——怀念郭沫若同志》，《战地增刊》1978年第2期）

◎ 致信黑田寿男。云："二月二十二日大函奉悉。卒业纪念写真，蒙把我单人特别剔出放大，真是值得双重纪念的珍品，当永远保存之。谢甚谢甚。不久望能晤谈为快。春祉。"（手迹见《日中国交正常化20周年纪念　郭沫若生诞100周年纪念　郭沫若展》图录）

**26日**　为即将召开的全国工业学大庆会议，填"水调歌头"《工业学大庆》。发表于《诗刊》第5期，6月2日《光明日报》。词云："工业学大庆，须学大庆人。大庆'铁人'成阵，人中之精英。雪地冰天会战，壮志雄心大干，铁中之铮铮。钻透岩千仞，油海喷长鲸。　抓革命，促生产，凭'两论'。使精神变物质，物质变精神。大力抓纲治国，鼓舞群雄创业，领袖真英明！促进现代化，干劲满乾坤。"

收人民文学出版社1977年9月版《沫若诗词选》。

《人民日报》刊登中国新闻代表团纪实文章，代表团访问澳大利亚科学院时，会客大厅悬挂着郭沫若题词的中国画，图书室陈列着北京猿人头盖骨和牙齿的复制品。主人介绍说，中国科学代表团是澳大利亚科学院建立以来，第一个来访的外国代表团。这些中国的珍贵礼物"我们一直陈列在这里，作为澳中两国人民友谊的象征"。

**27日**　致函邯郸地区东风剧团。"东风剧团的同志们：春节快乐。祝您们更进一步努力，争取更多、更好、更大的新成就！东风剧团永远前进！"（《郭老和东风剧团》，《人民戏剧》1978年第8期）

◎ 阅吕复等人揭露"四人帮"把抗敌演剧队打成"反革命别动队"，要求作出正确结论的材料，附言："演剧队是党领导下的革命文艺团体，这个团体的革命性质，是不容颠倒的。"嘱将材料转送叶剑英。（吕复《郭沫若同志和抗敌演剧队》，1978年6月20日《解放日报》）

**28日**　下午，与张天民夫妇交谈，赠《水调歌头·粉碎四人帮》墨迹，应允为电影《创业》的同名长篇小说题写书名。

张天民回忆，郭沫若在交谈中说他通过电视看过三四遍电影《创业》，很高兴；指出"'四人帮'反对这部影片，是为了反对周总理"。

（龚济民、方任念《郭沫若年谱［下］》，天津人民出版社 1990 年版）

## 3 月

**1 日** 应耿飚来函邀请，为湖南醴陵陶瓷厂厂刊题写刊名。

**4 日** 录《卜算子·咏梅》，赠日本友人安藤彦太郎及夫人安藤阳子。跋："和毛主席卜算子咏梅，安藤彦太郎、阳子教授嘱书以为纪念，一九七七年春书于北京。"又题写"实事求是"四字，落款"一九七七年春"。（《日中国交正常化 20 周年纪念　郭沫若生诞 100 周年纪念　郭沫若展》图录；《日本郭沫若研究资料集》之《墨迹·书简·回忆集 1》）

**8 日** 与来访的商承祚交谈。

**10 日至 22 日** 参加中共中央工作会议，揭批"四人帮"。

**19 日** 作《沁园春·捧读〈毛泽东选集〉第五卷》。发表于 4 月 18 日《人民日报》，《人民文学》第 4 期。写道："四匪成帮，疯魔乱舞，小丑跳梁。恨垄断论坛，是非颠倒，生吞历史，比附荒唐；妄想夺权，阴谋叛乱，竟欲登天摘太阳。粉碎了，把多年流毒，彻底扫光。　宝书传遍四方，第五卷雄文放光芒。是斗争经验，辩证思想，辉煌实践，精锐武装。努力钻研，加强建设，毛泽东旗帜高扬。齐奋勉，学英明领袖，治国抓纲。"

收人民文学出版社 1977 年 9 月版《沫若诗词选》。

**22 日** 委托中国科学院副院长吴有训会见并宴请荷兰皇家文理科学院院长凯森莫教授和夫人。（25 日《人民日报》）

凯森莫教授和夫人是应郭沫若邀请来访的。

**26 日** 步董必武《九十初度》原韵，作七律《怀念董老》。发表于 4 月 2 日《人民日报》、4 月 3 日《光明日报》。赞颂董必武："革命功高誉未过，九旬寿考靡蹉跎。""创党开天澄广宇，新民建国启先河。"

收人民文学出版社 1977 年 9 月版《沫若诗词选》，现收《郭沫若全集·文学编》第 5 卷。

**27 日** 为《人民中国》（日文版）作《浣溪沙·纪念抗日战争四十周年》。发表于《人民中国》7 月号。云："弹指光阴四十年，芦沟晓月将如船，乘风共济待明天。"

收入民文学出版社 1977 年 9 月版《沫若诗词选》，现收《郭沫若全集·文学编》第 5 卷。

**31 日**　在王宇信 2 月 24 日来信上作三段批复："你发现的'九十'是对的，将来在金文中也可能发现。""妇好与母辛很可能是一个人，但如果死在武丁时，武丁不得称之为母。我看墓是祖庚、祖甲时物。妇好在武丁死后似乎都在掌握大权。又及。""或者如后世的习惯，有意降在儿女的立场，尊称其亡妻为母。三及。"（王宇信《郭沫若与〈甲骨文合集〉》，《学习与研究》1982 年第 6 期）

◎ 在家中与周而复、杜宣、严文井会面。

据杜宣《夏夜星空》，交谈时谈到张春桥曾指示上海某报诬陷抗战时期的演剧队是"国民党的别动队"，使演剧队、孩子剧团、新中国剧社的同志受到迫害。郭沫若说，他们的用意是想打击周总理，和司马昭之心一样，是路人皆知的。受到迫害的同志应该平反，迫害致死的同志应该得到昭雪。（1978 年 6 月 23 日《解放日报》）

据周而复《缅怀郭老》，听罢周而复和文艺界朋友"文化大革命"期间的遭遇，郭沫若说，这是中国人民空前的灾难。但你比我年轻，身体更比我健康，继续拿起笔来，进行战斗，肃清"四人帮"的流毒和影响，看来还要花很大的力气哩！（《新文学史料》1980 年第 2 期）

## 春

◎ 为中国革命博物馆书录《水调歌头·粉碎四人帮》。（国家博物馆馆藏）

◎ 为郭志鸿和夫人顾嘉陵题："要光明正大，大公无私。"边款："写给志鸿、嘉陵，希望努力共勉。父亲沫若。"（《郭沫若书法集》，四川辞书出版社 1999 年 11 月版）

◎ 录五绝《茶溪》，跋："幼时所作即兴诗一首，王廷芳同志嘱为书出，仿佛缩短了七十年的光阴。"（王廷芳《郭沫若始终眷恋着家乡》，《郭沫若学刊》1991 年第 1 期）

◎ 应谷牧之索，为康生手迹"为人民"三字作跋："'为人民'三字乃康老所书，据古牧同志估计，殆书于一九四八年前后。时康老任山东分局书记兼山东省长，日理军政万机，很少写字，此件却得保存，甚为难得。三字言简意赅，政治内容丰富，而笔力挺拔，正反映精神充沛时期，是很可宝贵的纪念品。余挽康老诗中偶有'为人民'三字，今缀录于后。第五卫星同上天，光昭九有和大千。多才多艺多能事，反帝反修反霸权。生为人民谋福利，永扬赤帜壮山川。神州八亿遵遗范。革命忠贞万代传。"（据手迹）

◎ 录毛泽东《水调歌头·重上井冈山》词句："世上无难事，只要肯登攀。"赠王凤德。（据手迹）

## 4月

**1日** 观看考古所送来殷墟新出土的青铜器物。（《文物》第7期）

**2日** 与华国锋、陈永贵、邓颖超等分别送花圈，悼念雪莉·格雷厄姆·杜波依斯夫人。（3日《人民日报》）

黑人女作家雪莉·格雷厄姆·杜波依斯，美国已故黑人学者杜波依斯的夫人，曾五次访华。1976年2月来华治病，次年3月27日在京病逝。

**3日** 复函周而复，写道："前后两信均接到，谢谢您。周总理十七岁时所作绝句，真是绝妙好词。"

周而复曾将周恩来1917年19岁时的诗作《大江歌罢掉头东》抄录给郭沫若，误把年龄写为17岁，使郭沫若复信时照错。此后周而复去函作了更正。（周而复《缅怀郭老》，《新文学史料》1980年第2期）

**8日** 复信罗培元："前后两信与两份兰亭默临照片均收到，谢谢。立群同志身体不大好，她近来也不见画画了。"（据手迹复印件）

◎ 将《水调歌头·工业学大庆》清样寄常香玉，供排练配合全国工业学大庆会议召开的新曲目时参考。（常香玉《培育百花 奖掖后进——怀念郭沫若同志》，《战地增刊》1978年第2期）

**17日** 上午，会见日中友好议员联盟名誉顾问、日本前外相藤山爱一郎，及随行人员中田庆雄。会见中举起茶杯道："昨夜客来茶当酒"，对藤山再次来华访问表示欢迎。谈到中日两国交往时，说"我先后在日本居住了二十年，我十分感激日本人民"。（18日《人民日报》）

**23日** 下午，会见日本众议员古井喜实及随行人员。（24日《人民日报》）

**24日** 下午，和夫人于立群会见日本著名物理学家有山兼孝和夫人有山昌子。(25日《人民日报》)

**27日** 晚，为即将结束访问的有山兼孝夫妇饯行。次日，在家中与前来辞行的有山兼孝夫妇合影留念，时值牡丹盛开。

**本月** 手书条幅《水调歌头·粉碎四人帮》墨迹由天津杨柳青画店影印出版。

◎ 给东风剧团送去《毛泽东选集》第五卷，及毛泽东、周恩来、朱德的彩色合影。

## 5月

**1日** 往中山公园参加游园联欢活动，庆祝"五一"国际劳动节。(2日《人民日报》)

**2日** 为胡铁生《学大庆印集》题词："铁画银钩，古为今用"。手迹发表于《学大庆印集》，人民美术出版社1977年9月版。

**4日** 下午，出席全国工业学大庆会议，听取余秋里副总理受党中央委托所作报告。(5日《人民日报》)

**6日** 接待郁达夫之子，把郁达夫1936年赠诗和1945年在苏门答腊的题画梅诗手迹照送给他们。闻周艾文、于听辑录的《郁达夫诗抄》书稿在"文化大革命"初期被抄，颇气愤，望重新加以整理。(于听《怀念尊敬的郭老》，《西湖》1979年第9期)

**9日** 下午，出席全国工业学大庆会议，听取华国锋、叶剑英讲话。(10日《人民日报》)

**12日** 上午，会见日中贸易界前辈国分胜范及其随员筱田升。(13日《人民日报》)

**13日** 晨起走路，不慎跌倒，至轻度脑震荡，住北京医院。

**23日** 下午，在北京医院与前来探望的张瑞芳、赵丹、黄宗英、凤子、李准交谈。

大家回忆抗战期间在重庆排演历史剧《屈原》的情景时，郭沫若说："你们为演我的戏，受苦了"。交谈中，为现在艺术家们都有戏可演而感欣慰。得知电影《大河奔流》中会有毛泽东、周恩来的形象出现时，感慨道："可惜总理看不见了。"(张瑞芳《郭老，我们的一代宗师!》，《悼念郭

老》，生活·读书·新知三联书店1979年版）

**29日** 委托中国科学院副院长方毅举行晚宴，欢迎来华进行科学考察和友好访问的伊朗首相助理兼原子能委员会主席阿克巴尔·埃特马德，及其率领的伊朗原子能科学代表团。（30日《人民日报》）

该代表团应郭沫若邀请来访。

## 6月

**6日** 在王宇信本月1日来信上作回复："三星期前摔了一跤，引起了脑震荡。大稿读了一遍，字太小，又不能深入思考，只匆匆看了一遍，送还乞谅。"（据手迹；王宇信《郭沫若与〈甲骨文合集〉》，《学习与研究》1982年第6期）

**13日** 委托方毅宴请美国全国科学院院长、生物化学家菲利浦·汉德勒为团长的美中学术交流委员会代表团。（14日《人民日报》）

该代表团应郭沫若邀请来访。

**17日** 上午，和夫人于立群一起在北京饭店会见内山嘉吉和夫人内山松藻。从结识内山完造谈起，赞扬内山嘉吉继承兄长的事业，希望嘉吉一家继续经营好书店，为促进日中文化交流做出贡献。（18日《人民日报》；殿铭《"东海频数［教］一苇航"——内山嘉吉谈郭沫若与内山书店》，1982年11月16日《人民日报》）

**28日** 上午，赴八宝山革命公墓参加阿英追悼会。吟五言诗："你是'臭老九'，我是'臭老九'。两个'臭老九'，天长又地久。"

见《东风第一枝》，四川人民出版社1978年9月版。编者拟题为《悼阿英同志》。

阿英，即钱杏邨，文学家、剧作家，6月17日在北京病逝。

**下旬** 应潘振武之请，为在武汉市东湖磨山风景区修建的朱德诗碑纪念亭题字"朱碑亭"。（施大鑫《潘振武将军传》，中共党史出版社2005年9月版）

**本月** 收听中央人民广播电台播放"文化大革命"前北京人民艺术剧院上演《蔡文姬》的录音，百感交集，不禁泪下。（曹禺《郭老给予我们的教育》，《人民戏剧》1978年第7期；王廷芳《〈蔡文姬〉的孕育、诞生和成长》，《百年潮》2004年第6期）

◎《关于诗歌的一些意见》重新发表于《浙江文艺》第 6 期，对个别字作了改动。

本文初刊于《大众诗歌》1950 年第 1 卷第 1 期。

## 7 月

**1 日** 与分别来探望的王猛、成仿吾晤谈。

**6 日** 作七律《八一怀朱总》。发表于 31 日《人民日报》。诗云："赣水风雷井冈火，先忧后乐岁寒松。彬彬文质闲骚雅，岳岳元戎驭六龙。服务为民公仆贵，同仇敌忾万夫雄。反封反殖反双霸，赤帜高擎贯始终。"

见《东风第一枝》，四川人民出版社 1978 年 9 月版。

**8 日** 和夫人于立群一起接待常香玉来访，听她用豫剧曲调演唱《满江红·怀念毛主席》等曲目，大为称赞。赠送"周总理革命事迹展览"的参观券，建议创作怀念周恩来的唱段。（常香玉《培育百花 奖掖后进——怀念郭沫若同志》，《战地增刊》1978 年第 2 期）

**9 日** 作七绝一首。诗云："五年阔别重携手，且喜蔷薇花正红。四害驱除天下乐，双双对对颂东风。"

见《东风第一枝》，四川人民出版社 1978 年 9 月版，编者拟题为《赠东风剧团》。（手迹见《郭沫若书法集》，四川辞书出版社 1999 年 11 月版）

**10 日** 偕夫人于立群，和邓颖超一起在公安部礼堂，与东风剧团晋京演出的演员们见面。（东风剧团《郭老和东风剧团》，《人民戏剧》1978 年第 8 期）

**上旬** 接读魏绍昌 5 月来信，得知所编《养猪印谱》有望出版，嘱秘书回复："《养猪印谱》得以出版，很好，'序诗'照原版刊印即可，因现在手抖，就不另写字了。"

郭沫若 1960 年曾为魏绍昌编纂的《养猪印谱》作序（录入《读〈随园诗话〉札记》第七十则《讼堂养猪》），并为该书及《古巴谚语印谱》题签。《古巴谚语印谱》于 1964 年 10 月由朝花美术出版社出版，《养猪印谱》因故未能付印。1977 年 5 月，魏绍昌闻讯《养猪印谱》出版有望，请郭沫若对序言加以审阅。数日后，王廷芳函告郭沫若因病住院，医嘱近日不能看东西。7月8日，王廷芳再次复信，转告郭沫若同意"'序诗'照原版刊印"。(魏绍昌《回忆郭老二题》，《悼念郭老》，生活·读书·新知三联书店1979年版；魏绍昌《〈养猪印谱〉编后记》，博讯 boxun.com)

**12日** 应安徽省农垦管理局索求，为宣城敬亭山茶场恢复生产名茶"敬亭绿雪"题名。

绿茶"敬亭绿雪"为明清时贡品，制作方法因战乱失传，1976年恢复生产。郭沫若题字后，由秘书回复安徽省农垦管理局："你们请郭老写的'敬亭绿雪'几个字，已写好，现寄上。由于郭老手抖，字写了两遍，以上行'亭'、'绿'与下行'敬'、'雪'几个字为好，用时可拼一下。请你们酌定。"(赵宗尧《中国历史文化名茶——敬亭绿雪史话》，2007年)

**14日** 致函柘植秀臣。云："承赠选集第一卷样本，已拜领，谢甚。拙作别无可取，蒙大力斡旋，以日文面目问世，颇感惭愧。加以国内有'四人帮'问题梗阻，给了雄浑社很多不方便，而其故亦难明言，乞谅。"(柘植秀臣《对郭沫若先生追悼的话》，《郭沫若选集》第5卷《读者指导书》，日本雄浑社1978年版；《郭沫若的著作在日本》，《文献》丛刊1979年第1期)

**15日** 下午，在家中观看考古研究所王仲殊、王世民等送来陕西省岐山县新近出土的西周甲骨。

**16日至21日** 出席中国共产党第十届三中全会。

**20日** 作《满江红·歌颂十届三中全会》。发表于27日《人民日报》，《诗刊》第8期。词云："治国抓纲，符民意，英明决策。长鼓荡，东风习习，红旗猎猎。一瞬四人帮粉碎，普天国际歌洋溢。起贤才，八亿一条心，同建国。　云水怒，风雷激；反双霸，齐努力；把第三世界，联为铁壁。完成四个现代化，实现三年大治业。再坚持，二十个春秋，宏图奕。"

见《东风第一枝》，四川人民出版社1978年9月版。

**27日** 作五律《歌颂十届三中全会》："三生有大幸，盛会古无俦。粉碎四人帮，抓纲一网收。莫嫌臭老九，粪土万户侯。承先还启后，人物尽风流。"

见《东风第一枝》，四川人民出版社1978年9月版。

**31日** 下午，出席中共中央、国务院、中央军委召开的中国人民解放军建军50周年庆祝大会。(8月1日《人民日报》)

## 8月

**1日** 晚，出席由国防部举行的庆祝建军50周年招待会。（2日《人民日报》）

**4日** 上午，与王震、沈雁冰等参加在八宝山革命公墓举行的何其芳追悼会。（5日《人民日报》）

何其芳，诗人、文学评论家、中国社会科学院文学研究所所长，于7月24日逝世。

◎ 下午，会见日本友人木村一三、兵头义清。

**6日** 与华国锋、邓小平、叶剑英等分别为在南昌举行的方志敏遗骨安葬仪式敬送花圈。（11日《人民日报》）

方志敏烈士墓于1965年建成，墓碑由毛泽东题字。但烈士遗骨因受"文化大革命"干扰，未能及时安葬。粉碎"四人帮"以后，经党中央批准举行隆重的安葬仪式。

◎ 下午，与日本友人南村志郎及家人会面。

**8日** 下午，听取武衡关于科教座谈会情况的汇报。

**10日** 与中国科学技术大学来京参加工作会议的代表会面。为迎接校庆20周年，书写毛泽东语录"忠诚党的教育事业"，勉励教职员工安心在合肥办学。（中国科学技术大学《深切怀念老校长　努力办好新科大》；王廷芳《郭沫若与中国科学技术大学》，《传记文学》2002年第5期）

**12日至18日** 参加中国共产党第十一次全国代表大会，当选本届中央委员会委会。

**22日** 晚，会见并宴请从加拿大归国探亲的范寿康之女范令棣。请她转告范寿康，后会有期，希望好好保重身体。胡愈之夫妇等在座。（范令棣《回忆郭沫若伯伯和于立群同志》）

**23日** 在北京饭店，与前来探望的周扬晤谈。

**24日** 与华君武、钱松嵒、亚明、宋文治等江苏省国画院八位画家会面。

**28日** 向为周荣鑫平反昭雪而举行的追悼会敬送花圈。（29日《人民日报》）

周荣鑫，原教育部部长。1976年4月13日受"四人帮"诬陷迫害逝世。邓小平、李先念等出席追悼会，为周荣鑫恢复名誉。

**30 日** 往中国革命博物馆参观周恩来总理事迹展览。

◎ 为《贵阳师范学院学报》题写刊名。（1983 年 1 月《贵阳师范学院学报》编辑部刘延昭致读者信）

# 9 月

**1 日** 复周谷城来函。

**2 日** 与完成演出任务即将离京返回邯郸的东风剧团演员会面。鼓励演员们"好好学习，天天向上"，"学习是无止境的，好，也是无止境的。一辈子当学生最好"。（东风剧团《郭老和东风剧团》，《人民戏剧》1978 年第 8 期）

**3 日** 复函柘植秀臣。云："八月三十日大函拜读了。承蒙问候，十分感谢。一九二八年的亡命东京，最初寓住在品川附近的斋藤家，约一月有余，地名记不清了。那老人是位木匠师傅，房子就是自己建造的。长女嫁给了东京（横滨？）的商人，二女儿花子是我在一高预科的同学——桂毓泰（广州中山大学医学院院长）的夫人。第三个是儿子，当时恰二十岁，以后去了南洋，在商界服务。同斋藤家的联系后来完全断绝了，不知道是否您所打听到的'绪朋横丁'的斋藤。""陶晶孙和陶烈是认识的，同晶孙比较亲近，而与陶烈只是认得。就是这些了，遗憾的是所知很有限。"（柘植秀臣《郭沫若的房东》，日本《图书》什志 1979 笔年第 5 号；又见四川乐山《郭沫若研究学会会刊》1984 年总第 4 集）

**9 日** 下午，出席纪念毛泽东主席逝世一周年及毛主席纪念堂落成典礼大会，会后瞻仰毛主席遗容。（10 日《人民日报》）

**12 日** 中午，设便宴招待日本友人木村一三。

**19 日** 为《黄钟与瓦釜》（1963 年 9 月 11 日作）写"附记"。与《黄钟与瓦釜》同时发表于 26 日《人民日报》。"附记"写道："这是一篇未发表的旧稿，当时是针对'苏修赫鲁晓夫之流'而作的。今日偶然重见，以为亦可击刺'四人帮'。他们不正象瓦釜那样'雷鸣'一时，结果还不是到了瓦釜们应该去的'适当的下处'了吗！"

见《东风第一枝》，四川人民出版社 1978 年 9 月版。

**22日** 在北京饭店与前来探望的臧克家、沙汀交谈。

当沙汀感慨郭沫若在诗歌、历史剧、古文字研究上的成就时，郭沫若不以为然地摇摇头，微笑说"十个指头按跳蚤，一个没按到呵"。（沙汀《回忆与悼念》，1978年6月26日《人民日报》）

**30日** 晚，出席在人民大会堂举行的庆祝国庆28周年招待会。（10月1日《人民日报》）

**本月** 为《西藏文艺》题写刊名。因手颤，连书几条，圈选后剪贴拼成。（《深切怀念郭沫若同志》，《西藏文艺》1978年第3期）

◎《沫若诗词选》由人民文学出版社出版，选收1949年9月至1963年初已经编辑入集的部分作品并作重新校订，含《新华颂》2篇，《骆驼集》8篇，《长春集》51篇，《百花齐放》10篇，《潮集》15首，《东风集》72篇。此外收1963年至1977年3月间新作若干篇，1963年前未曾入集的诗作若干篇。卷首有1965年7月7日书《登湖口石钟山》手迹。

《沫若诗词选》中未曾收入过《新华颂》《骆驼集》《长春集》《百花齐放》《潮集》《东风集》的作品67篇，后编入《郭沫若全集·文学编》第5卷。《沫若诗词选》中入选过上述诗集的作品，因分别见诸《郭沫若全集·文学编》第3卷、第4卷，《郭沫若全集·文学编》第5卷不再重收。此外，有21篇1966年8月以后的作品，未被收入《郭沫若全集·文学编》第5卷。

# 10月

**1日** 往中山公园，参加国庆游园活动。（2日《人民日报》）

◎ 致信黑田寿男。云："昨夜国宴同席，欣幸之至。面告惠赐大函及福冈市金印公园照片三枚，已妥收。感谢感谢。昆明之游，定感快兴。为贺为祝。专复，顺颂旅安。郭沫若顿首 一九七七年十月一日，二十八周年国庆。"（手迹载《日中国交正常化20周年纪念 郭沫若生诞100周年纪念 郭沫若展》图录）

**2日** 作七绝，祝贺河原崎长十郎演出话剧《望乡诗》成功。诗云："望乡诗好庆成功，李白晁衡是弟兄。力挽狂澜金石颂，千秋万岁播东风。"诗前有小序："河原崎长十郎演出话剧《望乡诗》获得大成功，草成一绝奉和。"

见《东风第一枝》，四川人民出版社 1978 年 9 月版，编者拟题为《祝〈望乡诗〉演出成功》。

话剧《望乡诗》由依田义贤、河原崎长十郎创作，10 月在日本首演。

◎ 复林默涵信，云："尊书已由而复同志转达，谢甚谢甚。病后手颤，写字艰难，稽复乞谅。《十批判书》，殊多谬误，望您不吝指正，以俾减少罪愆。组织生活已恢复，深深庆贺。料想不日当于京门把晤也。"（据手迹复印件）

◎ 复周而复信："前后两函均奉悉。后函所附默涵同志给我的信也拜读了。感谢您的亲切关注。手颤，写字不便，稽复恕罪。您的字，写得满好，逼近二王。在善书者之前，呈现孩儿体，尤觉手软，真正遗笑大方了。"

据周而复《缅怀郭老》引文，《新文学史料》1980 年第 2 期。周而复文中未说明复信日期。对照 2 日复林默涵信内容，两封信殆写于同一天。

**6 日**　赋五绝一首，答谢茅诚司馈赠日本荞麦面。诗云："惠我荞麦面，回思五五年。深情心已醉，美味助加餐。"

见《东风第一枝》，四川人民出版社 1978 年 9 月版，编者拟题为《赠茅诚司先生》。

**8 日**　复函臧克家："您的信早收到，您要我为您的竹筒题字付刻，我有点踌躇，因而稽复。恕罪恕罪。病后手颤，字写不好，加以住在饭店，笔墨都不顺手，——这封信的字就是证明。因此，踌躇再三，对于题字之嘱不好应命，请谅。"次日附笔："此信写好后未及送出，又感不适，到医院检查，白血球含量高至 18，600，大夫又叫我住院了。特此附闻。"（据手迹；又见《郭沫若研究》第 1 辑，文化艺术出版社 1985 年 8 月版）

**23 日至 24 日**　出席第四届全国人民代表大会常务委员会第四次会议。会议决定 1978 年春召开五届全国人大会议。（25 日《人民日报》）

**26 日**　《人民日报》发表 1963 年 9 月 11 日作《黄钟与瓦釜》。

**本月**　收到成仿吾《长征回忆录》。

封面书名由郭沫若题写，人民出版社 1977 年 10 月初版发行。

◎ 为建筑工业出版社题写社名。（《岁月如歌》，中国建筑工业出版社 2004

年5月版)

## 11月

**16日** 作《清平乐·祝共青团中国科学院第五次代表大会开幕》。发表于《科学实验》1978年第2期。诗云："神州赤县，长颂东风健。满目青年多俊彦，努力科研实践。 科研攀上高峰，促进国防工农，四项化成现代，廿年争取成功。"

见《东风第一枝》，四川人民出版社1978年9月版。

**22日** 复函长野士郎。云："您十月二十一日来函诵悉。蒙慰问，感谢。值此初冬季节，谨向您致以诚挚的问候。您在信中谈到，丹顶鹤'茶目'因患皮肤病已死，听了感到很可惜，然而我很感谢您和冈山县的各界友人多年来对两只丹顶鹤的爱护，特别为医治'茶目'的皮肤病而所做的努力。您长期以来，为中日两国人民的友好事业做了不少工作，对此表示由衷的钦敬。"（见《郭沫若研究》第9辑，文化艺术出版社1991年12月版）

**26日** 嘱秘书代笔，回复薛雯，对冯仲云寄以悼念，在信末签名。（据手迹）

冯仲云，曾任北京图书馆馆长、水利电力部副部长等职。1968年被迫害至死，1977年被平反昭雪。

**29日** 诗《看〈江姐〉》（1965年5月作）重新发表于《重庆日报》。第五句中"梅花颂"，改为"梅花赋"。诗后注"写于一九六五年五月 改于一九七七年五月二十六日"。

空政文工团在粉碎"四人帮"后，重新上演歌剧《江姐》。郭沫若《看〈江姐〉》诗再次发表。（刘悎晨、刘经亚《文艺战士的深切悼念》，1978年6月20日《解放军报》）

**本月** 为中国历史博物馆、北京市文物管理处联合举办"北京市出土文物展览"，中国历史博物馆、考古研究所合办"考古发掘展览"题写展名；为国家计量局、故宫博物院合编《中国古代度量衡图录》题写书名。（史树青《"今日回思志倍坚"》，《中国历史博物馆馆刊》1979年第1期）

## 12 月

**1 日** 作《题关良同志画鲁智深》。发表于 1978 年 1 月 29 日《人民日报》。诗云："神佛都是假,谁能相信它!打破山门后,提杖走天涯。见佛我就打,见神我就骂。骂倒十万八千神和佛,打成一片稀泥巴。看来神杖用处大,可以促进现代化,开遍大寨花。"

手迹见《东风第一枝》卷首插图,四川人民出版社 1978 年 9 月版。

**7 日** 为吴有训追悼会献花圈致哀。(8 日《人民日报》)

吴有训,中国科学院副院长、物理学家,11 月 30 日在北京病逝。

**9 日** 为共青团中国科学院第五次代表大会的题词在《人民日报》上刊登。题词云:"神州赤县,长颂东风健。满目青年多俊彦。"(见新华社 7 日讯《做向科技现代化进军的模范》)

◎ 为程十发的人物画屈原婵娟与橘,赋诗云:"橘生南国,布满江潭。秉德无私,与天地参。"由夫人于立群题写。上款:"曹大澂同志嘱题"。

见《东风第一枝》,四川人民出版社 1978 年 9 月版,编者拟题为《咏橘颂图》。(《郭沫若题画诗存》,山西教育出版社 1998 年 1 月版,编者拟题为《题程十发画〈橘生南国〉》)

**26 日** 作七律《纪念毛主席诞辰》,发表于 27 日《人民日报》《光明日报》。诗云:"形象思维第一流,文章经纬冠千秋。素笺画出新天地,赤县翻成极乐洲。四匹跳梁潜社鼠,九旬承教认孔丘。群英继起完遗志,永为生民祛隐忧。"

见《东风第一枝》,四川人民出版社 1978 年 9 月版。

据新华社报道,纪念毛泽东诞辰 84 周年文艺晚会,今晚在人民大会堂举行。郭沫若创作的这首诗"在晚会上朗诵时受到热烈的欢迎"。(27 日《人民日报》)

**31 日** 为在京文学工作者座谈会作书面发言,发表于 1978 年《人民文学》第 1 期。写道:

"张光年同志并转文学座谈会的同志们:

首先,让我们热烈欢呼英明领袖华主席给《人民文学》的光辉题词。

这不仅是文艺界，也是全党、全国的一件大事！它向我们指明了今后文学艺术工作的方针、路线和奋斗目标。我们一定要身体力行，遵照华主席的指示，为繁荣社会主义文艺创作贡献力量。

《人民文学》编辑部举行座谈会，会开得很及时。我因身体不好，不能出席，失去了向同志们学习的机会，很遗憾。

'四人帮'的滔天罪行罄竹难书，他们严重干扰破坏了民众向革命文艺路线的贯彻。他们对文艺工作者乱扣帽子，乱打棍子，把许多革命作家和好作品打成黑作家和黑作品，在文艺工作者头上加上了'文艺黑线专政'论等一系列精神枷锁。这些精神枷锁必须彻底摧垮。除恶务尽，不能心慈手软。一个波澜壮阔的文艺运动新高潮即将来临。

祝同志们在英明领袖华主席为首的党中央领导下，遵照毛主席在延安文艺座谈会上所指明的文艺为工农兵服务的方向，遵照华主席的指示，努力贯彻百花齐放、百家争鸣等一系列方针政策，壮大文艺队伍，加强文艺活动，创作更多更好的好作品，为实现我国四个现代化作出更大的贡献。

预祝同志们新年好。"

见《东风第一枝》，四川人民出版社1978年9月版，编者拟题为《打碎"文艺黑线专政"论的精神枷锁》。

## 本　年

◎ 为湖南汨罗修复屈子祠，用屈原《离骚》诗句集联："集芙蓉以为裳，又树蕙之百亩；帅云霓而来御，将往观乎四荒。"由于立群书录寄赠。

◎ 为哈尔滨工艺美术研究所编《大庆图案集》题写书名，黑龙江人民出版社1978年10月出版。

# 1978年（戊午）86岁

2月24日至3月8日　第五届政协第一次会议在京召开。选举邓小平为全国政协主席。

2月25日至3月5日　第五届全国人大第一次会议在京召开，确定我国新时期总任务是：动员全国各族人民团结起来，为建设社会主义的现代化强国而奋斗。叶剑英当选人大常委会委员长；通过中共中央提议，华国锋为国务院总理。

3月7日　国务院明确，在国务院作出新规定前仍执行1960年《关于高等学校职务名称及其确定与提升办法的暂行规定》，原来确定和提升的职称均有效。

3月18日至31日　全国科学大会在京举行。

5月10日　中央党校《理论动态》发表《实践是检验真理的唯一标准》，《光明日报》《人民日报》相继转载。全国展开真理标准问题的讨论。

5月27日至6月5日　中国文联第三届全国委员会第三次（扩大）会议在京召开。

# 1月

**6日**　上午，请考古所夏鼐、王仲殊、王世民等来寓所汇报殷墟妇好墓发掘情况，观看出土的部分铜器、玉器及象牙器及一些照片和拓片。说该墓出土器物可证殷代文化至武丁时已经很发达；妇好可能是卜辞中武丁的配偶，能作战，立了功，所以随葬品如此丰富；妇好为武丁时代或武丁之子一辈所葬，故称"母辛"，不会晚到孙辈（孙辈称祖妣）。又听夏鼐汇报，考古所将着手进行《殷周金文集成》的编纂工作，极表赞同。（《夏鼐日记》卷8，华东师范大学出版社2011年8月版）

**23日**　为北京电视台春节专题节目拟春联："四害必须肃清飞雪迎春到；三年肯定大治心潮逐浪高"。

见《东风第一枝》，四川人民出版社1978年9月出版。

**25日**　作《跋〈寥寥集〉》。收沈钧儒诗集《寥寥集》（生活·读书·新知三联书店1978年版）。写道：

"重庆，抗日战争时期的陪都。南京、武汉相继沦陷后，民主人士多集中于此。偶有诗作，每相互和。

我有一首《和沈衡老》的诗，题下注云：'衡老梦为营长，以诗见示，踵韵和之.'和诗是五律，下标年月日为'一九四一年五月二十一日'。诗的内容如下：

奇哉营长梦，磊落古人风。一意通潜识，众心望反攻。

釜鸞谁与溉？仇泽我从同。不听鸡鸣久，鹓雏却满笼。

拙诗收入《潮汐集》。既云'踵韵和'，则衡老原诗亦当为五律。唯于《寥寥集》中寻不出原作。有《好男》二首，注中有营长梦和'久不闻鸡鸣'之慨叹。年月为'一九四二年五月十一日'。诗意大体相符，诗式与年月却判然有异。不知是否我所记失实，或原诗有所改定。

然而，《好男》确是好诗。"

又见《东风第一枝》，四川人民出版社1978年9月版。

**28日** 为侯春怀追悼会送花圈致哀。(29日《人民日报》)

侯春怀，国务院机关事务管理局副局长，23日病逝。

## 2月

**3日** 复信罗培元。云："多谢您的照片。一月十六日信收到了。您的字写得很好，写出了风格。您这位'兰亭富翁'使我出乎意外。我当时默临的《兰亭序》使您精制成帖，我完全不记得了。总之，空前绝后是可以说的。我现在视力衰弱，手指无力，写字不听话，不要说兰亭的默临已不可能，连写这封回信都相当艰难了。写给叶帅的诗也不错，有惊人的跃进。祝您锲而不舍，攀上最高峰。家中大小，一切都好，添了三个小女孙子。不多写了，实际上也不能多写了。春节愉快。""立群嘱附笔问候。"（据手迹复印件）

**4日** 作四言诗《纪念周总理八十诞辰》。发表于3月4日《人民日报》，《诗刊》第3期。云："光明磊落，大公无私。忠于革命，忠于导师。经纬万端，各得其宜。丰功伟绩，万古长垂。"

见《东风第一枝》，四川人民出版社1978年9月版。

**9日** 因呼吸道感染，自1974年2月以来第16次入住北京医院。（周而复《缅怀郭老》；郭庶英《我的父亲郭沫若》，沈阳人民出版社2004年版）

**22日** 在中国社会科学院座谈会上作书面发言《在理论工作上要有勇气》，发表于3月11日《人民日报》《光明日报》。写道：

"中国社会科学院召开批判'四人帮'炮制的'两个估计'的座谈会,非常及时,也非常重要。我因为身体不好,不能出席,但我的心情和同志们是一样的。'四人帮'炮制的'两个估计',把十七年的哲学社会科学工作说得漆黑一团,把广大的哲学社会科学工作者都打成'资产阶级知识分子'。他们千方百计想毁灭马克思主义的哲学社会科学,想搞垮我们这支由老、中、青三部分人组成的理论队伍。他们全面篡改和背叛马克思主义的哲学、政治经济学和科学社会主义,在社会科学的各个领域都散布了许多谬论,其流毒决不能低估。我们要认真地从理论上对他们的各种谬论进行深入的彻底的批判,在批判中把我们的队伍整顿好,建设好,把马克思主义的社会科学推向前进。

中国是毛泽东思想的故乡,有光荣的革命传统和丰富的历史遗产。发展我国哲学社会科学的条件本来是很优越的。但是由于'四人帮'的干扰和破坏,我国哲学社会科学的现状远远不能适应党和国家的需要。华主席在十一大的政治报告中,号召我们要大力开展以马列主义、毛泽东思想为指导的创造性的研究。我们一定要鼓足干劲、力争上游,迅速改变哲学社会科学的落后状况,用优异的成绩来迎接社会主义文化建设的新高潮。社会科学院最近正在制订三年、八年科研规划,我衷心希望同志们群策群力,制订出一个既有雄心壮志,又是切实可行的哲学社会科学发展规划来。

百花齐放、百家争鸣的方针是毛主席为我们制订的促进艺术发展和科学进步的方针,是促进我国的社会主义文化繁荣的方针。前几年,在'四人帮'的文化专制主义的高压下,百花齐放、百家争鸣都没有了。粉碎了'四人帮',我们的文化艺术和科学都得到了解放。但是许多人现在还心有余悸,这种现象说明,我们在精神上还没有完全得到解放。我们从事哲学社会科学理论工作的同志应当勇于探索,不怕在探索中犯错误。有勇气坚持真理,也有勇气改正错误,这就不怕'四人帮'那套动不动扣帽子、打棍子的恶劣行径。在理论工作上一定要有勇气。只有这样,我们的哲学社会科学才能有生气和兴旺起来。

祝中国社会科学院的全体同志在华主席为首的党中央的领导下,抓纲治院,为发展我国的马克思主义的哲学社会科学,作出更大的贡献。"

见《东风第一枝》,四川人民出版社 1978 年 9 月版。

**24 日**　在全国政协第五届委员会第一次会议上,被推选为大会主席团常务主席之一。(25 日《人民日报》)

**25 日**　在第五届全国人民代表大会第一次会议预备会议上,被推选为大会主席团常务主席之一。(26 日《人民日报》)

**本月**　在医院与前来探望的钱三强会面。得知钱三强将赴澳大利亚访问,说澳大利亚草原发生过"兔灾",建议注意一下人家是怎样解决的。又谈到约里奥·居里,说"凡是对中国做过好事的人都不要忘记"。(钱三强《忆我尊敬的长者》)

## 2、3 月间

作《水调歌头·贺五届人大、五届政协胜利召开》。发表于 6 月 21 日《人民日报》。词云:"红日照天下,春满北京城。来自五湖四海,一片凯歌声。颁布重修宪法,通过辉煌报告,步武如雷霆。四化承师训,四害化灰尘。　高举旗,齐步伐,再长征。九亿大鹏展翅,飞散满天云!英明领袖英明,协力抓纲治国,遍地是东风。二十三年后,煮酒论群英。"

见《东风第一枝》,四川人民出版社 1978 年 9 月版。

《人民日报》加"编者附记":"一九七八年二、三月间,郭沫若同志重病在身,未能参加五届人大、五届政协会议。他在医院里捧读华主席的政府工作报告、叶副主席的关于修改宪法的报告和宪法修改草案,心情振奋,不能自已,满怀激情地写了这首词,表达对华主席、党中央提出的新时期总任务的热烈拥护和对于新长征胜利的殷切期望。"

## 3 月

**4 日**　"周恩来同志少年读书旧址展览"在沈阳市第六中学揭幕。此前应邀为学校和展览题写校名和会标。(9 日《人民日报》)

沈阳市六中前身为"奉天省官立东关模范高等小学校",1910 年秋至 1913 年 9 月周恩来在此就学。

**5 日**　经第五届全国人民代表大会第一次会议选举,与宋庆龄、聂荣臻等当选全国人大常委会副委员长,叶剑英为委员长。根据国务院总理华国锋提议,被任命为中国科学院院长。

中国社会科学院院长由胡乔木担任。(6日《人民日报》)

**8日** 经中国人民政治协商会议第五届全国委员会第一次会议选举，与乌兰夫、韦国清等当选副主席。邓小平为主席。(9日《人民日报》)

**16日** 下午，与方毅等分别向"文化大革命"期间受迫害致死的地球物理学家赵九章、数学家熊庆来的骨灰安放仪式送花圈。为他们平反昭雪、恢复名誉。(18日《人民日报》)

**18日** 下午，出席在人民大会堂召开的全国科学大会开幕式。

大会主席台上方悬挂着郭沫若题写的"全国科学大会"会标。

数日前，由于郭沫若的一再坚持，医生直至在大会召开前一天才同意他出席这次大会，并限定出席时间为30分钟。然而，当邓小平所作的大会讲话结束时，会议已经持续了一个小时，郭沫若仍不肯离开会场。这时，主持人华国锋起身劝说："郭老可以退席，早点回去休息。"于是工作人员用座椅把郭沫若抬离主席台。这一场景使许多与会者为之感动，说这不单是对郭老个人的关怀和爱护，也代表了党中央对全体科技工作者的关怀和爱护。(19日、20日《人民日报》；王廷芳《光辉的一生 深切的怀念》，《郭沫若研究专刊》，1979年)

**31日** 因身体虚弱，未能出席全国科学大会闭幕式，作书面讲话《科学的春天》，发表于4月1日《人民日报》《光明日报》。书面讲话写道：

"我们民族历史上最灿烂的科学的春天到来了。我是上一个世纪出生的人，能参加这样的盛会，百感交集，思绪万千。

"在旧社会，多少从事科学文化事业的人们，向往着国家昌盛，民族复兴，科学文化繁荣。但是，在那黑暗的岁月里，哪里有科学的地位，又哪里有科学家的出路！科学和科学家，在旧社会所受到的，只不过是摧残和凌辱。封建王朝摧残它，北洋军阀摧残它，国民党反动派摧残它。我们这些参加过'五四'运动的人，喊出过发展科学的口号，结果也不过是一场空。大批仁人志士，满腔悲愤，万种辛酸，想有所为而不能为，真是英雄无用武之地。我们不少人就是在这种暗无天日的岁月中，颠沛流离，含辛茹苦地度过了大半生。伟大领袖和导师毛主席领导中国共产党进行了艰苦卓绝的斗争，建立了新中国，人民得到了解放，科学得到了解放。毛主席和周总理又亲自为我国规划了建设社会主义现代化强国的宏伟蓝图，对科学事业和科学工作者给予了无微不至的关怀。我国的科学事业有了突飞猛进的发展。回忆起这些情景，一桩桩、一件件的往事都涌上心头，好象就在眼前一样。饮水思源，我们怎能不万分感激和无限缅怀伟大领袖毛主席和敬爱的周总理呢！万恶的"四人帮"对科学工作百般摧残，对科学工作者横加迫害，妄图重新把我们的祖国拉回到愚昧、落后、黑暗的旧社会去。但是，'蚍蜉撼树谈何易'。华主席为首的党中央，一举扫除了这伙祸国殃民的害人虫，使我们得到了第二次解放。现在，我们可以扬眉吐气地说，反动派摧残科学事业的那种情景，确实是一去不复返了！科学的春天到来了！从我一生的经历，我悟出了一条千真万确的真理：只有社会主义才能解放科学，也只有在科学的基础上才能建设社会主义。科学需要社会主义，社会主义更需要科学。看到今天这种喜人的情景，真是无比感慨和兴奋。'老夫喜作黄昏颂，满目青山夕照明。'敬爱的叶副主席的光辉诗篇，完全表达出了我们这一代人的心情。

我们中华民族在人类文明发展史上，曾经有过杰出的贡献。现在，在共产党的领导下，我们民族正在经历着一场伟大的复兴。恩格斯在谈到十六世纪欧洲文艺复兴时曾经说过，那是一个需要巨人而且产生了巨人的时代。今天，我们社会主义祖国的伟大革命和建设，更加需要大批社会主义时代的巨人。我们不仅要有政治上、文化上的巨人，我们同样需要有自然科学和其他方面的巨人。我们相信一定会涌现出大批这样的巨人。

科学是讲求实际的。科学是老老实实的学问，来不得半点虚假，需要付出艰巨的劳动。同时，科学也需要创造，需要幻想，有幻想才能打破传统的束缚，才能发展科学。科学工作者同志们，请你们不要把幻想让诗人独占了。嫦娥奔月，龙宫探宝，《封神演义》上的许多幻想，通过科学，今天大都变成了现实。伟大的天文学家哥白尼说：人的天职在勇于探索真理。我国人民历来是勇于探索，勇于创造，勇于革命的。我们一定要打破陈规，披荆斩棘，开拓我国科学发展的道路。既异想天开，又实事求是，这是科学工作者特有的风格，让我们在无穷的宇宙长河中去探索无穷的真理吧！

我祝愿我们老一代的科学工作者老当益壮，跟随英明领袖华主席进行新的长征，为我国科学事业建立新功，为造就新的科学人才做出贡献。

我祝愿中年一代的科学工作者奋发图强，革命加拼命，勇攀世界科学高峰。你们是赶超世界先进水平的中坚,任重而道远。古人尚能'头悬梁,锥刺股',孜孜不倦地学习,你们为了共产主义的伟大理想,一定会更加专心致志,废寝忘食,刻苦攻关。赶超,关键是时间。时间就是生命,时间就是速度,时间就是力量。趁你们年富力强的时候,为人民做出更多的贡献吧!

我祝愿全国的青少年从小立志献身于雄伟的共产主义事业,努力培育革命理想,切实学好现代科学技术,以勤奋学习为光荣,以不求上进为可耻。你们是初升的太阳,希望寄托在你们身上。革命加科学将使你们如虎添翼,把老一代革命家和科学家点燃的火炬接下去,青出于蓝而胜于蓝。

我的这个发言,与其说是一个老科学工作者的心声,无宁说是对一部巨著的期望。这部伟大的历史巨著,正待我们全体科学工作者和全国各族人民来共同努力,继续创造。它不是写在有限的纸上,而是写在无限的宇宙之间。

春分刚刚过去,清明即将到来。'日出江花红胜火,春来江水绿如蓝'。这是革命的春天,这是人民的春天,这是科学的春天!让我们张开双臂,热烈地拥抱这个春天吧!"

见《东风第一枝》,四川人民出版社1978年9月出版。

**本月** 作四言诗:"双剑插背,两眼入神。精神抖擞,快要杀人。"

见《东风第一枝》,四川人民出版社1978年9月出版,编者拟题为《看舞剧〈小刀会〉剧照口占》。

## 春

与郁风、黄苗子交谈,重睹郁风1937年10月在上海为郭沫若画的速写。

画上有郭沫若当年题写的诗句:"这便是我,出一刹那,艺术之力,千古不磨。"这幅速写在"文化大革命"中被抄,近日从归还给阿英的遗物中发现。画面上已布满污痕霉点,还有脚印,郭沫若遂感慨地对郁风说,"装裱好了就由你保存作个纪念吧"。(郁风《千古不磨》,6月20日《文汇报》;《郭沫若题画诗存》,山西教育出版社1998年1月版)

## 4月

**10日** 嘱秘书代笔回复河原崎长十郎来函，感谢河原崎长十郎惠赠资料，祝"在为日本发展先进的戏剧事业中，更加活跃"。(《同"屈原"的荣幸相会》，日本《日本和中国》，1978年7月；又见《日本朋友悼念郭沫若》，吉林大学外研所日本文学研究室编译，1978年)

**本月** 《沫若剧作选》由人民文学出版社出版。

卷首有1976年5月作者像、《蔡文姬》手稿各一页。出版社编辑部《出版说明》："《沫若剧作选》，选收了《棠棣之花》、《屈原》、《虎符》和《蔡文姬》四个剧本。本选集是根据本社一九五九年四月出版的《沫若选集》第二卷重印。重印时，个别地方作了订正。"(《沫若选集》第二卷初版时间应为1959年12月)

## 4、5月间

病情几度恶化。其间对于立群说："遇事要冷静，要实事求是。""你不要悲观。你很泰然，我就放心了。"又说："对党的关怀，我特别感谢。我在悔恨自己为党工作得太少了。"(于立群《化悲痛为力量》)

## 5月

**月初** 黎锦熙追悼会在八宝山革命公墓礼堂举行，送花圈致哀。(4日《人民日报》)

黎锦熙，全国政协委员会委员、中国科学院社会科学部委员、文字改革委员会委员、九三学社中央常委、北京师范大学中文系教授，3月27日在京病逝。

**6日** 下午，张志让追悼会在八宝山革命公墓礼堂举行，送花圈致哀。(7日《人民日报》)

张志让，政协第五届全国委员会常务委员、最高人民法院原副院长，4月26日在北京病逝。

**20日** 与邓小平、汪东兴等领导人组成欧阳钦治丧委员会。在22日追悼会上送花圈致哀。(21日、23日《人民日报》)

欧阳钦，中国人民政治协商会议全国委员会副主席、第五届全国人民代表大会常务委员会委员，15日在北京病逝。

**27日**　在中国文学艺术界联合会第三届全国委员会第三次扩大会议发表书面讲话《衷心的祝愿》。发表于6月6日《人民日报》《光明日报》。写道：

"在毛主席革命文艺路线的指引下，全国文联和它所属的各个协会，曾经为党为人民做了不少有益的工作，取得了很大成绩。但是，王张江姚'四人帮'疯狂反对毛主席，推行反革命的政治纲领，实行法西斯式的文化专制主义，残酷迫害文艺界久经考验的老战士和朝气蓬勃的新战士，把我们的队伍打散了。文联、各协会及全国各地分会，多年来被迫停止了一切活动。华主席、党中央一举粉碎了万恶的'四人帮'，使我们有幸重新会师，欢聚一堂，共商恢复和加强文艺战线的大计。此时此刻，我不禁百感交集，心情十分激动。虽然由于健康的原因，我不能亲临盛会，向同志们学习，向同志们请教，但我的心已经飞到你们的身旁，我的感情和你们紧紧地结合在一起了。

在这样的时刻，我们更加缅怀伟大导师毛主席。毛主席缔造了我们伟大的党，缔造了我们伟大的新中国。在他的光辉思想照耀下，我国的社会主义新文艺才得以繁荣滋长。毛泽东思想过去、现在和将来永远是我们事业的指路明灯。毛泽东思想比天高，比海深，是我们取之不尽、用之不竭的巨大精神力量。毛泽东思想是一个博大精深的、完整的思想体系，他的文艺思想也是一个科学的、完整的体系。我们一定要完整地准确地领会它的精神实质。

在这样的时刻，我们更加怀念敬爱的周总理。不论民主革命时期，还是社会主义革命时期，周总理一贯地按照毛主席的思想，用心血浇灌了无产阶级的文艺园地，教导和培育了大批老年的、中年的和年轻的文艺工作者。社会主义文艺的巨大成绩，同周总理的热情关怀和悉心培育是分不开的。我想，在座的许多文艺界的同志，都曾受到过周总理的谆谆教诲。就我个人的经历来说，五十多年来，周总理在政治上、思想上、艺术上都是我的良师益友，曾经给予我许多难以忘怀的指示和帮助。我的许多作品，尤其是剧本，差不多都得到过周总理的亲切关怀，他在日理万机之中挤时间读剧本、看演出、提意见，使我深受感动和激励。

这次会议根据党中央的指示，宣布中国文联和作家协会恢复活动，其他协会一俟条件成熟也要恢复活动。文联各协会恢复后要做些什么呢？我想，首要的任务是把文艺界批判'四人帮'的第三战役推向深入，继续批判他们的阴谋文艺，批判他们炮制的'文艺黑线专政'论及其它谬论，把文艺领域里被他们弄颠倒了的路线是非、思想是非、理论是非重新颠倒过来，肃清其流毒。这场斗争是长期的，艰巨的。

科学要进步，文艺要发展，没有百花齐放、百家争鸣的局面，没有首创精神、创造性的劳动、敢想敢说的风格是不行的。我们搞的是社会主义革命，社会主义制度为文学艺术事业的发展开拓了无比广阔的天地。一切有志于社会主义文艺事业的文学家、艺术家，有什么理由不敞开思想、畅所欲言、大胆创造呢！在今天，我们特别希望出现一大批文学艺术的闯将，他们努力加强思想武装，敢于坚持真理，同人民群众心连心，按照党和人民的要求，放开笔来写，拿起笔来投入战斗，把'四人帮'设置的种种精神枷锁踏在脚下，深刻地、光彩夺目地反映我们的伟大时代！

作家、艺术家的活动，包括深入生活和从事写作，都是劳动，是艰苦的创造性劳动。作家、艺术家是劳动者，是劳动人民的一部分。作家、艺术家对人民有益的劳动，是会受到党和人民尊重的。毛主席、周总理一向关怀作家、艺术家的成长，把他们的劳动看作是整个革命事业不可缺少的一部分。以华主席为首的党中央对文艺劳动同样是十分重视的。

作为文艺战线上的一个老兵，我愿和同志们一道学习。我向同志们问好！向全国文艺战士们寄以热烈的美好的祝愿！"

**本月** 与来医院探视的刘白羽交谈。（刘白羽《雷电颂》，《人民文学》1978年第7期）

## 6月

**3日** 关心中国文联扩大会议的进展。得知周扬前一天晚上曾来探望，被医生回绝，说"我这不是挺好吗？太失礼了"。托王廷芳征求周扬意见，约请再来医院晤谈。

据周扬、王廷芳回忆，周扬向郭沫若转达了大家的问候和希望早日康复的祝愿，介绍了会议愤怒声讨"四人帮"的热烈情景，以及同志们为拨乱反正，承前启后，进一步繁荣社会主义文艺事业而下定的决心。郭沫若再三请周扬向同志们致意，说因病不能出席会议，失去了一个向大家学习的好机会。在听到周扬说"你是我们中国的歌德，是我们中国的国宝，大家都期望你早日恢复健康，领着大家前进"这段话后，答道："你做了很多工作，我没有做什么工作，很惭愧。"交谈中，谈到第二次国内革命战争期间的左翼文艺运动，希望周扬等人研究和总结这方面的历史经验。（周扬《悲痛的怀念》，王廷芳《光辉的一生　深切的怀念》，《悼念郭老》，三联书店1979年5月版）

◎ 老舍骨灰安放仪式在八宝山革命公墓举行，与邓小平、李先念等党和国家领导人分别送花圈致哀。（4日《人民日报》）

原中国文学艺术界联合会副主席、人民艺术家老舍受"文艺黑线专政"论的摧残迫害，于1966年8月24日自沉于北京太平湖。

**6日**　在病床上与前来探望的李昌、严济慈、钱三强谈话，关心中国科技大学迁到合肥后的情况，请代向学校的同志们问好。（王廷芳《郭沫若与中国科协技术大学》，《传记文学》2002年第5期）

**11日**　体温升高，病情危重。

**12日**　从昏迷中醒来时，握着夫人于立群的手，吃力地说："时间很重要啊！""时间特别重要！"又断断续续对病床边的工作人员说："要相信党，要相信真正的党！要相信以华主席为首的党中央！"（王廷芳《光辉的一生　深切的怀念》；郭庶英《我的父亲郭沫若》）

科学文化界的同志、友人得知郭沫若病危的消息，相继赶来探望。张光年在病床前高声说："郭老啊，全国文艺界的同志们都特别挂念你，想念你，你一定要保重啊！"郭沫若听懂了，艰难地回答说："谢谢！"弥留之际，华国锋、乌兰夫等党和国家领导人先后到医院看望。郭沫若最后尽力说出了两个字"耳机！"从此再无力说话，也无法听见人们对他的问候了……

◎ 下午，4时50分，因病长期医治无效，逝世于北京医院101病房。

晚，于立群致信国务院副总理、中国科学院党组书记方毅，表述对郭沫若身后事的处理意见：根据郭沫若的生前意愿，遗体可以根据医学的需要进行解剖实验；骨灰不要保留，当作肥田粉撒到大寨去肥田。（于立群

《化悲痛为力量》；周而复《缅怀郭老》；15日《人民日报》）

**14日** 郭沫若治丧委员会组成，名单如下：华国锋、叶剑英、邓小平、李先念、汪东兴、宋庆龄、韦国清、乌兰夫、方毅、刘伯承、许世友、纪登奎、苏振华、李德生、吴德、余秋里、张廷发、陈永贵、陈锡联、耿飚、聂荣臻、倪志福、徐向前、彭冲、陈慕华、赵紫阳、赛福鼎、陈云、谭震林、李井泉、张鼎丞、蔡畅、邓颖超、廖承志、姬鹏飞、阿沛·阿旺晋美、周建人、许德珩、胡厥文、王震、谷牧、康世恩、宋任穷、沈雁冰、史良、朱蕴山、康克清、季方、王首道、杨静仁、张冲、帕巴拉·格列朗杰、庄希泉、胡子昂、荣毅仁、童第周、江华、黄火青、粟裕、罗瑞卿、胡耀邦、张平化、胡乔木、黄镇、成仿吾、周培源、严济慈、华罗庚、周扬、巴金、夏衍、夏鼐、侯外庐、许涤新。（15日《人民日报》）

**17日** 郭沫若遗体周围置放着长青松柏和鲜花。华国锋、叶剑英、邓小平、李先念、汪东兴、宋庆龄等党和国家其他领导人，以及首都各界代表四千五百多人，怀着沉痛的心情，前往北京医院向郭沫若遗体告别，并向郭沫若的夫人于立群和他的子女表示亲切慰问。告别仪式后，郭沫若的遗体由方毅、吴德、许德珩、沈雁冰和治丧委员会工作人员以及郭沫若的亲属护送到八宝山火化。（18日《人民日报》）

**18日** 据新华社电，下午，我国卓越的无产阶级文化战士、中国共产党中央委员会委员、全国人民代表大会常务委员会副委员长、政协全国委员会副主席、中国科学院院长、中国文学艺术界联合会主席郭沫若同志追悼大会在人民大会堂举行，沉痛悼念为共产主义事业奋斗终生的坚贞不渝的革命家郭沫若同志。

天安门广场、新华门、外交部下半旗志哀。中共中央送了花圈。华国锋、叶剑英、邓小平、李先念、汪东兴参加大会并送了花圈；宋庆龄送了花圈。党和国家其他领导人，党政军各部门负责人，各界知名人士，以及群众近两千人参加了大会。庄严肃穆的会场里悬挂着郭沫若的遗像，安放着郭沫若的骨灰盒。骨灰盒上覆盖着中国共产党党旗。郭沫若的夫人于立群暨家属献的花圈放在骨灰盒前。叶剑英主持追悼会，邓小平致悼词。悼词全文如下：

郭沫若同志和我们永别了。

一九七八年六月十二日十六时五十分，郭沫若同志的心脏停止了跳动，终年八十六岁。

我们怀着十分沉痛的心情，深切悼念这位为共产主义事业奋斗终生的坚贞不渝的革命家和卓越的无产阶级文化战士。

郭沫若同志是我国杰出的作家、诗人和戏剧家，又是马克思主义的历史学家和古文字学家。早在"五四"运动时期，他就以充满革命激情的诗歌创作，歌颂人民革命，歌颂社会主义和共产主义，开一代诗风，成为我国新诗歌运动的奠基者。他创作的历史剧，是教育人民、打击敌人的有力武器。他是我国运用马克思主义观点研究中国历史的开拓者。他创造性地把古文字学和古代史的研究结合起来，开辟了史学研究的新天地。他在哲学社会科学的许多领域，包括文学、艺术、哲学、历史学、考古学、金文甲骨文研究，以及马克思主义理论著作和外国进步文艺的翻译介绍等方面，都有重要建树。他长期从事科学文化教育事业的组织领导工作，扶持和帮助了成千上万的科学、文化、教育工作者的成长，对发展我国科学文化教育事业作出了不可磨灭的贡献。他和鲁迅一样，是我国现代文化史上一位学识渊博、才华卓具的著名学者。他是继鲁迅之后，在中国共产党领导下，在毛泽东思想指引下，我国文化战线上又一面光辉的旗帜。

郭沫若同志是四川省乐山县人。早年就投身于反帝反封建的革命文化活动，曾建立著名文学团体"创造社"。一九二六年参加北伐战争，任国民革命军总政治部副主任。蒋介石叛变革命后，他满腔义愤，奋笔疾书讨蒋檄文《请看今日之蒋介石》，在人民群众中产生了巨大影响。一九二七年参加南昌起义，同年八月加入中国共产党。一九二八年旅居日本，从事中国古代史和古文字学的研究工作，并积极支持留日青年和国内文艺界的革命文化活动。抗日战争爆发后，郭沫若同志回到祖国，在敬爱的周总理的直接领导下，贯彻执行毛主席的革命路线，组织和团结国民党统治区的进步文化人士，从事抗日救亡运动。他这一时期写的许多历史剧和大量诗文，深刻揭露了国民党反动派的卖国投降政策，激励了革命人民的斗志。抗战胜利后，他不顾国民党反动派的政治迫害，勇敢地站在民主运动的前列，同蒋介石的法西斯独裁统治和发动内战的阴谋，进行针锋相对的斗争，有力地支援了人民解放战争。一九四九年八月，在全国文学艺术工作者代表大会上，被选为全国文联主席。中华人民共和国成立以来，郭沫若同志继续从事著述，同时，担负着繁重的国家事务、科学文化教育和国际交往等方面的领导工作，历任中央人民政府委员、政务院副总理兼文化教育委员会主任、中国科学院院长、中国科学院哲学社会科学部主任、历史研究所第一所所长、中国科学技术大学校长、中国文学艺术界联合会第二、三届主席、中国人民保卫世界和平委员会主席、中日友好协会名誉会长等职。在中国共产党第九、十、十一届代表大会上，当选为中央委员。在第一至第五届全国人民代表大会上，均被选为常务委员会副委员长。历任政协第一届全国委员会委员，四届常务委员，二、三、五届副主席。郭沫若同志不仅是革命的科学家和文学家，而且是革命的思想家、政治家和著名社会活动家。他在科学文化方面作出的贡献，在革命实践中立下的功绩，赢得了全中国人民和世界进步人士的尊敬。

郭沫若同志是中国共产党的优秀党员。他一生热爱党，热爱祖国，热爱人民，对党的事业忠心耿耿，对伟大领袖和导师毛主席、对敬爱的周总理怀有深厚的无产阶级感情。他坚持无产阶级专政下继续革命，在党内历次路线斗争中，在思想文化界反对资产阶级的斗争中，在国际反帝反修斗争中，立场坚定，旗帜鲜明，坚决站在毛主席革命路线一边。他的笔，始终与革命紧密相联；他的心，和人民息息相通。

在郭沫若同志的晚年，经受了第十一次路线斗争的考验。他热烈欢呼华主席为首的党中央一举粉碎"四人帮"的伟大胜利，放声高唱："大快人心事，揪出'四人帮'。"唱出了亿万人民的共同心声："拥护华主席，拥护党中央。"

今年春季以来，郭沫若同志的病情日渐恶化，但他仍然热切关注党中央抓纲治国战略决策的实施和四个现代化的进程。他抱病参加全国科学大会，欢呼我国科学的春天的到来。逝世前不久，他还在全国文联全委扩大会议上作了书面发言，向文艺工作者提出殷切希望。郭沫若同志为无产阶级革命事业，为我国科学文化建设新高潮的到来，战斗到生命的最后一息。

郭沫若同志的一生，是革命的一生，战斗的一生。他是全国人民，特别是科学文化教育工作者和广大知识分子学习的榜样。

我们要学习他对党、对人民、对革命无限忠诚的高贵品质。他在几十年的革命斗争中，在重要的历史关头，都站在党的立场上，坚持无产阶级党性原则，全心全意地为中国人民和世界人民服务。他是马列主义、毛泽东思想的热情宣传者和忠诚捍卫者。

我们要学习他不断革命、始终站在时代前列的积极进取精神。不论在民主革命时期还是在社会主义革命和社会主义建设时期，他都保持着极大的革命热忱，斗志旺盛，充满活力，年愈老而志弥坚。他是永葆革命青春的先锋战士。

我们要学习他不畏艰难险阻、勇攀科学高峰的顽强毅力。他在学术研究和文艺创作中，勤于探索，勇于创新，敢于坚持真理，经常同恶劣环境和习惯势力作不调和的斗争，为我们树立了一个无产阶级学者和作家的崇高形象。

我们要学习他的民主学风。在学术研究领域里，他坚持实事求是的科学态度，一贯主张各抒己见，取长补短，共同提高，从不以势压人。他善于团结不同意见的同志，注意培养青年，奖励后进。他是执行党的"百花齐放、百家争鸣"方针的模范。

郭沫若同志的逝世，使我们失去了一位伟大的科学家和文学家，失去了一位和我们长期并肩战斗的老战友，这对我们党、我们国家，特别是对我国的科学文化事业，是一个重大的损失。我们要化悲痛为力量，更加紧密地团结在以华主席为首的党中央周围，高举毛主席的伟大旗帜，坚决贯彻执行党的十一大路线，为培养造就宏大的无产阶级科学技术文化队伍，为提高整个中华民族的科学文化水平，为实现新时期的总任务而努力奋斗！（19日《人民日报》）

# 后　　记

《郭沫若年谱长编（1892—1978年）》由郭沫若纪念馆申请立项为中国社会科学院 A 类重大课题，已经过去十余年了，课题以"优秀"等级结题也已经过去四年了。结题之后的这几年间，仍在不断进行修改、补充，现在终于交付中国社会科学出版社印制出版，算是一个圆满的"结项"。

用了这样长的时间来做一项学术资料的整理编撰工作，称得上是"十年磨一剑"，这是开始编撰《郭沫若年谱长编（1892—1978年）》时没有想到的。但是，"依据到目前为止可以收集到的所有有关郭沫若的文献史料，以及与之相关的其他历史资料"，"以全面、真实、详尽地记述郭沫若一生的经历、活动、创作、著译、思想演进变化、人际交往关系"，是我们在一开始便确定的编撰主旨，所以用心去"磨"，是必须付诸的学术努力。

事实上，我们大量的工作和时间，是用于文献史料的发掘、整理、考订。这是因为，尽管早已有了不少郭沫若的"年谱""传记"等出版物，但是我们对于谱主生平活动的许多方面及其人生经历的一些时间段，甚至连最基本的历史叙述都还未能做到。于是，需要广泛查考有关郭沫若生平活动各个方面的原始资料，包括佚诗、佚文、书信、演讲辞、题词、讲话记录、档案资料、翻译出版信息，等等，做最初始的文献史料整理。与此同时，我们对于已经沿用、在用的历史资料，逐一进行重新校勘，核实查考，辨析真伪，厘正疏漏，补充遗阙，以订正史实、史事叙述中的失实、失误。

《郭沫若年谱长编（1892—1978年）》在编撰过程中坚持认真严谨的学术态度。重视文献史料的完备性和可靠性。整理考订文献史料，"无征不信""孤证不立"。对于史实的把握、解读，遵循实事求是的原则、历史唯物主义的态度。使用文献史料，尽量保持其原貌，以期客观地描述历史。对于20世纪70年代一些非正式出版物所刊载的资料（譬如谱主解读毛泽东诗词的文字），鉴于其史料价值，亦以谱文背景资料的方式予以辑录。"长编"每一条谱文的内容，都标示出其文献史料的依据或出处。这对于一部学术资料是很重要的。

在编撰《郭沫若年谱长编（1892—1978年）》的过程中，我们还完成了（已发表或出版）一些阶段性成果，如：郭沫若早年家书的重新校勘、正误，郭沫若《女神》时期佚诗的辑录、校勘、整理，郭沫若流亡日本若干史料的考辨，郭沫若一些旧体佚诗的发掘、考订，郭沫若著作版本的梳理，等等。这些为《郭沫若年谱长编（1892—1978年）》谱文的编撰提供了坚实基础。

郭沫若一生的文化活动、社会活动涉及诸多领域，所以，"长编"由历史学研究、文学史研究、考古学及古文字研究等几个学科的十余位研究人员共同完成。这样能够集不同学科的专家学者之学识与优长，对文献史料作更专业的把握与解读，使谱文的内容与文字更为准确、严谨并富有学术性。

谱文撰写主要按谱主人生轨迹的历史时段分工：

1892年至1918年谱文撰稿：秦川

1919年至1920年谱文撰稿：魏红珊

1921年至1925年谱文撰稿：黄淳浩

1926年至1937年7月谱文撰稿：蔡震

1937年8月至1940年谱文撰稿：赵凯、蔡震

1941年至1944年谱文撰稿：翟清福

1945年至1949年9月谱文撰稿：杨志清、翟清福

1949年10月至1956年谱文撰稿：李晓虹

1957年至1961年谱文撰稿：钟作英

1962年至1966年谱文撰稿：赵笑洁、梁雪松

1967年至1978年谱文撰稿：郭平英

1941年至1948年谱文初订稿修改：李斌

历史著述、活动谱文（部分）撰稿：谢保成

古文字、考古著述、活动谱文（部分）撰稿：王世民

审读通稿：林甘泉、蔡震、谢保成（1957年至1961年谱文）

从学术角度而言，《郭沫若年谱长编（1892—1978年）》是一个需要不断补充、修订的课题，因为郭沫若生平文献史料的发掘、整理，始终会处在一个不断更新的动态之中。事实也是如此。在"长编"定稿并交付出版之后，陆续又有了一些关于郭沫若的文献史料见之于世，那么在适当的时候，以"补编"的方式予以补充修订，或者就是应有的续作。

2016年4月记